검찰직 | 법원직 | 군무원 | 경찰채용·승진 | 경찰간부 시험대비

박문각 공무원

최정훈
퍼펙트 형법각론

핵심노트

기본이론 + 최신판례까지
완벽한 핵심 요약서

최정훈 편저

QMG 박문각

PREFACE
이 책의 머리말

20년 정도 현장 강의를 하다 보니 형법의 방대한 이론과 판례 정리를 단시간 내에 해결해야겠다는 생각이 들어 본서를 집필하게 되었습니다.

또한 지금의 시험 출제 방향이 판례의 비중이 높고, 중요 학설 중심의 이론 문제로 출제되는 만큼 방대한 기본서로 정말 효율적으로 접근할 수 있는가? 라는 의구심도 들었습니다. 그리고 막판 정리를 못해 쓴잔을 마시는 다수의 수험생을 바라보면서 핵심 이론과 판례를 요약한 강의서를 출간한다는 마음으로 목표를 잡았습니다. 막상 의도한 대로 집필을 하려고 보니 상당한 시간과 정성을 가지고 작업을 하지 않으면 안 될 것 같았습니다. 이에 수험 기본서로의 효율성을 제고하고자 수험 형법의 틀에 맞추어 독자들이 효과적으로 대응할 수 있도록 전면적이면서 이해하기 쉽도록 강의식(도해식)으로 교재를 구성하기로 하였습니다.

이번에 출간되는 본서의 특징을 간략하게 소개하면 다음과 같습니다.

첫째, 기본이론에 충실하면서 실전감각과 판례분석을 스스로 할 수 있도록 대표 판례와 사례를 삽입하여 이론 개념에 쉽게 접근할 수 있도록 하였습니다. 즉, 핵심 이론과 판례를 단권화하였습니다.
둘째, 독자들이 받아들이기 쉽게 간결한 서술체와 강의식(도해식) 편집으로 이해를 도모하였습니다.
셋째, 독자들의 시간적 효율을 극대화하기 위하여 판례를 이분화(인정 / 부정)하여 마무리 정리용으로 최적화하였습니다.
넷째, 혼동하기 쉬운 판례를 비교 정리하였습니다.
다섯째, 중요 학설을 도표화하였습니다.

본서가 나오기까지 많은 도움이 있었습니다.

특히 본서를 처음부터 끝까지 교정과 검토를 점검해 주신 박문각 출판사 김미리 님, 또한 부족한 제 옆에서 묵묵히 도움을 주는 조교 최지안 님에게 진심으로 고마움과 감사의 말을 전합니다.

본서가 쉽지 않은 시험에 조그마한 도움과 위안이 될 수 있기를 바라며, 항상 꿈과 용기를 간직하고 소망하는 것을 이루어내는 행복한 날이 오기를 간절히 기원합니다.

2023년 3월 노량진 연구실에서
저자 최정훈 씀

최정훈
퍼펙트 형법각론
핵심노트

CONTENTS
이 책의 목차

Theme01 살인의 죄 ··· 4
Theme02 상해와 폭행의 죄 ··· 10
Theme03 유기와 학대의 죄 ··· 16
Theme04 협박의 죄 ··· 19
Theme05 강요의 죄 ··· 22
Theme06 체포와 감금의 죄 ··· 24
Theme07 약취, 유인 및 인신매매의 죄 ··· 26
Theme08 강간과 추행의 죄 ··· 29
Theme09 명예훼손죄 ··· 40
Theme10 신용·업무와 경매에 관한 죄 ··· 51
Theme11 주거침입의 죄 ··· 62
Theme12 재산죄 일반 ··· 67
Theme13 절도의 죄 ··· 81
Theme14 강도의 죄 ··· 88
Theme15 사기의 죄 ··· 98
Theme16 공갈의 죄 ··· 124
Theme17 횡령의 죄 ··· 129
Theme18 배임의 죄 ··· 143
Theme19 장물의 죄 ··· 166
Theme20 손괴의 죄 ··· 174

Theme21 권리행사를 방해하는 죄 ··· 179
Theme22 공안을 해하는 죄 ··· 190
Theme23 폭발물에 관한 죄 ··· 195
Theme24 방화와 실화의 죄 ··· 197
Theme25 일수와 수리에 관한 죄 ··· 207
Theme26 교통방해의 죄 ··· 210
Theme27 문서에 관한 죄 ··· 214
Theme28 유가증권에 관한 죄 ··· 240
Theme29 통화에 관한 죄 ··· 248
Theme30 성풍속에 관한 죄 ··· 251
Theme31 도박죄 ··· 253
Theme32 신앙에 관한 죄 ··· 255
Theme33 내란의 죄 ··· 257
Theme34 외환의 죄 ··· 260
Theme35 공무원 직무에 관한 죄 ··· 263
Theme36 뇌물죄 ··· 271
Theme37 공무방해에 관한 죄 ··· 285
Theme38 도주와 범인은닉의 죄 ··· 298
Theme39 위증과 증거인멸의 죄 ··· 304
Theme40 무고의 죄 ··· 310

최정훈
퍼펙트 형법각론
핵심노트

| Theme | 01 | 살인의 죄 |

1 보통살인죄

제250조【살인】① 사람을 살해한 자는 사형·무기 또는 5년 이상의 징역에 처벌한다.
제254조【미수범】미수범은 처벌한다.
제256조【자격정지의 병과】본죄의 경우에 유기징역에 처할 때에는 10년 이하의 자격정지를 병과할 수 있다.

판례

① 조산원이 **분만중인 태아**를 질식사에 이르게 한 경우에는 입무상 과실치사죄가 성립한다(81도2621). 17. 경찰

② **태아를 사망에 이르게 하는 행위**가 임산부 신체의 일부를 훼손하는 것이라거나 태아의 사망으로 인하여 그 태아를 양육, 출산하는 임산부의 생리적 기능이 침해되어 **임산부에 대한 상해가 된다고 볼 수는 없다**(2005도3832). 09·15. 경찰, 10. 사시, 17. 경찰승진

③ **자살도중**에 있는 자를 살해한 경우에는 자살방조죄가 아니라 살인죄가 성립한다(4281형상38). 17. 경찰

④ 甲이 격분하여 乙에게 살해할 것을 마음먹고 밖으로 나가 **낮을 들고 乙에게 접근**하였으나 제3자가 이를 제지하여 그 틈을 타서 피해자가 도망함으로써 살인의 목적을 이루지 못한 경우 이는 살인의 실행행위에 착수하였다고 할 것이므로 이는 살인미수에 해당한다(85도2773).

⑤ **제왕절개수술**의 경우 '의학적으로 제왕절개수술이 가능하였고 규범적으로 수술이 필요하였던 시기'는 판단하는 사람 및 상황에 따라 다를 수 있어 분만개시시점, 즉 **사람의 시기도 불명확하게 되므로 이 시점을 분만의 시기로 볼 수는 없다**(2005도3832). 09·17. 경찰, 10. 사시, 16·21. 경찰승진, 18. 변호사, 22. 경찰간부

살인죄 인정	살인죄 부정
① 인체의 급소를 잘 알고 있는 **무술교관 출신**의 피고인이 무술의 방법으로 피해자의 **울대를 가격**하여 사망케 한 경우(2000도2231) 10 · 16. 경찰승진	① 자신의 **종교적 신념(여호와의 증인)**이나 후유증 발생의 염려만을 이유로 환자에 대하여 의사가 하고자 하는 위의 수혈을 거부하여 결과적으로 그 환자로 하여금 의학상 필요한 치료도 제대로 받지 못한 채 사망에 이르게 한 경우(79도1387) → **유기치사죄**
② 피고인이 피해자의 얼굴에 모포를 덮어씌워 놓고 그냥 나오면서 피해자를 그대로 두면 **죽을 것 같다는 생각이 들었으나** 병원에 옮기지 않아 사망에 이르게 한 경우(82도2024)	② 경찰관이 **질주하는 화물자동차**의 승강구에 뛰어올라 차에 적재되어 있는 임산물에 대한 부정성 여부를 조사하기 위하여 정차를 명함에 있어 화주가 이를 피하기 위하여 경찰관을 폭행하여 차로부터 **추락**시킨 결과 사망케 한 경우(4290형상56)
③ 총알이 장전되어 있는 **엽총의 방아쇠를 잡고 있다가 총알이 발사**되어 피해자가 사망한 경우(96도3364) 10. 경찰승진	③ 피고인의 구타행위로 **상해**를 입은 피해자가 정신을 잃고 빈사상태에 빠지자 **사망한 것으로 오인하고, 자신의 행위를 은폐하고 피해자가 자살한 것처럼 가장하기 위하여 피해자를 베란다 아래의 바닥으로 떨어뜨려 사망하게 한 경우**(94도2361) → 상해치사죄 성립 10. 경찰승진, 15. 경찰
④ 9세의 여자 어린이의 **목을 감아서** 졸라 실신시킨 후 그곳을 떠나버린 경우(94도2511) 11. 국가직 7급	
⑤ 甲을 살해할 목적으로 **총을 발사한** 이상 그것이 목적하지 아니한 乙에게 명중되어 乙이 사망한 경우 乙에 대한 살인의 고의 인정(75도727)	
⑥ 가로 15cm, 세로 16cm, 길이 153cm, 무게 7kg의 각이 진 **목재로 길바닥에 누워 있던 피해자의 머리를 때려** 피해자가 외상성뇌지주막하출혈로 사망한 경우(98도980) 10. 경찰승진	
⑦ 건강한 체격의 군인이 왜소한 체격의 피해자를 폭행하고 특히 급소인 목을 **설골이 부러질 정도로 세게 졸라** 사망케 한 경우(2000도5590)	
⑧ 피해자가 욕하는 데 격분하여 예리한 **칼로 피해자의 왼쪽 가슴 부분에 길이 6cm, 깊이 17cm의 상처 등이 나도록 찔러** 곧바로 좌측심낭까지 절단된 경우(91도2174) 09. 법원행시	
⑨ 단일한 범의로 동일한 장소에서 동일한 방법으로 시간적으로 접착된 상황에서 휴대하고 있던 권총에 실탄 6발을 장전하여 처와 자식들의 머리에 각기 1발씩 순차로 발사하여 살해하였다면, 피해자들의 수에 따라 수개의 살인죄를 구성한다(91도1637). → 포괄일죄이다. × 17. 경찰	
⑩ 선박침몰 등과 같은 급박한 상황이 발생한 경우에 선박의 운항을 지배하고 있는 선장 甲이 자신에게 요구되는 개별적 · 구체적인 구호의무를 이행함으로써 사망의 결과를 쉽게 방지할 수 있음에도 이를 방관하여 승객의 사망을 초래한 경우 甲은 부작위에 의한 살인죄가 성립한다(2015도6809). 16. 국가직 9급	

2 존속살해죄

> 제250조 【존속살해】 ② 자기 또는 배우자의 직계존속을 살해한 자는 사형, 무기징역 또는 7년 이상의 징역에 처한다.
> 제254조 【미수범】 미수범은 처벌한다.
> 제256조 【자격정지의 병과】 본죄의 경우에 유기징역에 처할 때에는 10년 이하의 자격정지를 병과할 수 있다.

1. 직계존속 : 법률상(사실상 ✕) 개념 21. 경찰승진

혼인 중의 자	출생과 동시에 부모

혼인 외의 자	• 부 : 인지하여야 존속 • 모 : 출생과 동시에 존속

2. 배우자

법률상 개념	사실혼 배우자 ✕

생존 배우자	사망한 배우자 ✕

존속살해죄가 인정된 경우	존속살해죄가 부정된 경우
① 혼인외의 출생자와 생모간에는 그 생모의 인지나 출생신고를 기다리지 않고 자의 출생으로 당연히 법률상의 친족관계가 생기는 것이라 해석된다. 따라서 생모의 인지나 출생신고 없는 **혼인 외의 출생자가 생모를 살해한 경우에도 존속살해죄**가 성립한다(80도1731). 02. 국가직 9급, 02 · 04. 사시, 16 · 18. 경찰, 22. 경찰승진 ② 피고인이 피해자가 타가의 양자로 입양된 사실이 있다 할지라도 생가를 중심으로 사는 종전의 친족관계는 소멸되는 것이 아니므로, 타인의 **양자로 입양된 자가 실부모를 살해한 경우 존속살해죄**가 성립한다(66도1483). ③ 자신을 **입양할 의사로 친생자로 출생신고**를 하고 피고인을 양육하여 오던 자를 살해한 경우 존속살해죄가 성립한다(2007도8833). 12. 사시	① 피해자(여)가 그의 문전에 버려진 영아인 피고인을 주어다 기르고 그 부와의 친생자인 것처럼 출생신고를 하였으나 **입양요건을 갖추지 아니하였다면** 피고인과의 사이에 모자관계가 성립될 리 없으므로 피고인이 동녀를 살해하였다고 하여도 존속살해죄로 처벌할 수 없다(81도2466). 17. 경찰 ② 제분에 이기지 못하여 식도를 휘두르는 피고인을 말리거나 그 식도를 뺏으려고 한 그 밖의 피해자들을 닥치는 대로 찌르는 **무차별 횡포를 부리던 중**에 그의 父까지 찌르게 된 결과를 빚은 경우, 피고인이 칼에 찔려 쓰러진 父를 부축해 데리고 나가지 못하도록 한 일이 있다고 하여 그의 父를 살해할 의사로 식도를 찔러 살해하였다는 사실을 인정하기는 어렵다고 봄이 상당하다(76도3871).

3 영아살해죄

제251조【영아살해】 직계존속이 치욕을 은폐하기 위하거나 양육할 수 없음을 예상하거나 특히 참작할 만한 동기로 인하여 분만 중 또는 분만 직후의 영아를 살해한 때에는 10년 이하의 징역에 처한다.

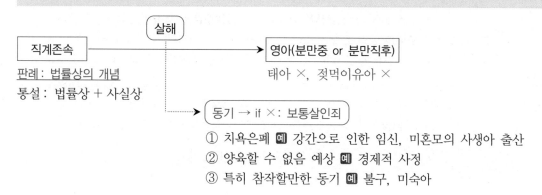

직계존속 ─── 살해 ──→ 영아(분만중 or 분만직후)
판례 : 법률상의 개념 　　　　　태아 ×, 젖먹이유아 ×
통설 : 법률상 + 사실상

동기 → if × : 보통살인죄
① 치욕은폐 **예** 강간으로 인한 임신, 미혼모의 사생아 출산
② 양육할 수 없음 예상 **예** 경제적 사정
③ 특히 참작할만한 동기 **예** 불구, 미숙아

판례

사실상 동거관계에 있던 甲과 동거녀 乙이 자식을 출산하자 생활의 빈곤으로 양육에 부담을 느낀 甲은 갓 태어난 아이를 살해한 경우 법률상 직계존속의 관계가 있다 할 수 없으므로 **그 남자가 영아를 살해한 경우에는 보통살인죄에 해당**한다(69도2285). 01 · 02. 행시, 04 · 05 · 17 · 18. 경찰, 10. 경찰승진

4 촉탁 · 승낙에 의한 살인죄

제252조【촉탁 · 승낙에 의한 살인 등】 ① 사람의 촉탁 또는 승낙을 받아 그를 살해한 자는 1년 이상 10년 이하의 징역에 처한다.
제254조【미수범】 미수범은 처벌한다.
제256조【자격정지의 병과】 본죄의 경우에 유기징역에 처할 때에는 10년 이하의 자격정지를 병과할 수 있다.

(1) **촉탁** : 피해자가 먼저 │의사연락│ (명시적 ○, 묵시적 ×)

(2) **승낙** : 가해자가 먼저 │의사연락│ (명시적 ○, 묵시적 ○)

유효한 촉탁 · 승낙

• 자살의 의미 이해 ×(유아, 심신상실자) → 보통살인죄
• 기망 · 강박 → 위계 · 위력에 의한 살인죄

5 자살교사 · 방조죄

제252조 【촉탁 · 승낙에 의한 살인 등】 ② 사람을 교사 또는 방조하여 자살하게 한 자는 1년 이상 10년 이하의 징역에 처한다.

제254조 【미수범】 본죄의 미수범은 처벌한다.

제256조 【자격정지의 병과】 본죄의 경우에 유기징역에 처할 때에는 10년 이하의 자격정지를 병과할 수 있다.

(1) **법적성질**: 공범독립성설 → 당연규정, 공범종속성설: 특별규정 → 총칙 공범규정 ×

(2) **객체**: 사람 → 자살의 의미를 이해할 수 있는 자, 유아(7세 · 3세 익사사건), 정신병자 객체 × → 살인죄의 간접정범

판례

피고인이 **7세, 3세** 남짓 된 어린 자식들에 대하여 함께 죽자고 권유하여 물속에 따라 들어오게 하여 결국 익사하게 하였다면 비록 피해자들을 물속에 직접 밀어서 빠뜨리지 않았다고 하더라도 **자살의 의미를 이해할 능력이 없고** 피고인의 말이라면 무엇이나 복종하는 어린 자식들을 권유하여 익사하게 한 이상 살인죄의 범의는 있었음이 분명하다(86도2395).

09 · 12. 법원행시, 10. 경찰, 16 · 19 · 22. 경찰승진

자살 교사 · 방조가 인정된 경우	자살 교사 · 방조가 부정된 경우
① 피해자가 피고인과 말다툼을 하다가 '죽고 싶다' 또는 '같이 죽자'고 하며 피고인에게 기름을 사오라고 하자 피고인이 **휘발유 1병**을 사다 준 경우 → 자살방조죄 성립(2010도2328) 07. 법원직, 11. 경찰승진 ② 전문의 甲이 보호자의 강청에 따라 치료를 요하는 자기 환자 乙의 치료를 중단하고 퇴원을 허용하는 조치를 취함으로써 乙을 사망에 이르게 한 경우 甲은 살인죄의 방조범이 성립한다. → 전문의 甲에게 살인죄의 공동정범이 성립한다. (×) 11. 국가직 7급	① 甲이 인터넷 사이트 내 자살 관련 카페 게시판에 **청산염** 등 자살용 유독물의 판매광고를 한 행위가 단지 금원 편취 목적의 사기행각의 일환으로 이루어졌고, 변사자들이 다른 경로로 입수한 청산염을 이용하여 자살한 경우(2005도1373) 12. 사시, 21. 경찰승진

6 위계 · 위력에 의한 살인죄

제253조【위계 등에 의한 촉탁살인 등】 위계 또는 위력으로써 사람의 촉탁 또는 승낙을 받아 그를 살해하거나 자살을 결의하게 한 자는 제250조의 예(제252조 제2항 자살교사죄의 예 ×)에 의한다. 17. 경찰, 22. 경찰승진

7 살인예비 · 음모죄

제256조【예비 · 음모】 제250조(살인죄, 존속살해죄)와 제253조(위계 · 위력에 의한 살인죄)를 범할 목적으로 예비 또는 음모한 자는 10년 이하의 징역에 처한다.

■ 영아살해죄, 촉탁 · 승낙살인죄, 자살교사 · 방조죄는 예비 · 음모 처벌규정이 없다.

판례

① 甲이 乙을 살해하기 위하여 丙, 丁 등을 고용하면서 그들에게 **대가의 지급을 약속**한 경우, 甲에게 살인예비죄가 성립한다(2009도7150). 11. 국가직 7급, 17 · 18. 경찰
② 살인예비죄가 성립하기 위하여는 **살인죄를 범할 목적 외에도 살인의 준비에 관한 고의가 있어야 하며**, 나아가 실행의 착수에 이르지 아니하는 살인죄의 실현을 위한 준비행위가 있어야 한다(2009도7150). 22. 경찰승진 ✗ 살인예비죄가 성립하기 위하여는 살인죄를 범할 목적이 있으면 족하고, 살인의 준비에 관한 고의까지 있어야 하는 것은 아니다. ✗
③ 살인예비죄가 성립하기 위해서는 살인죄의 실현을 위한 준비행위가 있어야 하는데, 여기서의 준비행위는 물적인 것에 한정되지 아니하며 특별한 정형이 있는 것도 아니지만, **단순히 범행의 의사 또는 계획만으로는 그것이 있다고 할 수 없고** 객관적으로 보아서 살인죄의 실현에 실질적으로 기여할 수 있는 외적 행위를 필요로 한다(2009도7150). 18. 변호사 ✗ 여기서 준비행위는 반드시 객관적으로 보아 살인죄의 실현에 실질적으로 기여할 수 있는 외적 행위임을 요하지 아니하고 단순히 범행의 의사 또는 계획만으로 족하다. ✗

Theme 02 상해와 폭행의 죄

1 상해의 죄

> **제257조 【상해, 존속상해죄】** ① 사람의 신체를 상해한 자는 7년 이하의 징역, 10년 이하의 자격정지 또는 1,000만원 이하의 벌금에 처한다.
> ② 자기 또는 배우자의 직계존속에 대하여 제1항의 죄를 범한 때에는 10년 이하의 징역 또는 1천500만원 이하의 벌금에 처한다
> ③ 미수범은 처벌한다.

(1) 상해 ┄┄ 생리적 기능훼손(판례)
(1) 상해 ┄┄ 자연적 치유 가능 → 상해 ×

(2) 상해의 고의 → 폭행의 고의로 충분함

1. 상해죄 · 존속상해죄

판례

① 피해자에게 이러한 상해가 발생하였는지는 객관적·일률적으로 판단할 것이 아니라 피해자의 연령·성별·체격 등 신체·정신상의 구체적인 상태, 약물의 종류와 용량, 투약방법, 음주 여부 등 약물의 작용에 미칠 수 있는 여러 요소를 기초로 하여 약물 투약으로 인하여 피해자에게 발생한 의식장애나 기억장애 등 신체·정신상의 변화와 내용 및 정도를 종합적으로 고려하여 판단하여야 한다(2017도3196). → 객관적·일률적으로 판단하여야 한다. × 18. 경찰간부, 19. 경찰승진
② 상해죄는 결과범이므로 그 성립에는 상해의 원인인 **폭행에 관한 인식이 있으면 충분**하고 상해를 가할 의사의 존재는 필요하지 않으나, 폭행을 가한다는 인식이 없는 행위의 결과로 피해자가 상해를 입었던 경우에는 상해죄가 성립하지 않는다(83도231). 09·15·18. 경찰, 09·18·21. 경찰승진
③ 친자관계라는 사실은 호적상의 기재여하에 의하여 좌우되는 것은 아니며 호적상 친권자라고 등재되어 있다 하더라도 사실에 있어서 그렇지 않은 경우에는 법률상 친자관계가 생길 수 없다 할 것인바, 피고인은 호적부상 피해자와 모 사이에 태어난 친생자로 등재되어 있으나 **피해자가 집을 떠난 사이 모가 타인과 정교관계를 맺어 피고인을 출산**하였다면 피고인과 피해자 사이에는 친자관계가 없으므로 존속상해죄는 성립될 수 없다(83도996). 20. 경찰승진

상해 O	상해 X
① 피해자가 극도의 공포감을 이기지 못하고 **기절**한 경우(96도2529) <div align="right">03·12. 법원직, 05·15. 경찰승진, 10. 경찰, 11. 사시, 17. 경찰간부</div>	① 치료할 필요가 없이 **자연적으로 치유**될 수 있는 경우(99도3910) 16. 경찰승진
② 난소의 제거로 이미 임신불능상태에 있는 피해자의 **자궁을 적출**한 경우(92도2345) <div align="right">15. 경찰, 16. 경찰승진</div>	② 강간도중 흥분하여 왼쪽 어깨를 입으로 빨아서 생긴 **동전크기 정도의 멍**(85도2042) 10. 경찰
③ 강간 + **보행불능, 수면장애, 식욕감퇴**(69도161) 10. 경찰	③ 강간하려다 미수 + 손바닥에 약 2cm 정도의 긁힌 **가벼운 상처**(87도1880) 10. 경찰
④ 미성년자에 대한 추행행위 + 외음부 부위에 **염증**(96도1395)	④ 음모의 모근 부분을 남기고 모간 부분만을 일부 잘라냄으로써 **음모의 전체적인 외관에 변형**만이 생긴 경우(99도3099) 04. 행시, 15. 경찰승진
⑤ 강제추행과정 왼쪽 젖가슴을 꽉 움켜잡힘 + **심한 압통과 약간의 종창**(99도4794) <div align="right">04. 행시, 10. 경찰, 11. 사시</div>	⑤ **태아의 사망 → 임산부에 대한 상해가 된다고 볼 수는 없다**(2005도3832). <div align="right">10·12. 사시, 12. 법원직, 19. 법원행시, 21·22. 경찰</div>
⑥ 성경험을 가진 여자 + 새로 형성된 **처녀막이 파열**된 경우(94도1351)	⑥ 강간하려다가 미수에 그치고 그 과정에서 피해자에게 경부 및 전흉부 피하출혈, 통증으로 약 7일간의 가료를 요하는 상처 + 시일이 경과함에 따라 **자연적으로 치유**될 수 있는 정도인 경우(94도1311) 17. 경찰간부
⑦ 강간 과정 + 주먹으로 얼굴과 머리를 때려 코피를 흘리고 **콧등이 부은 경우**(91도1822)	
⑧ 평소 건강에 별다른 이상이 없는 피해자에게 성인 권장용량의 2배에 해당하는 졸피뎀 성분의 수면제가 섞인 커피를 마시게 하여 피해자가 정신을 잃고 깊이 잠이 든 사이 피해자를 간음한 경우 → 강간치상죄의 상해에 해당한다(2017도3196). 18. 변호사	

2. 중상해죄·중존속상해죄

> **제258조 [중상해, 중존속상해죄]** ① 사람의 신체를 상해하여 생명에 대한 위험을 발생하게 한 자는 1년 이상 10년 이하의 징역에 처한다.
> ② 신체의 상해로 인하여 불구 또는 불치나 난치의 질병에 이르게 한 자도 전항의 형과 같다.
> ③ 자기 또는 배우자의 직계존속에 대하여 전 2항의 죄를 범한 때에는 2년 이상의 유기징역에 처한다.

(1) 법적성질

> 부진정결과적 가중범, 구체적 위험범

(2) 중한결과

생명에 대한 위험의 발생	치명상
불구	신체의 외부적 조직상실
불치·난치의 질병	치료의 가능성이 없거나 희박함

중상해 O	중상해 X
① 뇌진탕을 일으키거나 눈을 때려 **실명**케 한 경우(4292형상395)	① **1~2개월간 입원할 정도로 다리가 부러진** 상해(2005도7527)
② 혀를 깨물어 **발음기능을 상실**시킨 경우(64고6813)	06. 법원행시, 10. 사시·국가직 9급, 15. 경찰, 15. 경찰승진
③ 면도칼을 주면서 **콧등을 길이 2.5센치, 깊이 0.56센치 절단**하게 한 경우 → 중상해죄의 간 접정범(70도1638) 06. 법원행시	② **치아 2개**를 부러뜨린 경우(4290형상166) 09. 사시, 10. 경찰

3. 특수상해죄

제258조의2 【특수상해】 ① 단체 또는 다중의 위력을 보이거나 위험한 물건을 휴대하여 제257조 제1항 또는 제2항의 죄를 범한 때에는 1년 이상 10년 이하의 징역에 처한다.

② 단체 또는 다중의 위력을 보이거나 위험한 물건을 휴대하여 제258조의 죄를 범한 때에는 2년 이상 20년 이하의 징역에 처한다.

③ 제1항의 미수범은 처벌한다.

제265조 【자격정지의 병과】 10년 이하의 자격정지를 병과할 수 있다.

판례

① 형법은 제264조에서 상습으로 제258조의2의 죄를 범한 때에는 그 죄에 정한 형의 2분의 1까지 가중한다고 규정하고, 제258조의2 제1항에서 위험한 물건을 휴대하여 상해죄를 범한 때에는 1년 이상 10년 이하의 징역에 처한다고 규정하고 있다. 위와 같은 형법 각 규정의 문언, 형의 장기만을 가중하는 형법 규정에서 그 죄에 정한 형의 장기를 가중한다고 명시하고 있는 점, 형법 제264조에서 상습범을 가중처벌하는 입법 취지 등을 종합하면, 형법 제264조는 상습특수상해죄를 범한 때에 형법 제258조의2 제1항에서 정한 법정형의 단기와 장기를 모두 가중하여 1년 6개월 이상 15년 이하의 징역에 처한다는 의미로 새겨야 한다(2016도18194). 19. 법원행시

② 2016.1.6. 형법 개정으로 특수상해죄가 형법 제258조의2로 신설됨에 따라 문언상으로 형법 제262조의 '제257조 내지 제259조의 예에 의한다'는 규정에 형법 제258조의2가 포함되어 특수폭행치상의 경우 특수상해인 형법 제258조의2 제1항의 예에 의하여 처벌하여야 하는 것으로 해석될 여지가 생기게 되었다. 이러한 해석을 따를 경우 특수폭행치상죄의 법정형이 형법 제258조의2 제1항이 정한 '1년 이상 10년 이하의 징역'이 되어 종래와 같이 형법 제257조 제1항의 예에 의하는 것보다 **상향되는 결과가 발생**하게 된다. 그러나 형벌규정 해석에 관한 법리와 폭력행위 등 처벌에 관한 법률의 개정 경과 및 형법 제258조의2의 신설 경위와 내용, 그 목적, 형법 제262조의 연혁, 문언과 체계 등을 고려할 때, **특수폭행치상의 경우 형법 제258조의2의 신설에도 불구하고 종전과 같이 형법 제257조 제1항의 예에 의하여 처벌하는 것으로 해석함이 타당하다**(2018도3443). 19. 국가직 ❌ 2016.1.6. 형법 개정으로 특수상해죄가 형법 제258조의2로 신설됨에 따라 문언상으로 형법 제262조의 '제257조 내지 제259조의 예에 의한다'는 규정에 형법 제258조의2가 포함되어 특수폭행치상의 경우에는 특수상해인 형법 제258조의 제1항의 예에 의하여 처벌되어야 한다. ✕

③ 갑이 길이 140cm, 지름 4cm의 대나무로 A의 머리를 여러 차례 때려 그 대나무가 부러지고, A의 두피에 표재성 손상을 입혀 사건 당일 병원에서 봉합술을 받은 경우, 갑이 사용한 **대나무**는 특수상해죄에서의 '위험한 물건'에 해당한다(2015도5854). 21. 경찰

4. 상해치사죄 · 존속상해치사죄

> **제259조【상해치사】** ① 사람의 신체를 상해하여 사망에 이르게 한 자는 3년 이상의 유기징역에 처한다.
> ② 자기 또는 배우자의 직계존속에 대하여 전항의 죄를 범한 때에는 무기 또는 5년 이상의 징역에 처한다.

판례

① 甲의 강타로 인하여 임신 7개월의 피해자 乙이 지상에 넘어져서 4일 후에 낙태하고, 그 다음 날 낙태로 유발된 심근경색증으로 사망한 경우 상해치사죄에 해당한다(72도296).

② 피해자에게 상해를 가하여 피해자가 기절하자 그가 사망한 것으로 오인하고 피해자가 자살한 것으로 위장하기 위하여 피해자를 베란다로 옮긴 후에 베란다 밑 약 13m 아래의 바닥으로 떨어뜨려 사망에 이르게 한 경우 상해치사죄에 해당한다(94도2361). 08·10. 경찰승진, 15. 경찰

③ 이혼소송 중인 남편이 찾아와 가위로 폭행하고 변태적 성행위를 강요하는 데에 격분하여 처가 칼로 남편의 복부를 찔러 사망에 이르게 한 경우 상해치사죄에 해당한다(2001도1085).

④ 사람의 안면을 가격하여 두부에 중대한 영향을 주어 정신적 흥분과 혈압의 항진 등으로 인하여 뇌출혈을 일으켜 사망에 이르게 한 경우 상해치사죄에 해당한다(80도3321).

⑤ 피고인이 甲의 뺨을 1회 때리고 오른손으로 목을 쳐 甲으로 하여금 뒤로 넘어지면서 머리를 땅바닥에 부딪치게 하여 상해를 가하고 그로 인하여 사망에 이르게 하였다는 내용으로 기소된 사안에서 甲이 두부 손상을 입은 후에 병원에서 입원치료를 받다가 합병증으로 사망에 이르게 되어 피고인의 범행과 甲의 사망 사이에 인과관계를 부정할 수 없고, 사망결과에 대한 예견가능성이 있어 상해치사죄가 성립한다(2011도17648). 17. 국가직 9급

2 폭행의 죄

1. 폭행죄

> **제260조【폭행, 존속폭행】** ① 사람의 신체에 대하여 폭행을 가한 자는 2년 이하의 징역, 500만원 이하의 벌금, 구류 또는 과료에 처한다.
> ③ 제1항 및 제2항의 죄는 피해자의 명시한 의사에 반하여 공소를 제기할 수 없다.

| (1) 법적 성질 | 반의사불벌죄 19. 경찰간부 |
| | 형식범(거동범) → 미수처벌규정 없음 |

| (2) 폭행 | 사람의 신체에 대한 직접적인 유형력 행사 |
| | 반드시 신체에 대한 접촉 × 18. 변호사, 19. 법원행시, 19. 경찰간부 |

폭행죄 O	폭행죄 X
① **근접하여 욕설**을 하면서 **물건을 휘두르거나 던지는 행위**(89도1406) 09 · 11 · 18. 경찰, 10. 법원직, 11. 경찰승진, 12. 법원행시, 19. 경찰간부, 22. 국가직 ② 어린애도 따라서 필연적으로 넘어질 것임은 예견하면서 어린애를 업은 사람을 넘어뜨린 행위(72도2201) → 어린애에 대한 폭행 인정 11. 경찰승진 ③ 사람의 면전에서 **폭언을 수차 반복**한 경우(4289형상297) **비교판례** 단순히 **욕설**한 경우 폭행죄에 해당하지 않는다(2001도277).	① 거리상 멀리 떨어져 있는 사람에게 **전화기를 이용하여** 전화하면서 고성을 내거나 그 전화 대화를 녹음 후 듣게 하는 경우(2000도5716) → 신체의 청각기관을 직접적으로 자극하는 음향도 경우에 따라서는 폭행에 포함될 수 있다. 09 · 11. 경찰, 10. 법원직, 11 · 21. 경찰승진, 12. 법원행시, 18. 경찰간부, 22. 국가직 ② **방문**을 여러 차례 발로 찬 경우(83도3186) 10. 법원직, 22. 국가직 ③ **대문**을 발로 찬 경우(90도2153) 10. 법원직 ④ 상대방의 시비를 만류하면서 조용히 얘기나 하자며 그의 팔을 2~3회 끈 경우(86도1796) 20. 경찰간부 ⑤ 甲이 먼저 乙에게 덤벼들고 뺨을 꼬집고 주먹으로 쥐어박았기 때문에 乙이 甲을 부둥켜 안은 행위(76도3758) 20. 경찰간부

2. 특수폭행죄

> **제261조【특수폭행】** 단체 또는 다중의 위력을 보이거나 위험한 물건을 휴대하여 제260조 제1항 또는 제2항의 죄를 범한 때에는 5년 이하의 징역 또는 1,000만원 이하의 벌금에 처한다.
> **제256조【자격정지】** 10년 이하의 자격정지를 병과할 수 있다.

(1) 반의사불벌죄 아님, 미수처벌규정 없음.

(2) 위험한 물건의 휴대

① 위험한 물건
- 구조 + 사용방법 → 살상하기에 객관적으로 적합
- 상대적으로 판단

② 휴대
- 동산에 한함
- 소지 + 널리 이용(판례)
- 행위자는 흉기를 휴대한다는 인식이 있을 것

① 어떤 물건이 폭력행위 등 처벌에 관한 법률 제3조 제1항에 정한 '위험한 물건'에 해당하는지 여부는 구체적인 사안에서 사회통념에 비추어 그 물건을 사용하면 **상대방이나 제3자가 생명 또는 신체에 위험을 느낄 수 있는지 여부에 따라 판단**하여야 한다. 이러한 판단 기준은 자동차를 사용하여 사람의 생명 또는 신체에 위해를 가하거나 다른 사람의 재물을 손괴한 경우에도 마찬가지로 적용된다(2007도3520). 21. 경찰

② 폭력행위등처벌에관한법률 제7조에서 말하는 위험한 물건의 "휴대"라 함은 범죄현장에서 사용할 의도 아래 위험한 물건을 몸 또는 몸 가까이에 소지하는 것을 말하는 것이고, **자기가 기거하는 장소에 보관**하였다는 것만으로는 위 법조에서 말하는 위험한 물건의 휴대라고 할 수 없다(92도381). 22. 경찰간부

③ 범행 현장에서 범행에 사용하려는 의도 아래 흉기 등 위험한 물건을 소지하거나 몸에 지닌 이상 그 사실을 **피해자가 인식하거나 실제로 범행에 사용하였을 것까지 요구되는 것은 아니다**(2004도2018). 22. 경찰승진

특수폭행죄 O	특수폭행죄 X
① 폭력조직의 행동대원인 후배조직원을 야구방망이로 엉덩이 부분을 수회 때린 경우(2005도547)	① 당구공으로 피해자의 머리를 **톡톡** 건드린 정도의 그 당구공(2007도9624)
② 국회의원인 CS최루분말 비산형 **최루탄** 1개를 터뜨린 경우(2014도1894)	② **칼자루 부분으로 그 자의 머리를 가볍게 친 경우** 그 식칼(89도1570) 08. 경찰 · 경찰승진
③ 폭력행위 당시 **과도를 범행현장에서 호주머니 속에 지니고 있었던 경우**(84도353) 08. 경찰, 15. 법원직	③ **'소화기'**를 집어던졌지만 **특정인을 겨냥하여 던진 것이 아닌 경우**(2010도930) 11. 경찰승진
④ **승용차** 앞 범퍼 부분으로 들이받고 진행하여 땅바닥에 넘어뜨린 경우(97도597) 08. 경찰, 13. 변호사	④ **쇠파이프로 머리를 구타당하면서 이에 대항하여 그곳에 있던 각목으로 상대방의 머리를 구타한 경우 그 각목**(81도1046) 08. 경찰
⑤ 겁을 주기 위하여 **자동차를 후진**하여 자동차와 충돌한 행위(2010도10256)	⑤ **소형승용차로 중형승용차를 충격**한 경우 그 소형승용차(2007도3520) 13. 변호사
⑥ 자신의 차를 가로막는 피해자를 부딪친 것은 아니라고 하더라도, 피해자를 부딪칠 듯이 차를 조금씩 전진시키는 것을 반복한 경우(2016도9302) 18. 경찰승진	

Theme 03 유기와 학대의 죄

1 유기죄

1. 단순유기죄

┌ 도움을 받을 자
└ 판단기준 : 동작가능성 (경제적 요부조자 ×)

> **제271조 【유기, 존속유기】** ① 나이가 많거나 어림, 질병 그 밖의 사정으로 도움이 필요한 사람을 법률상 또는 계약상 보호할 의무가 있는 자가 <u>유기한 경우</u>에는 3년 이하의 징역 또는 500만원 이하의 벌금에 처한다

─ 유기하면 곧 기수

※ 법률이나 계약뿐만 아니라 사무관리·관습·조리에 의해서도 발생할 수 있다. (×)
※ 유기죄는 형법상 상습범에 관한 가중처벌 규정이 있다. (×)

판례

① 유기죄의 '계약상 의무'는 간호사나 보모와 같이 계약에 기한 **주된 급부**의무가 부조를 제공하는 것인 경우에 반드시 한정되지 아니하며, 계약의 해석상 계약관계의 목적이 달성될 수 있도록 상대방의 신체 또는 생명에 대하여 주의와 배려를 한다는 **부수적 의무의 한 내용으로 상대방을 부조하여야 하는 경우를 배제하는 것은 아니라고 할 것이다.** 그러나 그 의무 위반의 효과로서 주로 손해배상책임이 문제되는 민사영역에서와는 달리 유기죄의 경우에는 당사자의 인적 책임에 대한 형사적 제재가 문제된다는 점 등을 고려하여 보면, 단지 위와 같은 **부수의무로서의 민사적 부조의무 또는 보호의무가 인정된다고 해서 형법 제271조 소정의 '계약상 의무'가 당연히 긍정된다고는 말할 수 없다**(2011도12302). 19. 경찰승진, 21. 국가직
② **사실혼 관계에 있는 경우에도 법률상 보호의무의 존재를 긍정**하여야 하지만, 사실혼에 해당하여 법률혼에 준하는 보호를 받기 위하여는 **단순한 동거 또는 간헐적인 정교관계를 맺고 있다는 사정만으로는 부족**하다(2007도3952).
③ <u>일정거리를 동행한 사실만으로는 피고인에게 법률상 계약상의 보호의무가 있다고 할 수 없으니 유기죄의 주체가 될 수 없다</u>(76도3419).
④ 유기죄에서 말하는 <u>법률상 보호의무에는 민법 제826조 제1항에 근거한 부부간의 부양의무도 포함</u>된다(2018도4018).

유기죄 O	유기죄 X
① **경찰관**이 자신의 수족과 의사도 자제할 수 없는 상태에 있음 피해자를 근 3시간 동안이나 아무런 구호조치를 취하지 아니한 경우(72도863) 20. 경찰간부, 21. 국가직	① 술에 취한 甲과 乙이 우연히 같은 길을 가다가 개울에 떨어져 甲은 가까스로 귀가하고 乙은 머리를 다쳐 앓다가 추운 날씨에 심장마비로 사망한 경우 甲에게 보호할 법률상 계약상의 의무가 없어 <u>유기죄의 주체로 인정할 수 없다</u>(76도3419). 16. 경찰승진
② 어머니가 <u>여호와증인</u>에 대한 종교적 신념 때문에 의사가 당시 권유한 국내 최선의 치료 방법인 **수혈을 완강하게 거부**하여 딸이 사망한 경우(79도1387) 11. 경찰간부	② **강간치상의 범행을 저지른 자**가 그 범행으로 인하여 실신상태에 있는 피해자를 구호하지 아니하고 방치한 경우 → 유기죄 × (80도726) 11. 경찰간부, 16. 경찰승진, 18. 경찰, 21. 국가직
③ 주점 주인이 수일동안 만취한 피해자를 주점 내에 그대로 방치하여 **저체온증 등으로 사망**한 경우(2011도12302) 22. 경찰승진	③ 甲은 호텔 객실에서 **애인인 乙녀**에게 성관계를 요구하였는데 乙녀는 그 순간을 모면하기 위하여 甲이 모르는 사이 7층 창문으로 뛰어내려 중상을 입은 경우(86도225) 11 · 20. 경찰간부, 15 · 17. 경찰승진
	④ **내연녀가 치사량의 필로폰**을 복용하여 부조를 요하는 상태에 있음에도 방치한 경우(2007도3952)

2. 중유기죄

제271조【유기 · 존속유기】 ③ 제1항의 죄를 범하여 사람의 생명(신체 X)에 대한 위험을 발생하게 한 때에는 7년 이하의 징역에 처한다. 20. 경찰간부
④ 제2항의 죄를 범하여 사람의 생명에 대하여 위험을 발생하게 한 때에는 2년 이상의 유기징역에 처한다.

※ 형법 제271조 제1항의 죄를 범하여 사람의 생명 · 신체에 대한 위험을 발생하게 한 때에는 중유기죄로 처벌된다. (×)

2 학대죄

제273조【학대, 존속학대】① 자기의 보호 또는 감독을 받는 사람을 <u>학대</u>한 자는 2년 이하의 징역 또는 500만원 이하의 벌금에 처한다.
② 자기 또는 배우자의 직계존속에 대하여 전항의 죄를 범한 때에는 5년 이하의 징역 또는 700만원 이하의 벌금에 처한다.

판례

① 학대죄는 자기의 보호 또는 감독을 받는 사람에게 육체적으로 고통을 주거나 정신적으로 차별대우를 하는 행위가 있음과 동시에 범죄가 완성되는 **상태범 또는 즉시범**이라 할 것이고, 비록 수십회에 걸쳐서 계속되는 일련의 폭행행위가 있었다 하더라도 그중 친권자로서의 징계권의 범위에 속하여 위 위법성이 조각되는 부분이 있다면 그 부분을 따로 떼어 무죄의 판결을 할 수 있다(84도2922). 18. 경찰간부, 19. 경찰승진

② 학대행위는 적어도 **유기에 준할 정도**에 이르러야 한다. 아버지가 12세인 자기의 딸과 매월 4회 내지 8회에 걸쳐 장장 8년간에 걸쳐 지속적인 성관계를 가져 처녀막 파열의 상처를 입혔다. → 학대에는 해당하지 않지만 미성년자의제강간치상죄 성립(2000도223) 18. 경찰간부, 19·21. 경찰승진, 21. 국가직

③ 4세인 아들이 대소변을 가리지 못한다고 <u>닭장에 가두고 전신을 구타</u>한 경우 → 학대죄(68도1703)

Theme 04 협박의 죄

1 협박죄

제283조【협박, 존속협박】 ① 사람을 협박한 자는 3년 이하의 징역 또는 500만원 이하의 벌금, 구류 또는 과료에 처한다.
② 자기 또는 배우자의 직계존속에 대하여 제1항의 죄를 범한 때에는 5년 이하의 징역 또는 700만원 이하의 벌금에 처한다.
③ 제1항 및 제2항의 죄는 피해자의 명시한 의사에 반하여 공소를 제기할 수 없다. → 존속협박죄는 반의사불벌죄 ○ 21. 경찰승진
제284조【특수협박】 단체 또는 다중의 위력을 보이거나 위험한 물건을 휴대하여 전조 제1항·제2항의 죄를 범한 때에는 7년 이하의 징역 또는 1천만원 이하의 벌금에 처한다. → 특수협박죄는 반의사불벌죄가 아님. 20. 경찰간부
제286조【미수범】 전3조의 미수범은 처벌한다.

甲 ───────① 해악고지─────────→ 乙(의사의 자유를 가진 자연인)
　　　　　　　　　　　　　　　　　　　　　　　법인×, 유아×, 정신병자×, 수면자×

ⓐ 작위, 부작위, 실현가능성, 불법성 불문
ⓑ 제3자를 이용한 협박 가능(제3자에 법인포함)　　　　② 공포심
ⓒ 직·간접적으로 행위자에 의해 좌우될 수 있을 것
ⓓ 상대방이 해악고지(공포심 여부 불문) ┌ 인식 ○ → 기수
　　　　　　　　　　　　　　　　　　　　　 └ 인식 × → 미수

 판례

① 협박죄에 있어서의 협박이라 함은, 상대방에게 공포심을 일으킬 목적으로 해악을 고지하는 일체의 행위를 의미하는 것으로서, 고지하는 해악의 내용이 그 경위, 행위 당시의 주위 상황, 행위자의 성향, 행위자와 상대방과의 친숙의 정도, 지위 등의 상호관계 등 여러 사정을 종합하여 객관적으로 상대방으로 하여금 공포심을 느끼게 하기에 족하면 되고, 상대방이 현실로 공포심을 일으킬 것까지 요구되는 것은 아니며, 다만 고지하는 해악의 내용이 경미하여 **상대방이 전혀 개의치 않을 정도인 경우에는 협박에 해당하지 않는다**(2004도8984).

② 협박죄에 있어서 협박이라 함은 일반적으로 보아 사람으로 하여금 공포심을 일으킬 수 있을 정도의 해악을 고지하는 것을 의미하므로, 그러한 해악의 고지는 **구체적**이어서 해악의 발생이 일응 가능한 것으로 생각될 수 있을 정도일 것을 필요로 한다(94도2187). 16·20. 경찰승진

③ 협박죄에 있어서 협박은 일반적으로 보아 사람으로 하여금 공포심을 일으킬 수 있는 정도의 해악을 고지하는 것을 의미하므로 행위자가 그러한 정도의 해악을 고지한다는 것을 인식·인용하는 것을 그 내용으로 하고 고지한 해악을 **실제로 실현할 의도나 욕구는 필요로 하지 아니한다**(90도2102). 09. 사시·법원행시, 10·20. 경찰승진, 12. 국가직 9급, 17. 경찰간부

④ 협박죄에 있어서 해악을 가할 것을 고지하는 행위는 통상 **언어**에 의하는 것이나 경우에 따라서는 **한마디 말도 없이 거동**에 의해서도 고지할 수 있다(74도2727).

10. 법원직, 12. 국가직 9급·경찰간부

⑤ 협박죄는 사람의 의사결정의 자유를 보호법익으로 하는 범죄로서 형법규정의 체계상 개인적 법익, 특히 사람의 자유에 대한 죄 중 하나로 구성되어 있는바, 협박죄는 자연인만을 그 대상으로 예정하고 있을 뿐 **법인은 협박죄의 객체가 될 수 없다**(2010도1017). 11. 법원직, 13·17·18. 경찰

⑥ 채권추심회사의 지사장이 자신의 횡령행위에 대한 민·형사상 책임을 모면하기 위하여 회사 본사에 '회사의 내부비리 등을 관계기관에 고발하겠다.'는 취지의 서면을 보내는 한편, 회사의 임원인 상무이사에게 전화를 걸어 위 서면의 내용과 같은 취지로 발언한 경우, 회사의 임원에 대해서만 협박죄가 성립한다(2010도1017). 11. 경찰간부, 13. 경찰, 20. 경찰승진

⑦ 피해자 본인이나 그 친족뿐만 아니라 그 밖의 제3자에 대한 법익 침해를 내용으로 하는 해악을 고지하는 것이라고 하더라도 피해자 본인과 제3자가 밀접한 관계에 있어 그 해악의 내용이 피해자 본인에게 공포심을 일으킬 만한 정도의 것이라면 협박죄가 성립할 수 있다. 이때 제3자에는 자연인뿐만 아니라 법인도 포함된다(2010도1017). 18. 경찰, 20. 경찰간부

⑧ 피고인이 **피해자의 장모**가 있는 자리에서 서류를 보이면서 "피고인의 요구를 들어주지 않으면 서류를 세무서로 보내 세무조사를 받게 하여 피해자를 망하게 하겠다"라고 말한 경우 협박죄에 있어서 해악의 고지에 해당한다(2006도1125). 09. 법원행시

⑨ 피고인이 혼자 술을 마시던 중 A 정당이 국회에서 예산안을 강행처리하였다는 것에 화가 나서 공중전화를 이용하여 경찰서에 여러 차례 전화를 걸어 전화를 받은 각 **경찰관에게** 경찰서 관할구역 내에 있는 **A 정당의 당사를 폭파하겠다**는 말한 경우 일반적으로 A 정당에 대한 해악의 고지가 각 경찰관 개인에게 공포심을 일으킬 만큼 서로 밀접한 관계에 있다고 보기 어렵기 때문에 피고인의 행위가 각 경찰관에 대한 협박죄를 구성한다고 볼 수는 없다(2011도10451). 13·16·18. 경찰, 16·17. 경찰승진

⑩ 협박죄는 해악을 고지함으로써 상대방이 그 의미를 인식한 이상, 상대방이 현실적으로 **공포심을 일으켰는지 여부와 관계없이 그로써 구성요건은 충족되어 협박죄의 기수**에 이르는 것으로 해석하여야 한다. 결국, 협박죄는 사람의 의사결정의 자유를 보호법익으로 하는 **위험범**이라 봄이 상당하고, **협박죄의 미수범처벌조항은 해악의 고지가 현실적으로 상대방에게 도달하지 아니한 경우나, 도달은 하였으나 상대방이 이를 지각하지 못하였거나 고지된 해악의 의미를 인식하지 못한 경우** 등에 적용될 뿐이다. 17·21. 경찰승진

→ 정보보안과 소속 경찰관이 자신의 지위를 내세우면서 타인의 민사분쟁에 개입하여 빨리 채무를 변제하지 않으면 **상부에 보고하여 문제를 삼겠다고 말한 경우**, 현실적으로 피해자가 공포심을 일으키지 않았다 하더라도 **협박죄의 기수에 해당**한다(2007도606). 09·12·17. 경찰, 10·11. 법원직, 11·17·21. 경찰승진, 12. 국가직 9급, 20. 경찰간부

협박죄 O	협박죄 X
① **야구방망이**로 때릴 듯한 태도를 취하면서 '죽여버린다'고 말한 경우(2001도6468) <div align="right">11. 경찰승진, 12. 국가직 9급</div>	① "앞으로 수박이 없어지면 네 책임으로 한다"고 말한 경우(94도2187) <div align="right">09 · 11. 경찰승진, 12. 경찰간부, 16. 경찰</div>
② **가위**로 목을 겨누면서 찌를 듯한 행동을 한 경우(74도2727) <div align="right">08. 경찰승진, 10. 법원직, 12. 국가직 9급 · 경찰간부</div>	② 언쟁 중 "입을 찢어 버릴라"라고 한 경우(86도1140) 12. 경찰간부, 13 · 16. 경찰승진
③ **가위, 송곳**을 휘두르면서 '가족 전부를 죽여버리겠다'고 소리친 경우(90도2102) <div align="right">07 · 08. 경찰승진, 12. 법원행시, 17. 경찰간부</div>	③ 불만의 표시로서 "어디 두고보자"는 말을 한 경우(74도1892) 09. 경찰승진
④ **깨어진 병**으로 찌를 듯이 겨눈 경우(91도80) 08. 경찰승진	④ 술김에 흥분하여 항의조로 "내가 너희들의 목을 자른다 내 동생을 시켜서라도 자른다"라고 말한 경우(72도1565) 09 · 11. 경찰승진
⑤ 중사가 상관에게 그의 **비위 등을 기록한 내용을 제시**하면서 자신에게 폭언한 사실을 인정하지 않으면 그 내용을 상부기관에 제출하겠다는 취지로 말한 경우(2008도8922)	⑤ 부인과 통화하기 위하여 전화하였으나 남편이 전화를 받자 "한번 만나자, 나한테 자신있나"라는 말을 한 경우(85도638) 07 · 08. 경찰승진
⑥ **회칼 2자루**를 들고 나와 죽어버리겠다며 자해한 경우(2010도14316) 18. 경찰승진	⑥ 경찰관의 임의동행에 항의하며 면도칼로 자신의 앞가슴을 그어 피를 보이며 "방 안으로 들어오면 죽여버리겠다"고 말한 경우(75도3779)
⑦ 사채업자가 채무를 변제하지 않으면 숨기고 싶어하는 **과거 행적과 사채를 쓴 사실 등을** 남편과 시댁에 알리겠다는 등의 문자메시지를 발송한 경우(2011도2412) 19. 경찰승진	⑦ **조상천도제**를 지내지 아니하면 좋지 않은 일이 생긴다는 취지의 해악고지는 협박으로 평가 될 수 없다(2011도639) 21. 경찰승진
	⑧ 신문기자가 증여세 포탈에 대한 취재를 요구하면서 이에 응하지 않으면 **자신이 취재한 내용대로 보도하겠다**고 말한 경우(2011도639)

Theme 05 강요의 죄

1. 단순강요죄

제324조 【강요】 ① 폭행 또는 협박으로 사람의 권리행사를 방해하거나 의무 없는 일을 하게 한 자는 5년 이하의 징역에 처한다.

② 단체 또는 다중의 위력을 보이거나 위험한 물건을 휴대하여 제1항의 죄를 범한 자는 10년 이하의 징역 또는 5천만원 이하의 벌금에 처한다.

제324조의5 【미수범】 미수범은 처벌한다.

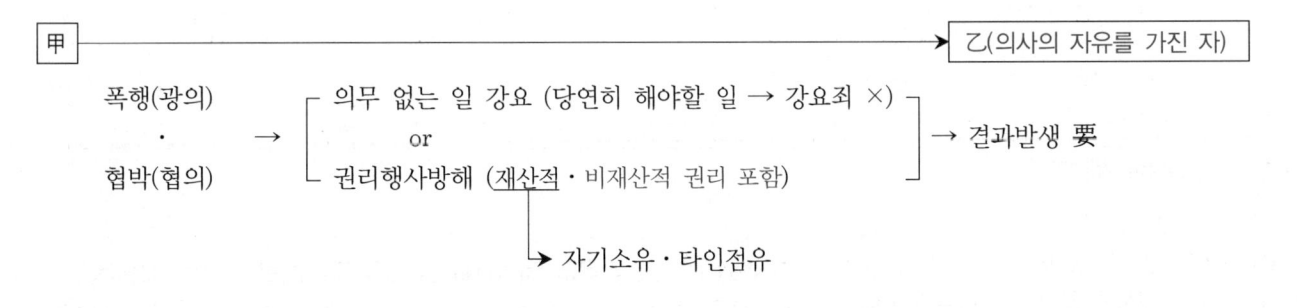

판례 🔨

① 강요죄에서 말하는 권리라 함은 재산적 권리뿐 아니라 **비재산적 권리**로 볼 수 있는 개인의 계약체결에 대한 자유권도 포함되고, 그 계약체결이 법률상 위법 기타 제한이 있다 하더라도 폭력에 의한 권리행사방해죄의 성립에는 영향이 없다(4293형상233).

② 폭행 또는 협박으로 **법률상 의무 있는 일**을 하게 한 경우에는 폭행 또는 협박죄만 성립할 뿐 강요죄는 성립하지 않는다(2008도1097). 09. 경찰, 12·20. 경찰승진

③ 협박하여 공금을 횡령했다는 **자인서를 쓰게하고, 3천만원을 내놓으라고 협박한 경우** 강요죄가 아니라 공갈죄만을 구성한다(84도2083). 20. 경찰승진

강요죄 O	강요죄 X
① 골프시설의 운영자가 골프회원에게 불리하게 변경된 내용의 회칙에 대하여 동의하지 아니하면 **회원으로 대우하지 아니하겠다**고 통지한 경우(2003도763) 14. 변호사, 17. 경찰간부, 18. 경찰승진	① 피고인 甲의 백모 乙이 정당한 땅문서에 기하여 미리 **논에 묘판을 조성**하였던 것을 병이 파헤치자 피고인 甲이 그를 저지하기 위하여 폭행을 가하였다면 이는 단순폭행죄에 해당한다 할 것이고 권리행사를 방해하였다고는 할 수 없다(4294형상357). 11. 경찰간부
② **협박하여** 동인으로 하여금 **법률상 의무 없는 진술서**를 작성케 한 경우(73도2578) 09. 경찰승진	② 직장에서 상사가 범죄행위를 저지른 부하 직원에게 징계절차에 앞서 자진하여 **사직할 것을 단순히 권유**한 경우(2008도7018) 17. 경찰간부
③ 해외도피를 방지하기 위하여 피해자를 협박하여 **여권을 강제회수** 당한 경우(93도901) → 여권에 대한 불법영득의사가 없으므로 공갈죄는 불성립 09. 경찰승진	③ 폭력조직 전력이 있는 피고인이 특정 연예인에게 **팬미팅 공연**(합법적인 절차에 의해 서명·날인 작성된 계약서가 있음)을 하도록 강요한 경우(2008도1097) 09. 경찰, 12. 경찰승진, 17. 경찰간부
④ **겁을 먹은 상태**에 있던 부대원들에게 청소불량 이유로 **머리박아(원산폭격)**를 시키거나 양손을 깍지 낀 상태에서 팔굽혀펴기를 하게 한 경우(2003도4151) 09. 경찰승진	④ 지시사항을 불이행하고 허위보고 등을 한 부하에게 **근무태도를 교정하고 직무수행을 감독**하기 위하여 직무수행의 내역을 일지 형식으로 기재하여 보고하도록 명령하는 행위를 한 경우(2010도1233) 17. 경찰간부
⑤ 축산 농가들의 **폐수배출 단속활동**을 벌이면서 폐수배출사실을 확인하는 내용의 사실확인서에 서명하지 아니할 경우 법에 저촉된다고 겁을 준 경우(2007도7064) 20. 경찰승진	
⑥ **불매운동을 하겠다**고 하면서 특정 신문들에 대한 광고를 중단할 것을 요구한 경우(2010도13774)	

2. 인질강요죄

제324조의2 【인질강요】 사람을 체포·감금, 약취 또는 유인하여 이를 인질로 삼아 제3자에 대하여 권리행사를 방해하거나 의무 없는 일을 하게 한 자는 3년 이상의 유기징역에 처한다.

제324조의5 【미수범】 미수범은 처벌한다.

제324조의6 【형의 감경】 제324조의2 또는 제324조의3의 죄를 범한 자 및 그 죄의 미수범이 인질을 안전한 장소로 풀어준 때에는 그 형을 감경할 수 있다.

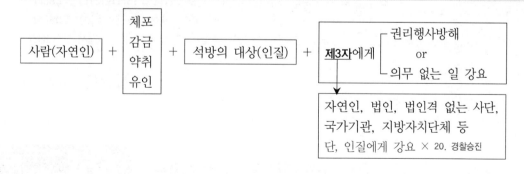

자료더보기
1. 각종 약취·유인·매매·이송죄, 인질상해죄, 인질치상죄, 인질강요죄에 해방감경 규정이 있다.
2. 인질살해죄, 인질치사죄, 인질강도죄, 체포·감금죄 등에는 해방감경 규정이 없다.
3. 인질강도죄의 강요의 상대방은 인질도 포함된다.

Theme 06 체포와 감금의 죄

1. 체포 · 감금죄

제276조 【체포 · 감금 · 존속체포 · 존속감금】 ① 사람을 체포 또는 감금한 자는 5년 이하의 징역 또는 700만원 이하의 벌금에 처한다.

제280조 【미수범】 미수범은 처벌한다.

제282조 【자격정지의 병과】 본죄는 10년 이하의 자격정지를 병과할 수 있다.

甲 ──────────────────────────────→ 乙(잠재적 활동의 자유를 가진 자)
유아(젖머이) ×, 정신병자 O 15. 경찰, 17. 법호사

① 체포 : 신체의 현실적 구속
② 감금 : 사람을 일정한 장소 밖으로 나가지 못하게 하는 것(간접구속)
③ 유형적 · 무형적, 직접정범 · 간접정범, 작위범 · 부작위범 모두 가능
④ 감금된 특정 구역 내에서 일정한 생활의 자유 허용 → 감금죄 성립
⑤ 계속범

판례 ✍

① 자동차 뒷좌석에 강제로 밀어 넣고, 피해자가 내려 달라고 애원했으나 내려주지 않고 약 **20분간 자동차를 운행**하였다면 감금죄가 성립한다(82도705).
② 대한상이군경회원 80여명과 공동으로 **호텔 출입문을 봉쇄**하며 피해자들의 출입을 방해한 경우 이는 감금행위에 해당한다(80도277). 09. 경찰승진
③ 감금된 특정구역 내부에서 **일정한 생활의 자유가 허용**되어 있었다고 하더라도 감금죄가 성립한다(84도655). 04. 경찰간부, 09. 경찰, 11. 경찰승진, 12. 법원행시
④ 구속영장 없이 경찰서에서 조사를 받으면서 사무실에서 직장동료인 피의자들과 어울려 함께 식사도 하고 **사무실 내외를 자유로이 통행하였다 하더라도** 이는 감금행위에 해당한다(91모5).
07. 경찰승진, 17. 변호사
⑤ 피해자가 만약 도피하는 경우에는 생명 · 신체에 심한 위해를 당할지도 모른다는 **공포감에서 도피하기를 단념**하고 있는 상태하에서, 피고인이 피해자를 호텔로 데리고 가서 함께 유숙한 후 그와 함께 항공기로 국외에 나간 행위는 감금죄를 구성한다(91도1604). 09. 경찰승진, 16. 경찰
⑥ 정신건강의학과 전문의인 甲 · 乙이 보호의무자인 피해자의 아들 丙의 진술뿐만 아니라 피해자를 직접 대면하여 진찰한 결과를 토대로 입원이 필요하다는 진단을 하고, 丙과 공동하여 피해자를 응급이송차량에 강제로 태워 병원으로 데려가 입원시킨 경우, 甲 · 乙에게 감금죄의 고의가 부정되어 이들의 행위는 형법상 감금행위에 해당하지 않는다(2015도8429).
18. 경찰간부

⑦ 형법 제276조 제1항의 체포죄에서 말하는 '체포'는 사람의 신체에 대하여 직접적이고 현실적인 구속을 가하여 신체활동의 자유를 박탈하는 행위를 의미하는 것으로서 수단과 방법을 불문한다. 체포죄는 계속범으로서 체포의 행위에 확실히 사람의 신체의 자유를 구속한다고 인정할 수 있을 정도의 시간적 계속이 있어야 하나, **체포의 고의로써 타인의 신체적 활동의 자유를 현실적으로 침해하는 행위를 개시한 때 체포죄의 실행에 착수**하였다고 볼 것이다. 21. 국가직

피해자가 피고인으로부터 강간미수 피해를 입은 후 피고인의 집에서 나가려고 하였는데 피고인이 피해자가 **나가지 못하도록 현관에서 거실 쪽으로 피해자를 세 번 밀쳤고,** 피해자가 피고인을 뿌리치고 현관문을 열고 나와 엘리베이터를 누르고 기다리는데 피고인이 팬티 바람으로 쫓아 나왔으며, **피해자가 엘리베이터를 탔는데도 피해자의 팔을 잡고 끌어내리려고 해서 이를 뿌리쳤고,** 피고인이 닫히는 엘리베이터 문을 손으로 막으며 엘리베이터로 들어오려고 하자 피해자가 버튼을 누르고 손으로 피고인의 가슴을 밀어낸 사실을 인정한 다음, 피고인은 피해자의 신체적 활동의 자유를 박탈하려는 고의를 가지고 피해자의 신체에 대한 유형력의 행사를 통해 일시적으로나마 피해자의 신체를 구속하였다고 판단하였다(2017도21249).

⑧ 수용시설에 수용 중인 부랑인들의 야간도주를 방지하기 위하여 그 취침시간 중 출입문을 안에서 시정조치한 경우 위법성이 조각된다(88도1580). 07 · 09 · 16. 경찰승진, 15. 경찰

⑨ **감금**을 하기 위한 **수단**으로 행사된 단순한 협박을 한 경우 감금죄만 성립한다(82도705). 09. 법원행시, 11 · 20. 경찰승진, 15 · 18. 경찰, 17. 변호사

⑩ 미성년자를 유인한 자가 계속하여 감금한 경우 미성년자유인죄와 감금죄의 실체적 경합이 된다(429형상455). 07. 국가직 7급, 09 · 18 · 20. 경찰승진, 12. 법원행시, 21. 국가직

⑪ 감금행위가 강간죄나 강도죄의 수단이 된 경우 감금죄와 강간죄 또는 강도죄의 상상적 경합이 된다(83도323). 03 · 12. 법원행시, 11 · 20. 경찰승진, 16 · 18. 경찰, 17. 변호사

⑫ 감금행위가 단순히 강도상해의 범행수단이 되는 데에 그치지 아니하고 강도상해의 범행이 **끝난 뒤**에도 계속하여 감금한 경우 감금죄와 강도상해죄의 실체적 경합이 된다(2002도4380).

09. 법원행시, 11. 사시, 12. 경찰승진, 16 · 18. 경찰, 17. 변호사, 21. 국가직

2. 중체포 · 감금죄

제277조【중체포 · 중감금, 존속중체포 · 존속중감금】① 사람을 체포 또는 감금하여 가혹한 행위를 가한 자는 7년 이하의 징역에 처한다.
  ② 자기 또는 배우자의 직계존속에 대하여 전항의 죄를 범한 때에는 2년 이상의 유기징역에 처한다.
제280조【미수범】미수범은 처벌한다.
제282조【자격정지의 병과】본죄는 10년 이하의 자격정지를 병과할 수 있다.

※ 중체포죄 · 중감금죄는 사람을 체포 또는 감금하여 생명 또는 신체에 대한 위험이 발생하게 할 것을 요건으로 한다. (×) 18. 경찰, 20. 경찰승진

※ 중체포죄 · 중감금죄는 '중'자가 붙은 범죄 중 유일하게 미수처벌규정이 존재하는 범죄이다. (○)

약취, 유인 및 인신매매의 죄

1. 미성년자 약취 · 유인죄

제287조 【미성년자의 약취, 유인】 미성년자를 약취 또는 유인한 자는 10년 이하의 징역에 처한다. → 존속에 대한 범죄에 대하여 가중처벌 규정을 두고 있다. (×) 17. 경찰승진

제294조 【미수범】 미수범은 처벌한다.

제295조의2 【형의 감경】 본장의 죄를 범한 자가 약취 · 유인 · 매매 또는 이송된 자를 안전한 장소로 풀어 준 때에는 그 형을 감경할 수 있다. 19. 법원행시, 21. 법원직

제296조 【예비 · 음모】 본죄를 범할 목적으로 예비 또는 음모한 사람은 3년 이하의 징역에 처한다.

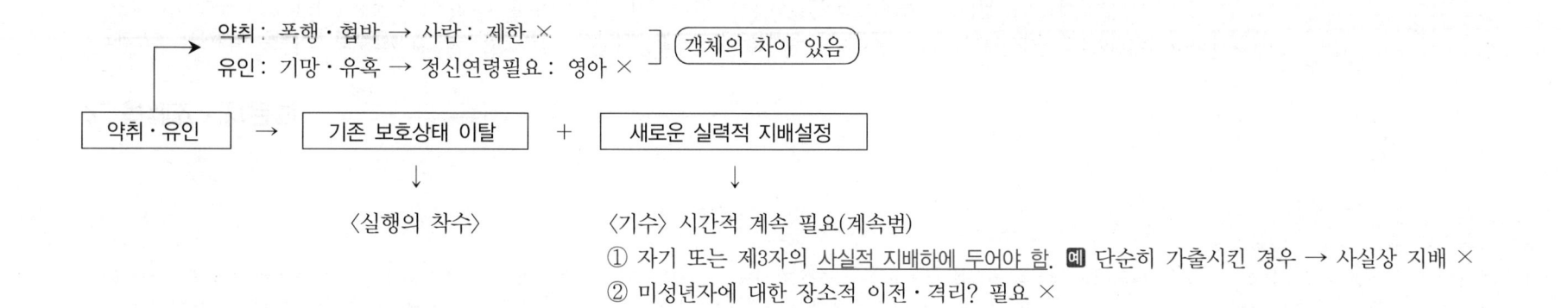

약취 : 폭행 · 협박 → 사람 : 제한 ×
유인 : 기망 · 유혹 → 정신연령필요 : 영아 ×　　객체의 차이 있음

약취 · 유인　→　기존 보호상태 이탈　+　새로운 실력적 지배설정

　　　　　　　　　〈실행의 착수〉　　　　〈기수〉 시간적 계속 필요(계속범)
　　　　　　　　　　　　　　　　　　　① 자기 또는 제3자의 <u>사실적 지배하에 두어야 함</u>. **예** 단순히 가출시킨 경우 → 사실상 지배 ×
　　　　　　　　　　　　　　　　　　　② 미성년자에 대한 장소적 이전 · 격리? 필요 ×

① 미성년자가 유인에 의하여 스스로 가출한 경우, 가출에 관한 미성년자의 동의가 하자 있는 의사에 의하여 이루어진 경우에는 미성년자유인죄가 성립하고, 진의에 의한 동의가 있는 경우에는 보호자의 동의가 없더라도 미성년자유인죄는 성립한다(76도2072). 16. 경찰, 19. 법원행시

② 미성년자를 보호·감독하는 자 하더라도 다른 보호감독자의 감호권을 침해하거나 자신의 감호권을 남용하여 미성년자 본인의 이익을 침해하는 경우에는 미성년자 약취·유인죄의 주체가 될 수 있다. 따라서 외조부가 맡아서 양육해 오던 미성년자를 그의 의사에 반하여 사실상 자신의 지배하에 옮긴 **친권자**에 대하여도 미성년자 약취·유인죄가 성립한다(2007도8011). 11·15. 경찰, 14. 경찰승진

③ 형법 제288조에 규정된 약취행위의 그 폭행 또는 협박의 정도는 **상대방을 실력적 지배하에 둘 수 있을 정도**이면 족하고 반드시 상대방의 반항을 억압할 정도의 것임을 요하지는 아니한다 (91도1184). 11·15·16. 경찰, 13·17. 경찰승진

④ 미성년자가 혼자 머무는 주거에 침입하여 그를 감금한 뒤 폭행 또는 협박에 의하여 **부모의 출입을 봉쇄**하거나, 미성년자와 부모가 거주하는 주거에 침입하여 **부모만을 강제로 퇴거시키고 독자적인 생활관계를 형성**하기에 이르렀다면 비록 장소적 이전이 없었다 할지라도 형법 제287조의 미성년자약취죄에 해당함이 명백하지만, 강도 범행을 하는 과정에서 **일시적으로 부모와의 보호관계가 사실상 침해·배제되었다면** 미성년자가 기존의 생활관계로부터 완전히 이탈되었다고 평가하기 곤란하다(2007도8485). 13·14·21. 경찰승진, 16. 경찰, 19. 법원행시, 19. 경찰간부

⑤ 미성년자 유인죄란 기망 또는 유혹을 수단으로 하여 미성년자를 꾀어 그 하자 있는 의사에 따라 미성년자를 자유로운 생활관계 또는 보호관계로부터 이탈하게 하여 자기 또는 제3자의 사실적 지배하에 옮기는 행위를 말하고, 여기서 사실적 지배라고 함은 미성년자에 대한 **물리적·실력적 지배관계를 의미**한다(98도690). 07. 국가직 7급, 14. 경찰승진, 21. 법원직

약취·유인죄에 해당하는 경우	약취·유인죄에 해당하지 않는 경우
① 미성년자의 **아버지의 감호권을 침해**하여 사실상 지배하로 옮긴 경우 → 미성년자약취죄 성립(2002도7115) 16. 경찰	① **어머니로부터 격리시킬 필요가 있다고 판단**한 미성년자의 아버지의 부탁으로 그 아이를 보호하고 있는 자가 어머니의 인도요구를 거부하는 경우(74도840)
② 외조부가 맡아서 양육해 오던 미성년자인 자를 그의 의사에 반하여 사실상 자신의 지배하에 옮긴 친권자는 미성년자 약취·유인죄가 성립한다(2007도8011). 11. 경찰, 14. 경찰승진, 19. 경찰간부	② 가출한 여고생에게 **집에 들어갈 것을 권유**하였으나 말을 듣지 않자 자신의 자취방에서 지내도록 한 경우(98도690)
③ 미성년인 **저능아**를 제주도로 데리고 간 경우 → 미성년자유인죄 성립(95도2980) 19. 경찰간부	③ **베트남 국적 여성**이 생후 약 13개월 된 자녀를 데리고 나와 베트남에 함께 입국한 경우 (2010도14328) 14·17·21. 경찰승진
④ 독자적인 교리로 가출한 후 자신의 지배하에 두고 **껌팔이**를 시킨 경우 → 미성년자유인죄 성립(82도186) 19. 경찰간부	

2. 추행 · 간음 · 결혼 · 영리목적 약취 · 유인죄

제288조【추행 등 목적 약취·유인 등】 ① 추행, 간음, 결혼 또는 영리의 목적으로 사람을 약취 또는 유인한 사람은 1년 이상 10년 이하의 징역에 처한다.

제294조【미수범】 미수범은 처벌한다.

제295조의2【형의 감경】 본장의 죄를 범한 자가 약취·유인·매매 또는 이송된 자를 안전한 장소로 풀어 준 때에는 그 형을 감경할 수 있다.

제296조【예비·음모】 본죄를 범할 목적으로 예비 또는 음모한 사람은 3년 이하의 징역에 처한다.

판례

① 피고인이 채무를 변제하지 않는 피해자를 우연히 발견하고 **사창가에 팔아넘기기 위하여** 강제로 자기 집으로 데리고 간 경우 영리목적 약취죄에 해당한다(91도118). 15. 경찰승진

② 피고인이 11세에 불과한 어린 나이의 피해자를 유혹하여 모텔 앞길에서부터 해당 모텔 301호실까지 데리고 간 이상, 피고인은 피해자를 자유로운 생활관계로부터 이탈시켜 피고인의 사실적 지배 아래로 옮겼다고 할 것이고, 이로써 간음목적 유인죄의 기수에 이른 것이다(2007도2318). 15. 경찰승진

3. 세계주의 18. 경찰승진, 19. 법원행시

제296조의2【세계주의】 제287조부터 제292조까지 및 제294조는 대한민국 영역 밖에서 죄를 범한 외국인에게도 적용한다.

※ 미성년자유인죄를 정한 형법 제287조는 대한민국 영역 밖에서 죄를 범한 외국인에게도 적용한다. (○) 21. 경찰승진, 21. 법원직

Theme 08 강간과 추행의 죄

1 강간죄

제297조【강간】 폭행 또는 협박으로 사람을 강간한 자는 3년 이상의 유기징역에 처한다.

제300조【미수범】 미수범은 처벌한다.

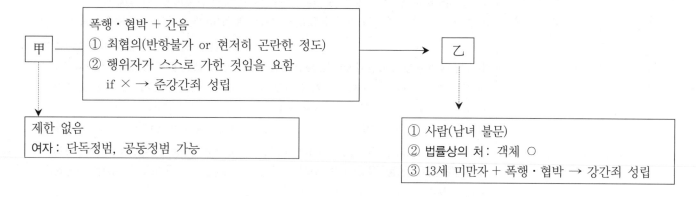

甲 ──── 폭행·협박 + 간음
① 최협의(반항불가 or 현저히 곤란한 정도)
② 행위자가 스스로 가한 것임을 요함
　　if × → 준강간죄 성립

제한 없음
여자 : 단독정범, 공동정범 가능

→ 乙

① 사람(남녀 불문)
② **법률상의 처 : 객체 ○**
③ 13세 미만자 + 폭행·협박 → 강간죄 성립

판례

① **성전환자**를 여성으로 인식하여 강간한 경우 사회통념상 여성으로 평가되는 성전환자로서 강간죄의 객체인 '부녀'에 해당한다(2009도3580). 10. 법원직, 11·12. 경찰

② 당사자 사이에 **혼인관계가 파탄**되었을 뿐만 아니라 더 이상 혼인관계를 지속할 의사가 없고 이혼의사의 합치가 있어 실질적인 부부관계가 인정될 수 없는 상태에 이르렀다면, **법률상의 배우자인 처도 강간죄의 객체가 된다**(2008도8601). 10. 사시, 10·12. 경찰, 12·16. 경찰승진

③ 강간죄에서의 폭행·협박과 간음 사이에는 인과관계가 있어야 하나, 폭행·협박이 반드시 간음행위보다 선행되어야 하는 것은 아니다(2016도16948). 21. 경찰승진

④ 사후적으로 보아 피해자가 성교 이전에 범행 현장을 벗어날 수 있었다거나 피해자가 **사력을 다하여 반항하지 않았다는 사정**만으로 가해자의 폭행·협박이 피해자의 항거를 현저히 곤란하게 할 정도에 이르지 않았다고 섣불리 단정하여서는 아니 된다(2018도7709). 21. 국가직 7급

강간죄에 해당하는 경우	강간죄에 해당하지 않는 경우
① "한 명하고 할 것이냐? 여러 명하고 할 것이냐?" 말한 후 간음한 경우(2000도1914)	① 강간하자는 피고인 일행의 제의에 아무런 대답도 하지 않고, 일체의 신체적 접촉도 시도 하지 않은 채 이야기만 나눈 경우(2002도7477)
② 여관방으로 유인하여 방문을 걸어 잠근 후 성교할 것을 요구한 경우(2000도1914)	② 버디버디 채팅으로 만나 비디오방에서 만나서 피해자를 간음하였고, 당일 피고인의 숙 직실로 데려가 팬티바람으로 자고 있던 피해자를 한 번 더 간음한 경우(2004도2611)
③ 혼인 외 성관계 사실을 폭로하겠다는 등의 내용으로 협박하여 간음(2006도5979) 10. 사시, 14. 경찰, 16. 경찰승진	③ 누워 자고 있는 피해자의 **가슴과 엉덩이**를 만지면서 간음을 기도하였다는 사실만으로는 강간의 수단으로 피해자에게 폭행이나 협박을 개시하였다고 하기는 어렵다(90도607). → 강간예비죄 성립 12. 경찰·경찰간부, 19·20. 경찰승진
④ 약물로 인하여 피해자의 건강상태가 불량하게 변경되고 생활기능에 장애가 초래되었다 면 자연적으로 의식을 회복하거나 외부적으로 드러난 상처가 없더라도 이는 강간치상죄 나 강제추행치상죄에서 말하는 상해에 해당한다(2017도3196).	
⑤ 피고인이 간음할 목적으로 새벽 4시에 여자 혼자 있는 방문 앞에 가서 피해자가 방문을 열어 주지 않으면 부수고 들어갈 듯한 기세로 방문을 두드리고 피해자가 위험을 느끼고 창문에 걸터앉아 가까이 오면 뛰어 내리겠다고 하는데도 **베란다를 통하여 창문으로 침입** 하려고 한 경우 강간죄의 실행의 착수 인정(91도288) 17. 경찰, 17. 경찰간부	
⑥ 甲·乙·丙 세 사람이 A(16세)·B(17세)·C(18세) 부녀를 강간하기로 결의한 뒤, 甲이 A의 반항을 억압하여 간음하고, 乙은 B의 반항을 억압하여 간음하고 처녀막파열상을 입 히고, 丙은 계속 주위에서 망을 보다가 C가 측은한 생각이 들어 강간할 것을 단념한 경 우, 甲·乙·丙 모두 A에 대한 특수강간죄, B에 대한 특수강간치상죄, C에 대한 특수강 간미수죄가 성립한다(2004도2870). 13. 변호사	
⑦ 甲이 새벽에 귀가하는 A(25세, 여)를 발견하고는 강간하기로 마음먹고, A를 따라가 A가 거주하는 아파트 엘리베이터를 같이 탄 뒤 엘리베이터 안에서 주먹으로 A의 얼굴을 수 회 때려 반항을 억압한 후 A를 끌고 엘리베이터에서 내린 다음 아파트 계단에서 A를 간음하고 그로 인하여 A에게 상해를 가한 경우, 강간등 상해죄가 성립한다(2009도4335). 19. 변호사	

2 강제추행죄

> **제298조【강제추행】** 폭행 또는 협박으로 사람에 대하여 추행을 한 자는 10년 이하의 징역 또는 1,500만원 이하의 벌금에 처한다.
> **제300조【미수범】** 미수범은 처벌한다.

판례 ⚖️

강제추행에 있어서 <u>폭행행위 자체가 추행행위라고 인정되는 경우</u>, 이 경우에 있어서의 폭행은 반드시 상대방의 의사를 억압할 정도의 것임을 요하지 않고 다만 <u>상대방의 의사에 반하여 유형력의 행사가 있는 이상 그 힘의 대소강약을 불문</u>한다(2001도2417). 14 · 18. 경찰, 15. 변호사

강제추행죄에 해당하는 경우	강제추행죄에 해당하지 않는 경우
① 유방을 만지고 **음부와 허벅다리**를 더듬고 입술 맞추는 경우(85도2761)	① **욕설**을 하면서 자신의 바지를 벗어 **성기를 보여준 경우**(2011도8805) 13. 변호사, 13 · 17 · 20. 경찰승진, 15. 경찰
② 강제로 두 차례 **입을 맞춘** 경우(83도399)	
③ **유방**을 만지고, 하의를 끄집어 내리는 경우(94도630) 06. 경찰	
④ 협박하여 이른바 **러브샷**의 방법으로 술을 마시게 한 경우(2008도2199) 12. 사시 · 경찰, 13. 국가직 9급, 18. 경찰승진	
⑤ **엘리베이터 안에서** 칼로 위협하여 **자위행위** 모습을 보여준 경우(2009도13716) 11 · 20. 경찰승진, 12. 사시, 13. 국가직 9급, 18. 경찰간부	
⑥ 교사가 건강검진을 받으러 온 학생의 옷 속으로 손을 넣어 **배와 가슴** 등을 만진 경우 (2009도2576)	
⑦ <u>보복의 의미에서 입술, 귀 등을 입으로 깨무는 등의 행위</u>를 한 경우(2013도5856) 14. 경찰, 16 · 19 · 21. 경찰승진	
⑧ 甲이 노래를 부르던 중, 乙女가 노래를 부르는 동안 丙女를 뒤에서 껴안고 블루스를 추면서 丙女의 가슴을 만진 경우(2001도2417) 10. 사시	
⑨ 피고인이 아파트 엘리베이터 내에 13세 미만인 A(여, 11세)와 단둘이 탄 다음 A를 향하여 성기를 꺼내어 잡고 여러 방향으로 움직이다가 이를 보고 놀란 갑 쪽으로 가까이 다가간 경우 위력에 의한 추행에 해당한다(2011도7164). 22. 국가직	

⑩ 甲이 피해자들을 협박하여 겁을 먹은 피해자들로 하여금 스스로 가슴 사진, 성기 사진, 가슴을 만지는 동영상 등을 촬영하게 하고 촬영된 사진과 동영상을 전송받은 경우 甲의 행위는 피해자들의 신체에 대한 접촉이 있는 경우와 동등한 정도로 성적 자기결정권을 침해하였다고 볼 수 있다(2016도17733). → 강제추행죄는 자수범이 아니므로 피고인이 피해자를 도구로 삼아 피해자의 신체를 이용하여 추행행위를 한 경우 강제추행죄의 간접정범에 해당할 수 있다. 18. 경찰, 19. 경찰간부, 19·21. 경찰승진

⑪ 甲이 밤에 술을 마시고 배회하던 중 버스에서 내려 혼자 길을 걸어가는 피해자 乙(여, 17세)을 발견하고 마스크를 착용한 채 뒤따라가다가 인적이 없고 외진 곳에서 가까이 접근하여 껴안으려 하였으나, 甲이 뒤돌아보면서 소리치자 그 상태로 몇 초 동안 쳐다보다가 오던 길로 간 경우 강제추행미수죄에 해당한다(2015도6980).
17. 경찰, 17·18·19. 경찰간부, 19. 변호사

3 유사강간죄

> **제297조의2【유사강간】** 폭행 또는 협박으로 사람에 대하여 구강, 항문 등 신체(성기는 제외한다)의 내부에 성기를 넣거나 성기, 항문에 손가락 등 신체(성기는 제외한다)의 일부 또는 도구를 넣는 행위를 한 사람은 2년 이상의 유기징역에 처한다.
> **제300조【미수범】** 미수범은 처벌한다.

※ 폭행 또는 협박으로 사람에 대하여 구강·항문 등 신체(성기는 제외한다)의 내부에 손가락 등 신체(성기는 제외한다)의 일부 또는 도구를 넣는 행위를 한 경우에는 형법상 유사강간죄가 성립한다. (×) 18. 경찰, 21. 경찰승진

4 준강간죄와 준강제추행죄

> **제299조【준강간, 준강제추행】** 사람의 심신상실 또는 항거불능의 상태를 이용하여 간음 또는 추행을 한 자는 제297조, 제297조의2 및 제298조의 예에 의한다.
>
> **제300조【미수범】** 미수범은 처벌한다.

→ 강간죄, 유사강간죄, 강제추행죄 예에 의함.

판례

① 준강간죄에서 **항거불능의 상태라 함은** 형법 제297조, 제298조와의 균형상 심신상실 이외의 원인 때문에 심리적 또는 물리적으로 반항이 절대적으로 불가능하거나 현저히 곤란한 경우를 의미하는 **것**이다(2012도2631). 15. 법원직, 19. 법원행시

② 피해자가 깊은 잠에 빠져 있거나 술·약물 등에 의해 일시적으로 의식을 잃은 상태 또는 **완전히 의식을 잃지는 않았더라도 그와 같은 사유로 정상적인 판단능력과 대응·조절능력을 행사할 수 없는 상태**에 있었다면 준강간죄 또는 준강제추행죄에서의 심신상실 또는 항거불능 상태에 해당한다(2018도9781). 21. 경찰

③ **피고인이 피해자가 심신상실 또는 항거불능의 상태에 있다고 인식하고 그러한 상태를 이용하여 간음할 의사를 가지고 간음하였으나, 실행의 착수 당시부터 피해자가 실제로는 심신상실 또는 항거불능의 상태에 있지 않았다면, 불능미수가 성립한다**(2018도16002 전원합의체 판결). 19. 법원행시, 22. 경찰

준강간죄에 해당하는 경우	준강간죄에 해당하지 않는 경우
① **잠을 자고 있는** 피해자의 음부를 만지고 성기를 삽입하려한 경우(99도5187) 17. 경찰간부, 19. 법원행시	① 자신의 애인으로 착각하여 "불을 끄라"고 말하였고, "여관으로 가자"고 제의하자 "**그냥 빨리 하라**"고 말한 경우(98도4355) 15. 변호사, 17. 경찰승진
② **종교적 믿음에 대한 충격** 등 정신적 혼란으로 인한 항거불능의 상태에서 간음한 경우 (2009도2001)	② 가족의 병을 낫게 하려고 목사와 **대화를 주고받고** 성행위를 한 경우(98도3257)

5 미성년자 의제강간 · 강제추행죄

제305조 【미성년자에 대한 간음, 추행】 ① 13세 미만의 사람에 대하여 간음 또는 추행을 한 자는 제297조(강간), 제297조의2(유사강간), 제298조(강제추행), 제301조(강간 등 상해 · 치상) 또는 제301조의2(강간 등 살인 · 치사)의 예에 의한다.
② 13세 이상 16세 미만의 사람에 대하여 간음 또는 추행을 한 19세 이상의 자는 제297조. 제297조의2, 제298조, 제301조 또는 제301조의2의 예에 의한다.

```
┌─────────┐     ┌──────────────────┐
│ 13세 미만 │  +  │ 사람 - 간음 · 추행 │  ➡ 강간, 유사강간, 강제추행의 예로 처벌
└─────────┘     └──────────────────┘
     │
     │   ┌──────────────────────────────────────────────────────────────────────────────────┐
     └──▶│ ① 폭행 · 협박 수단 → 강간죄 또는 강제추행죄 성립                                      │
         │ ② 위계 · 위력 수단 → 미성년자 간음죄가 아니라 본죄 성립                               │
         │ ③ 동의 有 → 위법성 조각 × → 미성년자의제강간 · 강제추행죄 성립                        │
         │ ④ 19세 이상자가 13세 이상 16세 미만의 미성년자와 합의하에 성관계를 가진 경우 → 미성년자의제강간죄 성립 │
         │ ⑤ 19세 미만자가 13세 이상 16세 미만의 미성년자와 합의하에 성관계를 가진 경우 → 처벌 ×    │
         │   → 형법 제305조 제2항(미성년자에 대한 간음 · 추행)의 피해자 연령은 16세 미만이므로 이에 따라 누구든지 16세 │
         │     미만의 미성년자를 간음하게 되면 형법 제297조 강간죄로 처벌된다. (×) 21. 국가직        │
         └──────────────────────────────────────────────────────────────────────────────────┘
```

판례 🔨

① 형법 제305조의 미성년자의제강제추행죄는 '13세 미만의 아동이 외부로부터의 부적절한 성적 자극이나 물리력의 행사가 없는 상태에서 심리적 장애 없이 성적 정체성 및 가치관을 형성할 권익'을 보호법익으로 하는 것으로서, 그 성립에 필요한 주관적 구성요건요소는 고의만으로 충분하고, **그 외에 성욕을 자극 · 흥분 · 만족시키려는 주관적 동기나 목적까지 있어야 하는 것은 아니다**(2005도6791). 19. 경찰승진, 19. 경찰

② 형법 제305조 소정의 미성년자에 대한 강간죄는 13세 미만의 사람이라는 사실을 알고 간음을 하면 성립되는 것이고 **간음을 함에 있어서 피해자에게 폭행, 협박을 가하거나 피해자의 의사에 반하여야 하는 것은 아니다**(75도855). 17. 경찰간부

③ 초등학교 4학년 담임교사(남자)가 교실에서 자신이 담당하는 반의 남학생의 성기를 만진 행위는 미성년자의제강제추행죄에서 말하는 추행에 해당한다(2005도6791).

08. 법원행시, 11 · 13. 경찰승진, 12 · 15. 경찰, 15. 법원직

④ 초등학교 기간제교사가 건강검진을 받으러 온 학생의 옷 속으로 손을 넣어 배와 가슴 등의 신체 부위를 만진 행위는 성폭력범죄의 처벌 및 피해자보호 등에 관한 법률 제8조의2 제5항에서 말하는 추행에 해당한다(2009도2576).

⑤ 형법 제305조에 규정된 13세 미만 부녀에 대한 의제강간·추행죄는 그 성립에 있어 위계 또는 위력이나 폭행 또는 협박에 의함을 요하지 아니하며 피해자의 동의가 있었다고 하여도 성립하는 것이다(82도2183). 01. 법원직, 11. 경찰승진, 12. 경찰, 17. 경찰간부
⑥ 미성년자의제강간·강제추행죄는 형법 제297조와 제298조의 '예에 의한다'는 의미는 미성년자의제강간·강제추행죄의 처벌에 있어 그 법정형뿐만 아니라 **미수범에 관하여도 강간죄와 강제추행죄의 예에 따른다**는 취지로 해석된다(2006도9453). 11. 경찰승진

6 미성년자·심신미약자 간음·추행죄

제302조【미성년자 등에 대한 간음】미성년자 또는 심신미약자에 대하여 위계 또는 위력으로써 간음 또는 추행을 한 자는 5년 이하의 징역에 처한다.

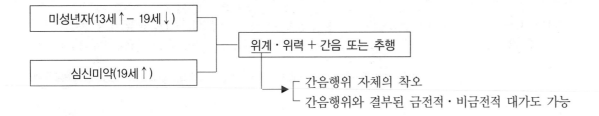

판례

① 형법은 제2편 제32장에서 '강간과 추행의 죄'를 규정하고 있는데, 이 장에 규정된 죄는 모두 개인의 성적 자유 또는 성적 자기결정권을 침해하는 것을 내용으로 한다. 여기에서 '**성적 자유'는 적극적으로 성행위를 할 수 있는 자유가 아니라 소극적으로 원치 않는 성행위를 하지 않을 자유를 말한다**(2019도3341). 21. 경찰, 22. 경찰간부
→ 성행위를 결정할 권리라는 적극적 측면과 함께 원치 않는 성행위를 거부할 권리라는 소극적 측면이 함께 존재하는데, **위계에 의한 간음죄를 비롯한 강간과 추행의 죄는 소극적 성적 자기결정권을 침해하는 것**을 내용으로 한다(2015도9436 전합). 22. 경찰
② 형법 제32장의 죄의 기본적 구성요건은 강간죄(제297조)나 강제추행죄(제298조)인데, 이 죄(**미성년자 또는 심신미약자에 대하여 위계 또는 위력으로써 간음 또는 추행**)는 미성년자나 심신미약자와 같이 판단능력이나 대처능력이 일반인에 비하여 낮은 사람은 낮은 정도의 유·무형력의 행사에 의해서도 저항을 제대로 하지 못하고 피해를 입을 가능성이 있기 때문에 범죄의 성립요건을 **보다 완화된 형태로 규정한 것이다**(2019도3341). 21. 경찰

판례

① 위계에 의한 간음죄에서 '위계'란 행위자의 행위목적을 달성하기 위하여 피해자에게 오인, 착각, 부지를 일으키게 하여 이를 이용하는 것을 말한다. 행위자가 간음의 목적으로 피해자에게 오인, 착각, 부지를 일으키고 피해자의 그러한 심적 상태를 이용하여 간음의 목적을 달성하였다면 위계와 간음행위 사이의 인과관계를 인정할 수 있다. **피해자가 오인, 착각, 부지에 빠지게 되는 대상은 간음행위 자체일 수도 있고, 간음행위에 이르게 된 동기이거나 간음행위와 결부된 금전적·비금전적 대가와 같은 요소일 수도 있다.** 21. 국가직 7급

위계에 의한 간음죄가 보호대상으로 삼는 아동·청소년, 미성년자, 심신미약자, 피보호자·피감독자, 장애인 등의 성적 자기결정 능력은 그 나이, 성장과정, 환경, 지능 내지 정신기능 장애의 정도 등에 따라 개인별로 차이가 있으므로 간음행위와 인과관계가 있는 **위계에 해당하는지 여부를 판단할 때에는 구체적인 범행 상황에 놓인 피해자의 입장과 관점이 충분히 고려되어야 하고, 일반적·평균적 판단능력을 갖춘 성인 또는 충분한 보호와 교육을 받은 또래의 시각에서 인과관계를 쉽사리 부정하여서는 안 된다.** 21. 국가직 7급, 22. 경찰

② 피고인이 스마트폰 채팅 애플리케이션을 통하여 알게 된 14세의 피해자에게 자신을 '고등학교 2학년인 갑'이라고 거짓으로 소개하고 채팅을 통해 교제하던 중 자신을 스토킹하는 여성 때문에 힘들다며 그 여성을 떼어내려면 자신의 선배와 성관계를 하여야 한다는 취지로 피해자에게 이야기하고, 피고인과 헤어지는 것이 두려워 피고인의 제안을 승낙한 피해자를 마치 자신이 갑의 선배인 것처럼 행세하여 간음한 경우, 피해자가 위와 같은 오인에 빠지지 않았다면 피고인과의 성행위에 응하지 않았을 것인데, 피해자가 오인한 상황은 피해자가 피고인과의 성행위를 결심하게 된 중요한 동기가 된 것으로 보이고, 이를 자발적이고 진지한 성적 자기결정권의 행사에 따른 것이라고 보기 어려우므로 위계에 의한 간음죄가 성립한다 (2015도9436 전원합의체). 21. 경찰

판례 2015도9436 전원합의체 판결에 따라 위계에 해당하는 것으로 변경

① **성경험 있는 16세 여고생**에게 성관계를 가지면 돈을 주겠다고 거짓말을 하여 성교행위를 한 경우 → 청소년 성보호에 관한 법률 위계 ○ (2001도5074) 10. 경찰, 19. 변호사, 20. 경찰승진

② **남자를 소개시켜 주겠다고 거짓말**을 하고 피해자가 이에 속아 여관으로 오게 되었고 거기에서 성관계를 한 경우 → 위계에 의한 심신미약자간음죄 ○ (2002도2029)
03. 사시, 04. 경찰, 17·18. 경찰승진, 19. 경찰간부

③ 정신장애가 있음을 알면서 인터넷 쪽지를 이용하여 집으로 유인한 후 성교행위를 한 경우 → 장애인에 대한 위계 간음죄 ○ (2014도8423) 15. 경찰, 15. 변호사

7 업무상 위력 등에 의한 간음죄

제303조【업무상 위력 등에 의한 간음】 ① 업무, 고용 기타 관계로 인하여 자기의 보호 또는 감독을 받는 사람에 대하여 위계 또는 위력으로써 간음 한 자는 5년 이하의 징역 또는 1,500만원 이하의 벌금에 처한다. <개정 2012.12.18>
② 법률에 의하여 구금된 사람을 감호하는 자가 그 사람을 간음한 때에는 7년 이하의 징역에 처한다. <개정 2012.12.18>

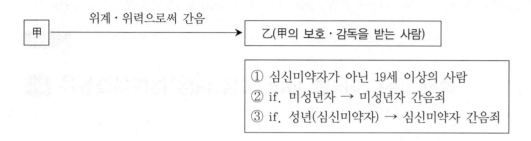

위계·위력으로써 간음

甲 ──────→ 乙(甲의 보호·감독을 받는 사람)

① 심신미약자가 아닌 19세 이상의 사람
② if. 미성년자 → 미성년자 간음죄
③ if. 성년(심신미약자) → 심신미약자 간음죄

판례

① 피고인은 미장원 주인의 남편으로 여자 종업원(21세)에게 말을 듣지 않으면 해고하겠다고 하면서 피해자를 간음한 경우에 피고인에게 업무상 위력에 의한 간음죄가 성립한다(74도1519).

② [1] 성폭력범죄의 처벌 등에 관한 특례법 제10조 '업무, 고용이나 그 밖의 관계로 인하여 자기의 보호, 감독을 받는 사람'에는 직장 안에서 보호 또는 감독을 받거나 사실상 보호 또는 감독을 받는 상황에 있는 사람뿐만 아니라 채용 절차에서 영향력의 범위 안에 있는 사람도 포함된다.

[2] 편의점 업주인 피고인이 아르바이트 구인 광고를 보고 연락한 갑을 채용을 빌미로 불러내 면접을 한 후 자신의 집으로 유인하여 갑의 성기를 만지고 갑에게 피고인의 성기를 만지게 하였다고 하여 성폭력범죄의 처벌 등에 관한 특례법 위반(업무상위력등에의한추행)으로 기소된 사안에서, 피고인이 채용 권한을 가지고 있는 지위를 이용하여 갑의 자유의사를 제압하여 갑을 추행하였다고 본 원심판단이 정당하다(2020도5646). 21. 경찰

8 상습범

제305조의2【상습범】 상습으로 제297조, 제297조의2, 제298조부터 제300조까지, 제302조, 제303조 또는 제305조의 죄를 범한 자는 그 죄에 정한 형의 2분의 1까지 한다.

9 예비 · 음모

제305조의3【예비, 음모】 상습으로 제297조, 제297조의2, 제299조(준강간죄에 한정한다). 제301조(강간 등 상해죄에 한정한다) 및 제305조의 죄를 범할 목적으로 예비 또는 음모한 사람은 3년 이하의 징역에 처한다.

- 예비 · 음모 처벌규정 有 → 강간죄(제297조), 유사강간죄(제297조의2), 준강간죄(제299조), 강간상해죄(제301조), 미성년자의제강간 · 추행죄(제305조)
- 예비 · 음모 처벌규정 無 → 강제추행죄(제298조), 준강제추행죄(제299조)

  주의 미성년자의제추행죄는 예비 · 음모 처벌규정이 있음.

10 성폭력범죄의 처벌 등에 관한 특례법 관련 판례

판례

① 피고인이 지하철 환승에스컬레이터 내에서 카메라폰으로 피해자의 치마 속 신체 부위를 동영상 촬영하였다고 하여 구 성폭력범죄의 처벌 및 피해자보호 등에 관한 법률 위반으로 기소된 사안에서, 동영상 촬영 중 저장버튼을 누르지 않고 촬영을 종료한 경우 카메라이용촬영죄의 **기수**에 해당한다(2010도10677). 18. 경찰
② 피고인이 피해자의 승낙을 받고 캠코더로 촬영해 두었던 피해자와의 성행위 장면이 담긴 영상물을 반포하였다면 성폭력범죄의 처벌 및 피해자보호 등에 관한 법률 제14조의2 제1항의 카메라 등 이용촬영죄에 해당하지 않는다(2009도7973).
③ 구 성폭력범죄의 처벌 등에 관한 특례법 제6조의 '신체적인 또는 정신적인 장애로 항거불능인 상태에 있음'은 신체장애 또는 정신장애 그 자체로 항거불능의 상태에 있는 경우뿐 아니라 신체장애 또는 정신장애가 주된 원인이 되어 심리적 또는 물리적으로 반항이 불가능하거나 현저히 곤란한 상태에 이른 경우를 포함한다(2011도6907). 19. 법원행시

④ 강간범이 범행현장에서 범행에 사용하려는 의도 아래 흉기 등 위험한 물건을 지닌 이상 그 사실을 피해자가 인식하거나 실제로 범행에 사용하지 않은 경우도 성폭력범죄의 처벌 등에 관한 특례법 제4조 제1항 소정의 '흉기나 그 밖의 위험한 물건을 지닌 채 강간죄를 범한 자'에 해당한다(2004도2018). 18. 변호사

⑤ 성폭력범죄의 처벌 등에 관한 특례법 제11조는 공중이 밀집하는 장소에서의 추행을 벌하는 바, 여기서 말하는 '공중밀집장소'란 현실적으로 사람들이 빽빽이 들어서 있어 서로간의 신체적 접촉이 이루어지고 있는 곳만을 의미하는 것이 아니라 공중의 이용에 상시적으로 제공·개방된 상태에 놓여 있는 곳 일반을 의미한다(2009도5704). 13. 변호사, 18. 경찰

11 아동·청소년의 성보호에 관한 법률 관련 판례

판례

① 甲이 제작한 영상물이 객관적으로 아동·청소년이 등장하여 성적 행위를 하는 내용을 표현한 영상물에 해당하더라도 대상이 된 아동·청소년의 동의하에 촬영한 것이라도 「아동·청소년의 성보호에 관한 법률」상 '아동·청소년이용음란물'을 제작한 것에 해당한다(2014도11501). 19. 변호사

② 아동·청소년의 성을 사는 행위를 알선하는 행위를 업으로 하여 청소년성보호법 제15조 제1항 제2호의 위반죄가 성립하기 위해서는 알선행위를 업으로 하는 사람이 아동·청소년을 알선의 대상으로 삼아 그 성을 사는 행위를 알선한다는 것을 인식하여야 하지만, 이에 더하여 알선행위로 아동·청소년의 성을 사는 행위를 한 사람이 행위의 상대방이 아동·청소년임을 인식하여야 한다고 볼 수는 없다(2015도15664). 18. 변호사

Theme 09 # 명예훼손죄

1 단순 명예훼손죄

> 제307조 【명예훼손】 ① 공연히 사실을 적시하여 사람의 명예를 훼손한 자는 2년 이하의 징역이나 금고 또는 500만원 이하의 벌금에 처한다.
> ② 공연히 허위의 사실을 적시하여 사람의 명예를 훼손한 자는 5년 이하의 징역, 10년 이하의 자격정지 또는 1천만원 이하의 벌금에 처한다.
> 제312조 【고소와 피해자의 의사】 ② 본죄는 피해자의 명시한 의사에 반하여 공소를 제기할 수 없다. 21. 법원직

1. 공연성

전파가능성	불특정 또는 다수인이 인식할 수 있는 상태. 1인의 사실적시 → 공연성 ○ 21. 법원직
피해자와 밀접한 관계	친구 · 동업관계 · 직장상사 · 가족 · 처 · 친척 (친하면 친할수록 전파가능성은 없다) → 공연성 ×
기자 1인	공연성 × → 기사화 ×

공연성이 인정된 경우	공연성이 부정된 경우
① 범행 당시 피고인의 말을 들은 사람은 한 사람에 불과하더라도 그들은 피고인과 **특별한 친분관계가 있는 자**가 아닌 경우(96도1007) 13. 경찰, 16. 경찰승진 ② 진정서와 고소장을 특정 사람들에게 개별적으로 우송하였고 또 **다수인(19명 · 193명)**에게 배포한 경우(91도347) 08. 법원직, 14. 변호사 ③ 피고인이 타인의 명예를 훼손할 만한 사실을 기재한 유인물을 **71명**의 회원에게 우송 · 배포한 경우(81도149) ④ 피고인들이 타인을 비방할 목적으로 출판물 15부를 피고인들이 소속된 교회의 교인들 (일부가 위 출판작성에 가담한 경우임)에게 배부한 경우(83도3124) 11. 경찰	① 기자를 통하여 사실을 적시하는 경우에는 기사화되어 보도되어야만 적시된 사실이 외부에 공표된다고 보아야 할 것이므로 기자가 취재를 한 상태에서 **아직 기사화하여 보도하지 아니한 경우**에는 전파가능성이 없다고 할 것이어서 공연성이 없다고 봄이 상당하다(99도5622). 10. 사시, 11 · 17 · 18 · 20. 경찰승진, 15. 경찰 · 법원직, 17. 경찰간부, 18. 경찰, 19. 법원행시 ② 피고인이 자신의 아들 등에게 폭행을 당하여 입원한 피해자의 병실로 찾아가 그의 모(母) 甲과 대화하던 중, 甲의 **이웃** 乙 및 피고인의 **일행** 丙 등이 있는 자리에서 "학교에 알아보니 피해자에게 원래 정신병이 있었다고 하더라."라고 허위사실을 말한 경우(2010도7497) 12 · 13 · 15. 경찰, 14. 변호사, 16 · 17. 경찰간부, 18. 경찰승진

⑤ 피고인이 甲의 집 앞에서 **乙 및 피해자의 시어머니**에게 피해자가 "시커멓게 생긴 놈하고 매일같이 붙어다니며 점방 마치면 여관에서 누워자고 아침에 들어온다."라고 말한 경우 (83도2222) 08. 경찰, 17. 법원직

⑥ 의사가 **의료기기**회사와의 분쟁을 해결하기 위하여 야당 **정치인** 1인에게 허위사실을 적시한 경우(2004도340) 19. 경찰간부

⑦ 사단법인 진주민속예술보존회의 이사장이 이사회 또는 임시총회를 진행하다가 **회원 10여 명 또는 30여 명**이 있는 자리에서 허위사실을 말한 경우(90도2483) 08. 경찰

⑧ 수사경찰관으로부터 고문·폭행·협박을 받았다는 허위사실을 **여러 사람에게 순차로 유포**한 경우(84도2380) 05. 사시

⑨ 피고인은 비록 2명 또는 3명이 있는 자리에서 허위사실을 유포하였으나 그 장소가 거리 또는 식당 등 공공연한 장소일 뿐만 아니라 그 이야기를 들은 사람들과 피해자의 **친분관계가 없는** 경우(94도1880)

⑩ 법원직원인 甲이 **법원전산망(courtnet)의 게시판**에 퇴직한 동료 직원인 乙의 명예를 훼손하는 글을 게시한 경우(99도5734) 02. 사시, 04. 법원행시, 08. 경찰, 09. 국가직 7급, 17. 경찰승진

⑪ **개인 블로그의 비공개대화방**에서 상대방으로부터 비밀을 지키겠다는 말을 듣고 **일대일로 대화**한 경우(2007도8155)

09·17. 법원직, 10·12·15·18. 경찰, 13·18·19. 경찰승진, 16. 변호사, 17. 경찰간부

⑫ 인터넷 포털사이트의 기사란에 마치 특정 여자연예인이 재벌의 아이를 낳은 것처럼 댓글이 달린 상황에서 같은 취지의 **댓글을 추가 게시**한 경우(92도455)

08. 경찰, 09. 법원행시, 14. 변호사

⑬ 피해자가 동성애자가 아님에도 불구하고 피고인이 **7회에 걸쳐** 인터넷 싸이월드에 피해자가 동성애자라는 내용의 글을 게재한 경우(2007도5077) 17. 경찰간부

⑭ 갑이 **집 뒷길에서** 자신의 남편과 A의 친척이 듣는 가운데 다른 사람들이 들을 수 있을 정도의 큰소리로 A에게 "저것이 징역 살다 온 전과자다."고 말한 경우(2020도5813)

21. 경찰, 22. 국가직

③ **중학교 교사**에 대하여 '전과범으로서 교사직을 팔아가며 이웃을 해치고 고발을 일삼는 악덕 교사'라는 취지의 진정서를 그가 근무하는 **학교법인 이사장** 앞으로 제출한 경우(83도2190) 07. 법원직, 08·10. 경찰, 17·19. 경찰간부

④ 甲은 乙만 들을 수 있도록 **귓엣말**로 乙(본인)이 丙과 부적절한 성적 관계를 맺었다는 취지의 이야기를 하였는데, 그 후 乙이 그 말을 스스로 다른 사람에게 전파한 경우(2004도2880) 06. 법원행시, 09. 법원직, 11. 경찰, 11·17. 경찰승진, 16. 경찰간부

⑤ 피고인이 평소 乙이 자신의 일에 간섭하는 것에 기분이 나쁘다는 이유로 甲으로부터 취득한 乙의 범죄경력기록을 **같은 아파트에 거주**하는 丙에게 보여주면서 "전과자이고 나쁜 년"이라고 사실을 적시한 경우(2010도8265) 13. 경찰, 17. 경찰간부

⑥ 이혼소송이 계속 중인 처가 **남편의 친구**에게 서신을 보내면서 남편의 명예를 훼손하는 문구가 기재된 서신을 동봉한 경우(99도4579) 02·10. 사시, 11. 경찰승진, 17. 법원직

⑦ 피고인의 6촌 동생인 김○○이 입원하고 있던 입원실에서 피해자와 그의 처의 면전에서 피고인 형수가 공소외인과 함께 광주시 소재 어느 여관에서 잠을 자고 왔다고 말한 경우(82도371) 08. 경찰, 11. 경찰승진

⑧ 조합장으로 취임한 피고인이 조합의 원만한 운영을 위하여 피해자의 **측근**이며 피해자의 불신임을 적극 반대하였던 사람에게 조합운영에 대한 협조를 구하기 위하여 동인과 단 둘이 있는 자리에서 이사회가 피해자를 불신임하게 된 사유를 설명하는 과정에서 피해자의 여자관계의 소문이 돌고 있는 취지의 말을 한 경우(89도1467) 02. 사시

2. 구체적 사실의 적시

(1) **사실의 적시**: 방법에는 제한 × **예** 언어 · 문서 · 신문 · 잡지 · 라디오 · 전자게시판 등

(2) **사실**: 과거 · 현재의 사실 → 장래의 사실(의견 · 가치판단) ×. 단, 장래의 사실이 현재사실의 주장을 포함: 사실 ○

(3) **구체적 사실의 적시(5W1H)**: 有 - 명예훼손죄, 無 - 모욕죄

(4) 반드시 피해자 자신에 대한 사실의 적시일 것 **예** 처의 간통사실을 적시하더라도 남편의 명예훼손으로 되지 않는다.

(5) 피해자의 특정 → 사실 · 정황에 비추어 알 수 있으면 족함(간접적이고 우회적 표현 포함).

(6) §307①(진실, 허위), §307②(허위)

판례 🔨

① 제307조 제1항의 명예훼손죄는 적시된 사실이 진실한 사실인 경우이든 **허위의 사실인 경우이든 모두 성립**될 수 있고, 특히 적시된 사실이 허위의 사실이라고 하더라도 행위자에게 허위성에 대한 인식이 없는 경우에는 제307조 제2항의 명예훼손죄가 아니라 제307조 제1항의 명예훼손죄가 성립될 수 있다(2016도18024). 18. 경찰

② 정부 또는 국가기관은 형법상 명예훼손죄의 피해자가 될 수 없으나, 언론보도의 내용이 **공직자 개인에 대한 악의적인 공격으로 현저히 상당성을 잃은 것으로 평가되는 경우**에는 그 보도로 인하여 공직자 개인에 대한 명예훼손죄가 성립할 수 있다(2014도15290). 14. 변호사, 18. 법원직 · 경찰, 21. 경찰, 22. 경찰승진

③ **평균적인 독자의 관점에서 문제된 부분이 실제로는 비평자의 주관적 의견에 해당**하고, 다만 비평자가 자신의 의견을 강조하기 위한 수단으로 그와 같은 표현을 사용한 것이라고 이해된다면 명예훼손죄에서 말하는 사실의 적시에 해당한다고 볼 수 없다(2017도15628). 21. 경찰, 22. 국가직

④ 민사재판에서 법원은 당사자 사이에 다툼이 있는 사실관계에 대하여 처분권주의와 변론주의, 그리고 자유심증주의의 원칙에 따라 신빙성이 있다고 보이는 당사자의 주장과 증거를 받아들여 사실을 인정하는 것이어서, 민사판결의 사실인정이 항상 진실한 사실에 해당한다고 단정할 수는 없다(2017도15628).

⑤ 명예훼손죄에 있어서 '사실의 적시'란 가치판단이나 평가를 내용으로 하는 의견표현에 대치되는 개념으로서 시간과 공간적으로 구체적인 **과거 또는 현재의 사실관계에 관한 보고 내지 진술을 의미하는 것**이며, 그 표현 내용이 증거에 의한 입증이 가능한 것을 말한다(97도2956). 11. 경찰승진, 19. 법원행시, 20. 경찰간부

⑥ **가치중립적인 표현**을 사용하였다 할지라도 사회통념상 그로 인하여 **특정인의 사회적 평가가 저하되었다고 판단 된다면** 명예훼손죄가 성립할 수 있다(2008도6728).

⑦ 적시된 사실은 이로써 특정인의 사회적 가치 내지 평가가 침해될 가능성이 있을 정도로 **구체성**을 띠어야 한다(98도2188). 15. 법원직

⑧ 명예훼손죄에 있어서의 사실의 적시는 그 사실의 적시자가 **스스로** 실험한 것으로 적시하든지 타인으로부터 **전문한 것**으로 적시하든지를 불문한다(85도431). 12. 사시

⑨ 누구든지 범죄가 있다고 생각하는 때에는 고발할 수 있는 것이므로 어떤 사람이 범죄를 고발하였다는 사실이 주위에 알려졌다고 하여 그 **고발사실 자체만으로 고발인의 사회적 가치나 평가가 침해될 가능성이 있다고 볼 수는 없다.** 다만, 그 고발의 **동기나 경위가 불순하다거나 온당하지 못하다는 등의 사정이 함께 알려진 경우**에는 고발인의 명예가 침해될 가능성이 있다(93도696). 16. 법원직

구체적 사실의 적시에 해당하는 경우	구체적 사실의 적시에 해당하지 않는 경우
① 사실의 적시는 사실을 직접적으로 표현한 경우뿐만 아니라, **간접적이고 우회적인 표현**에 의하는 경우에도 사실의 적시라고 할 수 있으므로 교수가 학생들 앞에서 피해자의 이성 관계를 암시하는 발언을 한 경우 명예훼손죄가 성립한다(91도420). 05. 사시, 20. 경찰간부	① 우리나라 유명 소주회사가 일본의 주류회사에 **지분이 50%가 넘어가 일본 기업이 되었다**고 말한 경우(2008도6729) 10. 경찰
② 신씨 종중의 자산을 관리하는 자와 평소 사이가 좋지 않았던 자가 어느 날 마을에 방송으로 "**어떤 분자**가 종중재산을 착복하였다."라고 한 경우(82도1256)	② 甲이 乙女와 丙이 자신을 고발했다고 오해하고 친목회에서 "**년놈이 신고해서 경찰서에 갔다 왔다. 년은 안나오고 놈만 나왔다.**"라고 말한 경우(93도696) 08. 법원행시
③ 피고인이 경찰관을 상대로 진정한 사건이 혐의인정되지 않아 내사종결 처리되었음에도 불구하고 공연히 "사건을 조사한 경찰관이 **내일부**로 검찰청에서 구속영장이 떨어진다."라고 말한 경우(2002도7420) 07. 국가직 7급·경찰승진, 10. 사시, 10·17. 경찰, 16. 변호사, 17. 법원직	③ 목사가 예배 중에 특정인을 가리켜 "**이단 중에 이단이다.**"라고 설교한 경우(2007도1220) 12. 경찰, 16. 법원직
④ 甲이 자신과 관련된 선거범죄사건의 **제보자가 A라는 사실**을 같은 당 당원인 乙과 丙에게 개별적으로 알렸다면 명예훼손죄가 성립한다(96도1007). 10. 경찰	④ **중요 부분이 객관적 사실과 합치**되는 경우에는 **세부에 있어서 진실과 약간의 차이가 나거나 다소 과장된 표현**이 있더라도 허위의 사실이라고 볼 수 없다(98도2188).
	⑤ 甲이 제3자에게 乙이 丙을 **선거법 위반으로 고발하였다는** 말만 하고 그 고발의 동기나 경위에 관하여 언급하지 않은 경우(2009도6687)
	⑥ 피고인이 관리단 임원들에 대하여 "**피해자가 전과 13범인 것이 확실하다. 경찰서에 가서 확인해보자.**"라고 말을 한 경우(2008도6515) 16. 경찰간부
	⑦ 방송국 프로듀서 등 피고인들이 특정 프로그램 방송보도를 통하여 이른바 '한미 쇠고기 수입 협상'의 협상단 대표와 주무부처장관이 **미국산 쇠고기 실태를 제대로 파악하지 못하였다는** 취지의 방송보도를 한 경우(2010도17237) 12. 경찰
	⑧ 피고인이 **고흥군청 인터넷 홈페이지**에 고흥군을 비방할 목적으로 허위 내용의 글을 게시하거나 고흥군에 대한 경멸적인 표현의 글을 게재한 경우(2014도15290)

3. 고의

① 명예훼손 내용의 사실을 발설하게 된 경위가 그 사실에 대한 **확인요구에 대답하는 과정에서** 나오게 된 것이라면 그 발설 내용과 동기에 비추어 명예훼손의 범의를 인정할 수 없고 또 질문에 대한 단순한 확인대답이 명예훼손의 사실적시라고 할 수 없다(83도1017). 12. 경찰, 20. 경찰승진, 21. 법원직

② 새로 목사로서 부임한 피고인이 전임목사에 관한 교회 내의 불미스러운 소문의 진위를 확인하기 위하여 이를 **교회집사들에게 물어보았다면** 이는 경험칙상 충분히 있을 수 있는 일로서 명예훼손의 고의 또는 미필적 고의가 없다(85도588). 10 · 11. 경찰, 19. 법원행시

③ **형법 제307조 제2항의 고의는** 적시한 사실이 허위인 점과 그 사실이 사람의 사회적 평가를 저하시킬 만한 것이라는 점을 인식하는 것을 말하고, 특히 **비방의 목적을 요하지는 않는다**(91도156). 06. 경찰, 09. 경찰승진, 10. 사시

④ 방송국 프로듀서 등 피고인들이 특정 프로그램 방송보도를 통하여 이른바 '**한미 쇠고기 수입 협상**'의 협상단 대표와 주무부처장관이 협상을 졸속으로 체결하였다는 취지로 표현하는 등 자질 및 공직수행자세를 비하하여 이들의 명예를 훼손하였다는 내용으로 기소된 사안에서 **보도 내용 중 일부가 허위사실의 적시에 해당하지만 명예훼손의 고의를 인정하기는 어렵다**(2010도2877). 12. 경찰

⑤ 형법 제307조 제2항의 '**허위사실적시**에 의한 명예훼손죄'에서 적시된 사실이 허위인지 행위자가 그 허위성을 인식하였는지 판단하는 기준과 위 죄는 **미필적 고의로 족하고**, 형법 제308조의 '**사자명예훼손죄**' 판단에서도 같은 법리가 적용된다(2013도12430). 18. 경찰

⑥ 적시된 사실이 허위의 사실이라고 하더라도 **행위자에게 허위성에 대한 인식이 없는 경우에는 제307조 제2항의 명예훼손죄가 아니라 제307조 제1항의 명예훼손죄가 성립될 수 있다**(2016도18024). 18 · 22. 경찰, 20 · 22. 경찰승진

⑦ 마트의 운영자인 피고인이 마트에 아이스크림을 납품하는 업체 직원인 甲을 불러 "다른 업체에서는 마트에 입점하기 위하여 입점비를 준다고 하던데, 입점비를 얼마나 줬냐? 점장 乙이 여러 업체에서 입점비를 돈으로 받아 해먹었고, 지금 뒷조사 중이다."라고 말한 경우, 피고인은 乙이 납품업체들로부터 입점비를 받아 개인적으로 착복하였다는 소문을 듣고 甲을 불러 소문의 진위를 확인하면서 甲도 입점비를 乙에게 주었는지 **질문하는 과정에서** 위와 같은 말을 한 것이라면 명예훼손죄의 고의를 인정할 수 없다(2018도4200).

2 사자명예훼손죄

제308조 【사자의 명예훼손】 공연히 허위의 사실을 적시하여 사자의 명예를 훼손한자는 2년 이하의 징역이나 금고 또는 500만원 이하의 벌금에 처한다.

제312조 【고소와 피해자의 의사】 ① 본죄는 고소가 있어야 공소를 제기할 수 있다. 21. 법원직

① 피고인이 사망자의 사망사실을 알면서 망인은 사망한 것이 아니고 **"빚 때문에 도망다니며 죽은 척하는 나쁜 놈."**이라고 함은 공연히 허위의 사실을 적시한 행위로서 사자의 명예를 훼손하였다고 볼 것이다(83도1520).

② 역사드라마 '**서울 1945**'의 특정 장면이 공연히 허위사실을 적시하여 망인인 이승만 등의 명예를 훼손하였다는 공소사실에 대하여 구체적인 허위사실의 적시가 있었다고 보기 어렵다(2007도8411).

3 출판물 명예훼손죄

제309조【출판물 등에 의한 명예훼손】 ① 사람을 비방할 목적으로 신문, 잡지 또는 라디오 기타 출판물에 의하여 제307조 제1항의 죄를 범한 자는 3년 이하의 징역이나 금고 또는 700만원 이하의 벌금에 처한다.

② 제1항의 방법으로 제307조 제2항의 죄를 범한 자는 7년 이하의 징역, 10년 이하의 자격정지 또는 1,500만원 이하의 벌금에 처한다.

제312조【고소와 피해자의 의사】 ② 본죄는 피해자의 명시한 의사에 반하여 공소를 제기할 수 없다.

① **프린트된 A4용지 7쪽 분량**(99도3048), 장수가 2장에 불과한 **최고서 사본**(85도1143), **광고문**(85도1143) → 출판물 ×

② 타인을 비방할 목적으로 허위사실인 **기사의 재료를 신문기자에게 제공**한 경우에 기사를 신문지상에 게재하느냐의 여부는 신문 편집인의 권한에 속한다고 할 것이나 이를 편집인이 신문지상에 게재한 이상, 기사의 게재는 기사재료를 제공한 자의 행위에 의한 것이므로 기사재료의 제공행위는 출판물에 의한 명예훼손죄의 죄책을 면할 수 없다(2001도2624).

09. 경찰승진, 11. 법원행시

③ 의사가 의료기기회사와의 분쟁을 정치적으로 해결하기 위하여 국회의원에게 허위의 사실을 제보하였을 뿐인데, **국회의원의 발표로 그 사실이 일간신문에 게재된 경우,** 출판물에 의한 명예훼손죄는 성립하지 아니한다(2000도3045). → 제307조 제2항의 허위사실명예훼손죄 성립 05. 사시, 07. 국가직 7급

④ 甲이 신문사 **기자인 乙에게 연예인 A의 실명을 거론하면서 허위사실을 적시**함으로써 A를 비방할 목적으로 기사의 자료를 제공하자, 이를 진실한 것으로 오신한 乙이 기사를 작성하여 공표한 경우 甲에게 출판물에 의한 명예훼손죄가 성립한다(2009도8949).

⑤ 인터넷 포털사이트의 지식검색 질문·답변 게시판에 성형시술 결과가 만족스럽지 못하다는 주관적인 평가를 주된 내용으로 하는 한 줄의 댓글을 게시한 경우, 사실의 적시에는 해당하지만 비방의 목적이 없어서 정보통신망 이용촉진 및 정보보호 등에 관한 법률상의 명예훼손죄가 성립하지 않는다(2008도8812). 14. 변호사

4 제310조 위법성 조각

> **제310조 【위법성조각】** 제307조 제1항의 행위가 진실한 사실로서 오로지 공공의 이익에 관한 때에는 처벌하지 아니한다.

(1) **요건** : §307①(진실, 허위사실이더라도 진실로 믿고 → 중요부분만 일치 족함) + 공공의 이익(국가·사회·특정사회집단이나 그 구성원 전체의 이익)

(2) §307②(허위), §308 사자명예훼손(허위), §309 출판물명예훼손(비방의 목적) → §310조 적용 × 18. 경찰간부, 19. 법원행시

(3) 허위사실을 적시하더라도 적시된 사실이 진실한 것이거나 적어도 행위자가 그 사실을 진실한 것으로 믿었고, 그렇게 믿을 만한 상당한 이유가 있는 경우 → §310조 적용 ○

(4) **출판물명예훼손죄(§309①)** : 비방의 목적 + 신문·잡지 등 + §307①(진실)

　① 원칙 : 비방의 목적 有 → 공공의 이익 × → §310조 적용 ×

　② 예외 : §309① → 공공의 이익을 위해 발표하면 특별한 사정이 없는 한 비방의 목적은 부인 ⇨ 비방의 목적이 공공의 이익으로 대체된다. 즉 공공의 이익 + §307①(진실) → §310조 적용

판례 🔨

① 형법 제310조에 정한 '진실한 사실'은 내용 전체의 취지를 살펴볼 때 **중요 부분이 객관적 사실과 합치**되는 사실이라는 의미로서 **세부에 있어 진실과 약간 차이가 있거나 다소 과장된 표현이 있더라도 무방**하다(2001도3594). 18. 경찰간부

② 방송 등 언론매체가 사실을 적시하여 타인의 명예를 훼손하는 행위를 한 경우 **형법 제310조에 의하여 처벌되지 않기 위해서는** 적시된 사실이 객관적으로 볼 때 **공공의 이익**에 관한 것으로서 행위자도 공공의 이익을 위하여 그 사실을 적시한 것이어야 될 뿐만 아니라 그 **적시된 사실이 진실한 것이거나 적어도 행위자가 그 사실을 진실한 것으로 믿었고, 또 그렇게 믿을 만한 상당한 이유가 있어야 할 것**이며, 한편 그것이 진실한 사실로서 오로지 공공의 이익에 관한 때에 해당된다는 점은 **행위자가 증명**하여야 한다(2006도8544). 19. 경찰간부

③ 형법 제310조가 규정한 '공공의 이익에 관한 것'에는 널리 국가·사회 기타 일반 다수인의 이익에 관한 것뿐만 아니라 특정한 사회집단이나 그 구성원 전체의 관심과 이익에 관한 것도 포함된다(2016도18024). 20. 경찰간부

④ 형법 제310조의 공공의 이익에 관한 때에는 처벌하지 아니한다는 규정은 사람을 비방할 목적이 있어야 하는 형법 제309조 제1항 소정의 행위에 대하여는 적용되지 아니하고 그 목적을 필요로 하지 않는 형법 제307조 제1항의 행위에 한하여 적용되는 것이고, 반면에 **적시한 사실이 공공의 이익에 관한 것인 경우에는 특별한 사정이 없는 한 비방목적은 부인된다고 봄이 상당**하므로 이와 같은 경우에는 형법 제307조 제1항 소정의 명예훼손죄의 성립 여부가 문제될 수 있고 이에 대하여는 다시 형법 제310조에 의한 위법성 조각 여부가 문제로 될 수 있다(97도158). 12. 법원행시, 18. 법원직, 20. 경찰간부

⑤ 교회담임목사를 출교처분 한다는 취지의 교단산하 **재판위원회의 판결문**을 복사하여 소속 신자들에게 배포한 경우 피해자를 비방할 목적이 함께 숨어 있었다고 하더라도 그 **주요한 동기가 공공의 이익을 위한 것이라면** 형법 제310조의 적용을 배제할 수 없다(88도899). 12. 법원행시, 18. 법원직, 20. 경찰간부

⑥ **주된 목적이나 동기가 공공의 이익**을 위한 것이면 충분하고 유일한 동기일 필요는 없다. 다만, **부수적으로 다른 사익적 동기나 목적이 내포되어 있더라도 제310조를 배제할 수 없다**(97도158). 16. 사시, 21. 경찰, 21. 법원직, 22. 국가직

⑦ 개인의 사적인 신상에 관하여 적시된 사실도 그 적시의 **주요한 동기가 공공의 이익을 위한 것**이라면 이와 같은 의미에서 형법 제310조 소정의 공공의 이익에 관한 것으로 볼 수 있는 경우가 있다(94도3309). 18. 경찰간부

⑧ 공연히 사실을 적시하여 사람의 명예를 훼손한 행위가 형법 제310조의 규정에 따라서 위법성이 조각되어 처벌대상이 되지 않기 위하여는 그것이 진실한 사실로서 오로지 공공의 이익에 관한 때에 해당된다는 점을 **행위자가 증명**하여야 하는 것이나, 그 증명은 유죄의 인정에 있어 요구되는 것과 같이 법관으로 하여금 의심할 여지가 없을 정도의 확신을 가지게 하는 증명력을 가진 **엄격한 증거에 의하여야 하는 것은 아니므로**, 이때에는 **전문증거에 대한 증거능력의 제한을 규정한 형사소송법 제310조의2는 적용될 여지가 없다**(95도1473). 16. 변호사

제310조에 해당하는 경우	제310조에 해당하지 않는 경우
① 중요 부분의 진실성 : 전국교직원노동조합 소속 교사가 작성·배포한 보도자료의 **일부에 사실과 다른 기재가 있으나 그 기재 내용이 진실하고 공공의 이익을 위한 것**이라고 보아 명예훼손죄의 위법성이 조각된다(2001도3594). 16·18. 경찰, 22. 경찰승진	① 학교운영의 공공성·투명성의 보장을 요구하여 학교가 합리적이고 정상적으로 운영되게 할 목적으로 공연히 사실을 적시하였더라도, **피해자들의 거주지 앞에서 그들의 주소까지 명시**하여 명예를 훼손한 경우(2006도6049) 13. 경찰
② 국립대학교 교수가 연구실 내에서 제자인 **여학생을 성추행**하였다는 내용의 글을 여성단체가 인터넷 홈페이지 또는 소식지에 게재한 경우(2003도2137) 10. 경찰	
③ 개인택시운송조합 전임이사장이 새로 취임한 **이사장의 비리**에 관한 사실을 적시하여 조합원들에게 유인물을 배포한 행위는 진실한 사실로서 공공의 이익에 관한 것이므로 위법성이 조각된다(2006도2074). 20. 경찰간부	
④ 특정 상가건물관리회의 회장이 관리회의 결산보고를 하면서 전 관리회장이 체납관리비 등을 둘러싼 분쟁으로 자신을 폭행하여 **유죄판결을 받은 사실**을 알린 경우 제310조에 의하여 위법성이 조각된다(2008도6342). 13. 경찰	
⑤ 아파트 동대표인 피고인이 자신에 대한 **부정비리 의혹**을 해명하기 위하여 그 의혹의 제기자가 명예훼손으로 입건된 사실 등을 기재한 문서를 아파트 입주민들에게 배포한 경우(2004도1388)	
⑥ 재단법인 이사장 A가 전임 이사장 B에 대하여 재임 기간 중 재단법인의 재산을 횡령하였다고 고소하였다가 무고죄로 유죄판결을 받자 甲이 A의 퇴진을 요구하는 시위를 하면서 A가 유죄판결 받은 사실을 적시한 경우(2016도8557) 20. 경찰간부	
⑦ 교장이 여성기간제교사에게 **차 접대요구와 부당한 대우**를 하였다는 인상을 주는 내용의 글을 게재한 다른 교사의 명예훼손행위는 공공의 이익에 관한 것으로서 위법성이 조각된다(2007도9885). 17. 경찰간부	

⑧ 사이버대학교 법학과 학생인 피고인이, 법학과 학생들만 회원으로 가입한 네이버밴드에 갑이 총학생회장 출마자격에 관하여 조언을 구한다는 글을 게시하자 이에 대한 댓글 형식으로 직전 연도 총학생회장 선거에 입후보하였다가 중도 사퇴한 을의 실명을 거론하며 '○○○이라는 학우가 학생회비도 내지 않고 총학생회장 선거에 출마하려 했다가 상대방 후보를 비방하고 이래저래 학과를 분열시키고 개인적인 감정을 표한 사례가 있다.'고 언급한 다음 '그러한 부분은 지양했으면 한다.'는 의견을 덧붙인 경우, 피고인의 주요한 동기와 목적은 공공의 이익을 위한 것으로서 피고인에게 을을 비방할 목적이 있다고 보기 어렵다(2018도15868). 17. 경찰간부

5 모욕죄

제311조 【모욕】 공연히 사람을 모욕한 자는 1년 이하의 징역이나 금고 또는 200만원 이하의 벌금에 처한다.
제312조 【고소와 피해자의 의사】 ① 본죄는 고소가 있어야 공소를 제기할 수 있다. 21. 법원직

(1) 공연성 ○ + 구체적사실의 적시 × + 경멸의 의사표시(**예** 욕설)

(2) 부작위에 의한 모욕도 可. **예** 군대내의 의전행사에서 답례할 법적 의무가 있는 자가 답례하지 않는 부작위는 모욕행위에 해당할 수 있다.

(3) **거동에 의한 모욕**: 침 뱉음, 뺨 때림 → 폭행죄와 모욕죄의 상상적 경합

(4) 자신의 일기장에 '을은 개같은 새끼'라고 기입하고 소지하고 있는 행위는 구체적 사실의 적시가 없는 모욕이지만 공연성이 없어 모욕죄 ×

(5) **위법성**: 형법총칙상의 일반적인 위법성 조각사유 적용 ○. 단, §310조 적용 ×(판례)

① 모욕죄는 피해자의 외부적 명예를 저하시킬 만한 추상적 판단이나 경멸적 감정을 공연히 표시함으로써 성립하고, **피해자의 외부적 명예가 현실적으로 침해될 필요까지는 없다**(2016도9674).

22. 경찰승진

② 명예훼손죄와 모욕죄의 보호법익은 다같이 사람의 가치에 대한 사회적 평가인 이른바 외부적 명예인 점에서는 차이가 없으나, 다만 명예훼손죄는 사람의 사회적 평가를 저하시킬 만한 **구체적 사실을 적시**하여 명예를 침해함을 요하는 것으로서, 구체적 사실이 아닌 단순한 추상적 판단이나 경멸적 감정의 표현으로써 사회적 평가를 저하시키는 모욕죄와 다르다(87도739).

③ 어떠한 표현이 상대방의 인격적 가치에 대한 사회적 평가를 저하시킬 만한 것이 아니라면 설령 그 표현이 다소 무례한 방법으로 표시되었다 하더라도 이를 두고 모욕죄의 구성요건에 해당한다고 볼 수 없다(2017도2661). 22. 경찰

④ 모욕죄는 특정한 사람 또는 인격을 보유하는 단체에 대하여 사회적 평가를 저하시킬 만한 경멸적 감정을 표현함으로써 성립하므로 그 피해자는 특정되어야 한다. 그리고 이른바 집단표시에 의한 모욕은 **모욕의 내용이 집단에 속한 특정인에 대한 것이라고는 해석되기 힘들고, 집단표시에 의한 비난이 개별구성원에 이르러서는 비난의 정도가 희석되어 구성원 개개인의 사회적 평가에 영향을 미칠 정도에 이르지 아니하는 경우에는 구성원 개개인에 대한 모욕이 성립되지 않는다**고 봄이 원칙이다. 다만, **비난의 정도가 희석되지 않아 구성원 개개인의 사회적 평가를 저하시킬 만한 것으로 평가될 경우에는 예외적으로 구성원 개개인에 대한 모욕이 성립할 수 있다**(2011도15631). 15·18. 경찰, 16. 변호사, 18. 법원직·경찰

모욕죄에 해당하는 경우	모욕죄에 해당하지 않는 경우
① 동네사람 4명과 구청직원 2명이 있는 자리에서 피해자가 듣는 가운데 구청직원에게 피해자를 가리키면서 '**저 망할년 저기 오네**"라고 피해자를 경멸하는 욕설 섞인 표현을 한 경우(90도873)	① 임대아파트의 분양전환과 관련하여 임차인이 아파트 관리사무소의 방송시설을 이용하여 임차인대표회의의 전임회장을 비판하며 "전 회장의 개인적인 의사에 의하여 **주택공사의 일방적인 견해에 놀아나고 있기 때문에**"라고 한 표현한 경우(2008도8917)
② "**애꾸눈, 병신**"이라고 한 경우(94도1770)	② "**부모가 그런 식이니 자식도 그런 것이다**"와 같은 표현을 한 경우(2006도8915)
③ "**빨갱이 계집년, 만신(무당), 첩년**"이라고 말한 경우(81도2280)	③ 골프클럽 경기보조원들의 구직편의를 위해 제작된 인터넷 사이트 내 회원 게시판에 특정 골프클럽의 운영상 불합리성을 비난하는 글을 게시하면서 위 클럽담당자에 대하여 **한심하고 불쌍한 인간**이라는 등 경멸적 표현을 한 경우(2008도1433)
④ "**아무것도 아닌 똥고다리 같은 놈**이 잘 운영되어 가는 어촌계를 파괴하려 한다"고 한 경우 (88도1397)	④ 아파트 입주자 대표회의 감사인 피고인이 관리소장실을 방문한 자리에서 언쟁을 하다가 "**야, 이따위로 일할래.**", "**나이 처먹은게 무슨 자랑이냐.**"라고 한 경우(2015도2229) 19. 경찰승진
⑤ "야 이 개 같은 잡년아, **시집을 열두 번을 간 년아**, 자식도 못 낳는 창녀 같은 년"이라고 말한 경우(85도1629)	⑤ **인터넷 아이디(ID)**는 사이버공간 밖에서 사용되는 성명과 마찬가지로 사이버공간 안에서 그 아이디를 사용하는 사람을 특정하는 기능을 하는 것인데, 그와 같은 인터넷 아이디를 가진 사람이 누구인지 알아차릴 수 없는 경우(2007헌마461) 11. 국가직 9급·7급, 22. 경찰

⑥ 피고인이 택시기사와 요금문제로 시비가 벌어져 112 신고를 한 후, 신고를 받고 출동한 경찰관 甲에게 늦게 도착한 데에 대하여 항의하는 과정에서 "**아이 씨발!**"이라고 말한 경우(2015도6622) 16. 법원행시, 19. 경찰간부

⑦ 국회의원이었던 피고인이 국회의장배 전국 대학생 토론대회에 참여했던 학생들과 저녁 회식을 하는 자리에서, 장래의 희망이 아나운서라고 한 여학생들에게 (아나운서 지위를 유지하거나 승진하기 위하여) "**다 줄 생각을 해야 하는데, 그래도 아나운서 할 수 있겠느냐. ○○여대 이상은 자존심 때문에 그렇게 못하더라**"라는 등의 말을 함으로써 공연히 8개 공중파 방송 아나운서들로 구성된 △△△△△△연합회 회원인 여성 아나운서 154명을 각 모욕한 경우(2011도15631) 16. 변호사

⑧ 인터넷 신문사 소속 기자 갑이 작성한 기사가 인터넷 포털 사이트의 '핫이슈' 난에 게재되자, 피고인이 "이런걸 기레기라고 하죠?"라는 댓글을 게시함으로써 공연히 갑을 모욕하였다는 내용으로 기소된 사안에서, '**기레기**'는 모욕적 표현에 해당하나, 위 댓글의 내용, 작성 시기와 위치, 위 댓글 전후로 게시된 다른 댓글의 내용과 흐름 등을 종합하면, 위 댓글을 작성한 행위는 사회상규에 위배되지 않는 행위로서 형법 제20조에 의하여 위법성이 조각된다(2017도17643). 21. 경찰, 22. 국가직

Theme 10 신용·업무와 경매에 관한 죄

1 신용훼손죄

제313조【신용훼손】 허위의 사실을 유포하거나 기타 위계로써 사람의 신용을 훼손한 자는 5년 이하의 징역 또는 1,500만원 이하의 벌금에 처한다.

- 허위사실의 유포
  - 허위사실
    - 사실 : 과거·현재의 사실, 입증이 가능한 미래의 사실 포함
    - 진실한 사실 ×, 가치판단 ×, 의견 × 20. 경찰승진
  - 유포
    - 유포의 방법 불문
    - 공연성 × → 1人에 대한 유포도 가능
- 위계 : 상대방의 부지나 착오를 이용하는 일체의 행위
- 신용훼손 : 사람의 지불능력이나 지불의사에 대한 사회적 신뢰를 저하시키는 상태
  - 예 甲이 丙에서 乙은 파산당한 사람이므로 돈을 빌려주지 않는 것이 좋을 것이라고 거짓말을 한 경우

판례

① 채권자인 피고인이 자신의 채무자인 피해자를 지칭하면서 계원들이 모인 자리에서 "피해자는 과부이며, 계주로서 **계불 입금을 모아서 도망가더라도 도와줄 사람 하나 없는 알몸이다**"고 말하였다 하더라도 신용훼손죄가 성립하지 아니한다(82도2486).

② 갑이 을에게 "병의 점포의 물건 값이 **유달리 비싸다**"고 허위사실을 말하였다면 지불능력이나 지불의사에 대한 사회적 신뢰를 저해하는 것이 아니므로 신용훼손죄의 객체인 신용에 해당하지 않는다(2004도1313).

③ **퀵서비스** 운영자인 피고인이 허위사실을 유포하여 손님들로 하여금 불친절하고 배달을 지연시킨 사업체가 경쟁관계에 있는 피해자 운영의 퀵서비스인 것처럼 인식하게 한 사안에서, 위 행위가 신용훼손죄에 해당하지 않는다(2009도5549). → 인정된 죄명 : 업무방해죄 18. 경찰간부, 21. 경찰승진

④ 甲은 조흥은행 본점 앞으로 '乙은 대출금 이자를 연체하여 위 은행의 수락지점장인 丙이 3,000만원의 **연체이자를 대납**하였다'는 등의 내용을 기재한 편지를 보냈다. 그러나 실제로는 丙이 위 연체이자를 대납한 적이 없는 사실을 인정할 수 있고, 甲은 위 내용이 허위라는 점에서 미필적으로나마 인식하고 있었던 경우 甲의 죄책은? 위계에 의한 신용훼손죄 성립(2006도3400) → 허위사실유포에 의한 신용훼손죄 ×

2 **업무방해죄**

> **제314조【업무방해】** ① 제313조의 방법 또는 위력으로써 사람의 업무를 방해한 자는 5년 이하의 징역 또는 1,500만원 이하의 벌금에 처한다.

```
┌─────┐                                          ┌──────────────────────┐
│  甲  │ ───────────────────────────────────────▶ │  乙(자연인, 법인 포함)  │
└─────┘                                          └──────────────────────┘
```

① 업무 : 사회적 지위 + 계속성(계속·반복적 의사) → 1회적 사무 ×

② 형법상 보호가치 있는 업무

　㉠ 계약위반(**예** 무허가 영업), 행정행위 위반 → 보호대상 ○

　㉡ 불법성이 큰 반사회성을 띠는 경우 → 업무방해죄의 보호대상이 되는 '업무' ×

　　예 의료법 위반, 부동산중개업법 위반, 성매매업법 위반, 사법부의 결정 무시 → 불법성이 크다 → 업무방해죄 ×

③ 공무는 제외된다(판례).

④ 업무를 방해할 우려 있는 상태가 발생하면 기수. 현실적 방해 요하지 않음(추상적 위험범).

　→ 업무방해 위험성조차 없으면 업무방해죄 ×

1. 업무

(1) 업무 = 사회적 지위 + 계속성

업무의 계속성이 인정되는 경우	업무의 계속성이 부정되는 경우
① 당직 근무자 등을 통하여 **야간에 공장출입자에 대한 통제**를 하는 업무는 회사의 주된 업무와 밀접불가분의 관계에 있으면서 계속적으로 수행되어지는 회사의 부수적 업무라 할 것이므로 이는 업무방해죄에서 보호의 대상으로 삼고 있는 업무에 해당한다(91도1834). 02 · 05 · 12. 법원행시, 12. 경찰간부 ② 종중 **정기총회**를 주재하는 **종중 회장의 의사진행업무** 자체는 1회성을 가지는 것이라고 하더라도 그것이 종중회장으로서의 사회적인 지위에서 계속적으로 행하여 온 종중업무행위의 일환으로 행해지는 경우 업무방해죄에 있어서 보호되는 업무에 해당된다(95도1589). 12. 경찰간부, 15 · 16. 경찰, 17. 경찰승진 ③ 경비원은 **상사의 명령**에 의하여 주로 경비업무 등 노무를 제공하는 직분을 가지고 있는 것이므로 **상사의 명에 의하여 그 직장의 업무를 수행**한다면 설사 그 업무가 본조의 계속적인 직무권한에 속하지 아니한 일시적인 것이라 할지라도 본죄의 업무에 해당한다(71도399).	① 법적 성질이 영조물에 불과한 **대학교 자체**는 업무방해죄에 있어서의 업무의 주체가 될 수 없다(98도663). 20. 경찰간부 ② 도로관리청으로부터 권한을 위임받아 과적 단속업무를 담당하는 피해자의 적재량 재측정을 거부하면서, 재측정의 목적으로 피고인의 차량에 올라탄 피해자를 그대로 둔 채 차량을 진행한 경우 → 과적차량 단속을 위한 적재량 측정의 업무를 수행하는 자라고 하더라도 측정을 강제하기 위한 조치를 취할 권한은 없으므로 이를 위한 조치가 정당한 업무집행이라고 볼 수는 없다(2010도935). 15. 경찰간부 ③ 피고인이 1층을 임차하여 알프스 레스토랑을 경영하였는데, 건물의 소유자가 피고인의 동의를 구하지 않고 건물 앞에 **1회적인 조경공사**를 강행하자 피고인이 공사 중인 인부들을 가로막고 작업장의 전구를 소등한 경우(92도2929) 03. 경찰승진 ④ 주식회사의 대표이사가 직원들을 동원하여 주주총회에서 위력으로 21명 주주들의 **발언권과 의결권**을 행사하지 못하도록 방해한 경우, **주주로서 주주총회에서 의결권** 등을 행사하는 것은 '직업 기타 사회생활상의 지위에 기하여 계속적으로 종사하는 사무 또는 사업'에 해당한다고 할 수 없다(2004도1256). 12. 법원행시, 16 · 17. 경찰승진, 16 · 18. 경찰, 17. 국가직 7급 · 경찰간부 **비교판례** 소송에서 유리한 자료를 찾기 위하여 주주로부터 주주권 행사를 위임받은 자가 회사의 **정기주주총회**에 참석하여 고함을 질러 주주총회의 개최 · 진행을 포기하게 한 경우 업무방해죄가 성립한다(2001도2917). 10. 법원직 ⑤ 도급인의 공사계약 해제가 적법하고 수급인이 **스스로 공사를 중단**한 상태에서 도급인이 공사현장에 남아있는 수급인 소유의 공사자재를 다른 곳으로 옮겨 놓은 경우, 도급인이 수급인의 공사업무를 방해한 것으로 볼 수는 없다(98도3240). 10. 법원행시, 15. 사시 ⑥ 학생들이 학교에 등교하여 교실에서 수업을 듣는 것(2013도3829) 14 · 16. 경찰간부, 18. 경찰

(2) 형법상 보호가치 있는 업무

형법상 보호가치가 있는 경우 (업무 ○)	형법상 보호가치가 없는 경우 (업무X)
① 업무방해죄의 보호대상이 되는 업무라 함은 타인의 위법한 행위에 의한 침해로부터 보호할 가치가 있는 것이면 되고, 그 업무의 기초가 된 **계약 또는 행정행위 등이 반드시 적법하여야 하는 것은 아니다**(91도944). 16. 경찰승진, 20. 경찰간부	① **의료인이나 의료법인이 아닌 자가 의료기관을 개설**하여 운영하는 행위는 그 위법의 정도가 중하여 사회생활상 도저히 용인될 수 없을 정도의 반사회성을 띠고 있으므로 업무방해죄의 보호대상이 되는 '업무'에 해당하지 않는다(2001도2015).
② 주차장이 원래 소유자이었던 乙로부터 丙·丁·戊에게 순차 **임대 또는 전대**되어 戊가 주차장을 운영해오고 있었는데, 정당한 소유자로부터 위 주차장을 새로 임대받은 甲이 戊의 주차장 영업을 방해한 경우(2007도11181) 15. 경찰간부	11. 경찰승진, 12·15·17. 법원직, 12. 경찰간부, 15. 사시, 16. 경찰, 17. 변호사
③ 건물의 **전차인이 임대인의 승낙 없이 전차**하였다고 하더라도 전차인이 불법침탈 등의 방법에 의하여 해당 건물의 점유를 개시한 것이 아니고 그동안 평온하게 음식점 등 영업을 하면서 점유를 계속하여 온 경우 업무의 정당성이 인정된다(86도1372).	② 공인중개사인 피고인이 자신의 명의로 등록되어 있으나 실제로는 **공인중개사가 아닌 피해자가 주도적으로 운영**하는 형식으로 동업하여 중개사무소를 운영하다가 위 동업관계가 피해자의 귀책사유로 종료되고 피고인이 동업관계의 종료로 부동산중개업을 그만두기로 한 경우(2006도6599) 14. 경찰간부, 22. 경찰승진
④ 한국노로공사가 고속도로 통행료 자동징수시스템을 도입하기로 결정하고 제조구매 입찰을 실시하면서 업체 선정을 위한 현장성능시험을 시행한 경우, 입찰에 참가한 회사가 입찰참여조건을 위반하여 **성능시험 자체가 부적합한 것으로 드러났다고 하더라도**, 도로공사의 성능시험업무는 업무방해죄의 보호대상이 된다(2008도2344). 16. 경찰간부	③ 甲은 사창가 골목에서 윤락녀를 고용하여 **성매매업소를 운영**하여 왔는데, 폭력조직 간부인 피고인이 조직원들과 공모하여 甲이 운영하는 **성매매업소** 앞에 속칭 '병풍'을 치거나 차량을 주차해 놓는 등 위력으로써 업무를 방해한 경우(2011도7081)
	12. 법원행시, 15. 경찰간부, 17. 법원직, 18. 경찰, 20. 경찰승진
	④ 법원의 직무집행정지 가처분결정에 의하여 그 직무집행이 정지된 자가 **법원의 결정에 반하여** 직무를 수행함으로써 업무를 계속 행하는 경우(2001도5592)
	03·15·17·18. 법원직, 05. 사시, 10. 경찰·법원행시, 17. 경찰승진, 17. 변호사

(3) 공무제외

판례

① 업무방해죄와 공무집행방해죄는 그 보호법익과 보호대상이 상이할 뿐만 아니라 업무방해죄의 행위유형에 비하여 공무집행방해죄의 행위유형은 보다 제한되어 있다. 즉, 공무집행방해죄는 폭행·협박에 이른 경우를 구성요건으로 삼고 있을 뿐 이에 이르지 아니하는 위력 등에 의한 경우에는 그 구성요건의 대상으로 삼고 있지 않다. 따라서 **공무원이 직무상 수행하는 공무를 방해하는 행위에 대해서는 업무방해죄로 의율할 수는 없다**(2009도4166). 17. 경찰, 21. 경찰승진

② 공무원이 직무상 수행하는 **공무를 방해하는 행위에 대해서는 업무방해죄로 의율할 수 없으므로** 경찰청 민원실에서 **말똥을 책상 및 민원실 바닥에 뿌리고 소리를 지르는 등 난동을 부린** 경우 위력에 의한 업무방해죄에 해당하지 않는다(2008도9049). 10. 경찰·법원직, 11. 경찰승진, 12. 경찰간부·법원행시

③ 피고인이 甲 등과 공모하여 위력으로 **시장(市長) 乙** 및 丙회사 관계자 등의 기자회견업무를 방해하였다는 내용으로 기소된 사안에서 공소사실 중 **공무원 乙의 기자회견업무에 대한 업무방해의 점을 유죄로 인정한 원심판결에 업무방해죄의 성립범위에 관한 법리오해의 위법이 있다**(2009도11104). → 시장이 직무상 행사하는 기자회견은 공무에 해당한다.

14. 경찰간부, 14. 사시

2. 행위

(1) 허위사실 유포

 판례

> 업무방해죄에 있어서 허위사실을 유포한다고 함은 실제의 <u>객관적 사실과 서로 다른 사항을 내용으로 하는 사실을 불특정 다수인에게 전파하는 것</u>을 말하고, 특히 이러한 경우 그 <u>행위자에게 행위 당시 자신이 유포한 사실이 허위라는 점을 적극적으로 인식하였을 것을 요한다</u>(2008도6528).

업무방해죄 O	업무방해죄 X
① 전(前) 소방사업부장인 피고인이 직원들에게 회사에서 <u>소방사업부를 정리하기로 하였으며 자신이 독립하여 운영하기로 하였다고 말하고</u> 소방사업부 직원들로부터 <u>집단사표</u>를 제출받은 경우(2000도3231) 07. 경찰승진 ② 피고인이 변호사 사무실 앞에서 등에 붉은색 페인트로 "<u>무죄를 약속하고 200만원에 선임하였다.</u>"는 허위사실을 기재한 흰 가운을 입고 주변을 배회한 경우(91도1344)	① 방송국 프로듀서 등 피고인들이 특정 프로그램 방송보도를 통하여 <u>미국산 쇠고기는 광우병 위험성이 매우 높은 위험한 식품이라는 취지</u>의 허위사실을 유포한 경우, 미국산 쇠고기의 수입·판매업자들의 업무방해의 고의를 인정할 수 없다(2010도17237). 16. 경찰간부 ② 甲회사와 乙의 공유인 특허발명에 대하여 특허심판원의 <u>무효심결이 내려진 후 확정되기 전</u>에 甲회사의 대표인 피고인이 "丙이 생산·판매한 제품은 위 특허권을 침해한 제품이다."라는 사실을 인터넷을 통하여 적시한 경우, 허위사실적시명예훼손죄와 허위사실 유포 기타 위계에 의한 업무방해죄는 성립하지 않는다(2009도4949).

(2) 위계에 의한 업무방해

 판례

> 위계에 의한 업무방해죄에서 '위계'란 행위자가 행위목적을 달성하기 위하여 상대방에게 오인·착각 또는 부지를 일으키게 하여 이를 이용하는 것을 말하고, 나아가 컴퓨터 등 정보처리장치에 정보를 입력하는 등의 행위가 그 입력된 정보 등을 바탕으로 업무를 담당하는 사람의 오인·착각 또는 부지를 일으킬 목적으로 행해진 경우에는 그 행위가 <u>업무를 담당하는 사람을 직접적인 대상으로 이루어진 것이 아니라고 하여 위계가 아니라고 할 수는 없다</u>(2013도5117). 18. 경찰

업무방해죄 O	업무방해죄 X
① **타인의 고등학교 생활기록부** 등 서류를 작성·제출하여 입사시험에 합격하여 **위장취업**을 한 경우(91도2221) 05. 법원행시, 17. 변호사	① 기존의 비실명예금을 **합의차명**에 의하여 명의대여자의 **실명으로 전환**한 경우(96도3377) 02. 사시, 03. 행시, 10. 경찰승진
② 피고인이 서류배달업 회사가 고객으로부터 배달을 의뢰받은 서류의 포장 안에 **특정 종교를 비방하는 내용의 전단**을 집어넣어 함께 배달되게 한 경우(98도3767) 02·09·15. 사시, 03. 행시, 07. 경찰승진	② 인터넷 자유게시판 등에 실제의 **객관적인 사실을 기재**한 경우(2006도3839) 08·12. 법원직
③ **석사학위논문의 대작**을 의뢰하여 논문을 작성하도록 한 다음, 그 논문을 자신이 직접 작성한 것처럼 교육대학원 교수에게 제출한 경우(94도2708) 17. 국가직 7급, 21. 경찰	③ 시험의 출제위원이 문제를 선정하여 시험실시자에게 제출하기 전에 이를 유출하였다고 하더라도 **유출된 문제가 시험실시자에게 제출되지도 아니한 경우**(99도3487) 02. 법원행시, 08·21. 경찰
④ 교수인 피고인 甲이 출제교수로부터 대학원신입생전형시험 문제를 제출받아 피고인 乙·丙에게 그 **시험문제를 알려주자 그들이 답안쪽지를 작성한 다음, 이를 답안지에 그대로 배껴써서 그 정을 모르는 시험감독관에게 제출**한 경우(91도2211) 15. 사시	④ 어장의 대표자였던 피고인이 어장 측에 대한 허위의 채권을 주장하면서 **후임대표자에게 인장인도를 거절함**으로써 예금을 인출하지 못하고 선박검사를 못 받게 한 경우(84도638) 07. 경찰승진, 19. 경찰간부
⑤ 경쟁사의 **고속도로통행요금징수 기계화시스템 성능**의 문제점을 강조하기 위하여 **인위적으로 타이어의 공기압을 낮추어 시험**하게 한 경우(93도288) 16. 경찰간부	⑤ 공장을 양도하고 외상채권을 포기한 자가 회사채무자로부터 **외상대금을 받아간 경우**(83도2270)
⑥ 수산업협동조합의 신규 직원 채용에 응시한 甲과 乙이 필기시험에서 합격선에 못 미치는 점수를 받게 되자, 채점업무담당자들이 조합장인 피고인의 지시에 따라 필기시험에 합격시킴으로써 **면접시험에 응시**할 수 있도록 한 경우 → 면접위원에 대한 업무방해죄 성립(2009도8506) 13. 변호사	⑥ 대학교 시간강사 임용과 관련하여 **허위의 학력이 기재된 이력서만을 제출**한 경우 임용심사업무 담당자의 불충분한 심사로 인하여 허위 학력이 기재된 이력서를 믿은 것이므로 위계에 의한 업무방해죄를 구성하지 않는다(2008도6950). 16. 경찰간부
비교판례 신규 직원 채용권한을 가지고 있는 지방공사 사장이 시험업무 담당자들에게 지시하여 **상호 공모 내지 양해**하에 시험성적조작 등의 부정한 행위를 한 경우 → 업무방해죄 불성립(2005도6404) 13·14. 경찰, 15. 법원직, 17. 변호사, 20. 경찰승진	⑦ 고등학교 수학교사가 자신과 동료 교사들이 **출제할 것으로 예상되는 문제**들을 정리하여 보습학원 원장에게 넘겨주어 학원생들이 교습한 경우(99도3487)
⑦ 특정 회사가 제공하는 게임사이트에서 정상적인 포커게임을 하고 있는 것처럼 가장하면서 통상적인 업무처리과정에서 **적발해내기 어려운 사설 프로그램(한도우미 프로그램)**을 이용하여 약관상 양도가 금지되는 포커머니를 약속된 상대방에게 이전해 준 경우(2007도9334) 10. 사시, 17. 경찰	⑧ 피고인이 피해자 게임회사들이 제작한 모바일게임의 이용자들의 게임머니나 능력치를 높게 할 수 있는 **변조된 게임 프로그램**을 해외 인터넷 사이트에서 다운로드받은 다음, 이와 같은 게임 프로그램을 제공한다는 것을 나타내는 문구가 게임 프로그램 실행 시 화면에 나올 수 있도록 게임 프로그램을 변조한 후 자신이 직접 개설한 모바일 어플리케이션 공유사이트 게시판에 위와 같이 변조한 게임 프로그램들을 **게시·유포**한 경우(2016도15144) → 게임이용자가 변조된 게임프로그램을 설치·실행하여 게임서버에 접속하여야 비로소 게임회사에 대한 위계에 의한 업무방해죄가 성립한다고 할 것이다.
⑧ **전용실시권 없이 의장권만을 경락 취득한 자가 실시권 있는 양 주장**하여 물품판매의 중지에 관한 내용증명을 발송한 경우(76도2466) 05. 법원행시	

⑨ 甲이 乙의 미국방문비자를 주한미국대사관 영사부에 신청함에 있어서 허위의 사실을 기재하여 신청서를 제출한 것에 그치지 않고, 그 소명을 위하여 허위로 작성한 서류를 제출하고 乙로 하여금 비자 면접 때 그에 맞추어 **허위의 답변을 하도록 연습을 시켜 그와 같이 면접을 하게 하고** 乙의 회사재직 여부를 묻는 미국대사관 직원의 문의전화에 대하여 허위의 답변을 하여 비자를 발급받게 한 경우(2003도7927)

09. 사시, 07 · 12. 경찰승진, 21. 경찰

⑩ 甲정당의 국회의원 비례대표 후보자 추천을 위한 당내 경선과정에서 피고인들이 **선거권자들로부터 인증번호만을 전달받은 뒤, 그들 명의로 특정 후보자에게 전자투표를 하는 방법**으로 위계로써 甲정당의 경선관리업무를 방해한 경우(2013도5117) 15. 경찰, 16. 경찰간부

⑪ 피고인들이 일반전화를 다수 개통한 후 특정 후보 지지자들의 명단을 이용하여 **휴대전화에 착신전환**하는 방법으로 **ACS 여론조사**에 응답하도록 하여 여론조사 결과가 특정 후보에게 유리하게 나오도록 조작하는 행위는 지역구민의 지지율을 공정하게 조사하기 위한 목적에서 실시되는 ACS 여론조사업무를 위계로 방해한 행위에 해당한다(2013도5814).

(3) 위력에 의한 업무방해

 판례

> **'위력'이란 사람의 자유의사를 제압 · 혼란케 할 만한 일체의 세력**을 말한다. 근로자들이 집단적으로 근로의 제공을 거부하여 사용자의 정상적인 업무운영을 저해하고 손해를 발생하게 한 행위는 **당연히 위력에 의한 업무방해죄가 성립하는 것은 아니다**(2007도482). 17. 경찰, 18. 경찰간부, 22. 경찰승진

업무방해죄 O	업무방해죄 X
① 피고인이 자신의 명의로 등록되어 있는 피해자가 운영하는 학원에 대하여 피해자의 승낙을 받지 아니하고 **폐원신고**를 한 경우(2003도5004) 06. 법원행시, 17. 경찰승진 　**비교판례** 임대인 甲으로부터 건물을 임차하여 학원을 운영하던 피고인이 건물을 인도한 이후에도 자신 명의로 된 학원설립등록을 말소하지 않고 **휴원신고**를 연장함으로써 새로운 임차인 乙이 그 건물에서 학원설립등록을 하지 못하도록 한 경우(2010도9186) 13. 경찰, 17. 경찰간부	① 계약갱신 및 체납 · 관리비 상당액을 독려차 나온 사원에게 "너희들이 무엇인데 사인 협회에서 하는 일을 방해하며 협의회에서 돌리는 유인물을 압수하느냐. 당장 해임시키겠다."라고 **욕설**을 한 경우(82도2584) 09. 경찰승진 ② 종손인 **74세**의 甲이 자신 소유의 토지에 대하여 종중이 매도를 결의하고 측량을 하려고 하자 혼자서 측량을 반대하며 "내 허락 없이 측량을 하면 가만두지 않겠다."라고 소리치고 "협작꾼, 사기꾼 같은 인간들"이라고 하며 약 30분 동안 시비하는 등 토지에 대한 현황측량업무를 방해한 경우(99도495)

② 신고한 옥외집회에서 **고성능 확성기** 등을 사용하여 발생된 소음이 82.9dB 내지 100.1dB 에 이르고, 사무실 내에서의 전화통화·대화 등이 어려웠으며, 밖에서는 부근을 통행 하기조차 곤란하였고 인근 상인들도 소음으로 인한 **고통을 호소하는 정도인 경우**(2004도 4467) _{11. 경찰승진}

③ 대부업체 직원이 소규모 간판업자인 채무자의 휴대전화로 **수백 회에 이르는 전화공세**를 한 경우(2004도8447) 09. 경찰승진, 17. 국가직 7급, 17. 변호사

④ **임대인이 임차인의 물건을 임의로 철거·폐기할 수 있다는 임대차계약조항**에 따라 임대인인 피고인이 간판업자를 동원하여 임차인인 피해자가 **영업 중인 식당 점포의 간판을 철거하고 출입문을 봉쇄**하는 등의 행위를 한 경우(2004도341) 10·18. 법원직, 13. 경찰, 17. 경찰간부

⑤ 9시 이전에 출근하여 업무준비를 한 후에 9시부터 근무하도록 되어 있는 직원들에 대하여 **집단으로 9시 정각에 출근**하도록 한 경우(96도419) 03. 행시, 09. 사시, 14. 경찰간부

⑥ 甲주식회사 임원인 피고인이 자동차 판매수수료율과 관련하여 대리점 사업자들과 甲회사 사이에 의견대립이 고조되자, 대리점 사업자 乙이 일정액의 사용료를 지급하고 판매정보 교환 등에 이용하여 오던 甲회사의 내부전산망 전체 및 고객관리시스템 중 **자유게시판에 대한 접속권한을 차단**한 경우(2009도4141)

⑦ 인터넷카페의 운영진인 피고인들이 카페 회원들과 공모하여, **특정 신문들에 광고를 게재하는 광고주들에게 불매운동**의 일환으로 지속적·집단적 항의전화를 하거나 항의글을 게시하는 등의 방법으로 광고 중단을 압박한 경우 → 광고주들에게 대한 업무방해죄 ○, 신문사들에 대한 업무방해죄 × (2010도410) 19. 경찰간부, 21. 경찰승진

⑧ 甲은 **중앙시장 번영회 회장**으로서 번영회 임시총회결의에 의하면 **번영회를 상대로 잦은 진정을 하고 협조를 하지 않는다는 이유**로 乙 소유 점포에 대하여 사전통고를 한 후에 **단전조치**를 한 경우(83도1798) 05. 법원행시, 09. 경찰승진, 19. 경찰간부

③ 지방경찰청 민원실에서 민원인들이 진정사건의 처리와 관련하여 지방경찰청장과의 면담 등을 요구하면서 이를 제지하는 경찰관들에게 큰소리로 **욕설**을 하고 행패를 부린 경우(2009도4166) 15. 경찰

④ 乙의 의뢰로 시공 중인 ○○○하우스 빌라 3층 창문교체공사현장에서, 甲은 창문이 설치될 경우 건너편에 살고 있는 甲의 집 내부가 들여다보인다는 이유로 화가 나서, 乙측 공사인부들에게 "합의가 되었는데 왜 진행하느냐. 집주인과 통화를 하게 해 달라. 공사를 중단하라면 중단하지 왜 다시 공사를 하느냐."라고 고함을 지르고, 미리 현장에 와 있던 甲의 어머니인 丙도 甲과 함께 "공사를 당장 중단하라."라고 하면서 乙 및 인부들에게 나가라고 고함을 질러 약 30분간 창문교체공사가 이뤄지지 못하게 한 경우 (2016도10956)

유사판례 임대차보증금도 상당한 액수가 남아있는 상태에서 계약해지의 의사표시와 경고만을 한 후에 **단전·단수조치**를 하였다면 정당행위로 볼 수 없다(2006도9157). 15. 경찰간부

비교판례
- 백화점 입주상인들이 매장 내에서 점거농성을 하면서 각종 전열기구를 사용함으로써 **화재위험이 높아** 백화점 경영 회사의 대표이사가 부득이 **단전조치**를 취하였다면 업무방해죄가 성립하지 않는다(94도3136). 12. 경찰승진
- 시장번영회에서 관리비의 **고액체납자에 대하여 단전조치**를 하기로 만장일치로 결의하여 이에 따라 고액체납자들의 점포에 단전조치를 하였다면 이는 정당한 행위로서 업무방해죄를 구성하지 않는다(2003도4732). 17. 경찰간부
- 시장번영회의 회장으로서 시장번영회에서 제정하여 시행 중인 관리규정을 위반하여 칸막이를 천장까지 설치한 일부 점포주들에 대하여 회원들의 동의를 얻어 시행되고 있는 **관리규정에 따라 단전조치**를 한 경우 업무방해죄로 처벌할 수 없다(2003도4732). 13. 변호사

(4) 업무방해

판례

① 업무방해죄에 있어서 업무를 '방해한다.'라 함은 업무의 집행 자체를 방해하는 것은 물론이고 **널리 업무의 경영을 저해하는 것도 포함**한다 할 것이고, 업무방해죄의 성립에 있어서는 **업무방해의 결과가 실제로 발생함을 요하지 아니하며 업무방해의 결과를 초래할 위험이 발생하면 족하다**(2012도3475). 13. 변호사, 15·17. 경찰, 15. 법원직
② 업무방해죄의 성립에는 업무방해의 결과가 실제로 발생함을 요하지 않고 업무방해의 결과를 초래할 위험이 발생하면 족하며, 업무수행 자체가 아니라 업무의 적정성 내지 공정성이 방해된 경우에도 업무방해죄가 성립한다고 할 것이다(2013도5117). 20. 경찰간부, 22. 경찰승진

3. 고의

업무방해의 고의는 반드시 업무방해의 목적이나 계획적인 업무방해의 의도가 있어야만 하는 것은 아니고 자신의 행위로 인해 타인의 업무가 방해될 가능성 또는 위험에 대한 인식이나 예견으로도 충분하다(2015도12094). 20. 경찰간부

3 컴퓨터 등의 장애업무방해죄

제314조【업무방해】 ② 컴퓨터 등 정보처리장치 또는 전자기록 등 특수매체기록을 손괴하거나 정보처리장치에 허위의 정보 또는 부정한 명령을 입력하거나 기타 방법으로 정보처리에 장애를 발생하게 하여 사람의 업무를 방해한 자도 제1항의 형과 같다.

손괴 허위정보입력 부정명령입력 기타방법	+	정보처리장치의 현실적 장애발생 〈결과발생을 요함〉	+	업무방해 (업무방해 우려가 있을 때 기수)

판례

① 형법 제314조 제2항의 '컴퓨터 등 장애업무방해죄가 성립하기 위해서는 이와 같은 가해행위의 결과 정보처리장치가 그 사용목적에 부합하는 기능을 하지 못하거나 사용목적과 다른 기능을 하는 등 **정보처리의 장애가 현실적으로 발생하였을 것을 요한다고 할 것이다**(2002도631). 22. 경찰승진

② 대학의 컴퓨터시스템 서버를 관리하던 피고인이 전보발령을 받아 더 이상 웹서버를 관리·운영할 권한이 없는 상태에서 웹서버에 접속하여 홈페이지 관리자의 **아이디와 비밀번호를 무단으로 변경**한 행위는 정보처리장치에 부정한 명령을 입력하여 정보처리에 현실적 장애를 발생시킴으로써 피해 대학에 업무방해의 위험을 초래하는 행위에 해당하여 컴퓨터 등 장애업무방해죄를 구성한다(2005도382). 13. 경찰, 16. 경찰승진

비교판례 메인 컴퓨터의 비밀번호는 시스템관리자가 시스템에 접근하기 위하여 사용하는 보안수단에 불과하므로, 단순히 메인 컴퓨터의 비밀번호를 알려주지 아니한 것만으로는 정보처리장치의 작동에 직접 영향을 주어 그 사용목적에 부합하는 기능을 하지 못하게 하거나 사용목적과 다른 기능을 하게 하였다고 볼 수 없어 형법 제314조 제2항에 의한 컴퓨터 등 장애업무방해죄로 의율할 수 없다(2002도631). 15. 사시

③ 포털사이트를 운영하는 회사의 통계집계시스템 서버에 **허위의 클릭정보**를 전송하여 검색순위 결정과정에서 위와 같이 전송된 허위의 클릭정보가 **실제로 통계에 반영됨**으로써 정보처리에 장애가 현실적으로 발생하였다면, 그로 인하여 실제로 검색순위의 변동을 초래하지는 않았다 하더라도 컴퓨터 등 장애업무방해죄가 성립한다(2008도11978). 13. 경찰, 19. 경찰간부

④ 피고인들이 불특정 다수의 인터넷 이용자들에게 배포한 **'업링크솔루션'이라는 프로그램**은 네이버 포털사이트 서버가 이용자의 **컴퓨터에 정보를 전송하는 데에 아무런 영향을 주지 않는다면** 컴퓨터 등 장애업무방해죄로 의율할 수 없다(2009도12238).

4 경매·입찰방해죄

제315조 【경매, 입찰의 방해】 위계 또는 위력 기타 방법으로 경매 또는 입찰의 공정을 해한 자는 2년 이하의 징역 또는 700만원 이하의 벌금에 처한다.

위계
위력   +   경매·입찰 방해
기타방법

① 가격결정의 공정 : 담합 → 동기 : 무모한 출혈 경쟁 방지 ➡ 본죄 ×
② 경쟁방법의 공정 : 단독입찰 → 동기불문하고 항상 본죄 성립
③ 경매·입찰이 현실적으로 존재해야 함 → 서류상만 조작 : 본죄 ×

경매·입찰방해죄 O	경매·입찰방해죄 X
① 실제로 실시된 입찰절차에서 실질적으로는 **단독입찰**을 하면서 마치 경쟁입찰을 한 것처럼 가장하는 경우(87도2646) 12. 경찰	① 입찰방해죄의 대상인 **입찰절차가 처음부터 존재하지 않는다**면 입찰방해죄는 성립하지 않는다(2005도3857). 09. 사시, 12. 경찰
② 소위 담합행위가 입찰방해죄로 되기 위해서는 반드시 **입찰참가자 전원과의 사이에 담합이 이루어져야 하는 것은 아니고**, 입찰참가자들 중 일부와의 사이에만 담합이 이루어진 경우라고 하더라도 그것이 **입찰의 공정을 해하는 것으로 평가**된 경우에는 입찰방해죄가 성립한다(2005도8498). 12. 경찰, 17. 경찰간부	② 실제로는 수의계약을 체결하면서 입찰절차를 거쳤다는 증빙을 남기기 위하여 입찰을 전혀 시행하지 아니한 채 형식적인 **입찰서류만을 작성**하여 입찰이 있었던 것처럼 조작한 행위는 입찰방해행위에 해당한다고 할 수 없다(2000도4700).
③ 피고인이 서울특별시 도시철도공사가 발주한 시각장애인용 음성유도기 제작설치 입찰에 관한 담합에 가담하기로 하였다가 자신이 낙찰받기 위하여 당초의 합의에 따르지 아니한 채 원래 낙찰받기로 한 특정 업체보다 저가로 입찰한 경우(2010도4940) 12. 경찰승진, 18. 경찰간부	③ 주문자의 예정가격 내에서 **무모한 경쟁을 방지**하고자 담합한 경우에는 담합자끼리 금품의 수수가 있었다고 하더라도 입찰 자체의 공정을 해하였다고는 볼 수 없다(70도2241).
④ 지방법원 집행관실 사무원이 乙을 낙찰시킬 목적으로 경매브로커로부터 丙의 **입찰가격을 알아내어 乙에게 알려주고 낙찰받게 한 경우**(2000도102) 12. 경찰 → 위계에 의한 공무집행방해죄는 성립하지 않는다.	④ **입찰자 일부와 담합이 있었으나 타 입찰자와는 담합이 이루어지지 않은 경우**에는 부정한 이익을 받았다고 하더라도 입찰방해죄가 성립하지 않는다(81도824). 12. 경찰
⑤ 무모한 출혈경쟁을 방지하기 위함이고 가격면에서 입찰실시자의 이익을 해하지 않았고 담합자간에 금품수수가 없더라도 **경쟁입찰인 것처럼 가장하여 실질적으로 단독입찰**을 한 경우(2002도3924) 04. 사시, 10. 법원행시, 12. 경찰	⑤ 한국토지공사가 중고자동차매매단지를 분양하기 위하여 유자격 신청자들을 대상으로 **무작위 공개추첨**을 하여 1인의 수분양자를 선정하는 절차를 진행하는데, 신청자격이 없는 피고인이 총 12인의 신청자 중 9인의 신청자의 가격과 명의를 빌려 그 **당첨확률을 약 75%까지 인위적으로 높여** 분양을 신청한 경우, 위 분양절차는 입찰절차에 해당하지 않으므로 입찰방해죄나 업무방해죄가 성립하지 않는다(2007도5037).

Theme 11 주거침입의 죄

1 주거침입죄

┌ 사람이 기거 + 침식에 사용하는 장소(다수설), 건물 이외에 그 부속물도 포함(예 계단, 복도, 지하주차장, 마당 등)

└ 사람이 사실상 관리·지배하는 것으로서, 타인의 침입을 방지할 인적·물적 설비를 갖추는 것

제319조【주거침입·퇴거불응】 ① 사람의 주거, 관리하는 건조물, 선박이나 항공기 또는 점유하는 방실에 침입한 자는 3년 이하의 징역 또는 500만원 이하의 벌금에 처한다.
제322조【미수범】 본장의 미수범은 처벌한다. 18·20. 경찰승진

1. 주거자·관리자·점유자의 의사에 반하여 주거 등에 들어가는 것
2. 침입은 부작위에 의해서도 가능하다.
   예 아파트 수위가 절도범의 침입을 방치한 경우
3. 신체일부의 침입 ┌ 사실상 평온 침해 ○ : 기수 15. 경찰
              └ 사실상 평온 침해 × : 미수

1. 보호법익

판례

① 주거침입죄는 **사실상의 주거의 평온**을 보호법익으로 하는 것이므로 그 거주자 또는 간수자가 건조물 등에 거주 또는 간수할 법률상 권한을 가지고 있는 여부는 범죄의 성립을 좌우하는 것이 아니며 일단 적법하게 거주 또는 간수를 개시한 후에 그 권한을 상실하여 사법상 불법점유가 되더라도 권리자가 이를 배제하기 위하여 정당한 절차에 의하지 아니하고 그 주거 또는 건조물을 침입한 경우에는 주거침입죄가 성립한다(82도1363).
② 침입 대상인 아파트에 사람이 있는지를 확인하기 위해 그 집의 **초인종을 누른 것만으로는** 침입의 현실적 위험성을 포함하는 행위를 시작하였다거나 주거의 사실상의 평온을 침해할 객관적인 위험성을 포함하는 행위를 한 것으로 볼 수 없다(2008도1464). 20. 경찰간부
③ 다세대주택·연립주택·아파트 등 공동주택의 내부에 있는 **엘리베이터, 공용 계단과 복도는** 특별한 사정이 없는 한 주거침입죄의 객체인 '사람의 주거'에 해당한다(2009도3452). 16. 경찰승진
④ 공동거주자의 일부가 부재중인 사이에 외부인이 주거 내에 **현재하는 거주자의 현실적인 승낙을 받아 통상적인 출입방법에 따라 공동 주거에 들어간 경우**라면, 그것이 **부재중인 다른 거주자의 추정적 의사에 반하는 경우에도 주거침입죄가 성립하지 않는다**(2020도12630). 22. 경찰승진
  → 남편의 일시부재 중에 **간통의 목적**하에 그 **처의 승낙을 얻어** 주거에 들어간 경우 주거침입죄 불성립 02·08. 법원직, 03. 사시, 07·11·18. 경찰, 08. 경찰승진
⑤ 피고인들이 각 음식점의 영업주로부터 승낙을 받아 **통상적인 출입방법에 따라 각 음식점의 방실에 들어간 이상 사실상의 평온상태를 해치는 행위 태양으로 음식점의 방실에 들어갔다고 볼 수 없으므로** 주거침입죄에서 규정하는 침입행위에 해당하지 않는다. **설령 피고인들이 다른 손님과의 대화 내용과 장면을 녹음·녹화하기 위한 장치를 설치하거나 장치의 작동 여부 확인 및 이를 제거할 목적으로 각 음식점의 방실에 들어간 것이어서** 음식점의 영업주가 이러한 사정을 알았더라면 피고인들의 출입을 승낙하지 않았을 것이라는 사정이 인정되더라도 그러한 사정만으로는 사실상의 평온상태를 해치는 행위 태양으로 **각 음식점의 방실에 출입하였다고 평가할 수 없다**(2017도18272). 22. 경찰승진, 22. 경찰
  → 기관장들의 조찬모임에서의 대화 내용을 도청하기 위한 **도청장치를 설치할 목적**으로 손님으로 가장하여 그 조찬모임 장소인 음식점에 들어간 경우 주거침입죄 불성립 15. 경찰

⑥ 공동주거의 경우 여러 사람이 하나의 생활공간에서 거주하는 성질에 비추어 공동거주자 각자는 다른 거주자와의 관계로 인하여 주거에서 누리는 **사실상 주거의 평온이라는 법익이 일정부분 제약될 수 밖에 없고**, 공동거주자는 공동주거관계를 형성하면서 이러한 사정을 **서로 용인하였다고 보아야 한다**(2020도6085). 22. 경찰

⑦ **공동거주자 중 한 사람이 A가 정당한 이유 없이** 다른 공동거주자가 공동생활의 장소에 출입하는 것을 금지한 경우, **다른 공동거주자인 갑이 이에 대항하여 공동생활의 장소에 들어갔더라도 주거침입죄는 성립하지 않고**, 설령 그 공동거주자가 공동생활의 장소에 출입하기 위하여 출입문의 **잠금장치를 손괴하는 등 다소간의 물리력을 행사한 경우라도 주거침입죄는 성립하지 않는다** (2020도6085). 22. 경찰

2. 인정여부

주거침입죄 O	주거침입죄 X
① 주거침입죄에 있어서 주거라 함은 단순히 가옥 자체만을 말하는 것이 아니라 그 **위요지를 포함**하므로 이미 수일 전에 2차례에 걸쳐 피해자를 강간하였던 피고인이 **대문을 몰래 열고 들어와** 담장과 피해자가 거주하던 방 사이의 좁은 통로에서 창문을 통하여 방 안을 엿본 경우 주거침입죄가 성립한다(2001도1092). 08. 경찰승진, 12·17. 법원직, 12. 변호사, 19. 경찰간부, 22. 경찰승진	① 피고인이 인근 동리에 사는 고모의 아들인 피해자의 **집에 잠시 들어가 있는 동안에** 동 피해자에게 돈을 갚기 위하여 찾아온 동 피해자의 조카의 돈을 절취한 경우(83도2897) 09. 법원행시, 16. 경찰간부
② 피고인이 **빌라의 잠기지 않은 대문을 열고 들어가 공용계단**으로 빌라 3층까지 올라가서 그곳의 문을 두드려 본 후에 다시 1층으로 내려온 경우 주거침입죄가 성립한다(2009도3452). 10·12·15. 경찰, 12. 법원행시, 17. 법원직, 19. 경찰간부	② 적법한 **임대차기간이 종료한 후에** 계속 점유하고 있는 건물에 대하여 소유자가 마음대로 건물 출입문에 판자를 대어 폐쇄한 것을 **임차인이 자력으로 판자를 뜯어 건물에 들어간 경우** (73도460) 02. 경찰·국가직 9급, 07·09·11. 경찰승진
③ 피고인이 피해자가 사용 중인 **공중화장실의 용변칸**에 노크하여 남편으로 오인한 피해자가 용변칸 문을 열자 **강간할 의도**로 용변칸에 들어간 경우(2003도1256) 09·16. 경찰승진, 12. 법원직, 12. 변호사, 17. 경찰간부	③ **주택의 매수인이 계약금과 중도금을 지급하고서 그 주택을 명도받아 점유하고 있던 중 위 매매계약을 해제하고 중도금 반환청구소송을 제기하여 얻은 그 승소판결에 기하여 강제집행에 착수한 이후에 매도인이 매수인이 잠가 놓은 위 주택의 출입문을 열고 들어간 경우**(87도3) 22. 경찰간부
④ 건물의 소유권에 대한 **분쟁이 계속되고 있는 상황**에서 건물의 소유자라고 주장하는 자가 그 건물에 침입한 경우(89도889) 16. 경찰승진	④ 입구에 **인적·물적 설비 등에 의한 구획 내지 통제가 전혀 없어** 누구나 통로를 통하여 축사 앞 공터까지 자유롭게 드나들 수 있었던 때에 **차를 몰고 진입하여 축사 앞 공터까지 들어간 경우**(2009도14643) 11·19. 경찰간부, 12·22. 경찰, 22. 경찰승진
⑤ 피해자와 이웃 사이이어서 평소 무상출입하던 이웃의 주거에 **절도 목적으로** 피해자의 승낙 없이 들어간 경우(83도1394) 05. 법원행시, 10. 경찰	⑤ 피해자 소유의 축사건물 및 그 부지를 임의경매절차에서 매수한 사람이 부지 밖에 설치된 피해자 소유의 소독시설을 통로로 삼아 축사건물에 출입한 경우, **소독시설**은 별개의 토지 위에 존재하는 독립한 건조물로서 위 출입행위는 건조물침입죄를 구성하나, **물탱크시설**은 이에 해당하지 않아 물탱크시설에 출입한 행위는 건조물침입죄를 구성하지 않는다(2007도7247). 12. 경찰간부

⑥ 일반적으로 출입이 허가된 건물이라 하여도 피고인이 출입이 금지된 시간에 그 건물담 벽에 있던 드럼통을 딛고 **담벽을 넘어 들어간** 후에 그곳 마당에 있던 아이스박스통과 삽 을 같은 건물의 화장실 유리창문 아래에 놓고 올라가 창문을 연 후 이를 통하여 들어간 경우(90도173) 03. 행시, 09. 경찰승진

⑦ 다른 사람의 주택에 무단 침입한 범죄사실로 이미 **유죄판결을 받은 사람이 그 판결이 확정 된 후에도 퇴거하지 않은 채 계속하여 당해 주택에 거주**한 경우(2007도11322)

10 · 15. 경찰, 16 · 22. 경찰간부, 20 · 22. 경찰승진

⑧ 근저당권설정등기가 되어 있지 아니한 별개로 독립된 건물이 근저당권의 목적으로 된 대지 및 건물과 일괄하여 경매된 경우, 이 사건 건물에 대한 **경락허가결정이 당연무효**라고 하더라도 이에 기한 인도명령에 의한 집행으로서 일단 이 사건 **건물의 점유가 경락인에게 이전된 이상**, 건물의 소유자인 피고인이 위 무효인 인도집행에 반하여 건물에 들어간 경 우(83도1429) 09. 경찰승진

⑨ 피고인이 강간할 목적으로 피해자를 따라 피해자가 거주하는 아파트 내부의 **엘리베이터** 에 탄 다음, 그 안에서 폭행을 가하여 반항을 억압한 후에 계단으로 끌고 가 피해자를 강간하고 상해를 입힌 경우(2009도4335) 10 · 12 · 17. 법원직, 10 · 12. 경찰, 13 · 18. 경찰승진

⑩ 일반인이 무상출입하고 있는 장소라도 야간에 주거인이 문을 닫고 취침 중임을 인식하면 서도 **주거인의 의사에 반하여** 현관문을 밀고 실내에 들어간 경우(4289형상272) 11. 경찰간부

⑪ 근로자들이 사용자인 (주)코스콤 이외에도 (주)한국증권선물거래소가 **병존적으로 관리 · 사용하는 빌딩 로비**에 쟁의행위를 이유로 침입하여 그중 일부를 점거하며 10여 일간 숙식 하면서 선전전 · 강연 · 토론 등의 방법으로 농성을 한 경우 **(주)한국증권선물거래소에 대 한 주거침입죄가 성립**한다(2009도5008).

⑥ 피고인들이 건물신축 공사현장에 무단으로 들어간 뒤에 **타워크레인**에 올라가 이를 점거 한 경우(2005도5351) 09. 경찰승진, 10 · 15. 경찰, 12 · 16 · 18. 경찰간부, 17. 법원직

비교판례 피고인 등 70명 정도의 근로자가 함께 '**골리앗크레인**'에 들어가서 농성을 하 였다면 건조물침입죄가 성립한다(91도753). 11. 경찰간부

⑦ 이혼 후에 자녀를 직접 양육하지 아니하는 모(母)가 자녀를 양육할 수 있는 부(父)의 허 락을 받지 않고 그 주거에 들어가 자녀들의 **양육에 필요한 최소한의 행위**만을 한 경우 (2003도5931) 06. 경찰승진

⑧ 사용자의 **직장폐쇄가 정당한 쟁의행위로 인정되지 아니하는 때**에 다른 특별한 사정이 없는 한 근로자가 평소 출입이 허용되는 사업장에 들어간 경우(2002도2243)

07 · 09. 법원직, 08 · 11. 경찰승진, 15. 경찰

⑨ **법률적 쟁송방법으로 해고의 효력을 다투는 자**가 조합원의 자격으로서 노조 사무실 출입목 적으로 경비원의 제지를 뿌리치고 회사 내로 들어간 경우(89도1579)

비교판례 • 해고를 당한 후, 해고처분무효확인소송을 제기하여 그 효력을 다툼으로써 노동조합의 조합원인 근로자의 지위를 그대로 가지고 있다 하더라도 회사 가 조합의 대의원이 아닌 피고인에게 회사 내의 **조합대의원회의에 참석하는 것을 허락하지 아니하였는데도 그 의사에 반하여 함부로 거기에 들어가고** 회사 경비원들의 출입통제업무를 방해한 것은 건조물침입죄와 업무방해죄에 해당한다(91도1666).

• 해고근로자가 법률적 쟁송 이외의 방법으로 **개별적 또는 집단적 협의과정**을 통하여 해고의 효력을 다투고 있다면 근로자로 볼 수 없으므로 노조원들 에 의한 회사점거 중에 해고근로자가 노조 임시 사무실에 들어간 행위는 건조물침입죄를 구성한다(93도120). 06. 경찰승진

2 퇴거불응죄

제319조【주거침입·퇴거불응】 ② 전 항의 장소에서 퇴거요구를 받고 응하지 아니한 자도 전항의 형과 같다.
제322조【미수범】 미수범은 처벌한다.

1. 적법 또는 과실로 타인의 주거에 들어간 자
2. 진정부작위범, 거동범이며 퇴거할 때까지 계속되는 계속범
3. 거동범이므로 퇴거불응 즉시 기수가 되어 미수는 인정할 여지는 없다(통설). 다만 제322조에 미수처벌규정이 있는 것 주의
4. 주거침입죄가 성립하면 퇴거불응죄는 성립하지 않는다.

퇴거불응죄 O	퇴거불응죄 X
① **적법하게 직장폐쇄**를 단행한 사용자로부터 퇴거요구를 받고도 불응한 채, 직장점거를 계속한 경우(91도1324) 06 · 07. 경찰승진, 11. 법원행시, 18. 경찰간부 **비교판례** 노동조합이 파업을 시작한 지 4시간 만에 사용자가 바로 직장폐쇄조치를 취한 것은 정당한 쟁의행위로 인정되지 아니하므로, 사용자 측 시설을 정당하게 점거한 조합원들이 사용자로부터 퇴거요구를 받고 이에 불응한 경우에는 퇴거불응죄가 성립하지 않는다(2002도2243). ② 교회건물의 관리주체라고 할 수 있는 교회당회에서 피고인에 대한 **교회출입금지의결**을 하고 이에 따라 교회의 관리인이 피고인에게 퇴거를 요구한 경우, 피고인의 교회출입을 막으려는 교회의 의사는 명백히 나타난 것이기 때문에 이에 기하여 퇴거요구를 한 것은 정당하고 이에 불응하여 퇴거를 하지 아니한 경우에는 퇴거불응죄가 성립한다(91도2309).	① 정당한 퇴거요구를 받고 건물을 나가면서 **가재도구 등을 남겨 둔 경우**(2007도6990) 09. 법원직, 11. 경찰승진, 12. 경찰간부 ② 다른 사람의 주택에 무단 침입한 범죄사실로 이미 **유죄판결**을 받은 사람이 판결확정 후에도 퇴거하지 않은 채 계속하여 당해 주택에 거주한 경우(2007도11322) → 퇴거불응죄 ×, 주거침입죄 O 10 · 15. 경찰, 16 · 20. 경찰간부

3 특수주거침입죄

> 제320조 【특수주거침입】 단체 또는 다중의 위력을 보이거나 위험한 물건을 휴대하여 전 조의 죄를 범한 때에는 5년 이하의 징역에 처한다.

판례

특수주거침입죄의 구성요건이 충족되었다고 볼 수 있는지의 여부는 **직접 건조물에 들어간 범인을 기준**으로 하여 그 범인이 흉기를 휴대하였다고 볼 수 있느냐의 여부에 따라 결정되어야 한다(94도1991).

1 주거 · 신체 수색죄

> 제321조 【주거 · 신체수색】 사람의 신체, 주거, 관리하는 건조물, 자동차, 선박이나 항공기 또는 점유하는 방실을 수색한 자는 3년 이하의 징역에 처한다.

판례

① 설사 회사 측이 회사운영을 부실하게 하여 소수주주들에게 손해를 입게 하였다고 하더라도 이와 같은 사정만으로 주주총회에 참석한 주주가 **강제로 사무실을 뒤져** 회계장부를 찾아내는 것이 사회통념상 용인되는 정당행위로 되는 것은 아니므로 방실수색죄가 성립한다(2001도2917).
② 피고인이 **회사를 퇴사한 이후**에 나타나지 않다가 약 20일이 지나서 회사의 명시적인 의사에 반하여 비정상적인 방법으로 **회사의 사무실에 들어간 행위**는 방실침입죄에 해당한다(2007도2595).

Theme 12 재산죄 일반

1 재산죄의 분류와 판례분석방법

1. 재산죄의 분류

- 타인소유 · 타인점유 : 절도 · 강도 · 사기 · 공갈
- 타인소유 · 자기점유 : 횡령죄

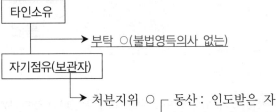

타인소유

→ 부탁 ○(불법영득의사 없는)

자기점유(보관자)

→ 처분지위 ○ ┌ 동산 : 인도받은 자
              └ 부동산 : 적법한 등기를 갖고 있는 자   ※ 처분지위 : 횡령죄, 사기죄에서 중요한 실익

- 자기소유 · 타인점유(적법점유) : 권리행사방해죄

2. 판례분석방법

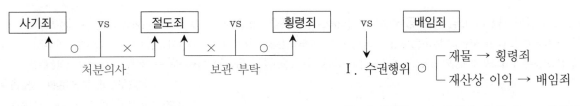

사기죄   vs   절도죄   vs   횡령죄   vs   배임죄

┌ ○ │ × ┐ ┌ × │ ○ ┐
처분의사   보관 부탁

Ⅰ. 수권행위 ○ ┌ 재물 → 횡령죄
              └ 재산상 이익 → 배임죄

Ⅱ. 수권행위 × + 재산상 손해 ○ → 배임죄
   (대외관계에서)

- 절도죄와 사기죄의 구별방법

  피해자가 가지고 있는 책을 잠깐 보겠다고 하며 동인이 있는 자리에서 <u>보는 척 하다가</u>(→ 피해자의 책을 가지고 가라는 처분의사 없음) 가져갔다면 절도죄가 성립한다(82도3115).

- 절도죄와 횡령죄의 구별방법

  피해자가 그 소유의 오토바이를 타고 <u>심부름</u>(→ 부탁 有)을 다녀오라고 하여서 그 오토바이를 타고 가다가 마음이 변하여 이를 반환하지 아니한 경우 횡령죄를 구성함은 별론으로 하고 절도죄는 구성하지 않는다(86도1093).

- 횡령죄와 배임죄의 구별방법

  ① 수권행위(부탁) ○ + 재물 → 횡령죄 : 타인의 <u>금전</u>(재물)을 <u>위</u>탁받아 보관하는 자가 보관을 위하여 금융기관에 자신의 명의로 예치하고 반환을 거부하는 경우 횡령죄가 성립한다.

  ② 수권행위(부탁) ○ + 재산상 이익 ○ → 배임죄 : 예금인출을 <u>의뢰</u>받은 자가 의뢰인의 의사에 반하여 <u>의뢰받은 돈보다 많은 돈을 인출</u>(재산상 이익)하는 경우 배임죄가 성립한다(판례).

  ③ 수권행위(부탁) × + 재산상 손해 ○ → 배임죄 : 증권회사 직원이 고객의 <u>주문 없이</u> 무단 매매를 행하여 고객의 계좌에 <u>손해</u>를 가한 경우 배임죄가 성립한다(판례).

2 재산죄의 객체

> **제346조【동력】** 본장의 죄에 있어서 관리할 수 있는 동력은 재물로 간주한다.

1. 재물

(1) 재물의 개념

　① <u>유체성설</u> : 유체물만 (고체, 액체, 기체) → <u>§346조 : 특별규정</u>

　② <u>관리가능성설 (통설·판례)</u> : 유체물 + 관리 가능한 동력 → <u>§346조 : 당연규정</u>

　　㉠ 유체물 : 관리 가능한 유체물(고체, 기체, 액체)

　　㉡ 관리할 수 있는 동력 : <u>물리적 관리</u>에 한함(통설·판례) → <u>권리, 전파나 자기, 전화통화, 정보 등 : 물리적 관리 × → 재물 ×</u>

(2) 재물의 가치성 : 재물은 반드시 경제적 교환가치를 가질 필요는 없고, 소유자가 <u>주관적 가치를 가짐으로 충분</u>하다(통설·판례)

　① 주관적 가치 : 소유자가 느끼는 가치(**예** 애인의 사진·편지 등) → 재물 ○

　② 소극적 가치 : 타인의 악용가치. 즉 타인이 악용할 가능성 有 → 재물 ○ (찢어버린 약속어음, 무효가 된 도시계획서 등)

재물 O	재물 X
① **전기**는 재물이므로 도전(盜電)한 경우 절도죄가 성립한다(4291형상361).	① **광업권**은 재물인 광물을 취득할 수 있는 권리에 불과하지 재물 그 자체는 아니므로 횡령죄의 객체(재물)가 된다고 할 수 없다(93도2272). 10·11. 경찰승진, 16. 경찰
② **주권(株券)**은 유가증권으로서 재물에 해당되어 횡령죄의 객체가 될 수 있다(2002도2822). 15. 경찰	② 타인의 전화를 무단으로 사용하여 **전화통화**를 한 경우(98도700). 06. 법원행시, 07. 경찰승진, 11. 법원직
비교판례 **주주권**을 의미하는 주식은 재물이 아니므로 횡령죄의 객체가 될 수 없다 (2002도2822).	③ A주식회사의 직원이 연구개발실에서 회사가 업무용으로 지급한 노트북 **컴퓨터에 저장되어 있는 직물원단고무코팅시스템의 설계도면과 공정도**를 A2용지 2장에 출력하여 가지고 나온 경우 절도죄를 구성한다고 볼 수 없다(2002도745).→ **컴퓨터에 저장된 정보**를 출력하는 것은 재물에 해당하지 않는다. 06. 경찰승진, 16. 법원직, 16. 사시, 18. 국가직
③ 발행자가 회수하여 **세 조각으로 찢어버림으로써 폐지로 되어 쓸모없는 것처럼 보이는 약속어음**(74도3442) 06. 법원행시, 07·16. 경찰승진, 11. 법원직	
④ 법원으로부터 송달된 **심문기일소환장**(99도5775) 10. 경찰	④ 회사 직원이 업무와 관련하여 다른 사람이 작성한 회사의 문서를, 복사기를 이용하여 복사한 후에 **원본은 제자리에 가져다 놓고 그 사본만 가져간 경우**(95도192) 06. 법원행시, 10. 경찰승진
⑤ 신용카드업자가 발행한 **신용카드**(99도857)	
⑥ 사원이 회사를 퇴사하면서 동 회사연구실에 보관 중이던 회사의 목적업무상 기술분야에 관한 **문서사본을 취거**한 경우(86도1205) 04. 사시, 11. 경찰승진	**비교판례** 원주주명부를 복사하여 놓은 복사본은 절도죄의 객체가 되는 재물에 해당한다(2004도5183).
⑦ 피해자가 본범의 **기망행위에 속아 현금을 피고인 명의의 은행 예금계좌로 송금**한 경우 이는 재산상 이익이 아닌 재물에 해당한다(2010도6256). 12. 변호사, 19. 경찰간부	

(3) 타인의 토지에 식재한 수목의 소유관계

① 농작물(성숙) : 경작자 소유

② 수목 : 식재권한 ┌ O → 식재자 소유

　　　　　　　　　└ X → 토지소유자 소유

판례

① 타인의 토지상에 **권원 없이 식재한 수목(대나무 등)의 소유권은 토지소유자에게 귀속하고, 권원에 의하여 식재한 경우에는 그 소유권이 식재한 자**에게 있으므로 할 것인바, 乙은 그가 피고인으로부터 임차하고 있는 토지의 울타리 안에 위 대나무를 식재하고 가꾸어 온 사실과 피고인이 그 울타리 안의 대나무를 벌채하여 간 경우 피고인의 벌채행위에 대하여 절도죄를 인정한 판례이다(80도1874).

② 타인의 토지상에 권원 없이 식재한 수목의 소유권은 토지소유자에게 귀속하고 권원에 의하여 식재한 경우에는 그 소유권이 식재한 자에게 있으므로, **권원 없이 식재한 감나무**에서 감을 수확한 것은 절도죄에 해당한다(97도3425). 13·14. 변호사, 20. 경찰승진

(4) 금제품

① **절대적 금제품** : 소유권의 객체 × → 위조통화 · 유가증권 · 아편 흡식기

② **상대적 금제품** : 소유권의 객체 ○ + 소지만 금지 → 마약, 아편, 무기

③ <u>판례 : 전부 절도의 객체 ○</u> ┌ 절대적 금제품 : 위조유가증권의 절취 → 절도 인정
　　　　　　　　　　　　　　└ 상대적 금제품 : 대마(마약)의 절취 → 절도 인정

판례

① 무주리조트의 직원이 매출표에서 권한 없이 판매할 목적으로 리프트탑승권 발매기로부터 **리프트 탑승권** 100장을 부정 발급하여 이를 취득한 경우 형법상 재물로서 절도죄의 객체가 된다(98도2967).

② 타인의 대마밭에서 **대마**를 절취한 경우 절도죄가 성립한다(98도3619).

2. 재산상 이익

(1) 재물 이외의 일체의 재산적 가치 있는 이익을 말한다. 적극적 이익(**예** 무상의 노무제공, 채권취득), 소극적 이익(**예** 부채감소)이나, 영구적 이익(**예** 채무면제), 일시적 이익(채무변제연기 등)도 포함 → <u>계좌이체, 초과금액인출금 : 재산상 이익 ○</u>

(2) **재산상 이익** : 재산상의 이익은 <u>경제적 교환가치만을 기준으로 평가하며 법률적으로 보호되는 경제적 이익만을 의미하지 않는다</u>(판례).

　→ 매춘부와의 불법한 성행위의 대가로 약속한 금전(매음료, 화대), 불법한 노동력의 제공 등은 법적으로 무효이나 형법상 재산상 이익으로 평가 22. 경찰

판례

① 부녀가 금품 등을 받을 것을 전제로 성행위를 하는 경우 그 행위의 대가는 사기죄의 객체인 경제적 이익에 해당하므로 부녀를 기망하여 **성행위의 대가**의 지급을 면하는 경우 사기죄가 성립한다(2001도2991).

　비교판례 부녀를 공갈하여 **정교**를 맺었다고 하여도 특단의 사정이 없는 한 이로써 재산상 이익을 취한 것이라고 볼 수는 없어 공갈죄가 성립하지 않는다(82도2714).

② 피고인이 폭행 · 협박으로 피해자로 하여금 **매출전표에 서명**을 하게 한 다음 이를 교부받아 소지함으로써 이미 외관상 각 매출전표를 제출하여 신용카드회사들로부터 그 금액을 지급받을 수 있는 상태가 되었다면 '재산상 이익'을 취득하였다고 볼 수 있다(96도3411).

③ 피고인이 피해자에게 식칼을 들이대고 "2천만원을 지급한다는 **지불각서**를 쓰라"고 협박하였으나 피해자가 망설이자 식칼로 피해자의 어깨를 찔렀다면 강도상해죄가 성립한다(93도428).

④ 경제적 이익을 기대할 수 있는 **자금운용의 권한 내지 지위의 획득**도 그 자체로 경제적 가치가 있는 것으로 평가할 수 있다면 사기죄의 객체인 재산상의 이익에 포함된다(2011도282).

⑤ **비트코인**은 경제적인 가치를 디지털로 표상하여 전자적으로 이전, 저장과 거래가 가능하도록 한 가상자산의 일종으로 사기죄의 객체인 재산상 이익에 해당한다(2021도9855). 22. 경찰

⑥ 현금자동지급기에 그 초과된 금액이 인출되도록 입력하여 그 초과된 금액의 현금을 인출한 경우에는 그 인출된 현금에 대한 점유를 취득함으로써 이 때에 그 인출한 현금 총액 중 인출을 위임받은 금액을 넘는 부분의 비율에 상당하는 재산상 이익을 취득한 것으로 볼 수 있으므로 컴퓨터 등 사용사기죄에 해당된다(2005도3516). <small>19. 경찰간부</small>

⑦ 통정허위표시로서 무효인 임대차계약에 기초하여 임차권 등기를 마침으로써 외형상 임차인으로서 취득하게 된 권리는 사기죄에서 말하는 재산상 이익에 해당한다(2010도12732).
<small>20. 경찰간부</small>

3 형법상 점유

1. 점유의 의의 : <u>순수사실상의 지배관계(원칙)</u>

(1) **객관적 · 물리적 요소**

　① 사실상의 재물지배 상태 예 휴대하고 있는 물건, 집안에 있는 물건

　② 시간적 · 장소적 작용관계(작용가능성) ○, 사실적 처분 가능성 ○, 적법할 필요는 없다(예 절도범도 절취물의 점유를 갖는다).

(2) **주관적 · 정신적 요소** : 재물을 자기의 의사에 따라 관리 · 지배하려는 점유의사

　① **사실상의 개념** : 의사능력 不要 → 유아 · 정신병자 등도 점유 인정

　② 일반적 지배이면 족함 → 구체적 · 개별적 ×

　　예 편지함에 들어 있는 물건은 주인의 점유 인정, 가게문을 열기 전에 배달된 상품에 대하여도 점유 인정

　③ 잠재적 지배의사이면 족함 → 수면자 · 의식 불명자 점유 인정

판례

> 설사 피해자가 졸도하여 **의식을 상실**한 경우에도 현장에 일시된 피해자의 물건은 자연히 그 지배하에 있는 것으로 보아야 할 것이다. 타인에게 상해를 가하여 혼미상태에 빠지게 한 경우에 우발적으로 그의 재물을 도취하는 소유는 폭행을 도취의 수단으로 사용한 것이 아니므로 강도죄가 성립하지 않는다(4289형상170).

(3) 사회적 · 규범적 요소

① 점유개념의 확장(정신적 점유의 확대)

　㉠ 원 점유자(甲)가 물건의 소재를 알고 이를 찾을 가능성이 있는 경우 → 원 점유자(甲)의 점유 인정

　　예 강간당한 피해자가 도피하면서 현장에 두고 온 손가방, 밭에 두고 온 농기구

　㉡ If, 점유자가 그 소재를 모르는 경우 : 원 점유자의 정신적 점유 부정, 다만 다른 사람의 배타적 지배범위에 두고 온 물건 → 관리자의 점유 인정

　　예 여관 · 목욕탕 · 극장에 두고 온 시계는 여관주인 등의 점유를 인정한다.

② **점유개념의 축소(제한)** : 음식점에서 손님이 사용하고 있는 식기 · 수저, 손님이 몸에 맞는지 입어보고 있는 옷, 숙박객에게 제공된 침구, 잠깐 보겠다고 하여 범인이 손에 쥐고 있는 책 등 → 주인의 점유

점유개념이 확대되는 경우	점유개념이 축소되는 경우
① **어떤 물건을 잃어버린 장소가 당구장같이 타인의 관리 아래 있을 때에는 그 물건은 일응 그 관리자의 점유에 속한다 할 것**이고, 이를 그 관리자가 아닌 제3자가 취거하는 것은 유실물횡령이 아니라 절도죄에 해당한다. 피고인이 종업원으로 근무하던 **당구장의 당구대 밑에서 어떤 사람이 잃어버린 금반지**를 주워서 손가락에 끼고 다녔다면 절도죄에 해당한다(88도409). 05. 경찰승진, 09. 법원행시	① 피해자가 결혼예식장에서 **신부 측 축의금** 접수인인 것처럼 행세하는 피고인에게 축의금을 내어 놓자 이를 교부받아 가로챈 사안에서 피해자의 교부행위의 취지는 신부 측에 전달하는 것일 뿐 피고인에게 그 처분권을 주는 것은 아니므로 피고인이 그 돈을 가져간 것은 신부 측 접수처의 점유를 침탈하여 범한 절취행위라고 보는 것이 정당하다(96도2227). 02. 사시, 04. 법원행시, 07 · 15. 경찰, 10 · 12. 경찰승진, 10. 법원직
② **강간을 당한 피해자가 도피하면서 현장에 놓아두고 간 손가방**은 점유이탈물이 아니라 사회통념상 피해자의 지배하에 있는 물건이라고 보아야 할 것이므로 피고인이 그 손가방 안에 들어 있는 피해자 소유의 돈을 꺼낸 소위는 절도죄에 해당한다(84도38). 08. 경찰승진, 21. 법원직	② 피고인이 피해자가 경영하는 금방에서 마치 귀금속을 구입할 것처럼 가장하여 피해자로부터 **순금목걸**이 등을 건네받은 다음 **화장실에 갔다 오겠다는 핑계**를 대고 도주한 것이라면 순금목걸이 등은 도주하기 전까지는 아직 피해자의 점유하에 있었다고 할 것이므로 이를 절도죄로 의율 처단한 것은 정당하다(94도1487). 13. 변호사
③ **고속버스에서 승객이 잊고 내린 유실물**을 다른 승객이 발견하고 가지고 간 경우 절도죄에 해당하지 않고 점유이탈물횡령죄에 해당한다(92도43170).	③ 산지기로서 종중 소유의 분묘를 간수하고 있는 자가 그 분묘에 설치된 **석등이나 문관석** 등을 점유하고 있다고 할 수 없으므로 이러한 물건 등을 반출하여 가는 행위는 횡령죄가 아닌 절도죄를 구성한다(84도3024). 06. 경찰, 08. 경찰승진
④ **승객이 놓고 내린 지하철의 전동차 바닥이나 선반 위에 있던 물건**을 가지고 간 경우 점유이탈물횡령죄에 해당함은 별론으로 하고 절도죄에 해당하지는 않는다(99도3963). 07. 법원직, 08 · 13. 경찰승진, 11. 법원행시	
⑤ 피고인이 **피해자가 피씨방에 두고 간 핸드폰**을 취한 경우 피씨방 관리자의 점유를 침해하여 절도죄를 구성한다(2006도9338). 10. 법원직, 14. 변호사	

판례 ⚖️

① 자기 논에 물을 품어 넣기 위하여 토지개량조합의 배수로에 토지개량조합규칙에 위배되는 행위로서 특수한 공작물을 설치하여 **자기 논에 물을 저수**하였다 하여도 그 물은 물을 막은 사람이 사실상이나 법률상 지배하는 것이 되지 못한다고 인정되므로 그 물은 절도죄의 객체가 되지 못한다(64도209). 07. 경찰승진

② 육지로부터 멀리 떨어진 섬에서 광산을 개발하기 위하여 발전기·경운기 엔진을 섬으로 반입하였다가 광업권 설정이 취소됨으로써 광산개발이 불가능하게 되자 육지로 그 물건들을 반출하는 것을 포기하고 그대로 유기하여 둔 채 **섬을 떠난 후 10년 동안 그 물건들을 관리하지 않고 있었다면**, 그 섬에 거주하는 피고인이 그 소유자가 섬을 떠난 지 7년이 경과한 뒤 노후된 물건들을 피고인 집 가까이에 옮겨 놓은 경우, 원소유자나 그 상속인이 그 물건들을 점유할 의사로 사실상 지배하고 있었다고는 볼 수 없으므로 그 물건들을 절도죄의 객체인 타인이 점유하는 물건으로 볼 수 없다(94도1481). 09. 법원행시, 11. 경찰승진, 13. 변호사

③ 상사와의 의견 충돌 끝에 항의의 표시로 사표를 제출한 다음, 평소 피고인이 **전적으로 보관·관리해 오던 이른바 비자금 관계서류 및 금품**이 든 가방을 들고 나온 경우, 불법영득의 의사가 있다고 할 수 없을 뿐만 아니라, 그 서류 및 금품이 타인의 점유하에 있던 물건이라고도 볼 수 없다(94도3033). 08·15. 경찰

④ 임차인이 임대계약 종료 후 식당건물에서 퇴거하면서 **종전부터 사용하던 냉장고의 전원**을 켜 둔 채 그대로 두어 전기가 소비된 경우 절도죄는 성립하지 않는다(2008도3252).

09·21. 경찰승진, 11. 경찰간부, 15. 경찰, 18. 국가직 9급

⑤ 피고인이 내연관계에 있는 甲과 아파트에서 동거하다가 甲의 사망으로 **상속인인 乙 및 丙 소유에 속하게 된 부동산 등기권리증 등이 들어 있는 가방**을 아파트에서 가지고 나온 경우, 피고인이 가방을 들고 나온 시점에 乙 등이 아파트에 있던 가방을 사실상 지배하여 점유하였다고 볼 수 없어 피고인의 행위는 절도죄를 구성하지 않는다(2010도6334). 13. 경찰

2. 타인점유

(1) 공동점유 → 타인점유(원칙)

① 배분(대등)관계 : 공유, 총유, 동업자 관계, 조합의 합유물 → 타인점유

　If 공유자 중 1인(乙)의 물건 보관 부탁이 있으면 다른 공유자(甲)의 점유가 인정된다. 즉 甲을 중심으로 보면 타인소유·자기점유가 되어 횡령죄 성립이 가능하다.

판례 ⚖️

① **동업체에 제공된 물품은 동업관계가 청산되지 않는 한 동업자들의 공동점유**에 속하므로, 그 물품이 원래 피고인의 소유라거나 피고인이 다른 곳에서 빌려서 제공하였다는 사유만으로는 절도죄의 객체가 됨에 지장이 없다(94도2076). 21. 법원직

② 조합원의 1인이 조합원의 공동점유에 속하는 **합유**의 물건을 다른 조합원의 **승낙 없이** 조합원의 점유를 배제하고 단독으로 자신의 지배하에 옮긴다는 인식이 있었다면 절도죄에 있어서 불법영득의 의사가 있었다고 볼 것이다(82도2058). 06. 법원행시

③ **교회가 두 개로 분열된 후에 그 교회의 재산(천막 등)**을 다른 교파의 점유를 배제하고 자기 교파만의 지배하에 옮긴 경우 절도죄가 성립한다(98도126). 09. 경찰승진

② 상하(주종)관계 → 상위자 점유인정(원칙)

　　예 상점주인과 점원의 관계에서 점원이 절취하면 : 절도죄 성립

　　If 상위자(상점주인)의 특별한 <u>위임</u>이 있으면 하위자(종업원)의 단독점유 인정 → 종업원이 이를 처분하면 타인소유·자기점유 인정 → 절도 × : (업무상)횡령죄 성립

판례

① 피해자의 승낙을 받고 그의 **심부름**으로 오토바이를 타고 가서 수표를 현금으로 바꾼 뒤에 마음이 변하여 그대로 도망간 경우 오토바이와 현금에 대한 횡령죄가 성립한다(86도1093).

② 피해자는 당일 피고인에게 금고열쇠와 오토바이를 **맡기고** 금고 안의 돈은 배달될 가스대금으로 **지급할 것을 지시**한 후에 외출하였던바, 피고인이 혼자서 점포를 지키다가 금고 안에서 현금을 꺼내어 오토바이를 타고 도주한 경우 횡령죄가 성립한다(81도3396). 10. 법원직, 11. 법원행시

(2) 위탁자와 재물운반자

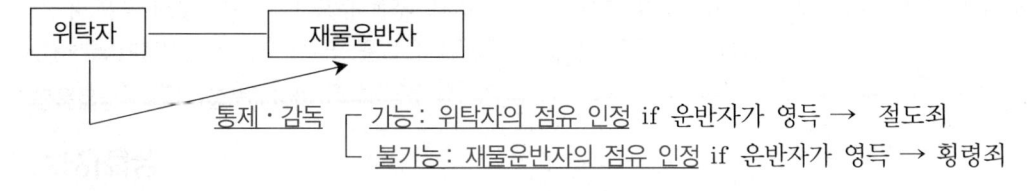

판례

① 화물**자동차**운전수가 화물 운송 도중에 이를 타에 처분·영득하였다면 업무상횡령죄가 성립한다(4290형상281).

② 피고인들은 **열차**사무소 취급수로 합동하여 그들이 승무한 화차 내에서 동 화차에 적재하여 운송 중인 철도청의 수탁화물 중 이사짐 포장을 풀고 그 속에 묶어 둔 탁상용 시계 1개 외 의류 9점을 빼내어 절취한 경우 업무상횡령으로 보지 아니하고 특수절도로 보았음이 정당하다(65도798). 09. 경찰승진

③ 피해자가 시장 점포에서 물건을 매수하여 묶어서 그곳에 맡겨 놓은 후, 그곳에서 약 50m 떨어져 **동 점포를 살펴볼 수 없는 딴 가게**로 가서 지게 짐꾼인 피고인을 불러 피고인 단독으로 위 점포에 가서 맡긴 물건을 **운반해 줄 것을 의뢰**하였더니 피고인이 동 점포에 가서 맡긴 물건을 찾아 피해자에게 운반해 주지 않고 용달차에 싣고 가서 처분한 것이라면 피고인의 운반을 위한 소지관계는 피해자의 위탁에 의한 보관관계에 있다고 할 것이므로 이를 영득한 행위는 절도죄가 아니라 횡령죄를 구성한다(82도2394). 00. 사시, 04. 경찰, 12·16. 경찰승진

④ 위탁자와 **동행**하여 은행에서 찾은 현금을 운반하다가 그중 일부를 꺼내어 영득한 경우 절도죄가 성립한다(65도1178). 13. 경찰승진

(3) 봉함 또는 시정된 포장물(판례)

① 포장물 전체 : 운반자(수탁자 · 수치인) 점유. if 수탁자가 영득하면 → 횡령죄

② 포장물의 내용물 : 위탁자 점유. if 수탁자가 영득하면 → 절도죄

판례

피고인이 보관계약에 의하여 보관중인 정부소유의 미곡 가마니에서 삭대를 사용하여 **약간 양**씩을 발취한 경우에, 피고인이 발취한 포장함 입내의 보관중의 정부소유미의 점유는 정부에 있다 할 것이므로 이를 발췌한 행위는 절도죄에 해당한다(4288형상375).

3. 사자의 점유

살해 후 비로소 영득의사가 생겨 재물영득한 경우

(1) **통설**: 살인죄 + 점유이탈물횡령죄(사자의 점유 부정)

(2) **판례**: 살인죄 + 절도죄(사자의 생전점유 인정)

판례

피해자를 **살해한 방에서 사망한 피해자 곁에 4시간 30분쯤** 있다가 그곳 피해자의 자취방 벽에 걸려 있던 피해자가 소지하는 물건들을 영득의 의사로 가지고 나온 경우 피해자가 생전에 가진 점유는 사망 후에도 여전히 계속되는 것으로 보아야 하므로 절도죄로 처벌함이 정당하다(93도2143). 21. 경찰승진

4 불법영득의사

→ 영구적 or 일시적 불문

(1) **소유자 지위 배제의사 + 소유자 지위 향유의사**

→ 영구적 배제의사를 요함 → if. 일시적 배제 (반환의사 ○) ┌ 사실상 반환 ○ : 사용절도(원칙적으로 불가벌 → 예외 : 자동차등 불법 사용죄)
                                                    └ 사실상 반환 × : 절도죄

(2) **불법영득의사의 객체**

① 물체 또는 그 물체가 가지고 있는 특수한 기능가치

② 예금통장을 절취하여 예금을 인출하고 반환한 경우에는 예금청구권이 화체된 통장의 특수한 기능가치를 침해하였으므로 통장에 대한 불법영득의사가 인정되지만, 신용카드를 절취하여 현금을 인출하고 반환한 경우에는 신용카드 자체에 대한 불법영득의사는 인정되지 않는다고 한다(판례).

(3) **절취의 불법** : 소유권과 일치하더라도 절취가 적법하지 않으면 불법영득의사가 인정

판례

형법상 절취란 타인이 점유하고 있는 자기 이외의 자의 소유물을 점유자의 의사에 반하여 점유를 배제하고 자기 또는 제3자의 점유로 옮기는 것을 말한다. 그리고 절도죄의 성립에 필요한 **불법영득의 의사란 타인의 물건을 그 권리자를 배제하고 자기의 소유물과 같이 그 경제적 용법에 따라 이용·처분하고자 하는 의사를 말하는 것**으로서, 단순히 타인의 점유만을 침해하였다고 하여 그로써 곧 절도죄가 성립하는 것은 아니나, **재물의 소유권 또는 이에 준하는 본권을 침해하는 의사가 있으면 되고 반드시 영구적으로 보유할 의사가 필요한 것은 아니며, 그것이 물건 자체를 영득할 의사인지 물건의 가치만을 영득할 의사인지를 불문**한다. 따라서 어떠한 물건을 점유자의 의사에 반하여 취거하는 행위가 결과적으로 소유자의 이익으로 된다는 사정 또는 소유자의 추정적 승낙이 있다고 볼 만한 사정이 있다고 하더라도, 다른 특별한 사정이 없는 한 그러한 사유만으로 불법영득의 의사가 없다고 할 수는 없다(2013도14130).

20. 경찰간부, 21·22. 경찰, 21. 법원직, 22. 경찰승진

불법영득의사 O	불법영득의사 X
① 甲이 법인의 회계장부에 올리지 않고 법인의 운영자나 관리자가 회계로부터 분리시켜 별도로 관리하는 이른바 비자금을 법인을 위한 목적이 아니라 법인의 자금을 빼내어 착복할 목적으로 조성한 경우(2005도2626) 18. 국가직 7급	① 피고인이 피해자의 **전화번호를 알아두기 위하여** 피해자가 떨어뜨린 전화요금 영수증을 습득한 후에 돌려주지 않은 경우(91도2831) 08·09. 경찰승진
② 총무과장 甲이 회사의 물품대금채권을 확보할 목적으로 채무자의 **승낙을 받지 아니한 채 그의 소유인 자동차를 운전하여 회사로 옮긴 경우**(90도573) 08. 경찰	② 甲은 내연관계에 있던 乙女가 자기를 피하여 행방을 감추자, 그녀를 만나기 위하여 집으로 찾아갔으나 만나지 못했는데, 이에 甲은 그녀의 **패물을 가지고 가면 이를 찾기 위해서라도 자신을 찾아올 것이라고 예상**하고 乙女의 다이아반지 등 패물을 가져온 뒤 **그녀의 딸에게 전화하여 그 사실을 그녀에게 연락하라고 알려 준 경우**(92도280) 08. 경찰승진, 17. 법원직
③ 지방자치단체 조례상 **용도가 엄격히 제한**된 사회단체보조금을 집행할 직책에 있는 甲이 자기 자신의 이익을 위한 것이 아니고 경비부족을 메우기 위하여 보조금을 전용한 경우 (2010도987) 18. 국가직 7급	③ 피해자의 승낙 없이 혼인신고서를 작성하기 위하여 피해자의 도장을 몰래 꺼내어 **사용한 후에 곧바로 제자리에 가져다 놓은 경우**(2000도493) 17. 법원직, 18. 경찰승진
④ 소유자의 **승낙 없이 오토바이를 타고 가서 다른 장소에 버린 경우**(2002도3465) 08. 경찰승진	④ 피고인이 살해된 피해자의 주머니에서 꺼낸 지갑을 살해도구로 이용한 골프채와 옷 등 다른 증거품들과 함께 자신의 차량에 싣고 가다가 **쓰레기 소각장에서 태워버린 경우**(2000도3655) 08. 경찰·경찰승진
⑤ 외상매매계약을 해제하여 동 외상매매**물품의 반환청구권이 피고인에게 있다 하여도** 매수인의 **승낙을 받지 아니하고** 동 물품을 가지고 간 경우(72도2538)	

⑥ 甲주식회사 감사인 피고인이 회사 경영진과의 불화로 한 달 가까이 결근하다가 회사 감사실에 침입하여 자신이 사용하던 컴퓨터에서 **하드디스크를 떼어간 후, 4개월 가까이 지난 시점에 반환**한 경우(2010도9570)

⑦ 소유자의 승낙 없이 타인의 오토바이를 1시간 50분 정도 탄 후에 본래 있던 곳으로부터 **7~8m 떨어진 장소에 방치**한 경우(81도2394)

⑧ 피해자의 지갑을 가져갈 당시 후일 변제의사가 있었더라도 피해자의 **승낙을 받지 않고 가지고 간 경우**(99도519) 09. 경찰승진

⑨ 피고인이 甲의 영업점 내에 있는 甲 소유의 휴대전화를 허락 없이 가지고 나와 사용한 다음 약 **1~2시간 후에 영업점 정문 옆 화분에 놓아두고 간 경우**(2012도1132)
13 · 15. 경찰, 16 · 17. 법원직, 18. 경찰승진, 18. 국가직 7급

⑩ 甲이 A리스회사에서 타인 명의로 리스하여 운행하던 자동차를 사채업자에게 채무담보 목적으로 넘긴 후, 甲이 채무변제를 하지 못하자 사채업자가 그 자동차를 피해자 B에게 매도하였는데, 甲이 그 자동차를 A리스회사에 반납하기 위하여 미리 가지고 있던 보조 키를 이용하여 피해자 B 몰래 그 자동차를 **임의로 가져가** 리스회사에 반납한 경우(2013도14139) 18. 국가직 7급

⑪ 타인의 **예금통장을 무단 사용**하여 예금을 인출한 후에 바로 예금통장을 반환한 경우(2009도9008) 11 · 13. 경찰승진, 12. 국가직 7급, 12 · 16. 경찰, 19. 변호사

비교판례 • **신용카드**를 일시사용하고 곧 반환한 경우에는 불법영득의사가 없다(99도857).

• 은행이 발급한 **직불카드**를 일시사용하고 곧 반환한 경우에는 그 직불카드에 대한 불법영득의 의사는 없다(2005도7819). 16. 법원직

⑤ 가구회사의 디자이너인 甲이 **평소 임의처분이 허용된 자신이 제작한 가구디자인 도면**을 가지고 나온 경우(91도2831)

⑥ 甲은 타인소유의 버스요금함 서랍 견본 1개를 그에 대한 **최초 고안자로서의 권리를 확보하겠다는 생각으로** 가지고 나가 변리사에게 의장출원을 의뢰하고 그 도면을 작성한 뒤에 당일 이를 원래 있던 곳에 가져다 둔 경우(91도878) 08. 경찰

⑦ 상사와의 의견 충돌 끝에 항의의 표시로 사표를 제출한 다음 평소 피고인이 **전적으로 보관 · 관리해 오던 이른바 비자금 관계서류 및 금품**이 든 가방을 들고 나온 경우(94도3033)
08 · 15. 경찰, 14. 변호사

⑧ 甲이 A의 인감도장을 그의 책상에서 몰래 꺼낸 후 차용금증서의 연대보증인란에 찍고 다시 **제자리에 넣어두었다**면 도장에 대한 불법영득의사가 있었다고 보기 어렵다(87도1959). 20. 경찰간부

⑨ 甲이 소속 중대 M16 소총 1정을 분실하자 그 **보충을 위하여** 다른 부대의 총기를 취한 경우(77도1069) 09. 경찰승진

⑩ 강간하는 과정에서 피해자들이 **도망가지 못하게 하기 위하여** 손가방을 빼앗은 것에 불과하다면 이에 불법영득의 의사가 있었다고 할 수 없다(85도1170). 15. 경찰승진

⑪ 시비 중 피해자가 "식칼로 찔러 죽이겠다."라고 위협하여 주위를 살펴보니 식칼이 있어 피고인이 이를 **협박의 증거물로 파출소에 가져간 경우**(86도354)

⑫ 사격장에서 총기를 휴대한 채 군무를 이탈하였다면 설령 **총기를 휴대하고 있는지조차 인식할 수 없는 정신 상태**에 있었던 경우(91도3149) 20. 경찰간부

⑬ 골프회원권 매매중개업체를 운영하는 자가 매수의뢰와 함께 입금받아 보관하던 금원을 **일시적으로 다른 회원권의 매입대금 등으로 임의소비**한 경우(2007도7568) 16. 국가직 7급

5 친족상도례

제344조【친족간의 범행】 제328조의 규정은 제329조 내지 제332조의 죄 또는 그 미수범에 준용한다.

제328조【친족간의 범행과 고소】 ① 직계혈족, 배우자, 동거친족, 동거가족 또는 그 배우자간의 제323조의 죄는 그 형을 면제한다.

② 제1항 이외의 친족간에 제323조의 죄를 범한 때에는 고소가 있어야 공소를 제기할 수 있다.

③ 전 2항의 신분관계가 없는 공범에 대하여 전 2항을 적용하지 아니한다.

제365조【친족간의 범행】 ① 전3조의 죄(장물죄, 상습장물죄, 업무상 과실, 중과실 장물죄)를 범한 자와 피해자간에 제328조 제1항, 제2항의 신분관계가 있는 때에는 동조의 규정을 준용한다.

② 전3조의 죄를 범한 자와 본범간에 제328조 제1항의 신분관계가 있는 때에는 그 형을 감경 또는 면제한다. 단, 신분관계가 없는 공범에 대하여는 예외로 한다.

1. 의의 및 법적 성격

(1) **의의**: 일정한 친족 사이의 재산범죄에 대하여 형을 면제하거나 친고죄로 하는 특례규정을 말한다.

(2) **법적성격**: 인적처벌조각사유

(3) **친족관계의 인식 및 착오**: 인적처벌조각사유이므로 친족관계는 객관적으로 존재하면 족하고 행위자가 그 존재를 인식할 필요는 없다.

2. 적용범위

(1) <u>강도죄, 강제집행면탈죄, 점유강취죄, 경계침범죄, 손괴죄 제외 (강경한 손 제외)</u> 16 · 17. 경찰, 21. 법원직

(2) 재물소유자 및(또는 ×) 점유자 모두와 친족관계가 있어야 한다.

(3) 친족관계는 <u>행위시</u>에만 존재하면 족함. 그 후에 소멸해도 상관없음.

3. 법률상 취급

(1) 동거친족, 동거가족 또는 그 배우자, 직계혈족, 배우자는 형을 면제한다(제328조1항). 17. 경찰

   ⇨ 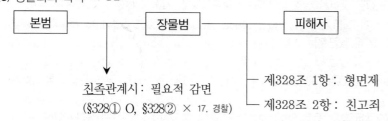 → 형면제

   ⇨ '그 배우자' → 동거가족, 직계혈족, 동거친족의 모두의 배우자를 의미 19. 경찰

(2) <u>비동거 친족</u> → <u>고소 有(상대적 친고죄)</u>(제328조 2항)

(3) 장물죄의 특칙 16. 경찰

```
┌──────┐        ┌──────┐        ┌──────┐
│ 본범  │────────│ 장물범 │────────│ 피해자 │
└──────┘    │   └──────┘    │   └──────┘
            │               │
            ▼               ├─ 제328조 1항 : 형면제
    친족관계시 : 필요적 감면    │
    (§328① O, §328② × 17. 경찰)  └─ 제328조 2항 : 친고죄
```

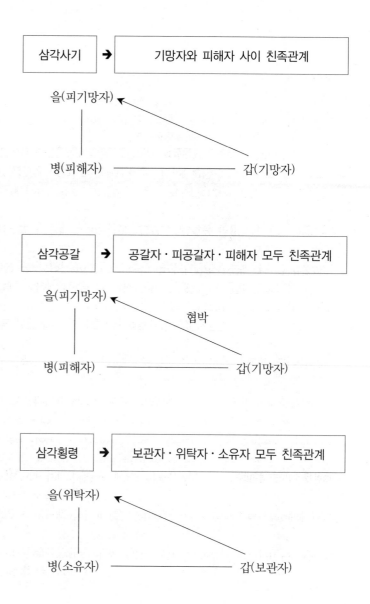

① 절도죄의 피고인이 **피해자의 외사촌 동생**이라면 형법 제328조 제2항, 제344조에 의하여 피해자의 고소가 있어야 처벌할 수 있다(91도1077).

② 피고인이 사실상의 부(父)인 피해자가 H은행으로부터 임차 사용하여 오던 대여금고의 문을 열고 대여금고 안에 보관 중인 예금통장을 다른 형제들 몰래 꺼내어 간 후, 피고인이 피해자의 **친생자로 인지되었다면, 소급효에 따라 형성되는 친족관계를 기초로 하여 친족상도례의 규정이 적용된다**(96도1731). 05. 경찰, 06. 경찰승진, 10·12. 법원행시, 11. 사시, 12. 국가직 7급, 19. 국가직

③ 친족상도례에 관한 규정은 범인과 피해물건의 **소유자 및 점유자** 모두의 사이에 친족관계가 있는 경우에만 적용되는 것이고 절도범인이 피해물건의 소유자나 점유자의 어느 일방과 사이에서만 친족관계가 있는 경우에는 그 적용이 없다(80도131). 03. 행시, 09. 국가직 7급, 10. 법원행시, 11. 경찰승진, 15. 경찰, 18. 법원직, 18. 변호사

④ 손자가 할아버지 소유의 농업협동조합 예금통장을 절취하여 이를 현금자동지급기에 넣고 조작하는 방법으로 예금 잔고를 자신의 거래은행계좌로 이체한 사안에서 **농업협동조합이 컴퓨터 등 사용사기 범행 부분의 피해자라는 이유로 친족상도례를 적용할 수 없다**(2006도2704). 08·11. 사시, 10·11. 경찰승진, 11. 국가직 9급·법원행시, 12. 법원직·국가직 7급, 18. 경찰

⑤ 피고인이 백화점 내 점포에 입점시켜 주겠다고 속여 피해자로부터 입점비 명목으로 돈을 편취하였다며 사기로 기소된 사안에서 피고인의 딸과 피해자의 아들이 혼인하여 피고인과 피해자가 **사돈지간**인 경우 친족상도례는 적용되지 않는다(2011도2170). 12. 법원직·법원행시, 12·15·16·18. 경찰, 13. 경찰승진, 18. 변호사, 20. 경찰간부, 21. 법원직

⑥ 형법상 **사기죄의 성질은 특정경제범죄 가중처벌 등에 관한 법률 제3조 제1항에 의하여 가중처벌되는 경우에도 그대로 유지**되고, 형법 제354조는 특정경제범죄 가중처벌 등에 관한 법률 제3조 제1항 위반죄에도 그대로 적용된다(99오1). 09·15. 경찰, 11. 경찰승진, 18. 변호사, 20. 경찰간부

⑦ 사기죄를 범하는 자가 금원을 편취하기 위한 수단으로 피해자와 혼인신고를 하여 그 **혼인이 무효**인 경우라면, 그러한 피해자에 대한 사기죄에서는 친족상도례를 적용할 수 없다(2014도11533). 18. 법원직, 20. 경찰간부

⑧ 흉기 기타 위험한 물건을 휴대하고 **공갈죄를 범하여 폭력행위 등 처벌에 관한 법률 제3조 제1항에 의하여 가중처벌되는 경우 친족상도례규정이 적용**된다(2010도5795).
08. 사시, 10·11·12. 법원행시, 12. 법원직, 12·15. 경찰, 14. 경찰승진

⑨ 피고인 등이 공모하여, 피해자 甲·乙 등을 기망하여 甲·乙 및 丙과 부동산 매매계약을 체결하고 소유권을 이전받은 다음 잔금을 지급하지 않아 같은 금액 상당의 재산상 이익을 편취하였다는 내용으로 기소된 경우, **甲은 피고인의 8촌 혈족, 丙은 피고인의 부친**이나, 위 부동산이 **甲·乙·丙의 합유**로 등기되어 있어 피고인에게 형법상 친족상도례 규정이 적용되지 않는다(2015도3160). 18. 변호사

⑩ **법원을 기망**하여 제3자로부터 재물을 편취한 경우에 **피해자인 제3자와 사기죄를 범한 자가 직계혈족의 관계**에 있을 때에는 그 범인에 대하여 형법 제328조 제1항을 준용하여 형을 면제하여야 한다(75도781). 03. 법원직, 07·11. 사시, 10. 법원행시·경찰승진, 17. 경찰, 20. 경찰간부

⑪ 삼각공갈에 있어서 협박당한 자와 피해자가 다른 경우 **피공갈자 및 재산상 피해자와 범인 사이에 친족관계가 모두 존재**하여야 친족상도례의 규정이 적용된다(94도617).

⑫ 횡령범인이 위탁자가 소유자를 위하여 보관하고 있는 물건을 위탁자로부터 보관받아 이를 횡령한 경우에 **범인과 피해물건의 소유자 및 위탁자 쌍방** 사이에 같은 조문에 정한 친족관계가 있는 경우에만 적용되고, **단지 횡령범인과 피해물건의 소유자간에만 친족관계가 있거나 횡령범인과 피해물건의 위탁자간에만 친족관계가 있는 경우에는 적용되지 않는다**(2008도3438).
10. 법원행시, 10·12·15·16·18·19. 경찰, 11. 사시

Theme 13 절도의 죄

1 절도죄

> 제329조【절도】 타인의 재물을 절취한 자는 6년 이하의 징역 또는 1천만원 이하의 벌금에 처한다.
> 제342조【미수범】 미수범은 처벌한다.
> 제344조【친족간의 범행】 제328조(친족상도례)의 규정은 본죄 또는 미수범에 준용한다.
> 제345조【자격정지 병과】 본장의 죄를 범하여 유기징역에 처할 경우에는 10년 이하의 자격정지를 병과할 수 있다.

1. 객체 : 타인소유 · 타인점유 + 재물

(1) **공동소유** : 타인소유 · 타인점유(원칙)

　┌ 타인과의 공동소유 · 공동점유에 속하는 재물을 공동소유자 1인이 임의로 탈취 → 절도죄
　└ 만약 공동소유자의 1인이 보관 부탁이 있으면 부탁을 받은 자(수탁자)의 점유가 인정되므로 수탁자가 이를 임의로 처분 → 횡령죄

(2) If 타인소유 · 자기점유 → 횡령죄

　 If 자기소유 · 타인점유 → 권리행사방해죄

2. 행위

(1) 절취 → 타인의 점유배제와 새로운 점유취득(자기 또는 제3자의 점유로 옮김)

(2) **책략절도**(사기죄와 책략절도의 구별)

처분의 직접성 · 자의성

절도죄 ○	절도죄 ×
① 피고인이 피고인과 피해자의 **동업**자금으로 구입하여 피해자가 관리하고 있던 다이야포 크레인 1대를 그의 **허락 없이** 공소외인으로 하여금 운전하여 가도록 한 경우(90도1021) <div align=right>15. 법원직</div>	① 임차인이 임대계약 종료 후에 식당건물에서 퇴거하면서 **종전부터 사용하던 냉장고의 전원**을 켜 둔 채 그대로 두었다가 약 1개월 후에 철거해 가는 바람에 그 기간 동안 전기가 소비된 경우(2008도3252) 11 · 20. 경찰간부

① 피고인이 피고인과 피해자의 **동업**자금으로 구입하여 피해자가 관리하고 있던 다이야포 크레인 1대를 그의 **허락 없이** 공소외인으로 하여금 운전하여 가도록 한 경우(90도1021) 15. 법원직

② 타인의 토지상에 권한 없이 식재한 수목의 소유권은 토지 소유자에게 귀속하고, **권원에 의하여** 식재한 경우에는 그 소유권이 식재한 자에게 있으므로 **권한 없이 식재한 감나무에서 감을 수확**한 경우(97도3425) 01. 사시, 04. 경찰, 06. 법원행시, 07 · 09 · 10 · 13. 경찰승진

③ 명의대여약정에 따른 신청에 의하여 발급된 **영업허가증과 사업자등록증은 피해자가 인도받음으로써 피해자의 소유**가 되었다고 할 것이므로 이를 명의대여자가 가지고 간 경우(2002도5090) 05 · 17. 경찰승진

④ **돈사**에서 대량으로 사육되는 **돼지**에 대한 이중의 양도담보설정계약이 체결된 경우, **뒤에 양도담보설정계약을 체결한 이중양수채권자가 임의로 돼지를 반출**한 경우(2006도8649) 08. 경찰승진

⑤ A회사는 채무자에게 금전을 대여하고 **채무자 소유의 쇄석장비**들에 관하여 점유개정의 방법으로 양도담보부 금전소비대차계약을 체결하였는데 채무자가 변제기가 지나도 채무를 변제하지 않자 A회사의 직원들인 피고인 등이 **채무자의 의사에 반하여** 쇄석장비들을 임의로 분해하여 가져간 경우(2005도2861) 12. 경찰

⑥ 甲은 자신의 명의로 등록된 자동차를 사실혼관계에 있던 **A에게 증여**하여 **A만이 이를 운행 · 관리**하여 오다가 서로 별거하면서 재산분할 내지 위자료 명목으로 A가 소유하기로 하였는데, 甲이 위 자동차를 임의로 운전해가서 장기간 사용한 경우(2012도15303) 16. 사시

⑦ 피고인이 자신의 **모(母) 甲 명의로 구입 · 등록**하여 甲에게 명의신탁한 자동차를 **乙에게 담보로 제공**한 후에 乙 몰래 가져가 절취한 경우(2010도11771) 12. 국가직 7급, 12 · 15 · 16. 경찰, 14. 변호사, 19. 경찰간부, 20. 경찰승진, 21. 법원직

⑧ **주점점원의 초청을 받고** 주점에 온 자가 주점주인이 잠가둔 셔터문을 열고 그곳 주방 안에 있는 맥주를 꺼내마신 경우(86도1439) 15. 경찰간부

⑨ 타인의 명의를 모용하여 발급받은 신용카드를 사용하여 현금자동지급기에서 현금대출을 받는 행위는 **현금자동지급기의 관리자의 의사에 반하여** 그의 지배를 배제한 채, 그 현금을 자기의 지배하에 옮겨 놓는 경우(2002도2134) 16. 경찰, 18. 국가직 9급, 20. 경찰간부

---

① 임차인이 임대계약 종료 후에 식당건물에서 퇴거하면서 **종전부터 사용하던 냉장고의 전원**을 켜 둔 채 그대로 두었다가 약 1개월 후에 철거해 가는 바람에 그 기간 동안 전기가 소비된 경우(2008도3252) 11 · 20. 경찰간부

（유사판례） 乙은 강제경매절차에서 甲 소유이던 토지 및 그 지상건물을 매수한 후 법원으로부터 인도명령을 받아 인도집행을 하였는데, 甲이 인도집행 전에 건물 외벽에 설치된 전기코드에 선을 연결하여 甲이 점유하며 창고로 사용 중인 컨테이너로 전기를 공급받아 사용한 경우(2016도15492)

② 두 사람의 **생강농사 동업**관계에 불화가 생겨 그중 **1인이 나오지 않자**, 남은 동업인이 혼자 생강밭을 경작하여 생강을 반출한 경우(2008도11804)

③ 어업권자와 어업권행사계약을 체결하고 어업권을 행사하는 피해자의 양식장에서 '**자연산 모시조개**'를 무단 채취한 경우(2009도11827) 16. 사시

④ 수산업법에 의하여 양식어업권을 가지고 있는 구역 내에서 **자연서식하는 바지락**을 몰래 채취한 경우(82도696) 06. 경찰

⑤ 피고인이 내연관계에 있는 甲과 아파트에서 동거하다가 甲의 사망으로 **상속인인 乙 및 丙 소유에 속하게 된 부동산 등기권리증 등이 들어 있는 가방**을 아파트에서 가지고 나온 경우, 피고인이 가방을 들고 나온 시점에 乙 등이 아파트에 있던 가방을 사실상 지배하여 점유하였다고 볼 수 없어 피고인의 행위는 절도죄를 구성하지 않는다(2010도6334). → 종전 점유자의 점유가 그의 사망으로 인한 상속에 의하여 당연히 그 상속인에게 이전된다는 민법 제193조는 절도죄의 요건으로서의 '타인의 점유'와 관련하여서는 적용의 여지가 없고, 재물을 점유하는 소유자로부터 이를 상속받아 그 소유권을 취득하였다고 하더라도 **상속인이 그 재물에 관하여 사실상의 지배를 가지게 되어야만 이를 점유하는 것**으로서 그때부터 비로소 상속인에 대한 절도죄가 성립할 수 있다. 13. 경찰, 19. 경찰간부, 21. 경찰승진

⑥ **양도담보권자인 채권자가 제3자에게 담보목적물인 동산을 매각하여 그 목적물의 소유권을 취득하게 한 다음,** 그 제3자로 하여금 그 목적물을 취거하게 한 경우 채권자의 행위는 절도죄를 구성하지 아니한다(2006도4263). 20. 경찰간부

⑦ 피고인이 동거 중인 피해자의 지갑에서 **현금을 꺼내가는 것을 피해자가 현장에서 목격하고도 만류하지 아니한 경우**(85도1487)

⑩ 길가에 **시동이 걸린 채,** 세워 둔 타인의 자동차를 함부로 운전하여 **200m** 가량 간 경우(92도1949)

> **[비교판례]** 내리막길에 주차된 자동차를 절취할 목적으로 조수석 문을 열고 시동을 걸려고 차 안의 기기를 만지다가 핸드브레이크를 풀게 되어 **시동이 걸리지 않은 상태에서 약 10m 전진**하다가 가로수를 들이받게 한 甲은 절도죄의 기수로 처벌되지 않는다(94도1522). 13. 변호사, 18. 국가직

⑪ 피고인이 피해자에게 담보로 제공한 차량이 자동차등록원부에 타인 명의로 등록되어 있는 경우에 있어서 피고인이 피해자의 **승낙 없이 미리 소지하고 있던 위 차량의 보조키를 이용하여 이를 운전**하여 간 경우(2013도14139) → 권리행사방해죄 × 16. 경찰간부

⑫ 피고인이 甲의 영업점 내에 있는 甲 소유의 **휴대전화를 허락 없이 가지고 나와 사용**한 다음, 약 1~2시간 후에 영업점 **정문 옆 화분에 놓아두고 간 경우**(2012도1132)
13 · 15. 경찰, 16. 사시, 17. 법원직, 20. 경찰간부

⑬ 자동차 명의신탁관계에서 **제3자가 명의수탁자로부터 승용차를 가져가 매도할 것을 허락받고 인감증명 등을 교부받아 승용차를 명의신탁자 몰래 가져간 경우,** 제3자와 명의수탁자의 공모에 의한 절도죄의 공모공동정범이 성립한다(2006도4498).
09 · 11. 경찰간부, 09 · 11 · 17. 경찰승진, 15. 법원직, 16. 사시

⑭ 입목을 절취하기 위하여 **캐낸 때**에 소유자의 입목에 대한 점유가 침해되어 범인의 사실적 지배하에 놓이게 되므로 범인이 그 점유를 취득하고 절도죄는 기수에 이른다(2008도6080). 21. 경찰승진

⑮ 피고인이 피해자 경영의 금방에서 마치 귀금속을 구입할 것처럼 가장하여 피해자로부터 **순금목걸이** 등을 건네받은 다음, **화장실에 갔다 오겠다는 핑계를 대고 도주**한 경우(94도1487) 02. 국가직 7급, 03. 경찰, 09 · 11. 법원행시, 15. 법원직, 16. 경찰승진

⑯ 피해자가 결혼예식장에서 **신부 측 축의금 접수인인 것처럼 행세**하는 피고인에게 축의금을 내어 놓자 이를 교부받아 가로챈 경우(96도2227) 12. 경찰승진, 15. 경찰, 16. 법원직, 19. 경찰간부

⑰ 피해자가 가지고 있는 **책**을 잠깐 보겠다고 하며 동인이 있는 자리에서 **보는 척**을 하다가 가져간 경우(82도3115) 08. 경찰승진

⑧ 피고인이 피해자에게 **밍크 45마리**에 관하여 자기에게 그 권리가 있다고 주장하면서 이를 **가져간 데에 대하여 피해자의 묵시적인 동의가 있었다면** 피고인의 주장이 후에 허위임이 밝혀졌더라도 피고인의 행위는 절도죄의 절취행위에 해당하지 않는다(90도1211).
19. 경찰간부

⑨ 자전거를 살 의사도 없이 **시운전을 빙자**하여 교부받은 자전거를 타고 도주한 경우 **사기죄가 성립**한다(68도480).

2 야간주거침입절도죄

> **제330조 【야간주거침입절도】** 야간에 사람의 주거, 간수하는 저택, 건조물이나 선박 또는 점유하는 방실에 침입하여 타인의 재물을 절취한 자는 10년 이하의 징역에 처한다.

(1) 실행의 착수 : 주거침입시

(2) 주거침입 + 절도

  (야간)   (야간)   → 야간주거침입절도죄 ○

  (주간)   (야간)   → 야간주거침입절도죄 ×

판례 🔨

① 형법은 제329조에서 절도죄를 규정하고 곧바로 제330조에서 야간주거침입절도죄를 규정하고 있을 뿐, 야간절도죄에 관하여는 처벌규정을 별도로 두고 있지 아니하다. 따라서 **주거침입이 주간에 이루어진 경우에는 야간주거침입절도죄가 성립하지 않는다**고 해석하는 것이 타당하다(2011도300). 12. 국가직 7급 · 법원행시, 17. 경찰 · 경찰간부

② 피고인이 2014.7.6. **05 : 30경** 피해자의 주거지에 침입하여 지갑과 카드 등을 절취하였는데, 이 사건 범행 당일의 **일출시각은 05 : 17경**이었다면 야간주거침입절도의 죄에 해당한다고 볼 수 없다(2015도5381).

실행의 착수 ○	실행의 착수 ×
① 야간에 아파트에 침입하여 물건을 훔칠 의도하에 아파트 **베란다 철제난간까지 올라가 유리창문을 열려고 시도**한 경우 야간주거침입절도죄의 실행의 착수가 인정된다(2003도4417). 06 · 10. 사시, 10. 경찰승진 · 국가직 7급 ② 피고인이 피해자가 경영하는 카페에서 야간에 아무도 없는 그곳 **내실에 침입하여** 장식장 안에 들어 있던 **정기적금통장 등을 꺼내 들고 카페로 나오던 중**에 발각되어 돌려준 경우 야간주거침입절도의 기수라고 할 것이다(91도476). 14. 변호사	① 야간에 다세대주택에 침입하여 물건을 절취하기 위하여 **가스배관을 타고 오르다가** 순찰 중이던 경찰관에게 발각되어 그냥 뛰어내린 경우(2008도917) 09. 법원행시, 11. 경찰승진 ② **주거침입이 주간에 이루어진 경우**에는 야간주거침입절도죄가 성립하지 않는다(2011도300). 12. 국가직 7급 · 법원행시, 17. 경찰 · 경찰간부 → 절도의 목적으로 오후에 모텔에 들어가 평소 비어 있는 객실의 문을 열어둔 곳에 침입한 다음, 같은 날 야간에 그곳에 설치되어 있던 LCD모니터 1대를 절취한 경우 야간주거침입절도죄에 해당하지 않는다.

3 특수절도죄

> **제331조【특수절도】** ① 야간에 문호 또는 장벽에 기타 건조물의 일부를 손괴하고 전조의 장소에 침입하여 타인의 재물을 절취한 자는 1년 이상 10년 이하의 징역에 처한다.
> ② 흉기를 휴대하거나 2인 이상이 합동하여 타인의 재물을 절취한 자도 전항의 형과 같다.

1. 손괴 후 야간주거침입절도죄(§331조①)

- ① 문호 등의 일부를 손괴하여 그 효용을 상실시키는 행위
- ② 주거침입의 수단인 경우만 해당 → If 수단 ×: 손괴죄 따로 성립함. **예** 절도목적 − 야간주거침입 + 물건손괴 → 야간주거침입절도와 손괴죄의 경합범
- ③ 실행의 착수시기: 건조물 등의 일부를 손괴할 때

판례

① 야간에 연탄집게와 식도로서 **방문고리를 파괴**하고 방에 침입하여 재물을 절취하면 이는 문호의 손괴에 해당되어 특수절도가 성립한다(79도1736).

② 야간에 절도의 목적으로 출입문에 장치된 **자물통 고리를 절단**하고 출입문을 손괴한 뒤 집안으로 침입하려다가 발각된 것이라면 이는 특수절도죄의 실행에 착수한 것이다(86도843).

③ 야간에 불이 꺼져 있는 상점의 출입문을 손으로 열어보려고 하였으나 출입문의 하단에 부착되어 있던 잠금 고리가 잠겨져 있어 열리지 않았는데, 출입문을 발로 걷어차자 **잠금 고리의 아래쪽 부착 부분이 출입문에서 떨어져** 출입문과의 사이가 뜨게 되면서 출입문이 열린 상점 안으로 침입하여 재물을 절취한 경우 물리적으로 위장시설을 훼손하여 그 효용을 상실시키는 행위에 해당하여 특수절도에 해당한다(2004도4505).

④ **'주간에'** 아파트 출입문 **시정장치를 손괴**하다가 발각되어 도주한 피고인들이 특수절도미수죄로 기소된 사안에서, '실행의 착수'가 없었다는 이유로 형법 제331조 제2항의 특수절도죄의 점에 대해 무죄에 해당한다(2009도9667). 18. 경찰

⑤ 피고인이 갑과 합동하여 **야간에 절취 목적으로 공사 현장 컨테이너 박스 출입문 시정장치를 부수다가 체포되어 미수에 그쳤다는 내용으로 기소된 사안**에서, 위 공소사실에는 형법 제342조, 제331조 제2항의 특수절도미수죄 외에 야간주거침입손괴에 의한 형법 제342조, 제331조 제1항의 특수절도미수죄도 포함되어 있는데 원심이 이에 관하여 아무런 판단을 하지 아니한 것은 위법하다(2011도8015).

⑥ 피고인이 야간에 피해자들이 운영하는 식당의 **창문과 방충망을 창틀에서 분리**하고 침입하여 현금을 절취한 경우 형법 제331조 제1항의 특수절도죄가 성립하지 않는다(2015도7559).

18. 경찰

2. 흉기휴대 및 합동절도(§331조②)

판례

① 형법 제331조(특수절도) 제2항에서 규정한 흉기는 본래 **살상용·파괴용으로 만들어진 것이거나 이에 준할 정도의 위험성을 가진 것**으로 봄이 상당하다. 피고인이 이 사건 절도 범행을 함에 있어서 **택시 운전석 창문을 파손하는 데 사용한 이 사건 드라이버**가 흉기에 해당한다고 보아 피고인이 형법 제331조 제2항의 특수절도죄를 범하였다고 본 제1심판결을 그 판시와 같은 이유를 들어 그대로 유지하였다. 그러나 앞서 본 형법 제331조 제2항의 취지와 기록에 의하여 살펴보면, 피고인이 사용한 이 사건 드라이버는 일반적인 드라이버와 동일한 것으로 특별히 개조된 바는 없는 것으로 보이고, 그 크기와 모양 등 제반 사정에 비추어 보더라도 피고인의 이 사건 범행이 **흉기를 휴대하여 타인의 재물을 절취한 경우에 해당한다고 보기는 어렵다**고 보인다 (2012도4175). 22. 경찰

② 피고인들이 **22:15경** 아파트 신축공사 현장 안에 있는 건축자재 등을 훔칠 생각으로 **공범과 함께** 위 공사현장 안으로 들어간 후 창문을 통하여 **신축 중인 아파트의 지하실 안쪽을 살핀 행위**는 특수절도죄의 실행의 착수에 해당하지 않는다(2009도14554).

4 자동차 등 불법사용죄

제331조의2【자동차 등 불법사용】 권리자의 동의 없이 타인의 자동차, 선박, 항공기 또는 원동기장치자전차를 일시 사용한 자는 3년 이하의 징역, 500만원 이하의 벌금, 구류 또는 과료에 처한다.

제342조【미수범】 제329조 내지 제341조의 미수범은 처벌한다.

제344조【친족간의 범행】 제328조(친족상도례)의 규정은 본죄 또는 미수범에 준용한다.

제345조【자격정지 병과】 본장의 죄를 범하여 유기징역에 처할 경우에는 10년 이하의 자격정지를 병과할 수 있다.

■ 사용절도를 예외적으로 처벌하는 규정

5 상습절도죄

제332조【상습범】 상습으로 제329조 내지 제331조의 2의 죄를 범한 자는 그 죄에 정한 형의 2분의 1까지 가중한다.

제342조【미수범】 미수범은 처벌한다.

제344조【친족간의 범행】 제328조(친족상도례)의 규정은 본죄 또는 미수범에 준용한다.

제345조【자격정지 병과】 본장의 죄를 범하여 유기징역에 처할 경우에는 10년 이하의 자격정지를 병과할 수 있다.

Theme 14 강도의 죄

1 강도죄

> 제333조 【강도】 폭행 또는 협박으로 타인의 재물을 강취하거나 기타 재산상의 이익을 취득하거나 제3자로 하여금 이를 취득하게 한 자는 3년 이상의 유기징역에 처한다.
> 제342조 【미수범】 미수범은 처벌한다.
> 제345조 【자격정지 병과】 본장의 죄를 범하여 유기징역에 처한 경우에는 10년 이하의 자격정지를 병과할 수 있다.

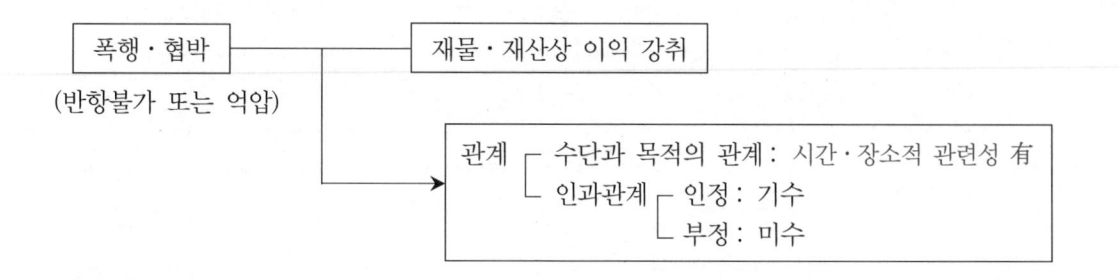

판례

① 타인에 대하여 반항을 억압함에 충분한 정도의 폭행 또는 협박을 가한 사실이 있다 해도 그 **타인이 재물취거의 사실을 알지 못하는 사이**에 그 틈을 이용하여 우발적으로 타인의 재물을 취거한 경우, 강도죄는 성립하지 않는다(2008도10308). 22. 경찰
→ 주점 도우미인 피해자와의 윤락행위 도중 시비 끝에 피해자를 **이불로 덮어씌우고 폭행**한 후에 이불 속에 들어 있는 **피해자를 두고 나가다가**, 탁자 위에 있던 **피해자의 손가방 안에서 현금을 가져간 경우**(2008도10308). 11. 경찰승진, 19. 경찰간부

② 강도죄의 성질상 그 권리의무관계의 외형상 변동의 **사법상 효력의 유무는 그 범죄의 성립에 영향이 없고, 법률상 정당하게 그 이행을 청구할 수 있는 것이 아니라도 강도죄에 있어서의 재산상의 이익에 해당**한다(93도428). 19. 경찰승진

③ 강도범행에 의하여 피해자로 하여금 **채무면제의 의사표시를 하게 한 경우**, 이러한 피해자의 의사표시는 사법상 무효 또는 취소사유에 해당하지만 강도죄에 있어서의 **재산상 이익에 해당**한다(96도3411). 17. 법원행시

강도죄 ○	강도죄 ×
① '**아라반**'(신경안정제) 4알을 탄 우유나 사와가 들어 있는 것을 휴대하고 다니다가 사람에게 마시게 하여 졸음에 빠지게 하고 그 틈에 그 사람의 돈이나 물건을 빼앗은 경우(79도1735)	① 피해자의 상해가 차량을 이용한 **날치기 수법**의 절도시 점유탈취의 과정에서 **우연히 가해진 것에 불과**하고, 그에 수반된 강제력 행사도 피해자의 반항을 억압하기 위한 목적 또는 정도의 것은 아니었던 것으로 보아 강도치상죄로 의율할 수 없다(2003도2316). 16. 경찰승진
② **약물을 탄 오렌지**를 먹자마자 정신이 혼미해지고 그 후 기억을 잃었다는 것은 강도죄에 있어서 항거불능상태에 빠지게 한 경우이다(84도2324). 06. 법원행시, 08. 법원직	**비교판례** **날치기 수법**으로 피해자가 들고 있던 가방을 탈취하면서 가방을 놓지 않고 버티는 **피해자를 5m 가량 끌고 감**으로써 피해자의 무릎 등에 상해를 입힌 경우, 반항을 억압하기 위한 목적으로 가해진 강제력으로서 그 반항을 억압할 정도에 해당한다고 보아 강도치상죄가 성립한다(2007도7601). 11. 사시, 12. 법원행시, 14 · 15. 경찰, 19. 경찰간부
③ 반항이 불가능한 정도에 이른 폭행 · 협박이 있은 후에 그로부터 **상당한 시간이 경과한 후**, 폭행 · 협박이 있는 곳과는 **다른 장소에서 금원을 교부받은 경우**에는 특수강도죄의 기수로 처벌할 수 없다(95도91). → 특수강도죄의 미수 07. 경찰승진, 08. 경찰	

2 특수강도

제334조【특수강도】 ① 야간에 사람의 주거, 관리하는 건조물, 선박이나 항공기 또는 점유하는 방실에 침입하여 제333조의 죄를 범한 자는 무기 또는 5년 이상의 징역에 처한다.
→ 자동차 × 16. 경찰
② 흉기를 휴대하거나 2인 이상이 합동하여 전조의 죄를 범한 자도 전항의 형과 같다.

1. 야간주거침입강도 (§334조①)

실행의 착수 : 폭행·협박시(다수설), 주거침입시(판례의 기본입장) → 판례는 둘 다 인정

판례 🔨

① 甲과 乙은 야간에 丙의 집에 이르러 재물을 강취할 의도로 甲은 출입문 옆의 창살을 통하여 침입하고, 乙은 부엌 방충망을 뜯고 들어가다가 丙의 **시아버지 헛기침 소리**에 발각된 것으로 알고 모두 도주했다면 甲과 乙은 특수강도미수죄의 죄책을 진다(92도917). 16. 경찰

② 강도의 범의로 야간에 칼을 휴대한 채 타인의 주거에 침입하여 집안의 동정을 살피다가 피해자를 발견하고 **갑자기 욕정을 일으켜 칼로 협박하여 강간**한 경우, 야간에 흉기를 휴대한 채 타인의 주거에 침입하여 집안의 동정을 살피는 것만으로는 특수강도의 실행에 착수한 것이라고 할 수 없으므로 위의 특수강도에 착수하기 전에 저질러진 위와 같은 강간행위가 구 특정범죄가중처벌등에관한 법률 제5조의6 제1항 소정의 <u>특수강도강간죄에 해당한다고 할 수 없다</u>(91도2296). → <u>강도예비와 특수강간죄의 실체적 경합</u> 16. 경찰, 20. 경찰간부

2. 흉기휴대 및 2인 이상의 합동 강도 (§334조②)

판례 🔨

甲은 과도를 乙에게 들이대고 돈을 요구하면서 주먹과 발로 乙을 폭행하였으나, 乙이 돈이 없다고 하자 乙을 풀어준 다음, 甲이 다시 행패를 부릴 것을 두려워 한 乙은 은행에서 현금을 인출하여 甲을 만나 그 돈을 교부한 경우 폭행·협박이 있은 후 그로부터 **상당시간이 흘러간 후 다른 장소**에서 금원을 교부받은 경우이므로 특수강도죄의 미수에 해당한다(95도91).

3 준강도의 죄

1. 준강도죄

> **제335조 【준강도】** 절도가 재물의 탈환을 항거하거나 체포를 면탈하거나 죄적을 인멸할 목적으로 폭행 또는 협박을 가한 때에는 전 2조의 예에 의한다.

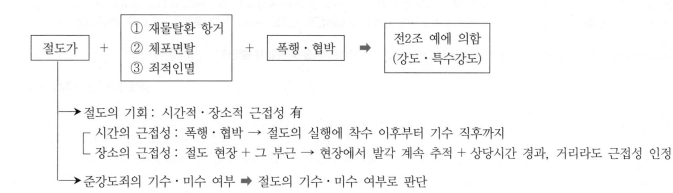

→ 절도의 기회 : 시간적·장소적 근접성 有

　┌ 시간의 근접성 : 폭행·협박 → 절도의 실행에 착수 이후부터 기수 직후까지
　└ 장소의 근접성 : 절도 현장 + 그 부근 → 현장에서 발각 계속 추적 + 상당시간 경과, 거리라도 근접성 인정

→ 준강도죄의 기수·미수 여부 ⇒ 절도의 기수·미수 여부로 판단

판례

① 절도의 기회란 절도의 실행에 착수하여 그 실행 중이거나 그 실행 직후 또는 실행의 범의를 포기한 직후로서 사회통념상 **범죄행위가 완료되지 아니하였다고 인정될 만한 단계** 또는 절도범인과 피해자측이 절도의 현장에 있는 경우와 절도에 잇달아 또는 **절도의 시간·장소에 접착하여 피해자 측이 범인을 체포할 수 있는 상황, 범인이 죄적을 인멸 할 가능성이 있는 상황에 있는 경우**를 말한다(98도3321).

② **준강도죄의 기수 여부는 절도행위의 기수 여부를 기준으로 하여 판단**하여야 한다(2004도5074 전원합의체 판결). 15. 변호사, 18. 경찰간부, 19. 법원행시

③ [단순강도의 준강도와 특수강도의 준강도의 구별 → 절도의 신분기준이 아니라 폭행·협박의 형태에 따라 구별] 피고인이 절도를 할 당시에는 흉기를 휴대하지 않았으나 **절도가 발각되어 도주하다가 체포면탈의 목적으로 자신을 추격해 온 피해자를 폭행할 때에 주변에서 흉기를 집어 들고 폭행**하였다면 특수강도의 준강도죄가 성립한다(73도1553).

(1) 준강도죄 인정여부

준강도죄 ○	준강도죄 X
① 피고인이 점유자 또는 소유자의 승낙 없이 물건을 가지고 나오다가 경비원에게 발각되어 동인이 절도범인 **체포사실을 파출소에 신고하려는데** 피고인이 잘해보자며 대들면서 폭행을 가한 경우(84도1167) 07. 법원행시, 18. 경찰승진	① 절도범인이 자신을 체포하려는 피해자가 체포에 필요한 정도를 넘어 전치 3개월을 요하는 정도로 심한 폭력을 가해 오자 이를 피하기 위하여 엉겁결에 곁에 있던 **솥뚜껑**으로 폭력을 막다가 피해자가 그 솥뚜껑에 스쳐 상처를 입게 된 경우(90도193) 10. 법원행시, 16. 경찰간부
② 피해자 측이 **추적**태세에 있는 경우나 범인이 일단 체포되어 아직 **신병확보가 확실하다고 할 수 없는 상황**에서 체포를 면할 목적으로 폭행을 가한 경우(2001도4142) 05. 사시, 05 · 11. 법원행시	② 절도범이 옷을 잡히자 체포를 면하려고 **잡은 손을 뿌리친** 경우(85도619) 04. 법원행시, 10. 경찰승진
③ 야간에 절도의 목적으로 피해자의 집에 담을 넘어 들어갔다가 피해자에게 발각되어 계속 **추격**당하거나 재물을 탈환하고자 피해자에게 폭행을 가하였다면 그 장소가 200m 떨어진 곳이라고 하여도 절도의 기회 계속 중에 폭행을 가한 것이라고 보아야 한다(84도1398). 19. 경찰간부	③ 피해자의 집에서 절도 범행을 마친 지 10분 가량 지나 피해자의 집에서 **200m 가량 떨어진 버스정류장이 있는 곳**에서 피고인을 절도범인이라고 의심하고 뒤쫓아 온 피해자에게 붙잡혀 피해자의 집으로 돌아왔을 때에 비로소 피해자를 폭행한 경우(98도3321) 05. 사시, 09. 법원행시, 10. 경찰승진, 16. 경찰
④ 범죄현장에서 2km 떨어진 곳까지 **추격**당하자 폭행 · 협박을 한 경우(82도1352)	④ 피고인이 술집운영자 甲을 유인 · **폭행하고 도주함으로써 술값의 지급을 면하여** 재산상 이익을 취득하고 상해를 가한 경우 **준강도에 의한 강도상해죄는 성립하지 않는다**(2014도2521). 15. 경찰, 15. 변호사, 16. 경찰승진, 18. 경찰간부
⑤ 절도범인이 체포를 면탈할 목적으로 체포하려는 여러 사람에게 같은 기회에 폭행을 가하여 그중 1인에게만 상해를 가하였다면 포괄하여 하나의 강도상해죄만 성립한다(2001도3447). 15. 변호사, 16. 경찰	

(2) 준강도죄와 공동정범

준강도죄의 공동정범 ○	준강도죄의 공동정범 X
① **특수절도(식칼 1자루 + 합동)**의 범인들이 **범행이 발각되어 각기 다른 길로 도주**하다가 그중 1인이 체포를 면탈할 목적으로 폭행하여 상해를 가한 경우, 나머지 범인도 위 공범이 추격하는 피해자에게 체포되지 아니하려고 폭행할 것을 전혀 예기하지 못한 것으로는 볼 수 없다 할 것이므로 그 폭행의 결과로 발생한 상해에 관하여 형법 제335조, 제337조의 강도상해죄의 책임을 면할 수 없다(84도1887). 09. 법원행시, 10. 국가직 7급, 15. 경찰	① 甲이 **담배창구**를 통하여 가게에 들어가 물건을 절취하고 피고인은 밖에서 망을 보던 중에 예기치 않았던 인기척 소리가 나서 **도주해 버린 이후**에 甲이 창구에 몸이 걸려 빠져 나오지 못하게 되어 피해자에게 붙들리자 체포를 면탈할 목적으로 피해자에게 폭행을 가하여 상해를 입힌 경우, 피고인이 그동안 **상당한 거리를 도주하였을 것으로 추정되는 상황하**에서는 甲의 폭행행위를 전혀 예기할 수 없었다고 보여지므로 피고인에게 준강도상해죄의 공동책임을 지울 수 없다(83도3321). 06. 사시

② 생맥주집 뒤 출입문시정을 소지한 甲은 쇠갈고리로 손괴하여 홀에 들어가고 乙은 그곳 서랍 속의 담배를 훔쳐 甲에게 주고 甲은 피해자 방실에 들어가 손지갑을 가지고 나오는 순간 피해자가 "누구야."라고 하자 이 소리를 들은 乙은 밖으로 **도주하고, 뒤이어 도주하던** 甲은 현장에서 피해자에게 잡히게 되어 체포를 면탈할 목적으로 폭행을 가한 경우 乙 역시 그 폭행의 결과로 발생한 상해에 관하여 형법 제335조, 제337조의 강도상해죄가 성립한다(84도2552).

② 피해자는 피고인 甲 및 乙이 자기 집에서 물건을 훔쳐 나왔다는 연락을 받고 도주로를 따라 추격하자 범인들이 이를 보고 도주하므로 1km 가량 추격하여 甲을 체포하여 같이 추격하여 온 동리 사람들에게 인계하고 1km를 더 추격하여 乙을 체포하여 가지고 간 **나무 몽둥이로 1회 구타하자 乙이 몽둥이를 빼앗아 피해자에게 구타·상해를 가하고 도주**한 경우, 동 구타·상해행위를 공모 또는 예기하지 못한 피고인에게까지 준강도상해의 죄책을 문의할 수 없다(82도1352).

4 인질강도죄

제336조 【인질강도】 사람을 체포, 감금, 약취 또는 유인하여 이를 인질로 삼아 재물 또는 재산상의 이익을 취득하거나 제3자로 하여금 이를 취득하게 한 자는 3년 이상의 유기징역에 처한다.
제342조 【미수범】 미수범은 처벌한다.
제345조 【자격정지 병과】 본장의 죄를 범하여 유기징역에 처한 경우에는 10년 이하의 자격정지를 병과할 수 있다.

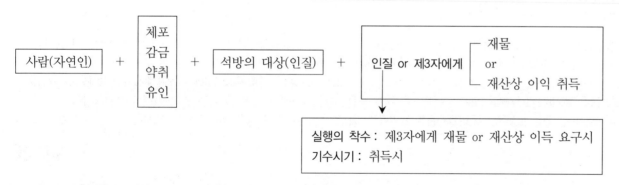

※ 강도의 상대방은 <u>인질 또는 제3자</u> 모두 포함된다. 이 점에서 제3자만을 강요의 상대방으로 하는 인질강요죄와 구별
※ 인질강요죄는 해방감경규정이 있으나, 인질강도죄는 해방감경규정이 없다. 16. 경찰

5 강도상해 · 강도치상죄

> **제337조【강도상해, 치상】** 강도가 사람을 상해하거나 상해에 이르게 한 때에는 무기 또는 7년 이상의 징역에 처한다.

판례

형법 제337조의 강도상해죄는 강도범인이 강도의 기회에 상해행위를 함으로써 성립하므로 강도범행의 실행 중이거나 실행 직후 또는 실행의 범의를 포기한 직후로서 사회통념상 범죄행위가 완료되지 아니하였다고 볼 수 있는 단계에서 상해가 행하여짐을 요건으로 한다. 그러나 **반드시 강도범행의 수단으로 한 폭행에 의하여 상해를 입힐 것을 요하는 것은 아니고 상해행위가 강도가 기수에 이르기 전에 행하여져야만 하는 것은 아니므로**, 강도범행 이후에도 피해자를 계속 끌고 다니거나 차량에 태우고 함께 이동하는 등으로 강도범행으로 인한 피해자의 심리적 저항불능 상태가 해소되지 않은 상태에서 강도범인의 상해행위가 있었다면 강취행위와 상해행위 사이에 다소의 시간적 · 공간적 간격이 있었다는 것만으로는 강도상해죄의 성립에 영향이 없다(2014도9567). 22. 경찰간부 ✘ 강도상해죄는 강도행위의 수단으로 한 폭행에 의하여 상해가 발생되어야 하고 그 상해행위는 강도가 기수에 이르기 전에 행해져야 한다. ✕

O 강도상해 · 치상죄 성립	**X** 강도상해 · 치상죄 불성립
① 강도범행 이후에도 피해자를 계속 끌고 다니거나 차량에 태우고 함께 이동하는 등으로 강도범행으로 인한 **피해자의 심리적 저항불능 상태가 해소되지 않은 상태에서** 강도범인의 상해행위가 있었다면 강취행위와 상해행위 사이에 다소의 시간적 · 공간적 간격이 있었다는 것만으로는 강도상해죄의 성립에 영향이 없다(2014도9567). 19. 법원행시 ② 강도범인이 피해자에게 자동차를 운전하게 하여 도주하다가 **경찰관이 뒤따라오자 강도행위 후 1시간 20분이 지난 때**에 피해자를 칼로 찔러 상해를 입힌 경우 강도상해죄가 성립한다 (91도2727). ③ 강취현장에서 피고인의 **발을 붙잡고 늘어지는 피해자를 30m 끌고 가서 폭행**하여 상해를 입힌 경우 강도상해죄가 성립한다(84도970). 06. 법원행시, 09. 경찰승진 ④ 피고인이 **절취품을 물색하는 중**에 피해자가 잠에서 깨어 "도둑이야."라고 고함치자 체포면탈의 목적으로 **이불을 덮어씌우고 목을 졸라 상해**를 입힌 경우 강도상해죄가 성립한다(85도682). 06. 법원행시, 09 · 11. 경찰승진 ⑤ 피고인이 택시를 타고 가다가 요금지급을 면할 목적으로 소지한 **과도**로 운전수를 협박하자 이에 놀란 운전수가 택시를 급우회전하면서 그 충격으로 피고인이 겨누고 있던 과도에 어깨 부분이 찔려 상처를 입은 경우 강도치상죄가 성립한다(84도2397). 12. 국가직 7급	① 도주하는 강도를 체포하기 위하여 위에서 덮쳐 오른손으로 목을 잡고, 왼손으로 앞부분을 잡는 순간 **강도가 들고 있던 벽돌에 끼어 있는 철사에 찔려 부상**을 입었다거나 또는 도망가려는 공범을 뒤에서 **양팔로 목을 감싸 잡고 내려오다 같이 넘어져 부상**을 입은 경우 피해자들이 **적극적인 체포행위의 과정에서 스스로의 행위의 결과로 입은 상처**이어서 상해의 결과에 대하여 강도상해죄로 의율할 수 없다(85도1109). 11. 사시 ② 피고인의 폭행으로 인하여 입은 피해자의 상처가 얼굴과 팔 · 다리 부분에 **멍**이 생긴 정도인 경우(2003도2313)

6 강도살인 · 강도치사죄

제338조【강도살인 · 치사】 강도가 사람을 살해한 때에는 사형 또는 무기징역에 처한다. 사망에 이르게 한 때에는 무기 또는 10년 이상의 징역에 처한다.

O	강도살인 · 치사죄 성립	X	강도살인 · 치사죄 불성립

O 강도살인 · 치사죄 성립

① <u>강도살인의 주체인 강도는 준강도죄의 강도범인을 포함한다</u> 할 것이므로 절도가 체포를 면탈할 목적으로 사람을 살해한 경우 강도살인죄가 성립한다(87도1592). 20. 경찰간부

② **강도 직후**에 신고를 받고 출동한 경찰관은 범행현장으로부터 화물차를 타고 도주하는 피고인을 발견하고 순찰차로 **추격**하여 붙잡았으나, 피고인이 너무 힘이 세고 반항이 심하여 수갑도 채우지 못한 채 파출소로 연행하고자 하였는데, 피고인이 체포를 면하기 위하여 소지하고 있던 <u>과도로 옆에 앉아 있던 경찰관을 찔러 사망</u>하게 한 경우 강도살인죄가 성립한다(96도1108). 06 · 11. 경찰승진, 07. 사시

③ <u>채무자가 채무면탈을 목적으로 채권자를 살해</u>한 경우, 피해자의 **재산을 상속할 상속인이 없고 채무자가 피해자를 살해**함으로써 사실상 그 채권의 추궁을 면한 것과 같은 입장에 놓이리라는 것을 알고 살해하였다면 강도살인죄에 해당한다(71도287). 17. 경찰승진

④ **甲과 乙 둘만 있는 상황**에서 甲은 그 술값을 면할 목적으로 乙을 살해하고, 곧바로 乙이 소지하고 있던 현금 75,000원을 꺼내어 간 경우 강도살인죄가 성립한다(99도424). 07. 사시

⑤ 甲은 乙이 운전하는 택시에 승차하였다가 <u>운임을 면하기 위해서 운전자 乙을 살해한 후, 乙의 주머니에서 그날 수입금인 8,000원을 꺼내고</u> 乙의 택시로 운전하여 도주한 경우 강도살인죄에 해당한다(85도1527). 18. 경찰간부

⑥ 피고인들이 **등산용 칼**을 이용하여 노상강도를 하기로 공모한 사건에서 범행 당시 차안에서 망을 보고 있던 피고인 갑이나 등산용 칼을 휴대하고 있던 피고인 을과 함께 차에서 내려 피해자로부터 금품을 강취하려 했던 피고인 병으로서는 그때 우연히 현장을 목격하게 된 다른 피해자를 피고인 을이 소지중인 등산용 칼로 살해하여 강도살인행위에 이를 것을 전혀 예상하지 못하였다고 할 수 없으므로 피고인들 모두는 강도치사죄로 의율처단함이 옳다(90도2262). 05. 경찰 · 법원행시, 08. 국가직 7급

※ 을 → 강도살인, 갑 · 병 → 강도치사죄

X 강도살인 · 치사죄 불성립

① 甲은 乙과 채무변제기의 유예 여부(<u>乙의 처도 乙로부터 전해 들어 甲에 대한 채권의 존재를 알고 있음</u>) 등을 놓고 언쟁을 벌이다가 乙이 자신에게 심한 모욕을 하자 격분을 참지 못하고 乙을 살해한 경우 **채무의 존재가 명백할 뿐만 아니라 채권자의 상속인이 존재하고 그 상속인에게 채권의 존재를 확인할 방법이 확보되어 있는 경우**에는 강도살인죄가 성립할 수 없다(2010도7405). 11. 경찰승진, 12 · 19. 법원행시, 16. 국가직 9급, 19. 경찰간부, 21. 경찰

② 피고인이 교통사고를 가장하여 **피해자들을 살해하고 보험금을 수령**하여 자신의 경제적 곤란을 해결하고 신변을 정리하는 한편, 그 범행을 은폐할 목적으로 피해자들을 승용차에 태운 후에 고의로 승용차를 저수지에 추락시켜 피해자들을 사망하게 한 경우 **살인죄와 사기죄의 실체적 경합범**이 되고 <u>강도살인죄는 성립하지 않는다</u>(2001도4392).

③ 피해자를 강간한 후, 항거불능상태에 있는 피해자에게 돈을 내놓으라고 하여 피해자가 서랍 안에서 꺼내주는 돈을 즉시 **팁**이라고 하면서 피해자의 <u>브래지어 속으로 돈을 집어넣어 주고</u>는 피해자를 살해하려다가 상처만 입혔다면 강도살인죄가 성립하지 아니한다(86도776).

⑦ 甲과 乙 등 4인은 A회사 사무실에 들어가 금품을 강취하기로 공모하고 1인을 제외한 전원이 과도 또는 **쇠파이프** 등을 휴대하고 사무실에 침입한 후, 甲 등은 사무실의 금고를 강취하고 그 사이에 乙은 숙직 직원 丙을 감시하다가 丙이 외부로 연락을 하자 乙은 소지하고 있던 **쇠파이프로** 丙을 강타하여 살해한 경우 **모두 강도살인죄**의 정범으로 처벌함은 정당하다(83도3162). 07. 경찰승진

7 강도강간죄

제339조 【강도강간】 강도가 사람을 강간한 때에는 무기 또는 10년 이상의 징역에 처한다.
제342조 【미수범】 미수범은 처벌한다.
제345조 【자격정지 병과】 본장의 죄를 범하여 유기징역에 처한 경우에는 10년 이하의 자격정지를 병과할 수 있다.

O 강도강간죄 성립	X 강도강간죄 불성립
① **특수강간범이 강간행위의 종료 전에 특수강도의 행위를 한 이후에 그 자리에서 강간행위를 계속하는 때**에도 특수강도가 부녀를 강간한 때에 해당하여 구 성폭력범죄의 처벌 및 피해자보호 등에 관한 법률 제5조 제2항에 정한 **특수강도강간죄로 의율할 수 있다**(2010도9630). 18. 경찰 ② 강간범이 **강간**행위의 종료 전, 즉 그 실행행위의 계속 중에 강도의 행위를 할 경우에는 이때에 바로 **강도의 신분을 취득하는 것이므로 이후에 그 자리에서 강간행위를 계속하는 때**에는 강도가 부녀를 강간한 때에 해당하여 형법 제339조 소정의 강도강간죄를 구성한다(88도1240). ③ 강도강간죄는 강간의 피해자가 강도의 피해자와 일치할 것을 요구하지 않는다. 따라서 강도하기로 모의를 한 후에 폭행을 개시하여 피해자 **A男으로부터는 금품을 빼앗고 이어서 피해자 B女를 강간**하였다면 강도강간죄를 구성한다(91도2241).	① 강간범이 **강간행위 후에 강도**의 범의를 일으켜 부녀의 재물을 강취한 경우, 형법상 강도강간죄가 아니라 강간죄와 강도죄의 경합범이 성립될 뿐이다(2001도6425). 03. 국가직 7급

8 상습강도죄

> 제341조【상습범】 상습으로 제333조, 재334조, 제336조 또는 전조 제1항의 죄를 범한 자는 무기 또는 10년 이상의 징역에 처한다.
> 제342조【미수범】 미수범은 처벌한다.
> 제345조【자격정지 병과】 본장의 죄를 범하여 유기징역에 처한 경우에는 10년 이하의 자격정지를 병과할 수 있다.

■ (해상)강도상해치상죄·(해상)강도살인치사죄·(해상)강도강간죄는 상습범가중규정이 없다. 따라서 이들의 죄는 상습강도죄와는 실체적 경합범관계에 있다(판례).

9 강도 예비·음모죄

> 제343조【예비·음모】 강도할 목적으로 예비 또는 음모한 자는 7년 이하의 징역에 처한다.

판례

① 수회에 걸쳐 **"총을 훔쳐 전역 후 은행이나 현금수송차량을 털어 한탕하자."라는 말만 나눈 정도**만으로는 강도음모를 인정하기에 부족하다(99도3801). 11·15. 경찰승진

② 피고인이 본범이 **절취한 차량이라는 정을 알면서도** 본범 등으로부터 그들이 차량을 이용하여 강도를 하려 함에 있어 차량을 운전하여 달라는 부탁을 받고 차량을 운전해 준 경우, 피고인은 강도예비와 아울러 장물운반의 고의를 가지고 이와 같은 행위를 하였다고 봄이 상당하다(98도3030).

   비교판례 타인이 절취·운전하는 승용차의 뒷좌석에 편승한 것을 가리켜 장물운반행위의 실행을 분담하였다고는 할 수 없다(83도1146).

③ 강도예비·음모죄가 성립하기 위해서는 예비·음모행위자에게 미필적으로라도 '강도'를 할 목적이 있음이 인정되어야 하고 그에 이르지 않고 <u>단순히 '준강도'할 목적이 있음에 그치는 경우에는 강도예비·음모죄로 처벌할 수 없다</u>(2004도6432). 07·09. 사시, 07·12·19. 법원행시, 10. 경찰승진, 15. 변호사

사기의 죄

1 사기죄

> **제347조【사기】** ① 사람을 기망하여 재물의 교부를 받거나 재산상의 이익을 취득한 자는 10년 이하의 징역 또는 2,000만원 이하의 벌금에 처한다.
> ② 전항의 방법으로 제3자로 하여금 재물의 교부를 받게 하거나 재산상의 이익을 취득하게 한 때에도 전항의 형과 같다.

판례

① 사기죄의 보호법익은 재산권이므로, **기망행위에 의하여 국가적 또는 공공적 법익이 침해되었다는 사정만으로 사기죄가 성립한다고 할 수 없다**(2015도10570).

② **기망행위에 의하여 조세를 포탈하거나 조세의 환급·공제를** 받은 경우에는 조세범 처벌법 위반죄가 성립함은 별론으로 하고 형법상 사기죄는 성립하지 않는다(2008도7303). 16. 법원직

③ **담당 공무원을 기망하여 납부의무가 있는 농지보전부담금을 면제받아 재산상 이익을 취득**하였다면, 부과권자의 직접적인 **권력작용을 사기죄의 보호법익인 재산권과 동일하게 평가할 수 없는 것**이므로, 행정법규에서 그러한 행위에 대한 처벌규정을 두어 처벌함은 별론으로 하고, **사기죄는 성립할 수 없다**(2019도2003). 21. 경찰, 22. 경찰승진

```
甲(기망자) ──① 기망행위──→ 乙(피기망자)
   ↑                          │
   └──────────────────────────┘
```

② 착오(피기망자는 사람. 단 유아, 정신병자 제외 → 절도)

③ 乙 스스로 재산처분(처분행위의 직접성, 처분의사 有 - 판례)

④ 재산상의 이익취득

⑤ 재산상 손해(판례는 요하지 않음)

1. 기망행위

(1) **기망**: 신의칙에 반하는 행위로서 사람으로 하여금 착오를 일으키게 하는 것

(2) **기망의 대상**: 사실 + 가치판단

① **사실**: 구체적으로 증명할 수 있는 과거·현재의 외부적 상태(**예** 변제능력·제품의 품질 등) or 동기·용도 기망에 속하는 심리적·내부적 사실(**예** 변제의사 등) + 미래의 사실이라도 현재의 내적 사실을 동시에 포함하고 있는 경우에는 사실에 관한 기망이 될 수 있다(**예** 돈을 마련할 가망이 없음에도 불구하고 며칠 안에 돈을 지급하겠다고 속이고 물건을 가져간 경우).

② **동기 또는 용도기망**: 만일 진정한 용도를 고지하였더라면 상대방이 빌려주지 않았을 것이라는 관계가 있을 때 사기죄가 성립할 수 있다.

③ **가치판단**: 순수한 가치판단 × **예** 화가가 그림을 보고 아름답다고 한 것은 기망 ×

⇨ 과장광고 내지 허위광고의 경우: 어느 정도의 추상적인 과장광고 허용 **예** 중등품을 상등품이라고 광고하는 경우

⇨ 단, 추상적인 범위를 넘어 구체적으로 증명할 수 있는 허위광고 기망에 해당 **예** 백화점의 변칙세일

(3) **기망의 수단**: 작위·부작위·명시적·묵시적 불문

① **작위·명시적 기망행위**: 언어, 문서

② **묵시적 기망행위**: 거동(행동) → 의사 표시적 설명가치 내포. 보증인 지위가 없다는 점에서 부작위에 의한 기망행위와 구별

예 무전취식·숙박, 처분권 없는 자의 재산처분, 절취한 예금통장에 대한 예금인출 등은 묵시적 기망행위이다.

③ **부작위에 의한 기망행위**: 상대방이 행위자와 관계없이 스스로 착오에 빠질 것, 행위자가 상대방의 착오를 제거해야 할 보증인적 지위에 있을 것, 행위정형의 동가치성이 있을 것

판례 ✎

소극적 행위로서의 **부작위에 의한 기망은 법률상 고지의무 있는 자가 일정한 사실에 관하여 상대방이 착오에 빠져 있음을 알면서도 이를 고지하지 아니함을 말하는 것**으로서, **일반거래의 경험칙상 상대방이 그 사실을 알았더라면 당해 법률행위를 하지 않았을 것이 명백한 경우에는 신의칙에 비추어 그 사실을 고지할 법률상 의무가 인정**되는 것이다(99도2884). 21. 법원직, 22. 경찰승진

(4) 기망의 정도

① 일반인을 착오에 빠질 수 있는 신의칙에 반하는 정도

② 상대방을 착오에 빠뜨렸다고 할지라도 그것으로 인하여 거래의 목적을 달성하기에 지장이 없을 때에는 기망이 아님.

> 공사도급계약 당시 관련 영업 또는 업무를 규제하는 행정법규나 입찰 참가자격, 계약절차 등에 관한 규정을 위반한 사정이 있는 때에는 그러한 사정만으로 공사도급계약을 체결한 행위가 기망행위에 해당한다고 단정해서는 안 되고, 그 **위반으로 말미암아 계약 내용대로 이행되더라도 공사의 완성이 불가능하였다고 평가할 수 있을 만큼 그 위법이 공사의 내용에 본질적인 것인지 여부를 심리·판단하여야 한다**(2015도10570). 21. 법원직

(5) 기망의 상대방

① 재산에 대하여 처분행위를 할 수 있는 법률상의 권한 or 사실상의 지위 有

　　⇨ 동산: 인도받은 자(점유자), 부동산: 적법한 등기를 갖고 있는 자

　　⇨ 미성년자·심신미약자는 기망의 상대방에 포함되나, 유아 ×, 심신상실자 × (유아 또는 심신상실자 → 기망하여 재물을 취득한 경우 → 절도죄)

② 피기망자와 피해자는 일치할 필요 ×, But 피기망자와 처분권자는 일치 ○

판례비교 ✍ 기망행위의 인정 여부에 따른 사기죄의 성립 여부

O　　　　　　　　기망행위 인정 – 사기죄 성립	**X**　　　　　　　　기망행위 부정 – 사기죄 불성립
① 용도를 속이고 돈을 빌린 경우, <u>만일 진정한 용도를 고지하였더라면 상대방이 빌려주지 않았을 것이라는 관계가 있는 경우</u>(95도707) 　(유사판례) 타인으로부터 금전을 차용함에 있어 자력이 있는 보증인이 연대보증을 하였다고 하더라도 그 용도나 변제자금의 마련방법에 관하여 진실에 반하는 사실을 고지하여 금전을 교부받은 경우 차용사기가 성립한다(2003도5382). 　　　　　　　　　　　　　　　　06·18. 경찰, 11. 법원직 ② 甲은 동일한 부동산을 乙과 함께 매수하면서 매도인 丙과 공모하여 사실은 그 부동산의 평당 매수단가를 乙보다 싸게 매수하면서도 **乙에게는 자신이 마치 乙과 같은 가격으로 매수하는 것처럼 말하여 乙이 그 부동산을 비싼 값에 매수**하게 하고 그 매매차익을 丙과 배분한 경우(91도2746).	① 공사대금채권과 대여금채권을 합산하여 임대차보증금반환채권으로 전환하기로 합의하여 임대차계약을 체결하고, **실제로 임차인이 임대차목적물에 거주하면서 주민등록전입신고를 하고 확정일자를 받은 경우**, 임차인이 이에 기하여 경매법원으로부터 배당을 받은 행위를 사기죄로 의율할 수 없다(2003도6412). 10. 법원행시 ② **타인의 폭행으로 상해를 입고 병원에서 치료**를 받으면서 **상해를 입은 경위에 관하여 거짓말**을 하여 국민건강보험공단으로부터 보험급여처리를 받은 경우(2010도1777). 14. 경찰승진, 15. 경찰 ③ 매도인이 매수인에게 토지의 매수를 권유하면서 언급한 내용이 객관적 사실에 부합하거나, 확정된 것은 아닐지라도 **연구용역 보고서와 신문스크랩 등에 기초**한 것인 경우 사기죄에 있어서 기망행위에 해당한다고 보기 어렵다(2004도45). 10. 경찰승진, 16. 법원직

③ 점유취득시효 완성 후에 등기명의인을 상대로 점유취득시효 완성을 원인으로 한 소유권이 전등기청구소송을 제기하면서 <u>점유의 권원에 관한 증거를 위조</u>한 경우(96도1405) 10. 경찰승진

④ 피고인 甲이 피해자 乙에 대한 대여금채권이 없음에도 乙 명의의 차용증을 허위로 작성하고 乙 소유의 부동산에 관하여 피고인 甲 앞으로 근저당권설정등기를 마친 다음, 그에 기하여 <u>부동산임의경매를 신청하여 배당금을 교부받아 편취</u>한 경우, 공소사실에 따른 <u>실제 피해자는 부동산 매수인 丙이므로 丙에 대한 관계에서 사기죄가 성립한다</u>(2013도564). → <u>乙에 대한 사기죄 ×, 무죄 ×</u>

⑤ 부동산소유권이전등기절차의 이행을 구하는 소를 제기하여 동시이행의 조건 없이 이행을 명하는 승소확정판결을 받은 甲이 그 판결에 기하여 이전등기를 할 수 있었음에도 그렇게 하지 않고 乙에게 위 부동산이전등기를 경료하여 주면 <u>매매잔금을 공탁해 줄 것처럼 거짓말하여 위 부동산소유권을 임의로 이전받고 매매잔금을 공탁하지 않은 경우</u>(2010도14856) 15. 사시

⑥ 甲은 처음부터 로비자금으로 사용할 의도가 아니라 자신의 기존 채무를 변제하는 데 사용할 의사로 A에게 <u>국회의원 입법 로비자금</u>으로 사용할테니 1천만원을 달라고 말하여 그 명목으로 받은 돈을 <u>자신의 채무변제에 사용</u>한 경우(2006도6795) 11 · 13. 사시

⑦ 당해 회계연도의 결산이 적자인 경우, 다음 해에 관급공사의 수주나 금융기관으로부터의 대출이 어렵게 되는 것을 피하기 위하여 <u>실제로는 손실을 입었음에도 이익이 발생한 것처럼 이른바 분식결산서를 작성한 후에 이를 토대로 금융기관으로부터 대출을 받은 경우</u>(2000도1447) 10. 사시

⑧ 신용카드가맹점주인 여관주인이 타인으로부터 빌린 신용카드를 이용하여 그 타인이 여관에 투숙하여 용역을 제공받은 것처럼 <u>매출전표를 허위로 작성하여 신용카드회사에 제출하여 금원을 교부받은 경우</u>(98도3549) 10. 법원행시

⑨ 채무자가 강제집행을 승낙한 취지의 기재가 있는 약속어음 공정증서에 있어서 그 <u>약속어음의 원인관계가 소멸하였음에도 불구하고, 약속어음 공정증서 정본을 소지하고 있음을 기화로 이를 근거로 하여 강제집행을 한 경우</u>(99도2213) 04. 법원행시

⑩ 피고인이 <u>개발제한구역 지정의 해제</u>는 물론이고 그 해제로 인하여 얻게 될 재산상의 이익을 나누어 줄 의사와 능력이 없으면서도, 개발제한구역 해제로 인하여 얻게 될 이익을 피해자에게 나누어 줄 것처럼 피해자를 속여 피해자로부터 금원을 차용한 경우(95도2828) 12. 경찰승진

④ 소비대차거래에서 차주가 <u>돈을 빌릴 당시에는 변제할 의사와 능력을 가지고 있었다면</u> 비록 그 후에 변제하지 않고 있더라도 이는 민사상 채무불이행에 불과하며 형사상 사기죄가 성립하지는 아니한다(2012도14516). 16. 경찰

⑤ 거래 상대방이 그 어음·수표를 타에 양도함으로써 전전유통되고 최후소지인이 지급기일에 지급제시하였으나 부도되었다고 하더라도 특별한 사정이 없는 한 <u>그 최후소지인에 대한 관계에서 발행인의 행위를 사기죄로 의율할 수 없다</u>(97도3040). 08. 법원행시

⑥ 피고인이 피해자에게 자동차를 매도하겠다고 거짓말하고 자동차를 양도하면서 매매대금을 편취한 다음, 자동차에 미리 부착해 놓은 <u>지피에스(GPS)</u>로 위치를 추적하여 자동차를 절취하였다고 하여 사기 및 특수절도로 기소된 경우 → 사기죄 불성립, 특수절도죄만 성립(2015도17452). 16. 경찰, 17. 법원직

⑦ 비의료인이 의료법 제33조 제2항을 위반하여 개설한 의료기관에서 면허를 갖춘 의료인을 통하여 교통사고 환자 등에 대한 진료가 이루어진 경우, 의료법 규정에 위반되어 개설된 것이라는 사정을 고지하지 아니한 채 자동차손해배상 보장법에 따라 자동차보험진료수가의 지급을 청구한 경우(2017도17699)

⑧ <u>비의료인이 의료법 제33조 제2항을 위반하여 개설한 의료기관에서 면허를 갖춘 의료인을 통하여 환자 등에 대한 진료가 이루어진 경우, 의료법 규정에 위반되어 개설된 것이라는 사정을 고지하지 아니한 채 실손의료보험계약에 따라 실손의료비를 청구하는 보험수익자에게 진료사실증명 등을 발급해 준 경우</u>(2017도17699)

⑨ 어린이집 운영자가 어린이집의 운영과 관련하여 허위로 지출을 증액한 내용으로 '재무회계규칙에 의한 회계'를 하고 그 결과를 보고하여 기본보육료를 지급받았더라도 그와 같이 회계보고에 허위가 개입되어 있다는 사정은 <u>기본보육료</u>의 지급에 관한 의사결정에 영향을 미쳤다고 볼 수 없으므로, 사기죄에 해당한다고 볼 수도 없다(2015도3394).

⑩ 피해자 법인이나 단체의 대표자 또는 실질적으로 의사결정을 하는 <u>최종결재권자 등 기망의 상대방이 기망행위자와 동일인이거나 기망행위자와 공모하는 등 기망행위를 알고 있었던 경우</u>에는 기망의 상대방에게 기망행위로 인한 착오가 있다고 볼 수 없고, 기망의 상대방이 재물을 교부하는 등의 처분을 하였더라도 기망행위와 인과관계가 있다고 보기 어렵다(2016도18986). 21. 경찰

⑪ **유동적 무효의 상태인 부동산매매계약이라 하더라도** 매수인이 제3자로부터 금전을 융자받을 목적으로 매도인을 기망하여 매도인 소유의 부동산에 제3자 앞으로 근저당권을 설정하게 함으로써 재산상 이익을 취득한 경우(2007도10658) 10.사시

⑫ 주유소를 운영하는 甲은 농·어민 등에게 조세제한특례법에 정한 **면세유**를 공급하지 않았으면서도 위조된 면세유류공급확인서를 작성하여 **A정유회사에 송부하고**, 그 정을 모르는 정유회사 직원으로 하여금 위조된 면세유류공급확인서를 세무서에 제출하도록 하여 이에 속은 세무서 직원으로 하여금 국세 및 지방세를 정유회사에 환급하게 함으로써 B지방자치단체로부터 환급세액 상당을 편취하였다. 이때 정유회사는 재산상의 손해가 없었다.

→ **정유회사에 대하여 사기죄**를 구성하지만 **국가 또는 지방자치단체를 기망하여 국세 및 지방세의 환급세액 상당을 편취한 것으로 볼 수 없다**(2008도7303).

10 · 18 · 21. 경찰승진, 11. 법원행시, 17. 경찰간부

⑬ [1] 사기죄가 성립하기 위해서는 기망행위와 상대방의 착오 및 재물의 교부 또는 재산상의 이익의 공여와의 사이에 순차적인 인과관계가 있어야 하지만, 착오에 빠진 원인 중에 **피기망자 측에 과실이 있는 경우**에도 사기죄가 성립한다. 17. 경찰

[2] 甲은 채무변제의 의사나 능력 없이 제3자에 대한 차량담보대출권을 담보로 제공하고 새마을금고로부터 자동차담보채권액만큼 대출을 받았다. 다만, 새마을금고 측도 甲의 재무상태 등에 대한 실사를 거쳤지만 새마을금고 측의 **과실로 甲에 대한 대출이 가능하지 않다는 점을 알아내지 못하였더라도** 사기죄 성립한다(2008도1697). 11 · 13. 사시, 17. 경찰

⑭ 의사인 피고인이 **전화를 이용하여 진찰한 것임에도 내원 진찰인 것처럼 가장**하여 국민건강보험관리공단에 **요양급여비용**을 청구함으로써 진찰료 등을 편취하였다는 내용으로 기소된 경우(2011도10797) 14 · 18 · 21. 경찰승진, 19. 경찰간부, 21. 법원직

⑮ 피고인이 피해자에게 매수한 재개발아파트 수분양권을 이미 매도하였는데도 마치 자신이 피해자의 입주권을 정당하게 보유하고 있는 것처럼 피해자의 **딸과 사위에게 거짓말**하여 피해자 명의의 인감증명서를 받은 경우(2011도9919) 12. 경찰, 15. 사시

⑯ **채무이행을 연기받기 위하여** 지급할 의사와 능력이 없으면서 수표를 발행한 경우(2005도5215) 09. 경찰승진, 17. 경찰, 17. 경찰간부

⑰ 명의상 학원 원장에 불과한 자가생계형 창업특별보증제도의 목적 및 대출금의 용도에 반하여 **창업자금대출금 중 일부를 개인적인 용도로 사용할 생각**이었음에도 이를 속이고 대출금을 학원운전자금 용도로 사용하겠다면서 보증을 신청하여 보증을 받은 경우(2003도4450) 07. 경찰, 09. 경찰승진

⑱ **비의료법인이 개설한 의료기관이** 의료법에 의하여 적법하게 개설된 요양기관인 것처럼 **국민 건강보험공단에 요양급여비용의 지급을 청구**하여 지급받은 경우(**환자들에게 요양급여를 제공하게 하였더라도**) (2014도11843) 16·17. 법원직, 17. 경찰, 18. 경찰승진

⑲ 보험계약자가 보험계약 체결시 보험금액이 목적물의 가액을 현저하게 초과하는 **초과보험** 상태를 의도적으로 유발한 후, 보험사고가 발생하자 **초과보험사실**을 알지 못하는 보험자에게 목적물의 가액을 묵비한 채 보험금을 청구하여 보험금을 교부받은 경우(2015도6905)

16·17. 법원직, 21. 경찰승진

판례비교 부작위에 의한 기망행위의 인정 여부에 따른 사기죄의 성립 여부

O 부작위에 의한 기망행위 인정 – 사기죄 성립	**X** 부작위에 의한 기망행위 부정 – 사기죄 불성립
① **시세 조종된 주식임을 잘 알면서도 이를 숨긴 채** 담보로 제공하였는데 대출받을 당시 담보가치가 충분히 있었던 경우(2004도1465) 10. 경찰승진	① **중고자동차매매에 있어서** 매도인이 할부금융회사 또는 보증보험에 대한 **할부금채무의 존재를 매수인에게 고지하지 아니하고** 중고자동차를 매도한 경우(98도231) 11·15·16. 경찰, 20. 경찰간부
② 의사가 특정 시술을 받으면 **아들을 낳을 수 있을 것이라는 착오에 빠져 있는 피해자들**에게 그 시술의 효과와 원리에 관하여 사실대로 **고지하지 아니한 채** 아들을 낳을 수 있는 시술인 것처럼 가장하여 일련의 시술과 처방을 행한 경우(99도2884)	② **부동산의 이중매매에 있어서** 매도인이 제1의 매매계약을 일방적으로 해제할 수 없는 처지에 있었다는 사정만으로는 매도인이 **제2의 매수인에게 그와 같은 사정을 고지하지 아니하였다고** 하여 제2의 매수인에 대한 사기죄가 성립하지 않는다(2008도1652).
③ 부동산매매에서 목적물에 관하여 소유권귀속에 관한 분쟁이 있어 **재심소송이 계속 중에 있다는 사실을 고지하지 않은 경우**(86도956) 11. 경찰승진	③ 채권자가 **채권의 양도사실을 밝히지 아니하고** 채무자로부터 직접 외상대금을 수령한 경우(83도2270)
④ 임대인이 임대차계약을 체결하면서 임차인에게 임대목적물이 **경매진행 중인 사실을 알리지 아니한 경우**(98도3263) 04. 행시, 09. 경찰, 11. 경찰승진, 12. 변호사	④ 피고인이 부동산에 대하여 甲과 **신탁금지약정을 체결한 사실을 乙은행에 알리지 아니한 채** 부동산을 담보신탁하고 乙은행에서 대출을 받아 대출금을 편취한 경우(2011도2989)
⑤ 토지에 대하여 도시계획이 입안되어 있어 **장차 협의매수되거나 수용될 것이라는 사정을 매수인에게 고지하지 아니한 경우**(93도14) 19. 경찰간부	⑤ 토지의 소유자 겸 명의수탁자인 피고인이 나머지 공유자들로부터 그들 소유지분에 관하여 매도가격 및 처분기한을 특정하여 **처분권한을 위임받고** 그 처분에 따른 양도소득세 등 일체의 경비를 피고인이 부담하기로 약정한 후, 피고인이 **토지를 매도위임가격보다 훨씬 고가로 매도하고도 그와 같은 사실을 위임인에게 고지하지 않은 경우**(98도2792)
⑥ 지급기일에 결제되지 않으리라는 점을 예견하였거나 **지급기일에 지급될 수 있다는 확신이 없으면서도 그러한 내용을 수취인에게 고지하지 아니하고** 어음을 할인받은 경우(96도2904) 07. 경찰, 09. 경찰승진	⑥ **부동산의 명의수탁자**가 부동산을 제3자에게 매도하고 매매를 원인으로 한 소유권이전등기까지 마쳐 주었으나 **명의신탁사실을 알리지 아니한 경우** 제3자에 대하여 사기죄가 성립하지 않는다(2006도4498). 08. 법원직, 10. 법원행시, 12·17. 경찰승진, 20. 경찰간부
⑦ 甲이 乙에게 이중매도한 택지분양권을 **순차 매수한 丙·丁에게 이중매도사실을 숨긴 채**, 자신의 명의로 형식적인 매매계약서를 작성해 준 경우(2008도9985) → **甲이 직접 매매대금을 수령하지 않았더라도 丙·丁에 대한 사기죄가 성립한다.** 11. 사시, 16. 국가직 7급, 19. 경찰간부	⑦ 부동산중개업자인 피고인이 아파트 입주권을 매도하면서 그 **입주권을 2억 5천만원에 확보하여 2억 9천500만원에 전매한다는 사실을 매수인에게 고지하지 않은 경우**(2010도5124) 15. 사시
⑧ 주식매도인이 주식매수인에게 주식거래의 목적물이 증자 전의 주식이 아니라 **증자 후의 주식이라는 점을 제대로 알리지 않은 경우**(2004도6503) 09. 경찰승진, 11. 법원행시	

⑨ 비록 토지의 소유자로 등기되어 있다고 하더라도 **자신이 진정한 소유자가 아닌 사실을 고지하지 아니한 채,** 수용보상금으로 공탁된 공탁금의 출급을 신청하여 이를 수령한 경우(94도1911) 11. 경찰

⑩ 토지를 매도함에 있어서 **채무담보를 위한 가등기와 근저당권설정등기가 경료되어 있는 사실을 숨기고 이를 고지하지 아니하여** 매수인이 이를 알지 못한 탓으로 그 토지를 매수한 경우(81도1638) 20. 경찰간부

⑪ 특정 질병을 앓고 있는 사람이 보험회사가 정한 약관에 **그 질병에 대한 고지의무를 규정하고 있음을 알면서도 이를 고지하지 아니한 채** 그 사실을 모르는 보험회사와 그 질병을 담보하는 보험계약을 체결한 다음, 바로 그 질병의 발병을 사유로 하여 보험금을 청구한 경우(2007도967) 10. 법원행시

⑫ 신용카드 가맹점주가 신용카드회사로부터 금원을 교부받을 당시, **신용카드회사에 매출전표가 용역의 제공을 가장하여 허위로 작성된 것임을 고지하지 아니한 채** 제출하여 대금을 청구하였고, 신용카드회사는 매출전표에 기재된 바와 같은 가맹점의 용역의 제공이 실제로 있는 것으로 오신하여 그에게 그 대금 상당의 금원을 교부한 경우(98도3549) 04. 행시

⑬ 매수인이 매도인에게 매매잔금을 지급함에 있어서 착오에 빠져 지급하여야 할 금액을 **초과하는 돈을 교부하는 경우,** 매도인이 매매잔금을 **교부받기 전 또는 교부받던 중**에 그 사실을 알게 되었을 경우 매도인에게 사기죄가 성립한다(2003도4531). 11. 경찰승진, 16. 국가직 7급

비교판례 그 사실을 미리 알지 못하고 매매잔금을 건네주고 받는 행위를 **끝마친 후**에야 비로소 알게 되었을 경우에는 교부하는 돈을 그대로 받은 그 행위는 점유이탈물횡령죄가 될 수 있음은 별론으로 하고 사기죄를 구성할 수는 없다(2003도4531).

⑧ 부동산 중개업자인 피고인이 독서실 양도인으로부터 **권리금으로 3천만원을 받을 수 있도록 해달라고 요구받았음에도** 양수인인 피해자에게 **양도인이 4천만원을 요구한다고 속여 피해자로부터 4천만원을 교부받아 양도인에게 교부한 3천만원을 제외한 나머지 1천만원을 취득한 경우** (2014도8540)

⑨ 부동산중개인이 매매계약을 중개함에 있어서 **매도인이 전매인이라는 사정과 매도인과 원소유자 사이의 매매대금의 액수에 관하여 고지하지 않은 경우**(2004도1232) 09. 경찰승진

판례비교 신의칙 위반 여부에 따른 사기죄의 성립 여부

O 신의칙 위반 인정 – 사기죄 성립	X 신의칙 위반 부정 – 사기죄 불성립
① 부동산 관련 업체가 지방자치단체의 특정 용역보고서만을 근거로 **확정되지도 않은 개발계획이 마치 확정된 것처럼 허위 또는 과장된 정보를 제공**하여 매수인들과 토지매매계약을 체결한 경우(2008도6549)	① 임대인과 임대차계약을 체결한 임차인이 임차건물에 거주하기는 하였으나 그의 처만이 전입신고를 마친 후에 경매절차에서 배당을 받기 위하여 임대차계약서상의 **임차인 명의를 처로 변경**하여 경매법원에 **배당요구**를 한 경우(2001도6669)
② **전대금지특약에 위반하여 전대**한 경우(83도293)	② 부동산소유자가 목적물을 매매하기 위하여 복덕방에 내놓은 후 그 목적물에 대하여 **임대차계약을 체결하면서 매매진행 중이라는 사실을 임차인에게 고지하지 않고** 임대차계약을 체결한 다음, 그 목적물을 타에 매도하면서 매수인과의 사이에서 임대차보증금을 매매대금에서 공제하여 **매수인이 임대인의 지위를 승계**하기로 약정한 경우(85도1914)
③ 식품의 **가공일자를 변경한 바코드라벨을 부착**하는 경우(95도1157) 05. 경찰승진, 08. 법원행시	
④ 백화점 숙녀의류부장 甲이 신상품을 첫 출하하면서 당해 상품이 종전에는 높은 가격으로 판매되던 것을 특정한 할인판매기간에 한하여 특별히 할인된 가격으로 싸게 판매하는 것처럼 '**종전가격 – 할인가격**'을 비교표시하는 방법으로 허위광고를 하고 소비자들을 유인하여 원래의 정상가격으로 신상품을 판매한 경우(91도2994) 05. 경찰승진	

판례비교 과장광고에서의 사기죄 성립 여부

O 사기죄 성립	X 사기죄 불성립
① TV 홈쇼핑에 출연하여 **인공적으로 재배한 삼을**, 자연산삼의 종자를 심산유곡에 심고 **자연방임상태에서 성장시킨 산양산삼이라고 광고**한 경우(2001도5789) 14. 경찰승진	① 아파트를 분양함에 있어서 분양대상 아파트를 특정하고 분양을 쉽게 하기 위하여 **아파트의 평형의 수치를 과장하여 광고**한 경우(91도788) 05. 경찰승진
② 오리, 하명, 누에, 동충하초, 녹용 등 여러 가지 재료를 혼합하여 제조·가공한 '녹동달오리골드'라는 제품이 **당뇨병, 관절염, 신경통 등의 성인병 치료에 특별한 효능이 있는 좋은 약**이라는 허위의 강의식 선전·광고를 한 경우(2001도1429) 16. 경찰승진	② 피고인이 식당을 운영하면서 수입산 식재료를 사용하고 **중국산 부세**를 조리하여 제공하면서도 메뉴판에 원산지를 국내산이라고 기재하여 마치 국내산 식재료와 굴비인 것처럼 손님들을 기망함으로써 이에 속은 손님들로부터 음식대금을 편취하였다는 공소사실로 기소된 사안에서, 피고인은 전남 영광군 법성포에서 굴비처럼 가공한 중국산 부세를 20,000원짜리 점심식사 등에 굴비 대용품으로 사용한 점, 위 식당에서 사용되는 **중국산 부세와 같은 크기의 국내산 굴비는 1마리에 200,000원 내외의 고가인 점 등에 비추어 보면** 손님들이 메뉴판에 기재된 국내산이라는 원산지 표시에 속아 식당을 이용하였다고 보기 어렵다(2015도12932).
③ '고향한우마을'이라는 간판을 붙이고 "**한우만 취급한다.**"라는 광고문구를 음식점 내에 10여 개 부착한 후에 **수입 쇠고기를 판매**한 경우(97도1561) 05·14. 경찰승진, 15. 경찰	
④ 지오모나코라는 신생 수입브랜드의 시계를 마치 **오랜 전통을 지닌 브랜드의 제품인 것처럼 허위광고**함으로써 그 품질과 명성을 오인한 구매자들에게 고가로 판매한 경우(2008도1664)	

2. 피기망자의 착오

(1) **착오의 주체**: 사람만 가능(단, 유아, 심신상실자 제외)

> **예** 차장이 무임승차한 사실을 모른 경우에는 착오가 없으므로 사기죄에 해당하지 않으나, 차표 없이 승차한 사람이 있냐고 물었으나 가만히 있었던 경우에는 착오가 있으므로 사기죄에
> 해당한다.

(2) **기망과 착오의 인과관계**: If 인과관계 × → 미수(**예** 기망을 하였으나 상대방이 불쌍하게 여겨 재물을 교부 → 사기미수)

(3) 서로 알면서 대출 → 착오 ×

판례 🖋️

① 피고인이 휴대전화 문자메시지를 발송하더라도 이용대금을 납부할 의사와 능력이 없는데도 단독으로 또는 공범들과 함께 사용이 정지되거나 사용할 수 없게 된 휴대전화를 구입한
후, 이른바 '대포폰'으로 유통시켜 사용하도록 하거나 '**유심칩(USIM Chip) 읽기**'를 통하여 해당 휴대전화의 문자발송 제한을 해제하고 광고성 문자를 대량 발송하는 방법으로 이동통신회
사들로부터 이용대금 상당의 재산상 이득을 취득하였다는 내용으로 기소된 사안에서 피고인의 행위가 '**사람을 기망하여 재산상 이득을 취득한 경우**'에 해당한다고 볼 수 없다(2011도5299).
13. 경찰, 16. 경찰간부

② 피해자 법인이나 단체의 대표자 또는 실질적으로 의사결정을 하는 **최종결재권자 등 기망의 상대방이 기망행위자와 동일인이거나 기망행위자와 공모하는 등 기망행위를 알고 있었던** 경우에는
기망의 상대방에게 기망행위로 인한 착오가 있다고 볼 수 없고, 기망의 상대방이 재물을 교부하는 등의 처분을 하였더라도 기망행위와 인과관계가 있다고 보기 어렵다. 이러한 경우에
는 사안에 따라 업무상횡령죄 또는 업무상배임죄 등이 성립하는 것은 별론으로 하고 사기죄가 성립한다고 보기 어렵다(2016도18986).

③ 어음의 발행인들이 각자 자력이 부족한 상태에서 자금을 편법으로 확보하기 위하여 서로 동액의 융통어음을 발행하여 교환한 경우에는, 특별한 사정이 없는 한 쌍방은 그 상대방의 부실한
자력상태를 용인함과 동시에, 상대방이 발행한 어음이 지급기일에 결제되지 아니할 때에는 자기가 발행한 어음도 결제하지 않겠다는 약정하에 서로 어음을 교환하는 것이므로, 자기가 발행한
어음이 그 지급기일에 결제되지 않으리라는 점을 예견하였거나 지급기일에 지급될 수 있다는 확신 없이 상대방으로부터 어음을 교부받았다고 하더라도 사기죄가 성립하는 것은 아니다(2001도
6570). 10·20. 경찰승진

3. 처분행위

(1) 직접 재산손해를 초래하는 작위 또는 부작위

(2) 처분행위의 <u>직접성·임의성 요함</u> → If 처분의 직접성·임의성 × ⇨ 절도

(3) **사실상의 처분능력(자연적 의미의 의사능력)을 필요**: 유아·정신병자 → 사실상 처분능력 × → 사기 ×(절도에 해당)

판례

① 사기죄에 있어서 재물의 교부가 있었다고 하기 위하여 반드시 재물의 현실의 인도가 필요한 것은 아니고 재물이 범인의 사실상의 지배 아래에 들어가 그의 **자유로운 처분이 가능한 상태**에 놓인 경우에도 재물의 교부가 있었다고 보아야 한다(2001도1825). 16. 경찰

② 사기죄의 피해자가 **법인이나 단체인 경우**에 기망행위가 있었는지는 법인이나 단체의 대표 등 최종 의사결정권자 또는 내부적인 권한 위임 등에 따라 **실질적으로 법인의 의사를 결정하고 처분을 할 권한을 가지고 있는 사람을 기준으로 판단**하여야 한다(2017도8449). 20. 경찰간부

③ [1] 이른바 '서명사취' 사기에서 피기망자가 처분결과, 즉 **문서의 구체적 내용과 법적 효과를 미처 인식하지 못하였더라도**, 어떤 문서에 스스로 서명 또는 날인함으로써 처분문서에 서명 또는 날인하는 행위에 관한 인식이 있었던 이상 **피기망자의 처분의사는 인정**된다. 결국 **피해자가 처분행위로 인한 결과까지 인식할 필요가 있는 것은 아니다.** 18·20. 경찰간부

  [2] 피고인 등이 토지의 소유자이자 매도인인 피해자 甲 등에게 **토지거래허가 등에 필요한 서류라고 속여 근저당권설정계약서 등에 서명·날인하게 하고 인감증명서를 교부받은** 다음, 이를 이용하여 甲 등의 소유 토지에 피고인을 채무자로 한 근저당권을 乙 등에게 설정하여 주고 돈을 차용하는 방법으로 재산상 이익을 취득하였다고 하여 특정경제범죄 가중처벌 등에 관한 법률 위반(사기) 및 사기로 기소된 사안에서, 甲 등은 피고인 등의 기망행위로 착오에 빠진 결과 토지거래허가 등에 필요한 서류로 잘못 알고 처분문서인 근저당권설정계약서 등에 서명 또는 날인함으로써 재산상 손해를 초래하는 행위를 하였으므로 甲 등의 행위는 사기죄에서 말하는 처분행위에 해당하여 사기죄가 성립한다(2016도13362). 18. 경찰승진

판례비교 **처분행위의 유무에 따른 사기죄의 성립 여부**

O 처분행위가 있는 경우 – 사기죄 성립	**X** 처분행위가 없는 경우 – 사기죄 불성립
① 배당이익소송의 제1심에서 패소판결을 받고 항소한 자의 **항소취하행위**(2000도4419) 04. 입시, 17. 경찰승진 · 경찰간부	① 피고인이 피해자에게 **부동산매도용 인감증명 및 등기의무자 본인확인서면의 진실한 용도를 속이고** 그 서류들을 교부받아 피고인 등의 명의로 위 부동산에 관한 소유권이전등기를 경료한 경우(2001도1289) 04. 입시, 09 · 15. 경찰, 10. 사시, 11 · 16. 법원직, 12 · 20. 경찰승진
② 출판사 경영자가 출고 현황표를 조작하는 방법으로 **실제 출판부수를 속여 작가에게 인세의 일부만을 지급**한 경우 **부작위에 의한 처분행위**에 해당한다(2005도9221). 08. 법원행시	② 타인 명의의 등기서류를 위조하여 **등기공무원에게 제출**함으로써 피고인 명의로 소유권이전등기를 마쳤다고 하여도 피해자의 처분행위가 없을 뿐 아니라 등기공무원에게는 부동산의 처분권한이 있다고 볼 수 없어 사기죄가 성립하지 않는다(81도529). 16. 법원직
③ 사실상 분열된 종중의 일파가 종중재산에 처분금지가처분신청을 하면서 공탁한 공탁금을 다른 분열된 종중의 일파가 **가처분취하서를 제출**하고 회수한 경우(97도1993)	③ 甲은 **토지의 실제 소유자인 乙**이 甲에게 금 1,100만원에 매도하도록 승낙한 사실이 없음에도 불구하고 乙로부터 위 토지에 관한 소유명의를 **신탁받은 丙**에게 乙로부터 그와 같은 승낙이 있었던 것처럼 속여 丁과의 사이에 위 토지에 관하여 대금 1,100만원의 매매계약을 체결하게 한 다음 丁으로부터 매매대금 전액을 교부받았다. 丙은 부동산에 대한 처분지위가 없기 때문에 사기죄는 성립하지 않는다(90도2180). 07. 경찰
④ 부동산가압류결정을 받아 부동산에 관한 가압류집행까지 마친 자가 그 **가압류를 해제**하면 소유자는 **가압류의 부담이 없는 부동산을 소유하는 이익을 얻게 되므로** 가압류를 해제하는 것은 재산적 처분행위에 해당한다(2007도5507). 08 · 11. 법원행시, 08 · 15. 경찰, 10. 사시 · 경찰승진, 16. 경찰간부	④ 피고인이 **타인과 공모하여 그 공모자를 상대로 제소**하여 의제자백의 판결을 받아 이에 기하여 부동산의 소유권이전등기를 한 경우(97도2430) → 甲이 **제3자 소유의 부동산**에 관하여 권한 없는 乙을 상대로 소유권확인의 소를 제기하여 승소확정판결을 받고 이에 기하여 甲 명의로 소유권보존등기를 마친 경우 11. 법원직, 11 · 17. 경찰승진, 15. 경찰, 18. 경찰간부
⑤ 무효인 가등기여서 그 말소를 구할 권리를 가진 자라 하더라도 기망행위를 사용하여 **가등기를 말소**하게 한 경우(2007도9417) 11. 경찰승진	⑤ 양도증서 등 특허 관련 명의변경서류를 위조하여 **일본국 특허청 공무원**에게 제출함으로써 특허의 출원자를 자신 명의로 변경한 경우(2007도3475) 12. 경찰간부
⑥ 피고인이 점포에 대한 권리금을 지급한 것처럼 **허위의 사용내역서를 작성 · 교부**하여 **동업자들을 기망하고 출자금 지급을 면제받으려 하였으나** 미수에 그친 경우 부작위에 의한 처분행위에 해당한다(2008도6641). 16. 국가직 7급	⑥ 예금주인 피고인이 제3자에게 편취당한 송금의뢰인으로부터 **자신의 은행계좌에 계좌송금된 돈을 출금한** 경우, 피고인은 예금주로서 은행에 대하여 예금반환을 청구할 수 있는 권한을 가진 자이므로 **은행을 피해자로 한 사기죄는 성립하지 않는다**(2010도3498). 11 · 16. 경찰승진, 12 · 13 · 15 · 16 · 17. 경찰
⑦ 피고인 등이 **토지의 소유자이자 매도인인 피해자 甲 등에게 토지거래허가 등에 필요한 서류라고 속여 근저당권설정계약서 등에 서명 · 날인하게 하고** 인감증명서를 교부받은 다음, 이를 이용하여 甲 등의 소유 토지에 피고인을 채무자로 한 근저당권을 乙 등에게 설정하여 주고 돈을 차용하는 방법으로 재산상 이익을 취득한 경우(2016도13362) 18. 법원직	⑦ 甲이 금융기관에 **피고인 명의로 예금을 하면서 자신만이 이를 인출할 수 있게 해달라고 요청**하여 금융기관 직원이 예금 관련 전산시스템에 '**甲이 예금 · 인출 예정**'이라고 입력하였고 피고인도 이의를 제기하지 않았는데, 그 후 피고인이 금융기관을 상대로 예금 지급을 구하는 소를 제기하였다가 금융기관의 변제공탁으로 패소한 경우, **예금주는 여전히 피고인이므로** 사기미수죄는 성립하지 않는다(2009도5386). 16. 경찰간부

⑧ 피고인이 甲에게 **사업자등록명의를 빌려주면 세금이나 채무는 모두 자신이 변제하겠다고 속여** 그로부터 **명의를 대여받아 호텔을 운영하면서 甲으로 하여금 호텔에 관한 각종 세금 및 채무 등을 부담하게 함으로써 재산상 이익을 편취하였다는 내용으로 기소**된 사안에서 甲이 명의를 대여하였다는 것만으로 피고인이 위와 같은 채무를 면하는 재산상 이익을 취득하는 甲의 재산적 처분행위가 있었다고 보기 어렵다(2012도4773).

→ 甲이 명의를 대여함으로써 피고인이 원래 부담하였어야 할 각종 채무를 면하는 재산상 이익을 취득하는 결과가 필수적으로 수반되었으므로, 위와 같은 피고인의 행위는 사기죄에 해당한다. (×) 19. 법원행시

⑨ 법인이 임대주택용지 분양신청을 함에 있어서 분양신청자 중의 추첨대상자에 들기 위하여 법인의 대표이사가 개인의 허위 건축실적증명을 첨부하였으나 **마감시간이 지나도록 다른 업체로부터의 매수신청이 없어** 위 법인의 대표이사에게 매수신청서를 제출하도록 하여 수의계약을 체결하게 된 경우(93도1839) 11. 경찰승진

⑩ 피고인이 피해자에게 **백미 100가마의 채무가 있는데 10가마의 보관증을 100가마의 보관증이라고 속이고 교부**하자, 문맹인 피해자는 이를 그대로 믿고 교부받았다면 사기죄는 성립하지 않는다(90도2073).

⑪ 차용금**채무에 갈음한 양도담보 및 대물변제계약을 체결**하였지만 계약을 전후하여 **채무의 일부를 변제충당한 경우** 기존의 채무를 확정적으로 면제 내지 소멸시키는 처분행위가 존재하지 않는다(2008도10971).

4. 재산상 이익 취득

재산상 이익취득이 없으면 사기죄는 성립하지 않는다. 따라서 <u>위조된 약속어음</u>을 기왕의 물품대금채무의 변제로 교부하여도 이로 인하여 채무가 면제되지 않으므로 행위자가 재산상 이익을 취득하지 못하여 사기죄는 성립하지 않는다. 이와 같은 것으로 채무를 면탈할 목적으로 제3자에 대한 <u>존재하지 않는 채권</u>을 양도한 경우에도 행위자가 재산상 이익을 취득하지 못하여 <u>사기죄는 성립하지 않는다.</u>

판례비교 재산상 이익의 취득 여부에 따른 사기죄의 성립 여부

O 재산상 이익의 취득 인정 – 사기죄 성립	**X** 재산상 이익의 취득 부정 – 사기죄 불성립
① 채무자가 채권자에 대하여 소정기일까지 지급할 의사와 능력이 없음에도 **종전 채무의 변제기를 늦출 목적에서 어음을 발행·교부**한 경우(83도1723) 18. 경찰간부 ② [1] 채무자의 기망행위로 인하여 채권자가 **채무를 확정적으로 소멸 내지 면제**시키는 특약 등의 처분행위를 한 경우에는 **채무의 면제라고 하는 재산상 이익에 관한 사기죄가 성립**되고, 후에 그 재산적 처분행위가 사기를 이유로 **민법에 따라 취소될 수 있다고 하여 달리 볼 것은 아니다.** 12. 경찰, 20. 경찰간부 [2] 피고인이 피해자들을 기망하여 부동산을 매도하면서 매매대금 중 일부를 피해자들의 피고인에 대한 **기존 채권과 상계**하는 방법으로 지급받아 채무소멸의 재산상 이익을 취득하였다는 내용으로 기소된 사안에서, 피고인이 **상계에 의하여 기존 채무가 소멸되는 재산상 이익을 취득하였다고 보아 사기죄를 인정**(2012도1101) 15. 사시 ③ 피고인의 허언에 기망되어 피해자가 **연대채무를 부담**하였고 그 때문에 피고인이 의도한 대로 금 200만원을 차용할 수 있었다면 피고인에게 사기죄가 성립한다(82도2217). ④ 甲주식회사의 실질적 운영자인 피고인 등이 공모하여 회사에 대한 **고의 부도의 준비사실 등을 숨긴 채** 甲회사 명의로 대한주택보증 주식회사와 **임대보증금 보증약정을 체결**하여 재산상 이익을 취득한 경우 사기죄는 성립하고, 피고인 등이 취득한 재산상 이익은 대한주택보증이 보증한 임대보증금 상당액이다(2011도7229). 17. 법원직	① 기망으로 **부재자의 재산관리인**으로 선임된 경우(73도1080) ② 자기의 채권자에 대한 채무이행으로 **존재하지 않는 채권을 양도**한 경우(85도74) 22. 경찰승진 ③ **보험가입사실증명원**은 그 증명에 의하여 사기죄에서 말하는 재물이나 재산상 이익이 침해된 것으로 볼 것은 아니어서 사기죄의 객체기 되지 아니한다(96도2625). 08·16. 경찰, 10. 사시 ④ 피고인 甲이 A병원에서 그 처를 입원시켜 가료 중 치료를 다 받고 나서 A에게 처와 함께 극장구경을 하고 돌아와서 **치료비를 지급하고 퇴원하겠다고 거짓말**을 하고 나간 후에 그대로 도주한 경우(70도1615) 04. 입시 ⑤ **위조된 약속어음**을 진정한 약속어음인 것처럼 속여 기왕의 물품대금채무의 변제를 위하여 채권자에게 교부하였다고 하여도 **어음이 결제되지 않는 한** 물품대금채무가 소멸되지 아니하므로 사기죄는 성립되지 않는다(82도2938). 20. 경찰간부 ⑥ **예고등기**로 인한 경매대상 부동산의 경매가격 하락 등을 목적으로 허위의 채권을 주장하며 채권자대위의 방식에 의한 원인무효로 인한 소유권보존등기말소청구소송을 제기한 경우(2009도128) 12. 경찰

5. 재산상 손해

(1) 불요설(판례)

(2) 손해의 산정(편취액) : 대가를 공제한 차액이 아니라 교부받은 재물 전부

판례 재산상 손해

① 기망으로 인하여 재물의 교부가 있으면 그 자체로 사기죄가 성립하고, 상당한 대가가 지급되었다거나 피해자의 **전체 재산에 손해가 없다고 하여도 사기죄의 성립에는 영향이 없다**(99도1040).
06. 경찰, 11. 경찰승진

② 분식회계에 의한 재무제표 등으로 **금융기관을 기망하여 대출**을 받았다면 사기죄는 성립하고, 변제의사와 변제능력의 유무 그리고 충분한 담보가 제공되었다거나 피해자의 전체 **재산상에 손해가 없고, 사후에 대출금이 상환되었다고 하더라도 사기죄의 성립에는 영향이 없다**(2002도7262). 10. 법원행시, 11. 경찰승진

판례 편취액의 산정

① 사기죄에 있어서 그 대가가 일부 지급된 경우에도 그 편취액은 피해자로부터 교부된 재물의 가치로부터 그 대가를 **공제한 차액이 아니라 교부받은 재물 전부**라 할 것이다(2000도1899).
06 · 18. 경찰, 21. 법원직

② 환자들의 건강상태에 맞게 적정한 진료행위를 하지 않은 채 장기간의 입원을 유도하여 국민건강보험공단에 과다한 요양급여비를 청구한 행위는 입원기간의 요양급여비 중 과다청구한 부분을 포함한 당해 입원기간의 **요양급여비 전체**에 대하여 사기죄가 성립한다(2008도4665). 10. 경찰승진, 13. 사시, 16. 국가직 7급

③ 어음 · 수표의 할인에 의한 사기죄에서 피고인이 피해자로부터 수령한 현금액이 피고인이 피해자에게 교부한 어음 등의 액면금보다 적을 경우, 피고인이 취득한 재산상 이익액은 **피고인이 수령한 현금액**이다(2009도2384). 10. 경찰승진

④ 재물을 편취한 후 현실적인 자금의 수수 없이 형식적으로 기왕에 편취한 금원을 새로이 **장부상으로만 재투자하는 것으로 처리한 경우 그 재투자금액은 편취액의 합산에서 제외**하여야 한다(2006도7470). 17. 경찰

⑤ 신용보증기금의 신용보증서 발급이 피고인의 기망행위에 의하여 이루어진 이상, 그로써 곧 사기죄는 성립하고, 그로 인하여 피고인이 취득한 재산상 이익은 **신용보증금액 상당액**이다(2007도1274). 11. 법원행시

⑥ 피해자의 도박이 피고인들의 기망행위에 의하여 이루어진 경우 사기죄가 성립하며, 이로 인하여 피고인들이 취득한 재물이나 재산상 이익은 **도박 당일 피해자가 잃은 도금 상당액**이다(2015도10948).

6. 관련문제 : 불법원인급여와 사기죄

판례

민법 제746조의 불법원인급여에 해당하여 급여자가 수익자에 대한 반환청구권을 행사할 수 없다고 하더라도, **수익자가 기망을 통하여 급여자로 하여금 불법원인급여에 해당하는 재물을 제공하도록 하였다면 사기죄가 성립한다**(2006도6795). 21. 경찰

2 소송사기

1. 주체

(1) 원고뿐만 아니라 피고도 허위증거를 제출하거나 위증을 시키는 등 적극적 방법으로 법원을 기망한 경우 본죄의 주체가 된다(판례).

(2) 사망한 자 : 효력발생 ×, 상속인에게 효력 발생 × → 사기죄 ×

판례

① 적극적 소송당사자인 원고뿐만 아니라 방어적인 위치에 있는 피고라 하더라도 **허위 내용의 서류를 작성하여 이를 증거로 제출**하거나 위증을 시키는 등의 적극적인 방법으로 법원을 기망하여 착오에 빠지게 한 결과, 승소확정판결을 받음으로써 자기의 재산상의 의무이행을 면하게 된 경우에는 그 재산가액 상당에 대하여 사기죄가 성립한다(대97도2786).
06·10. 법원행시, 09. 경찰승진, 10. 경찰, 16. 법원직

② 피고인의 제소가 **사망한 자**를 상대로 한 것이라면 이와 같은 사망한 자에 대한 판결은 그 내용에 따른 효력이 생기지 아니하여 상속인에게 그 효력이 미치지 아니하므로 사기죄를 구성한다고 할 수 없다(2000도1881). 08. 법원행시, 15. 법원직

2. 기망행위

피고인이 범행을 인정하거나, 그 주장이 허위임이 객관적으로 명백하고 증거를 조작하는 등 범죄가 성립되는 것이 명백하여야 한다. 단순히 사실을 잘못 인식하였다거나 법률적 평가를 잘못하여 제소한 행위는 사기죄를 구성하지 않는다.

 판례

> **상대방에게 유리한 증거를 제출하지 않거나 상대방에게 유리한 사실을 진술하지 않는 행위**만으로는 소송사기에 있어서 기망이라 할 수 없다(2001도1610). 04. 법원행시, 10. 경찰

3. 판결의 처분행위

법원의 재판은 피해자의 처분행위에 갈음하는 내용과 같은 효력이 있어야 한다. 아무런 권한 없는 제3자를 상대로 소송을 제기한 경우에는 사기죄가 성립하지 않는다.

판례

> ① **타인과 공모하여 그 공모자를 상대로 제소**하여 의제자백의 판결을 받아 이에 기하여 부동산소유권이전등기를 한 경우 사기죄가 성립하지 않는다(97도2430). 11. 경찰승진·법원직
> ② 피고인이 **타인소유의 부동산에 관하여 아무런 권한이 없는 사람을 상대로 소유권확인 등의 청구소송을 제기**함으로써 법원을 기망하여 승소판결을 받고 그 확정판결을 이용하여 동 부동산에 대한 소유권보존등기를 경료하였다 하여도, 위 판결의 효력은 소송당사자들 사이에만 미치고 **제3자인 부동산소유자**에게는 미치지 아니하여 판결로 인하여 부동산에 대한 제3자의 소유권이 피고인에게 이전되는 것도 아니므로 사기죄를 구성한다고 볼 수 없다(84도2642). 06. 법원행시

4. 구체적 내용

(1) 실행의 착수시기 · 기수시기

① 착수시기
  ㉠ 원고의 경우: 소장을 제출한 때
  ㉡ 피고의 경우: 허위내용의 서류를 증거로 제출하거나 그에 따른 주장을 담은 답변서나 준비서면을 제출한 때
② 기수시기: 승소판결이 확정된 때

(2) **본안소송제기**: 실행의 착수 인정 → 사기죄 ○

(3) **가압류·가처분의 신청**: 본안소송제기 않고 가압류만 신청 → 실행의 착수 × → 사기죄 ×

> **자료더보기** **가압류**
>
> 가압류란 금전채권이나 금전으로 환산할 수 있는 채권에 대하여 장래에 실시할 강제집행이 불능이 되거나 현저히 곤란할 염려가 있는 경우에 미리 채무자의 현재의 재산을 압류하여 확보함으로써 강제집행을 보전함을 목적으로 하는 명령 또는 그 집행으로써 하는 처분을 말한다.

(4) **지급명령신청**: If 허위채권으로 지급명령 → 채무자의 이의신청이 없거나 각하된 경우 → 확정판결과 같은 효과 有 → 채무자의 재산상 손해발생 有 → 사기죄 ○

> **자료더보기** **지급명령**
>
> 지급명령이란 금전 또는 유가증권의 지급을 요구하는 청구에 관하여, 채권자의 일방적 신청이 있으면 채무자를 심문하지 아니하고 채무자에게 그 지급을 명령하는 재판이다. 채권자가 차용증 등의 명백한 증거를 가지고 있을 때 소송의 번거로움을 피하기 위하여 지급명령을 신청하게 된다. 채권자의 지급명령신청에 대하여 채무자가 이의신청을 하지 않으면 지급명령이 확정되어 기판력과 집행력이 발생한다. 그러나 채무자의 적법한 이의신청이 있는 때에는 소송으로 이행하게 되는데 지급명령을 신청한 때 소를 제기한 것으로 본다.

(5) **재판상 화해의 신청**: 당사자의 합의 ○ → 사기죄 ×

> **자료더보기** **재판상 화해**
>
> 당사자 쌍방이 법관의 면전에서 화해조항의 내용을 일치하여 진술함으로써 성립되고, 법원 사무관 등이 그 진술을 조서에 기재하면 이 화해조서는 확정판결과 동일한 효력이 있다. 화해가 성립되면 그 범위에서의 소송은 종료되고, 이 화해조서에 의하여 강제집행도 가능하다(520조).

(6) **허위의 수표분실신고에 의한 제권판결**

① 甲(채무자)이 乙(채권자)에게 가계수표 발행 → 甲은 乙이 수표를 소지하고 있는 사실을 알면서 허위분실신고 → 공시최고 신청 → 법원의 제권판결 有 → 甲은 수표금 상당의 재산상 이익 취득 → 사기죄 ○

② 단, 당연무효 + 제권판결 → 사기죄 ×

> **자료더보기** **제권판결**
>
> 제권판결을 하게 되는 경우는, 유가증권이 분실·도난·멸실하였을 때 그 증서를 무효로 하는 경우와 등기·등록 의무자가 행방불명일 때 등기·등록의 말소를 하는 판결이다.

(7) 말소등기청구소송의 제기

① 부동산등기부상 소유자로 등기된 적이 있는 자가 자기 이후에 소유권이전등기를 경료한 등기명의인들을 상대로 허위의 사실을 주장하면서 그들 명의의 소유권이전등기의 말소를 구하는 소송을 제기한 경우 → 실행의 착수 인정

② But, 부동산을 매수한 일이 없는 자가 매수한 것처럼 허위의 사실을 주장하여 위 부동산에 대한 소유권이전등기를 거친 자들을 상대로 각 그 소유권이전등기말소를 구하는 소송을 제기한 경우 → 실행의 착수 × → 사기죄 ×

(8) 부동산의 진정소유자가 있음에도 타인과 공모하여 의제자백의 판결을 받은 경우 → 진정한 소유자의 처분행위 × → 사기죄 ×

판례비교 🔨 소송사기죄의 성립 여부

O 소송사기죄 성립	**X** 소송사기죄 불성립
① 공동소유자에게 공유하고 있던 **부동산의 매각처분권한을 위임하여 부동산을 매매하였음에도 불구하고** 이를 **권원 없는 불법매도라고 주장하여 소를 제기**하는 경우(87도417) 09. 사시	① 피고인의 제소가 **사망한 자**를 상대로 한 경우(2000도1881) 04. 행시, 12. 경찰간부, 15. 변호사
② 민사판결의 주문에 표시된 채권을 변제받거나 상계하여 그 **채권이 소멸되었음에도 불구하고, 판결정본을 소지하고 있음을 기화로 이를 근거로 하여 강제집행을 한 경우**(92도2218) 05. 법원행시	② **소의 제기 없이 가압류신청**을 한 경우(82도1529) 04. 행시, 05. 법원행시, 09. 경찰승진, 10·17. 경찰, 12·20. 경찰간부, 18. 법원직
③ 피고인이 특정 권원에 기하여 민사소송을 진행하던 중에 **법원에 조작된 증거를 제출**하면서 종전에 주장하던 특정 권원과 별개로 허위의 권원을 추가로 주장하는 경우(2003도7124) 11·18. 경찰승진	③ 甲이 소송비용을 편취할 의사로 소송비용의 지급을 구하는 손해배상청구의 소를 제기한 경우 사기죄의 불가벌적 불능범에 해당한다(2005도8105). 12·15. 변호사, 16. 사시, 20. 경찰승진
④ 토지를 20년 이상 점유하여 점유취득시효가 완성된 경우에는 등기명의인을 상대로 점유취득시효의 완성을 원인으로 한 소유권이전등기청구소송을 제기하면서 **점유의 권원에 관한 증거를 위조하여 제출**하는 경우(96도1405) 09. 사시	④ A회사 운영자 갑이 'A회사의 B에 대한 채권'이 존재하지 않는다는 사실을 알면서 그 사실을 모르는 A회사에 대한 채권자 C에게 'A회사의 B에 대한 채권'의 압류 및 전부(추심)명령을 신청하게 하여 그 명령을 받게 하였으나, 아직 C가 B를 상대로 전부금 소송을 제기하지 않은 경우 소송사기의 실행에 착수하였다고 볼 수 없다(2009도9982). 20.경찰승진
⑤ 피고인이 피해자와 사이에 온천의 시공에 필요한 비용을 포함한 일체의 비용을 자신이 부담하기로 약정하였음에도 피해자를 상대로 공사대금청구의 소를 제기하면서 시공 외의 비용은 모두 피해자가 부담한다는 내용으로 **변조한 인증합의서를 소장에 첨부하여 제출**한 경우 (2003도2144) 06. 사시	⑤ 부동산 경매절차에서 피고인들이 허위의 공사대금채권을 근거로 **유치권신고**를 한 경우 소송사기죄의 실행의 착수가 인정되지 않는다(2009도5900). 11. 경찰승진, 17. 경찰 **비교판례** 甲이 피담보채권인 공사대금채권을 실제와 달리 허위로 크게 **부풀려 유치권**에 기한 경매신청을 한 경우 사기죄가 성립된다.(2012도9603) 13·15·17. 경찰, 15. 변호사, 16. 사시, 18. 경찰승진, 18. 법원직
⑥ **허위의 내용으로 신청한 지급명령이 그대로 확정**된 경우에는 소송사기의 방법으로 승소판결을 받아 확정된 경우와 마찬가지로 사기죄는 이미 기수에 이르렀다고 볼 것이다(2002도4151). 05. 법원행시, 10·11. 경찰승진, 15. 경찰, 20. 경찰간부	⑥ 당사자의 합의에 의하여 소론과 같은 내용의 **법정화해**를 한 이상, 화해 내용이 실지의 법률관계 내용과 다르다 하여도 다른 특별한 사정이 없는 한 법원을 기망하여 사기죄가 성립된다고 할 수 없을 것이다(67도1579).

⑦ **가계수표발행인이 자기가 발행한 가계수표를 타인이 교부받아 소지하고 있는 사실을 알면서도,** 또한 그 수표가 적법히 지급·제시되어 수표상의 소구의무를 부담하고 있음에도 불구하고 **허위의 분실사유를 들어 공시최고신청을 하고 이에 따라 법원으로부터 제권판결을 받음**으로써 수표상의 채무를 면하여 그 수표금 상당의 재산상 이득을 취득한 경우(99도364)

04. 법원행시, 07. 경찰, 09. 사시, 10·11. 경찰승진

⑧ 제소자가 상대방의 **주소를 허위로 기재**함으로써 그 허위주소로 소송서류가 송달되어 그로 인하여 상대방이 아닌 **다른 사람이 그 서류를 받아 소송이 진행**된 경우(2006도5811)

11. 경찰승진, 16. 국가직 7급

⑨ 피고인 또는 그와 공모한 자가 **자신이 토지의 소유자라고 허위의 주장**을 하면서 **소유권보존등기 명의자를 상대로 보존등기의 말소를 구하는 소송을 제기**하여 보존등기말소를 명하는 내용의 승소확정판결을 받는다면, 아직 자기 앞으로 소유권보존등기를 경료하지 않은 상태라고 하더라도 소송사기죄의 기수에 이르렀다고 할 것이다(2005도9858). 10. 법원행시, 18. 법원직

⑩ 甲이 진정한 임차권자가 아니면서 **허위의 임대차계약서를 법원에 제출**하여 **임차권등기명령을 신청**한 경우(2000도1881) 15. 변호사

⑪ **강제집행절차를 통한 소송사기는** 집행절차의 **개시신청**을 한 때 또는 진행 중인 집행절차에 **배당신청**을 한 때에 실행에 착수하였다고 볼 것이다. 소유권이전등기청구권에 대한 압류는 당해 부동산에 대한 경매의 실시를 위한 사전 단계로서의 의미를 가지나, 전체로서의 강제집행절차를 위한 일련의 시작행위라고 할 수 있으므로 허위채권에 기한 공정증서를 집행권원으로 하여 채무자의 소유권이전등기청구권에 대하여 **압류신청**을 한 시점에 소송사기의 실행에 착수하였다고 볼 것이다(2014도10086). 18. 법원직

⑦ 피고인이 甲 명의로, 甲이 이 건 임야를 **매수한 일이 없음에도 매수한 것처럼 허위의 사실을 주장**하여 임야에 대한 소유권이전등기를 거친 자들을 상대로 각각 그 소유권이전등기말소를 구하는 소송을 제기하였다가 취하한 경우(81도1451) 06. 사시

비교판례 부동산등기부상 소유자로 등기된 적이 있는 자가 자기 이후에 소유권이전등기를 경료한 등기명의인들을 상대로 허위의 사실을 주장하면서 그들 명의의 소유권이전등기의 말소를 구하는 소송을 제기한 경우사기죄가 성립된다(2003도1951).

04. 법원행시, 15. 변호사, 16. 경찰, 20. 경찰간부

③ 컴퓨터 등 사용사기죄

> **제347조의2【컴퓨터 등 사용사기】** 컴퓨터 등 정보처리장치에 허위의 정보 또는 부정한 명령을 입력하거나 권한 없이 정보를 입력·변경하여 정보처리를 하게 함으로써 재산상의 이익을 취득하거나 제3자로 하여금 취득하게 한 자는 10년 이하의 징역 또는 2천만원 이하의 벌금에 처한다.

판례 🔨

① 형법 제347조의2에서 정한 '허위의 정보 입력'에 해당하지는 않더라도, **프로그램 자체에서 발생하는 오류**를 적극적으로 이용하여 사무처리의 목적에 비추어 정당하지 아니한 사무처리를 하게 한 행위로서 '부정한 명령의 입력'에 해당한다(2011도4440). 14. 경찰

② 형법 제347조의2는 컴퓨터 등 사용사기죄에서 **'정보처리'는 사기죄에 있어서 피해자의 처분행위에 상응하는 것이므로 입력된 허위의 정보 등에 의하여 계산이나 데이터의 처리가 이루어짐으로써 직접적으로 재산처분의 결과**를 초래하여야 하고, 행위자나 제3자의 **'재산상 이익의 취득'은 사람의 처분행위가 개재됨이 없이 컴퓨터 등에 의한 정보처리과정에서 이루어져야 한다**(2013도16099). 17. 경찰, 20. 경찰간부

③ 컴퓨터 등 사용사기죄에서 '부정한 명령의 입력'이란, 해당 사무처리시스템에 예정되어 있는 사무처리의 목적에 비추어 정당하지 아니한 사무처리를 하게 하는 것까지를 포함한다. 따라서 절취한 휴대전화기를 사용하여 무선인터넷서비스를 제공받은 경우, **휴대전화기의 인터넷접속버튼을 누르는 것**만으로 사용자에 의한 정보 혹은 명령의 입력이 행하여졌다고 보기 어렵고, 따라서 휴대전화 또는 이동통신회사에 의하여 그 입력된 정보 혹은 명령에 따른 정보처리가 이루어진 것으로 보기도 어렵다(2008도128). 19. 법원행시

④ 甲이 권한 없이 인터넷뱅킹으로 타인의 예금계좌에서 자신의 **예금계좌로 돈을 이체**한 후에 그중 일부를 인출하여 그 정을 아는 乙에게 교부한 경우 甲에게 컴퓨터 등 사용사기죄가 성립하고, 乙에게는 장물취득죄가 불성립한다(2004도353). 05. 법원행시, 07. 국가직 7급, 10. 사시, 10·17. 경찰승진, 17. 경찰간부, 18. 법원직

⑤ 타인의 명의를 모용하여 발급받은 신용카드의 번호와 그 비밀번호를 이용하여 **ARS 전화서비스나 인터넷 등을 통하여 신용대출**을 받는 방법으로 재산상 이익을 취득하는 행위는 컴퓨터 등 사용사기죄에 해당한다(2006도3126). 16. 경찰승진, 17·20. 경찰간부, 18. 국가직 9급·법원직

⑥ 금융기관 직원이 범죄의 목적으로 전산단말기를 이용하여 다른 공범들이 지정한 **특정 계좌에 무자원 송금의 방식**으로 거액을 입금한 것은 형법 제347조의2에서 정하는 컴퓨터 등 사용사기죄에 해당한다(2005도8507). 18. 경찰, 20. 경찰간부

⑦ 피고인이 피해자로부터 **현금 2만원을 인출해 오라는 부탁**과 함께 현금카드를 건네받은 뒤, 이를 초과하여 **5만원을 인출**한 뒤에 3만원은 자신이 취득하였다면 피고인에게 컴퓨터 등 사용사기죄가 성립한다(2005도3516). 10. 경찰승진, 19. 경찰간부

⑧ 형법 제347조의2는 컴퓨터 등 사용사기죄의 객체를 재물이 아닌 재산상의 이익으로만 한정하여 규정하고 있으므로 절취한 타인의 신용카드로 **현금자동지급기에서 현금을 인출하는 행위가 재물**에 관한 범죄임이 분명한 이상, 이를 컴퓨터 등 사용사기죄로 처벌할 수는 없다(2003도1178). 19. 법원행시

4 준사기죄

제348조【준사기】 ① 미성년자의 지려천박 또는 사람의 심신장애를 이용하여 재물의 교부를 받거나 재산상의 이익을 취득한 자는 10년 이하의 징역 또는 2,000만원 이하의 벌금에 처한다.
　② 전항의 방법으로 제3자로 하여금 재물의 교부를 받게 하거나 재산상의 이익을 취득하게 한 때에도 전항의 형과 같다.
제352조【미수범】 미수범은 처벌한다.
제353조【자격정지의 병과】 본장의 죄에는 10년 이하의 자격정지를 병과할 수 있다.

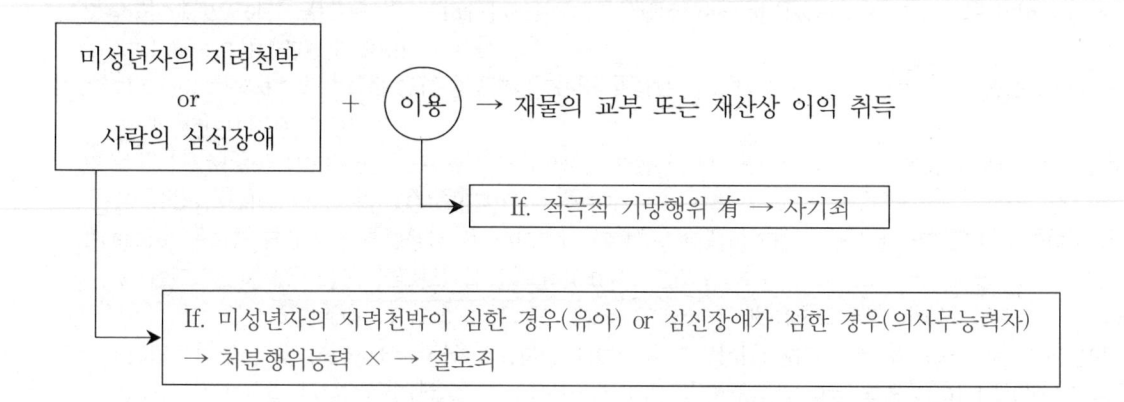

5 편의시설부정이용죄

제348조의2 【편의시설부정이용】 부정한 방법으로 대가를 지급하지 아니하고 자동판매기, 공중전화 기타 유료자동설비를 이용하여 재물 또는 재산상의 이익을 취득한자는 3년 이하의 징역, 500만원 이하의 벌금, 구류 또는 과료에 처한다.

제352조 【미수범】 미수범은 처벌한다.

제353조 【자격정지의 병과】 본장의 죄에는 10년 이하의 자격정지를 병과할 수 있다.

판례

① 피고인이 **폐공중전화카드의 자기기록 부분에 전자정보를 기록하여 사용 가능한 공중전화카드를 만든** 후에 공중전화를 걸었다면 유가증권위조죄 및 동행사죄가 성립한다(97도2483).

② 피고인이 절취한 **타인의 후불식 전화카드**를 공중전화에 넣어 사용하였다면 절도죄·사문서부정행사죄가 성립하고, 피고인이 '대가를 지급하지 아니하고' 공중전화를 이용한 경우에 해당한다고 볼 수 없어 편의시설부정이용죄를 구성하지 않는다(2002도461).

6 부당이득죄

제349조 【부당이득】 ① 사람의 궁박한 상태를 이용하여 현저하게 부당한 이익을 취득한 자는 3년 이하의 징역 또는 1,000만원 이하의 벌금에 처한다.

② 전항의 방법으로 제3자로 하여금 부당한 이익을 취득하게 한 때에도 전항의 형과 같다.

제353조 【자격정지의 병과】 본장의 죄에는 10년 이하의 자격정지를 병과할 수 있다.

판례비교 부당이득죄의 성립 여부

O 부당이득죄 성립	**X** 부당이득죄 불성립
① 토지매수인인 건설회사가 아파트건설사업의 순조로운 진행과 막대한 은행융자금 이자의 부담을 피하기 위하여 토지소유권을 시급히 확보하여야 하는 처지여서 **목적 토지에 관하여 명의자인 문중원들과 문중 사이의 소유권 분쟁에 관한 민사소송의 종료시까지 기다릴 여유가 없는 사정을 이용하여,** 문중 대표자이자 목적 토지의 공유 지분권자인 사람이 자기 지분에 대하여 문중 명의의 매매계약과 따로 별도의 매매계약을 체결하고 나머지 지분권자들의 3배 이상의 매매대금을 수령한 경우(2007도6441)	① **아파트 건축사업이 추진되기 수년 전부터** 사업부지 내 일부 부동산을 소유하여 온 피고인이 사업자의 매도 제안을 거부하다가 인근 토지 시가의 40배가 넘는 대금을 받고 매도한 경우 (2008도8577) 13. 사시
② 甲건설회사의 **공동주택 신축사업계획을 미리 알고 있던 乙이** 사업부지 내의 **토지소유자 丙을 회유하여 甲과 맺은 토지매매약정을 깨고 자신에게 이를 매도 및 이전등기**하게 한 다음, 이를 甲에게 재매도하면서 2배 이상의 매매대금과 양도소득세를 부담시킨 경우(2008도2612)	② **아파트 신축사업이 추진되기 수년 전**에 사업부지 중 일부 토지를 취득하여 거주 또는 영업장소로 사용하던 피고인이 이를 사업자에게 매도하면서 시가 상승 등을 이유로 대금의 증액을 요구하여 종전보다 1.5배 내지 3배 가량 높은 대금을 받은 경우(2008도1246)
	③ 피고인들이 부동산을 시가의 약 6배에 해당하는 가격으로 매도함으로써 사회통념상 다소 과도한 이득을 취득하였다고 할지라도, 토지의 보유경위 및 기간**(이 사건 아파트 건축사업이 추진되기 훨씬 이전에 이 사건 부동산을 구입하여 계속 소유),** 쌍방 당사자의 협상과정, 거래를 통한 매수인의 이익 등을 종합하여 보면 피고인들이 현저하게 부당한 이득을 취득하였다고 단정할 수 없다(2005도4239).

7 신용카드범죄

1. 법적성격

(1) **재물성**: 신용카드는 경제거래의 중요성을 가지고 있는 것이므로 그 재물성이 인정된다. **예** 신용카드도 절도죄의 객체인 재물이 해당된다.

(2) **문서성**: 신용카드는 카드회원의 자격을 나타내는 신용카드회사 작성명의의 사실증명에 관한 사문서로 문서성이 인정된다.

2. 신용카드 자체에 대한 범죄

(1) 재물성이 인정되므로 재물에 관련된 범죄는 성립 **예** 신용카드도 절도죄의 객체인 재물이 해당

(2) 사용 후 사실상 반환 → 사용절도: 불가벌

(3) **위조 · 변조**: 문서성이 인정되므로 위조 · 변조 가능

3. 타인명의의 신용카드 부정사용에 대한 형사책임

(1) **신용카드사용의 개념**: 카드제시 → 매출전표에 서명 교부행위

※ 사문서위조 및 동행사죄와의 관계: 신용카드부정사용죄에 흡수 (∵ 신용카드부정사용죄의 사용이란 개념에 카드제시 → 매출전표에의 서명, 교부행위가 포함되어 있으므로)

판례

① 매출표의 서명 및 교부가 별도로 사문서위조 및 동행사죄의 구성요건을 충족한다고 하여도 이 **사문서위조 및 동행사죄는 신용카드부정사용죄에 흡수**되어 신용카드부정사용죄의 1죄만이 성립하고 별도로 사문서위조 및 동행사죄는 성립하지 않는다(92도77). 16. 국가직 7급

② **단순히 신용카드를 제시하는 행위만**으로는 신용카드부정사용죄의 실행에 착수한 것에 불과하고 그 사용행위를 완성한 것으로 볼 수 없다(93도604). → 단순히 카드를 제시하는 것만으로는 범죄가 성립하지 않는다(∵ 신용카드부정사용죄는 미수처벌규정이 없음). 17. 경찰, 18. 국가직 9급

(2) **타인명의의 신용카드로 물품을 구입한 행위**

판례

① **강취한 신용카드**를 가지고 자신이 그 신용카드의 정당한 소지인인 양 **가맹점의 점주를 속이고** 그에 속은 점주로부터 주류 등을 제공받아 이를 취득한 경우에는 신용카드 자체에 대한 강도죄, 신용카드부정사용죄, 사기죄의 실체적 경합범이 성립한다(96도2715). 15. 변호사, 18. 경찰

② 피고인이 피해자의 자취방에서 피해자가 보관하고 있던 타인의 **비씨카드 1매를 절취한 후에 같은 날 카드가맹점 7곳에서 합계 200만원 상당의 물품을 구입**한 후에 위 비씨카드로 결제하였다면 카드 자체에 대한 절도죄, 신용카드부정사용죄의 포괄일죄, 7개 사기죄의 실체적 경합, 이들 범죄 모두의 실체적 경합범이 성립한다(96도1181). 10. 사시, 16. 국가직 7급

(3) **타인명의의 카드(현금카드 겸용 신용카드)로 현금인출기로부터 현금인출 및 현금대출(서비스)를 한 경우**

① 신용카드부정사용죄의 적용여부

㉠ 현금대출(서비스) → 신용카드 → 신용카드부정사용죄 적용 ○

㉡ 현금인출 → 현금카드 → 신용카드부정사용죄 적용 ×

② 사기죄의 성립여부: × (∵ 기계에 대한 기망행위는 인정되지 않기 때문이다.)

③ 컴퓨터 등 사용사기죄의 성립여부: × (∵ 컴·사는 '재산상 이익'에 한정, '현금'은 '재물'에 해당)

④ 편의시설부정이용죄의 성립여부: × (∵ 현금자동인출기는 편의시설 유료자동설비가 아님)

⑤ 절도죄의 성립여부

　㉠ 현금인출기 안에 있는 현금은 은행소유·은행점유(타인소유·타인점유)로 보아 절도죄 인정

　㉡ 계좌이체의 경우: 甲이 권한 없이 인터넷뱅킹으로 타인의 예금계좌에서 자신의 예금계좌로 돈을 이체한 경우 → 컴퓨터사용사기죄에 해당

　㉢ 예금인출을 의뢰 받은 자가 의뢰받은 금액을 초과하여 인출한 경우 초과부분에 대해서는 컴퓨터사용사기죄 인정

⑥ 편취(사기), 갈취(공갈)한 신용카드를 사용한 경우: 신용카드부정사용죄 ×

판례 🔨

① **절취한 신용카드를 현금인출기에 주입하고 비밀번호를 조작하여 현금서비스를 제공받으려는 일련의 행위**는 그 부정사용의 개념에 속한다. 신용카드 자체에 대한 절도죄, 신용카드부정사용죄의 실체적 경합이 성립한다(95도997). 05. 법원행시, 15. 변호사, 16. 국가직 7급

② 여신전문금융업법 제70조 제1항 소정의 부정사용이라 함은 위조·변조 또는 도난·분실된 신용카드나 직불카드를 진정한 카드로서 신용카드나 직불카드의 본래 용법에 따라 사용하는 경우를 말하는 것이므로, **절취한 직불카드(현금카드 겸용 신용카드)**를 온라인 현금자동지급기에 넣고 비밀번호 등을 입력하여 피해자의 **예금을 인출**한 행위는 **여신전문금융업법 제70조 제1항 소정의 부정사용의 개념에 포함될 수 없다**(2003도3977).

③ 피고인이 **타인의 명의를 모용하여 발급받은 신용카드**를 사용하여 현금자동지급기에서 **현금대출**을 받는 행위는 카드회사에 의하여 미리 포괄적으로 허용된 행위가 아니라, **현금자동지급기의 관리자의 의사에 반하여** 그의 지배를 배제한 채 그 현금을 자기의 지배하에 옮겨 놓는 행위로서 절도죄에 해당한다고 봄이 상당하다(2002도2134).

　　　　　　　　　　　　07. 법원직, 15. 변호사, 16. 경찰, 18. 국가직 9급

④ 권한 없이 인터넷뱅킹으로 타인의 예금계좌에서 자신의 **예금계좌로 돈을 이체**하는 경우 컴퓨터 등 사용사기죄에 해당한다(2004도353).

⑤ 예금주인 현금카드소유자로부터 일정한 금액의 현금을 인출하여 오라는 부탁을 받으면서 이와 함께 현금카드를 건네받은 것을 기화로 그 **위임을 받은 금액을 초과하여 현금을 인출**하는 방법으로 그 차액 상당을 위법하게 이득할 의사로 현금자동지급기에 그 초과된 금액이 인출되도록 입력하여 그 초과된 금액의 현금을 인출한 경우에는 컴퓨터 등 사용사기죄에 해당된다(2005도3516).

⑥ 피고인이 피해자로부터 현금카드를 사용한 **예금인출의 승낙을 받고 현금카드를 교부받은 행위**와 이를 사용하여 현금자동지급기에서 예금을 여러 번 인출한 행위들은 모두 **피해자의 예금을 갈취**하고자 하는 피고인의 단일하고 계속된 범의 아래에서 이루어진 일련의 행위로서 포괄하여 하나의 공갈죄를 구성한다고 볼 것이지, 현금지급기에서 피해자의 예금을 취득한 행위를 현금지급기 관리자의 의사에 반하여 그가 점유하고 있는 현금을 절취한 것이라 하여 이를 현금카드갈취행위와 분리하여 따로 절도죄로 처단할 수는 없다(95도1728).

　　　　　　　　　　　　08. 법원직, 10. 경찰승진, 10·12. 법원행시, 15. 변호사, 18. 경찰

⑦ 피고인이 과다한 술값청구에 항의하는 피해자 등을 협박하여 일정한 금액을 지급받기로 합의한 다음, **피해자 등이 결제하라고 건네준 신용카드**로 합의에 따라 현금서비스를 받은 경우에는 공갈죄만 성립하고 신용카드부정사용죄의 죄책을 지지 않는다(2006도654).

4. 자기명의 신용카드의 부정사용죄

(1) **신용카드부정사용죄의 성립여부** : × (∵ 신용카드부정사용죄는 타인의 신용카드를 전제로 함)

(2) 물품을 구매하는 경우

판례 ⚖️

① **피고인이 카드사용으로 인한 대금결제의 의사와 능력이 없으면서도 있는 것같이 가장하여 카드회사를 기망**하고, 카드회사는 이에 착오를 일으켜 일정 한도 내에서 카드사용을 허용해 줌으로써 현금대출도 받고, 가맹점을 통한 물품구입대금의 대출도 받아 카드발급회사로 하여금 같은 액수 상당의 피해를 입게 한 경우, 모두가 피해자인 카드회사의 기망당한 의사표시에 따른 카드발급에 터잡아 이루어지는 사기의 포괄일죄이고 **신용카드부정사용죄는 성립하지 않는다**(95도2466). 16. 국가직 7급

② 카드회원이 일시적인 자금궁색 등의 이유로 그 채무를 일시적으로 이행하지 못하게 되는 상황이 아니라 **이미 과다한 부채의 누적** 등으로 신용카드의 사용으로 인한 **대출금채무를 변제할 의사나 능력이 없는 상황에 처하였음에도 불구하고 신용카드를 사용**하였다면 사기죄에 있어서 기망행위 내지 편취의 범의를 인정할 수 있다(2004도6859). 11. 국가직 9급, 18. 법원직

Theme 16 # 공갈의 죄

1 공갈죄

> **제350조【공갈】** ① 사람을 공갈하여 재물의 교부를 받거나 재산상의 이익을 취득한 자는 10년 이하의 징역 또는 2,000만원 이하의 벌금에 처한다.
> ② 전항의 방법으로 제3자로 하여금 재물의 교부를 받게 하거나 재산상의 이익을 취득하게 한 때에도 전항의 형과 같다.

甲(공갈자) ─── ① 공갈행위(폭행·협박) ───→ 乙(피공갈자)

② 공포심

←─── ③ 乙 스스로 재산처분(처분행위의 직접성, 처분의사 ○ - 판례)

④ 재산상의 이익취득

1. 객체

타인소유·타인점유 + 재물 또는 재산상 이익

판례 ⚖️

① [1] 공갈죄의 대상이 되는 재물은 타인의 재물을 의미하므로 사람을 공갈하여 자기의 재물을 교부받는 경우에는 공갈죄가 성립하지 아니한다. 그리고 타인의 재물인지는 민법·상법 기타 실체법에 의하여 결정되는데, 금전을 도난당한 경우에 절도범이 절취한 금전만 소지하고 있는 때 등과 같이 **구체적으로 절취된 금전을 특정할 수 있어 객관적으로 다른 금전 등과 구분됨이 명백한 예외적인 경우에는 절도 피해자에 대한 관계에서 그 금전이 절도범인 타인의 재물이라고 할 수 없다.** 15. 법원직

[2] 甲이 **乙의 돈을 절취한 다음, 다른 금전과 섞거나 교환하지 않고 쇼핑백 등에 넣어 자신의 집에 숨겨두었는데,** 피고인이 乙의 지시로 폭력조직원 丙과 함께 甲에게 겁을 주어 쇼핑백 등에 **들어 있던 절취된 돈을 교부받아 갈취**하였다고 하여 폭력행위 등 처벌에 관한 법률 위반(공동공갈)으로 기소된 사안에서 **피고인 등이 甲에게서 되찾은 돈은 절취대상인 당해 금전이라고 구체적으로 특정할 수 있어 객관적으로 甲의 다른 재산과 구분됨이 명백하므로 이를 타인인 甲의 재물이라고 볼 수 없다.** 따라서 비록 피고인 등이 甲을 공갈하여 돈을 교부받았더라도 타인의 재물을 갈취한 행위로서 공갈죄가 성립된다고 볼 수 없다(2012도6157). 15. 경찰간부, 18·20. 경찰승진, 22. 경찰

② 甲은 가짜 기자행세를 하면서 싸롱객실에서 나체쇼를 한 피해자를 고발할 것처럼 데리고 나와 여관으로 유인한 다음, 겁에 질려있는 그녀의 상태를 이용하여 동침하면서 1회 성교한 경우 일반적으로 **부녀와의 정부 그 자체는 이를 경제적으로 평가할 수 없는 것**이므로 부녀를 공갈하여 정교를 맺었다고 하여도 특단의 사정이 없는 한 이로써 재산상 이익을 갈취한 것이라고 볼 수는 없는 것이며, 부녀가 주점접대부라 할지라도 피고인과 매음을 전제로 정교를 맺은 것이 아닌 이상 피고인이 매음대가의 지급을 면하였다고 볼 여지가 없으므로 공갈죄가 성립하지 아니한다 (82도2714).

③ 공갈하여 **채무의 변제 또는 채권양도 등을 약속받는 것**도 여기의 재산상 이익에 해당한다(2010도10187).

2. 행위

(1) **폭행·협박** : 폭행이란 사람에 대한 직·간접의 유형력 행사(광의), 협박은 타인의 의사 결정의 자유를 제한하여 겁을 먹게 할 만한 정도(협의). 폭행·협박의 정도는 사람의 의사결정과 행동의 자유를 제한하는 정도로 충분하다. If. 반항억압의 정도면 강도죄 성립

판례

공갈죄의 수단으로서의 협박은 **사람의 의사결정의 자유를 제한하거나 의사실행의 자유를 방해할 정도로 겁을 먹게 할 만한 해악을 고지하는 것**을 말하고, 해악의 고지는 반드시 명시의 방법에 의할 것을 요하지 않고 언어나 거동에 의하여 상대방으로 하여금 어떠한 해악에 이르게 할 것이라는 인식을 가지게 하는 것이면 족하며, 이러한 해악의 고지가 비록 정당한 권리의 실현 수단으로 사용된 경우라고 하여도 그 권리실현의 수단·방법이 사회통념상 허용되는 정도나 범위를 넘는다면 공갈죄의 실행에 착수한 것으로 보아야 하고, 여기서 어떠한 행위가 구체적으로 사회통념상 허용되는 정도나 범위를 넘는 것인지는 그 행위의 주관적인 측면과 객관적인 측면, 즉 추구된 목적과 선택된 수단을 전체적으로 종합하여 판단하여야 한다 (2013도6809).   16. 경찰승진

(2) **해악의 고지** : 행위자에 의하여 직·간접적으로 좌우될 수 있어야 한다. **예** 천재지변이나 길흉화복을 예고하는 이른바 경고는 협박이 아니다.

판례

조상천도제를 지내지 아니하면 좋지 않은 일이 생긴다는 취지의 해악의 고지는 길흉화복이나 천재지변의 예고로서 **행위자에 의하여 직접, 간접적으로 좌우될 수 없는 것**이고 가해자가 현실적으로 특정되어 있지도 않으며 해악의 발생가능성이 합리적으로 예견될 수 있는 것이 아니므로 협박으로 평가될 수 없다(2003도3245). 16. 경찰승진

(3) 공갈의 상대방: 공갈행위의 상대방과 재산상의 피해자는 반드시 일치할 것은 요하지 않으나 피공갈자와 재산처분행위자는 동일인이어야 한다.

판례 ⚖

① 공갈죄에 있어서 공갈의 상대방은 재산상의 피해자와 동일함을 요하지는 아니하나, 공갈의 목적이 된 재물 기타 재산상의 이익을 처분할 수 있는 사실상 또는 법률상의 권한을 가지거나 그러한 지위에 있음을 요한다. 15. 사시

② 주점의 종업원에게 신체에 위해를 가할 듯한 태도를 보여 이에 **겁을 먹은 종업원으로부터 주류를 제공받은 경우**에 있어서 종업원은 주류에 대한 사실상의 처분권자이므로 공갈죄의 피해자에 해당되어 공갈죄가 성립한다(2005도4738). 09 · 12 · 17. 경찰승진, 10. 법원행시, 11. 법원직, 15. 경찰간부

(4) 처분행위

① 처분행위는 작위 · 부작위 또는 묵인으로 족함.

② 공갈을 하였으나 상대방이 공포심을 일으키지 않았거나 동정심으로 재물 교부 → 미수

판례 ⚖

① 피공갈자의 처분행위는 반드시 작위에 한하지 않고 부작위로도 가능하며, **피공갈자가 외포심을 일으켜 묵인하고 있는 동안에 공갈자가 직접 재산상의 이익을 탈취**한 경우 공갈죄가 성립할 수 있다(2011도16044). 20. 경찰승진

② [1] 재산상 이익의 취득으로 인한 공갈죄가 성립하려면 폭행 또는 협박과 같은 공갈행위로 인하여 피공갈자가 재산상 이익을 공여하는 처분행위가 있어야 한다. 물론 그러한 처분행위는 반드시 작위에 한하지 아니하고 부작위로도 족하여서, 피공갈자가 외포심을 일으켜 묵인하고 있는 동안에 **공갈자가 직접 재산상의 이익을 탈취한 경우에도 공갈죄가 성립할 수 있다.** 그러나 **폭행의 상대방이 이와 같은 의미에서의 처분행위를 한 바 없고, 단지 행위자가 법적으로 의무 있는 재산상 이익의 공여를 면하기 위하여 상대방을 폭행하고 현장에서 도주함으로써 상대방이 행위자로부터 원래라면 얻을 수 있었던 재산상 이익의 실현에 장애가 발생한 것에 불과하다면, 그 행위자에게 공갈죄의 죄책을 물을 수 없다.** 12. 경찰

[2] 피고인이 피해자가 운전하는 택시를 타고 간 후, 최초의 장소에 이르러 택시요금의 지급을 면할 목적으로 다른 장소에 가자고 하였다면서 택시에서 내린 다음 **택시요금의 지급을 요구하는 피해자를 때리고 달아나자, 피해자가 피고인이 말한 다른 장소까지 쫓아가 기다리다가 그곳에서 피고인을 발견하고 택시요금의 지급을 요구하였는데 피고인이 다시 피해자의 얼굴 등을 주먹으로 때리고 달아난 사안에서** 피해자가 피고인에게 계속해서 택시요금의 지급을 요구하였으나 피고인이 이를 면하고자 피해자를 폭행하고 달아났을 뿐, 피해자가 폭행을 당하여 외포심을 일으켜 수동적 · 소극적으로라도 피고인이 **택시요금의 지급을 면하는 것을 용인하여 이익을 공여하는 처분행위를 하였다고 할 수 없어** 공갈죄는 성립하지 않는다(2011도16044). 12. 법원행시, 19. 경찰간부

(5) **재산상 이익 취득**: 피공갈자의 처분행위로 인하여 피해자에게 손해가 발생하고, 행위자 또는 제3자는 재물의 교부를 받거나 재산상 이익을 취득하여야 한다.

판례 ⚖️

① 공갈죄는 다른 사람을 공갈하여 그로 인한 하자 있는 의사에 기하여 자기 또는 제3자에게 재물을 교부하게 하거나 재산상 이익을 취득하게 함으로써 성립되는 범죄로서 공갈의 상대방이 재산상의 피해자와 같아야 할 필요는 없고, **피공갈자의 하자 있는 의사에 기하여 이루어지는 재물의 교부 자체가 공갈죄에서의 재산상 손해에 해당하므로 반드시 피해자의 전체 재산의 감소가 요구되는 것도 아니다**(2010도13774). 17 · 21. 법원직

② 피해자를 공갈하여 피해자로 하여금 지정한 예금계좌에 돈을 입금하게 한 이상 공갈죄는 이미 기수에 이르렀다(85도1687). 15. 사시

③ 부동산에 대한 공갈죄는 그 부동산에 관하여 소유권이전등기를 경료받거나 또는 인도를 받은 때에 기수로 되는 것이다(92도1506). → 서류를 교부받은 때에 기수이다. (×)

15. 사시, 16 · 20. 경찰승진

판례비교 ⚖️ 공갈죄의 성립 여부

O 공갈죄 성립	**X** 공갈죄 불성립
① **폭력배와 잘 알고 있다**는 지위를 이용하여 불법한 위세를 보임으로써 호텔투숙비의 지급을 면제받은 경우(2003도709)	① 피해자 측에서 하는 일들이 잘 되고 병이 낫거나 시험에 합격할 수 있는 것처럼 4회에 걸쳐 피해자들을 기망하여 조상천도제비용 명목의 각 금원을 받은 경우(2000도3245) 16. 경찰승진
② 피해자들이 제작 · 투자한 **영화의 소재가 된 폭력조직의 두목 또는 조직원**이 피해자들에게 그 영화감독을 통하여 조직폭력배의 불량한 성행 · 경력 등을 이용하여서 재물의 교부를 요구하고 피해자들이 돈을 지급한 경우(2004도1565) 09. 경찰승진	② 가출자의 가족에 대하여 **그 소재를 알려주는 조건**으로 보험가입을 요구한 경우(75도2818) 09. 법원직, 15. 경찰승진
③ 기망에 의하여 부동산을 비싸게 매수한 자가 계약을 취소함이 없이 등기를 자기 앞으로 둔 채 **협박하여 전매차익을 받아낸 경우**(91도1824) 15 · 16. 경찰승진	③ 지역신문의 발행인이 시정에 관한 비판기사 및 사설을 보도하고 관련 공무원에게 광고의뢰 및 직보배정을 **타신문사와 같은 수준으로 높게 해달라고** 요청한 경우(2001도7095) 06 · 10 · 12 · 15. 경찰승진, 11. 법원직
④ 공무원이 감독 여하에 따라 공사에 대하여 **방해를 받을 처지**에 있는 공사수급인으로부터 금 30만원을 차용하여 달라고 요구하고 그 금액을 받은 경우(73도2518) 10. 경찰승진	④ 토지매도인이 그 매매대금을 지급받기 위하여 매수인을 상대로 당해 토지에 관한 소유권이전등기말소청구소송을 제기하고 위 대금을 변제받지 못하면 위 소송을 취하하지 아니하고 **예고등기도 말소하지 않겠다**는 취지를 알린 경우(87도690) 08 · 16. 법원직, 12. 경찰
⑤ 피고인이 甲주식회사가 특정 신문들에 광고를 편중하였다는 이유로 기자회견을 열어 甲회사에 대하여 **불매운동**을 하겠다고 하면서 특정 신문들에 대한 광고를 중단할 것과 다른 신문들에 대해서도 동등하게 광고를 집행할 것을 요구하고 甲회사 인터넷 홈페이지에 그와 같은 내용의 팝업창을 띄우게 한 경우(2010도13774)	⑤ 피고인이 소방도로를 무단 점용하고 있어서 자릿세 등을 지급받을 정당한 권원이 없다고 하더라도 피해자가 이를 알면서 피고인과 **자릿세를 지급하기로 약정**하고 이를 지급하여 온 경우(84도2289) 09. 경찰승진
	⑥ 전 · 현직 기초자치단체장, 광역의회, 기초의회 의원으로서 차기 지방선거에 입후보할 의사가 있는 피고인들이 지역신문사 대표 및 편집국장의 요구에 의하여 **여론조사비용** 명목으로 돈을 교부한 경우(2000도10451)

⑦ 피고인이 피해자가 운전하는 택시를 타고 간 후에 목적지가 다르다는 이유로 **택시요금의 지급을 면하고자 이를 요구하는 피해자를 폭행하고 달아난 경우**(2011도16044) 12. 법원행시

⑧ 甲이 乙의 **돈을 절취한 다음, 다른 금전과 섞거나 교환하지 않고 쇼핑백 등에 넣어 자신의 집에 숨겨두었는데** 피고인이 乙의 지시로 丙과 함께 甲에게 겁을 주어 돈을 교부받아 갈취한 경우(2012도6157) 15. 경찰간부, 18. 경찰승진

판례 죄수 및 타죄와의 관계

① 공갈죄의 수단으로서 한 협박은 공갈죄에 흡수될 뿐 별도로 협박죄를 구성하지 않는다(96도2151). 10. 법원행시

② 재물을 갈취하기 위하여 피해자를 폭행·협박하여 자인서를 쓰게 하고 이 자인서에 기하여 금품을 교부받은 경우와 같이 일정한 행위를 강요하고 그에 기하여 재물 또는 재산상의 이익을 취득한 경우, 포괄하여 공갈죄만 성립하고 별도로 강요죄가 성립하지 않는다(84도2083).

③ 형법 제355조 제1항의 횡령죄는 불법영득의 의사 없이 목적물의 점유를 시작한 경우이어야 하고 타인을 공갈하여 재물을 교부하게 한 경우에는 공갈죄를 구성하는 것 외에 그것을 소비하고 타에 처분하였다 하더라도 횡령죄를 구성하지는 않는다(85도2513).

④ 공무원이 직무집행의 의사로 직무와 관련하여 폭행 또는 협박으로 재물의 교부를 받은 경우 수뢰죄와 공갈죄의 상상적 경합이 성립하고, 직무집행의 의사 없이 직무집행을 빙자하여 재물을 교부받은 경우에는 공갈죄만 성립한다(94도2528). 07. 경찰, 09. 법원직, 11. 경찰승진

⑤ 사람을 협박하여 현금카드를 갈취하고 이를 사용하여 현금자동지급기에서 17차례 예금을 인출한 경우 공갈죄의 포괄일죄가 된다(95도1728). 08. 법원직, 10. 경찰승진, 10·12. 법원행시, 18. 경찰

⑥ 피고인이 피해자에게 상해를 가한 후에 이를 수단으로 피해자를 협박하여 재물을 교부받은 경우 상해행위를 수단으로 하여 공갈행위가 행하여진 경우이므로 상해죄와 공갈죄의 상상적 경합범이 성립한다(2007도9580).

⑦ 예금주인 현금카드소유자를 협박하여 그 카드를 갈취한 다음, 피해자의 승낙에 의하여 현금카드를 사용할 권한을 부여받아 이를 이용하여 현금자동지급기에서 현금을 인출한 행위는 모두 피해자의 예금을 갈취하고자 하는 피고인의 단일하고 계속된 범의 아래에서 이루어진 일련의 행위로서 포괄하여 하나의 공갈죄를 구성하므로 현금자동지급기에서 피해자의 예금을 인출한 행위를 현금카드 갈취행위와 분리하여 따로 절도죄로 처단할 수는 없다(2007도1375). 17. 법원직, 19. 변호사

Theme 17 횡령의 죄

1 횡령죄

> **제355조【횡령】** ① 타인의 재물을 보관하는 자가 그 재물을 횡령하거나 그 반환을 거부한 때에는 5년 이하의 징역 또는 1,500만원 이하의 벌금에 처한다.

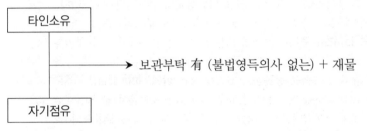

(보관자 - 처분지위 有)

※ 당연무효의 경우 처음부터 계약이 존재하지 않으므로 위임 ×(보관자 ×) ➡ 횡령죄 ×

1. 주체

위탁관계에 의하여 타인의 재물을 보관하는 자(진정신분범)

(1) 보관하는 자 : 보관 → 사실상·법률상 지배(절도는 사실상의 지배만을 의미하는 것과 구별)

　① 동산의 보관

　　㉠ 은행예금의 점유 : 타인의 돈을 위탁받아 자신의 명의로 은행에 예금한 경우 → 수탁자는 보관자 ○(통설·판례)

　　㉡ 유가증권의 소지 및 점유 : 창고증권·화물상환증 등의 소지인 → 보관자 ○

　　㉢ 상하·주종간의 점유 : 원칙적으로 상위자만이 보관자다. 만약 위탁관계가 있으면 점유보조자도 보관자가 된다.

　　㉣ 자동차 : 소유권의 취득에 등록이 필요한 타인 소유의 차량을 인도받아 보관하고 있는 사람이 이를 사실상 처분하면 횡령죄가 성립하며, 보관 위임자나 보관자가 차량의 등록명의자일 필요는 없다.

② 금전의 보관

ᄀ 금전은 소비물로서 대체가 가능하므로 원칙적으로 보관자가 소유자다.

> **예** 물건납품을 위해 교부받은 선매대금, 지입차주가 지입회사에 낸 지입료, 입사보증금으로 회사에 지급한 금전, 프랜차이즈 가맹점이 벌어들인 금전, 익명조합원이 조합에 출자한 금전, 채권 담보로 발행한 수표 등은 보관자가 소비하여도 이는 자기소유이므로 횡령죄가 성립하지 않는다(판례).

ᄂ 다만 금전의 경우 특정물로 위탁되거나 용도가 특정된 경우 타인소유물의 보관이 된다. 따라서 이를 임의로 소비하면 횡령죄 성립한다.

> **예** 할인을 의뢰하며 맡긴 현금, 토지를 대신 매입해달라고 맡긴 금전, 환전하여 달라고 부탁한 금전 등을 임의로 소비하면 횡령죄가 성립한다.

③ 부동산 보관 : 유효하게 처분할 수 있는 권능 ○ → 등기명의를 갖고 있는 자. 따라서 명의신탁 받은 수탁자도 처분지위 ○

ᄀ 타인소유의 부동산, 법인의 농지취득, 공동상속인의 점유, 공동주차장의 독점임대, 토지의 점유자 → 처분지위 ×(횡령죄의 주체 ×)

　If 등기명의인이 아닐지라도 법률상의 권한(위임)에 기하여 사실상 타인의 부동산을 관리·지배하고 있는 자 → 보관자 ○(**예** 미성년자의 친권자, 법인의 대표이사)

ᄂ 등기서류의 보관자는 처분권한 × → 횡령죄의 주체 ×. 배임죄의 주체 ○

ᄃ 부동산을 임차하고 있는 자, 전세권자, 담보목적으로 자신의 이름으로 가등기한 자 → 처분권능 ×(**예** 임차인이 임차 부동산을 제3자에게 처분한 경우 ⇨ 횡령죄 ×)

ᄅ 부동산에 대한 등기가 없는 미등기 상태인 경우 → 위탁관계에 의하여 현실로 부동산을 관리·지배하는 자가 보관자 ○

판례

① 횡령죄에서 '재물의 보관'이란 재물에 대한 **사실상 또는 법률상 지배력이 있는 상태를 의미**하고 그 보관이 위탁관계에 기인하여야 하는 것은 물론이나, 반드시 사용대차·임대차·위임 등의 계약에 의하여 설정될 것을 요하지 아니하고, **사무관리·관습·조리·신의칙 등에 의해서도 성립될 수 있다**(2010도17396). 17. 경찰

② 부동산에 관한 횡령죄에 있어서 타인의 재물을 보관하는 자의 지위는 동산에 관한 횡령죄와 달리 부동산에 대한 점유의 여부가 아니라 **부동산을 제3자에게 유효하게 처분할 수 있는 권능의 유무에 따라 결정**하여야 하므로 부동산을 공동으로 상속한 자들 중 1인이 부동산을 혼자 점유하던 중, 다른 공동상속인의 상속지분을 임의로 처분하여도 그에게는 그 처분권능이 없어 횡령죄가 성립하지 아니한다(2000도565). 06·15·18·21. 경찰, 08. 사시, 09·11·12·17. 경찰승진, 09·15·21. 법원직, 10·19. 법원행시

③ 소유권의 취득에 등록이 필요한 타인 소유의 **차량을 인도받아 보관하고 있는 사람이 이를 사실상 처분하면 횡령죄가 성립**하며, 보관 위임자나 **보관자가 차량의 등록명의자일 필요는 없다**. 그리고 이와 같은 법리는 지입회사에 소유권이 있는 차량에 대하여 지입회사에서 운행관리권을 위임받은 지입차주가 지입회사의 승낙 없이 보관 중인 차량을 사실상 처분하거나 지입차주에게서 차량 보관을 위임받은 사람이 지입차주의 승낙 없이 보관 중인 차량을 사실상 처분한 경우에도 마찬가지로 적용된다(2015도1944 전합). → **차량의 등록명의자인 때에 한하여 횡령죄가 성립한다. (×)** 16. 사시, 18. 법원직, 19. 변호사, 19. 경찰승진, 21. 국가직 7급

④ **미등기건물의 관리를 위임받아 보관하고 있는 자**가 임의로 건물을 자신의 명의로 보존등기한 경우 횡령죄가 성립한다(92도2999). 11. 경찰

⑤ 건축허가명의를 수탁받은 회사의 실질적 경영자는 **소유권보존등기가 되지 않은 신축건물의 보관자**로서 횡령죄의 주체이다(89도1911).

(2) 위탁관계에 의한 보관

① 사실상 관계이면 충분하고 법적 권한의 유무는 묻지 않는다. 따라서 절도범인과 같은 불법점유자도 위탁자가 될 수 있다.

② 위탁관계의 발생근거 : 법령, 계약, 신의칙, 상속(판례)

> **주의** 당연 무효(민법 §103조 공서양속위반) : 위탁관계 × → 횡령죄 × → 불법원인 급여의 문제

③ 불법원인급여와 횡령죄

> **민법 제746조 【불법원인급여】** 법의 원인으로 인하여 재산을 급여하거나 노무를 제공한 때에는 그 이익의 반환을 청구하지 못한다. 그러나 그 불법원인이 수익자에게만 있는 때에는 그러하지 아니하다.

㉠ 민법 제746조 본문: 반환청구 × → 원칙적으로 횡령죄 부정
㉡ 민법 제746조 단서: 급여자와 수익자의 관계에서 수익자의 불법성이 크면 급여자는 반환 청구할 수 있다.

판례

① 조합장이 조합으로부터 공무원에게 **뇌물을 전달하여 달라**고 금원을 교부받은 것은 불법원인으로 인하여 지급받은 것으로서 이를 뇌물로 전달하지 않고 타에 소비하였다고 하여 타인의 재물을 보관하는 중에 횡령하였다고 볼 수는 없다(99도275). 06. 경찰·사시, 12·14. 변호사, 18. 법원직

② **성매매알선 등 행위에 관하여 동업계약**을 체결한 당사자 일방이 상대방에게 그 동업계약에 따라 성매매의 권유·유인·강요의 수단으로 이용되는 선불금 등 명목으로 사업자금을 제공하였다면 그 사업자금 역시 불법원인급여에 해당하여 반환을 청구할 수 없다고 보아야 할 것이다(2013도321).

③ 포주가 윤락녀와의 사이에서 윤락녀가 받은 화대를 포주가 보관하였다가 절반씩 분배하기로 약정하고도 보관 중인 화대를 임의로 소비한 경우, 포주와 윤락녀의 사회적 지위, 약정에 이르게 된 경위와 약정의 구체적 내용, 급여의 성격 등을 종합하여 볼 때 **포주의 불법성이 윤락녀의 불법성보다 현저히 크므로** 화대의 소유권은 여전히 윤락녀에게 속한다는 이유로 횡령죄를 구성한다(98도2036). 09. 법원직, 10·18. 경찰승진, 19. 변호사

④ 병원에서 의약품 선정·구매 업무를 담당하는 약국장이 병원을 대신하여 제약회사로부터 의약품 제공의 대가로 **기부금** 명목의 돈을 받아 보관 중 임의소비한 사안에서, 위 돈은 병원이 약국장에게 불법원인급여를 한 것에 해당하지 않아 여전히 반환청구권을 가지므로 업무상횡령죄가 성립한다(2007도2511). 16. 국가직 7급

⑤ 피고인이 甲으로부터 수표를 현금으로 교환해 주면 대가를 주겠다는 제안을 받고 해당 수표가 乙 등이 사기 범행을 통하여 취득한 범죄수익 등이라는 사실을 잘 알면서도 교부받아 그 일부를 현금으로 교환한 후 丙·丁과 공모하여 아직 교환되지 못한 수표 및 교환된 현금을 임의로 사용한 경우, **피고인이 甲으로부터 범죄수익 등의 은닉 범행 등을 위하여 교부받은 수표는 불법의 원인으로 급여한 물건에 해당하여 소유권이 피고인에게 귀속되고, 따라서 피고인이 그중 교환하지 못한 수표와 이미 교환한 현금을 임의로 소비하였더라도 횡령죄가 성립하지 않는다**(2016도18035).

판례비교 🔨 위탁관계의 보관자지위 인정 여부에 따른 횡령죄의 성립 여부

O 위탁관계의 보관자지위 인정 - 횡령죄 성립	**X** 위탁관계의 보관자지위 부정 - 횡령죄 불성립
① <u>미등기건물의 관리를 위임받아 보관하고 있는 자</u>가 임의로 건물에 대하여 자신의 명의로 보존등기를 하거나 동시에 근저당권설정등기를 마친 경우(92도2999) 11. 경찰	① <u>원인무효인 소유권이전등기의 명의자</u>로서 그 부동산을 법률상 유효하게 처분할 수 있는 지위에 있지 않은 자는 횡령죄의 주체인 타인의 재물을 보관하는 자에 해당하지 않는다(88도1368). 11. 법원행시, 17. 경찰승진·경찰간부
② <u>등기부상 소유명의인의 배우자</u>가 소유명의인의 위임에 의하여 그 부동산의 실질적인 지배·관리권 및 대외적인 처분권을 가지고 있는 경우에는 그 부동산의 보관자에 해당한다(2009도1884).	② 임야의 <u>진정한 소유자와는 전혀 무관</u>하게 신탁자로부터 임야지분을 명의신탁받아 지분이전등기를 경료한 수탁자가 신탁받은 지분을 임의로 처분한 경우(2007도1082) 11. 경찰승진, 12. 국가직 7급, 15. 경찰
③ 피해자가 그 소유의 오토바이를 타고 <u>심부름</u>을 다녀오라고 하여서 그 오토바이를 타고 가다가 마음이 변하여 이를 반환하지 아니한 채 그대로 타고 가버린 경우 횡령죄가 성립하고 절도죄는 성립하지 않는다(86도1093).	③ 빌딩의 공유자 중 한 사람인 피고인이 구분소유자 전원의 <u>공용 부분인 지하주차장</u> 일부를 독점임대하고 수령한 임차료를 임의로 소비한 경우(2003도6988) 11. 법원행시·경찰승진, 21. 국가직 비교판례 구분소유하고 있는 특정 구분 부분별로 독립한 필지로 분할되는 경우, 각 공유자가 특정 구분 부분 필지가 아닌 나머지 각 필지 위에 전사된 자신 명의의 공유지분은 다른 공유자에 대한 관계에서 보관하는 자의 지위에 있다(2011도11084).
④ 타인의 <u>금전을 위탁받아 보관하는 자</u>가 보관방법으로 금융 기관에 자신의 명의로 예치한 후, 이를 함부로 인출·소비하거나 위탁자로부터 반환요구를 받았음에도 영득의 의사로 반환을 거부하는 경우(2000도1856) 17. 경찰간부, 21. 경찰승진	④ 전기통신금융사기(이른바 보이스피싱 범죄)의 범인이 피해자를 기망하여 피해자의 자금을 <u>사기이용계좌로 송금·이체받은 후 사기이용계좌에서 현금을 인출한 행위가 사기의 피해자에 대하여 별도의 횡령죄를 구성하지 않는다.</u> 이러한 법리는 사기범행에 이용되리라는 사정을 알고서 자신 명의 계좌의 접근매체를 양도함으로써 <u>사기범행을 방조한 종범이 사기이용계좌로 송금된 피해자의 자금을 임의로 인출한 경우에도 마찬가지로 적용된다</u>(2017도3894). 18·21. 경찰, 18. 법원직, 20. 경찰승진, 21. 국가직 7급, 21. 국가직
⑤ <u>송금절차의 잘못</u>으로 우연히 자기의 예금계좌에 입금된 금전을 인출·소비한 경우(84도2644) 07·11. 경찰, 11. 법원직, 14. 변호사, 16. 국가직 7급, 19. 경찰간부	
⑥ 보석가게를 운영하는 자가 손님이 구하는 물건을 <u>다른 보석상에서 가져온 경우</u>, 보석상과의 사이에 그 물건에 대한 매매계약이 체결된 것으로 판단하여 물건을 처분하고 금원을 소비한 경우(2001도6550)	
⑦ 임차인이 이사하면서 그가 소유하거나 타인으로부터 위탁받아 보관 중이던 물건들을 <u>임대인의 방해로 옮기지 못하고 그 임차공장 내에 그대로 두었는데, 임대인이 그 후에 이를 임의로 매각하거나 반환을 거부</u>한 경우(84도300) 07. 경찰	
⑧ 금은방을 운영하는 피고인은 甲이 맡긴 금을 시세에 따라 사고 파는 방법으로 운용하여 매달 일정한 이익금을 지급하는 한편, 甲의 요청이 있으면 언제든지 보관 중인 금과 현금을 반환하기로 甲과 약정하였는데, 그 후 경제사정이 악화되자 이를 자신의 개인채무변제 등에 사용한 경우(2007도5899) 16. 경찰간부	
⑨ 토지의 일부 지분에 관하여 명의신탁에 의한 소유권이전등기를 경료받아 가지고 있는 사람이 명의신탁되었던 지분에 관하여 <u>수용보상금</u>을 수령하고 명의신탁자에게 반환하지 않고 임의로 소비한 경우(86도1607) 11. 법원행시	

⑩ 동업 이외의 특정 목적을 위하여 공동 명의로 예치하여 그 목적이 달성되기 전에는 공동 명의의 예금채권자가 단독으로 예금을 인출할 수 없도록 방지하는 목적으로 **공동 명의로 예금을 개설**한 경우(2008도8279)

⑪ 채무자 甲은 채권자 乙에게 **채무총액에 대한 지불각서를 써주기로 하고** 그 액면금을 확인하기 위하여 乙에게 가계수표를 교부받았다. 甲은 **수표를 건네받아** 수표의 매수와 액면금액을 확인하던 중, 수표총액이 액면금액에 미치지 못하자 **수표들 중 일부를 찢어버리고 나머지 수표들을 반환하지 아니한 경우**(96도410) 11. 경찰승진, 19. 경찰간부

⑫ 민법상 점유보조자(점원)라고 할지라도 그 물건에 대하여 사실상 지배력을 행사하는 경우에는 형법상 보관의 주체로 볼 수 있으므로 이를 영득한 경우에는 횡령죄에 해당한다(81도3396). 06. 법원행시

⑬ 근로자는 운송회사로부터 일정액의 급여를 받으면서 당일 운송수입금을 전부 운송회사에 납입하고, 운송회사는 이를 월 단위로 정산하기로 하는 약정이 체결되었는데 근로자가 **운송수입금을 임의로 소비**한 경우(2013도8799) 17. 경찰간부, 17. 국가직 7급

2. 객체

자기가 점유(보관)하는 타인의 재물

(1) **타인의 재물**: 이익 ×. 권리 ×

(2) 공동소유(공유·총유·합유)에 속하는 재물은 타인의 재물이므로, 이를 보관하는 자가 임의로 처분 → 횡령죄 성립

(3) **특정물로서 위탁된 경우**: 위탁자에게 소유권이 있으므로 수탁자가 임의로 소비 → 횡령죄 성립. 공탁금의 경우도 동일

   ① 용도를 정하지 않은 경우: 소비임치의 경우 소유권이 수치인에게 이전되므로 수치인이 소비 → 횡령죄 ×

   > **자료더보기** **소비임치**
   >
   > 민법 제598조: 소비대차는 대주가 금전 기타 대체물의 소유권을 임주에게 이전하고 임대기간이 만료하면 임주가 그와 동종·동질·동량의 물건을 반환하는 계약이다.

   ② 금전을 용도·목적을 정하여 위탁한 경우: 용도·목적에 사용할 때까지는 소유권이 위탁자에게 유보되어 있으므로, 수탁자가 이를 임의로 소비 → 횡령죄가 성립

   예 甲은 乙에게 1억원을 복지재단에 기부하라고 맡겼는데, 乙이 그 돈을 자기의 빚 청산에 소비한 경우 횡령죄 성립

(4) 할부매매: 대금완납시까지 매도인 소유이므로, 완납 전 매수인이 처분 → 횡령죄 성립

   예 甲은 대리점에서 12개월 할부로 컴퓨터를 구입하였는데, 6개월만 할부금을 납입하고 컴퓨터를 친구에게 팔아버린 경우 횡령죄 성립

(5) 위탁매매: 위탁품의 소유권이 위탁자에게 속하므로 위탁매매인이 소비 → 횡령죄 성립

(6) 채권양도: 채권양도에 의하여 양도된 채권이 동일성을 잃지 않고 채권양도인으로부터 채권양수인에게 이전되더라도, 채권양도인이 양도한 채권을 추심하여 금전을 수령한 경우 금전의 소유권 귀속은 채권의 이전과는 별개의 문제이다. 채권 자체와 채권의 목적물인 금전은 엄연히 구별되므로, 채권양도에 따라 채권이 이전되었다는 사정만으로 채권의 목적물인 금전의 소유권까지 당연히 채권양수인에게 귀속한다고 볼 수 없다. 이는 단순한 민사상 채무불이행에 해당할 뿐 채무자가 채권자와의 위탁신임관계에 의하여 채무자를 위해 위 변제금을 보관하는 지위에 있다고 볼 수 없고, 채무자가 이를 임의로 소비하더라도 횡령죄는 성립하지 않는다.

   ※ 채권양도: 채권 내용의 동일성이 변하지 않고 채권을 이전하는 것을 목적으로 하는 구채권자와 신채권자간의 계약이다. 즉, 금전이나 물건을 받을 권리인 채권(100만원)을 제3자에게 주는 행위이다. 예를 들어 甲이 乙에게 100만원을 받을 돈이 있다면 甲은 제3자 丙에게 100만원의 채권을 양도할 수 있다. 이러한 경우에 甲은 100만원의 채권을 넘겨 줄 채권양도인이 되고, 丙은 100만원의 채권을 받을 채권양수인이 된다.

(7) 자기의 재물로써 횡령죄가 성립하지 않는 경우

   ① 계불입금: 계주가 계원들로부터 징수한 계불입금은 일단 계주에게 그 소유권이 귀속 → 계주가 이를 소비하여도 횡령죄 ×

   ② 부동산의 이중매매: 소유권이전등기를 경료하기까지는 매도인이 소유자이므로(형식주의), 이전등기경료 전에 매도인이 다시 처분한 경우 → 횡령죄 ×, 배임죄 ○

   ③ 지입차주의 납입금: 지입차주들이 자동차회사에 납부한 돈은 회사의 소유이므로, 회사가 그 돈을 소비한 경우 → 횡령죄 ×

   ④ 프랜차이즈 계약: 가맹점주들이 판매하여 보관 중인 물품판매 대금은 그들의 소유라 할 것이어서 이를 임의로 소비한 경우 → 횡령죄 ×(∵ 프랜차이즈 계약상 채무불이행에 지나지 아니하므로)

O 타인소유 · 자기점유 인정 – 횡령죄 성립	X 타인소유 · 자기점유 부정 – 횡령죄 불성립
① **동업**재산인 교회건물의 매각대금을 매수인으로부터 받아 **보관하는 중**에 임의로 소비한 경우 (95도2824) 06. 법원행시, 12. 변호사, 16. 경찰	① 계주가 계원들로부터 징수한 **계불입금**(76도730) → 계주 소유
② **동업**자의 한 사람이 동업재산(지분비율에 관계없이)을 **보관하는 중**에 임의로 소비한 경우 (2006도8105) 15. 법원직, 16. 경찰	② 피용자가 제공한 **입사보증금**을 사용자가 소비한 경우(79도656) → 사용자 소유
③ **특정의 용도나 목적을 위하여 보관 중인 금전**을 그 용도나 목적이 소멸된 후에 보관자가 임의로 소비한 경우(2002도4291) 11. 법원행시	③ **지입차주들이 회사에 납부한 차량위탁관리료 · 산업재해보상보험료**(97도1592) → 자동차회사의 소유
④ 주상복합상가의 매수인들로부터 **우수상인 유치비** 명목으로 금원을 납부받아 보관하던 중에 그 용도와 무관하게 일반경비로 사용한 경우(2002도366) 12. 국가직 7급, 15. 경찰, 16. 경찰승진, 18. 경찰, 19. 경찰간부	④ 가맹점 주인인 피고인이 본사와 **프랜차이즈 계약**을 맺었음에도 불구하고 자신이 벌어들인 금전을 본사에 송금하지 않고 임의로 소비한 경우(98도292) → 가맹점 소유 06. 경찰, 08 · 16. 사시, 09. 경찰승진, 18. 국가직 9급, 19. 법원행시
⑤ **환전**해 달라는 **부탁**을 받고 교부받은 엔화를 자신의 위탁자에 대한 채권과 **상계충당**한 경우 (97도1520) 07. 경찰	⑤ 익명조합의 **조합원이 출자한 금전**(2010도3013) → 영업자 소유 11. 경찰간부, 15. 법원직, 19. 법원행시, 21. 경찰, 21. 국가직
⑥ 금전의 수수를 수반하는 **사무처리를 위임받은 자가** 임의로 금전을 위임자에 대한 **자신의 채권에 상계충당**한 경우(2006도8939) 11. 법원직	※ 주의 : 조합재산은 조합원의 합유에 속하므로 조합원 중 한 사람이 조합재산 처분으로 얻은 대금을 임의로 소비하였다면 횡령죄의 죄책을 면할 수 없고, 이러한 법리는 내부적으로는 조합관계에 있지만 대외적으로는 조합관계가 드러나지 않는 이른바 **내적 조합**의 경우에도 마찬가지이다. 조합 또는 내적 조합과 달리 **익명조합**의 경우에는 익명조합원이 영업을 위하여 출자한 금전 기타의 재산은 상대편인 영업자의 재산이 되므로 영업자는 타인의 재물을 보관하는 자의 지위에 있지 않고, 따라서 영업자가 영업이익금 등을 임의로 소비하였더라도 횡령죄가 성립할 수는 없다. 18. 경찰간부
⑦ 감정평가법인 지사에서 근무하는 감정평가사들이 **접대비 명목** 등 임의로 나누어 사용할 목적으로 감정평가법인을 위하여 보관 중이던 돈의 일부를 비자금으로 조성한 경우(2009도1373) 16. 경찰승진	
⑧ 동일한 이유로 어업면허권을 양도한 자가 아직 어업면허권이 자기 앞으로 되어 있음을 틈타서 한전에서 지급되는 **어업손실보상금**을 수령하여 소비한 경우(93도1578) 16. 경찰, 19. 경찰간부	⑥ 채무자로부터 차용금에 대한 **담보 명목으로 당좌수표**를 교부받아 소지하고 있는 경우(98도4425) → 채권자 소유
⑨ 피고인이 교회 신축공사를 감독하면서 교회로부터 **레미콘대금**을 지급하라는 명목으로 금원을 받았으면서 자신의 채권과 상계처리한 경우(88도1992)	⑦ 피고인들이 보험을 유치하면서 보험회사로부터 통상적인 실적급여로서의 성격을 가진 **시책비**를 지급받아 그 시책비 중 일부를 개인용도로 사용한 경우(2003도6733) → 피고인 소유 12. 국가직 7급, 15. 경찰
⑩ 피해자로부터 금원을 **대출받아 달라는 요청**을 받은 피고인이 일부 **대출금을 소비**한 경우(96도106) 05. 법원행시	⑧ 乙회사가 甲회사와 체결한 선박건조계약에 따라 甲회사로부터 지급받은 선박건조 **선수금**을 甲회사의 대출금변제 등 다른 용도에 사용한 경우(2012도535)
⑪ 수표발행 권한을 **위임받은 자가** 개인용도로 **수표를 발행**하여 예금을 인출한 경우(82도75) 08. 사시	⑨ 채권자가 채권의 **지급담보를 위하여 채무자로부터 수표를 교부받아** 이를 임의로 제3자에게 빌려준 경우(99도4979) 06. 경찰 · 사시, 10. 경찰승진, 19. 법원행시

⑫ 피고인이 종중의 회장으로부터 담보 **대출을 받아달라는 부탁**과 함께 종중 소유의 임야를 이전받은 다음, 임야를 담보로 금원을 대출받아 **임의로 사용**하고 자신의 개인적인 대출금 채무를 담보하기 위하여 임야에 근저당권을 설정한 경우(2005도2413)

10. 경찰승진, 11. 경찰·법원행시, 21. 국가직

⑬ 피고인이 피해자로부터 피해자 소유의 다이아반지 1개를 팔아 달라는 **부탁**을 받고 교부받아 이를 판매한 대금을 보관하는 중에 임의로 소비한 경우(90도1019)

⑭ 학교법인을 운영하는 甲이 A사립학교의 교비회계자금을 같은 학교법인에 속하는 B사립학교의 교비회계에 사용한 경우(99도214) 06. 경찰, 18. 국가직 9급

비교판례 사립학교에 있어서 학교교육에 직접 필요한 시설·설비를 위한 경비 등과 같이 원래 교비회계에 속하는 자금으로 지출할 수 있는 항목에 관한 **차입금을 상환하기 위하여** 교비회계자금을 지출한 경우, 이러한 차입금상환행위에 관하여 교비회계자금을 임의로 횡령하고자 하는 불법영득의 의사가 있다고 보기 어렵다(2005도4085). 16. 경찰

⑮ 초·중등교육법에 정한 **학교발전기금**으로 기부한 금원의 경우는 법령상 엄격히 제한된 용도 외에 학교운영에 필요한 특정한 공익적 용도로 수수한 것으로 볼 수 있는 예외적 경우가 아닌 한, 학교운영위원회에 귀속되어 법령에서 정한 사용목적으로만 사용되어야 할 것이므로, 그 정해진 **용도 외의 사용행위는 원칙적으로 횡령죄를 구성한다**(2012도6336). 21. 경찰

⑯ 대표이사 등이 회사의 대표기관으로서 피해자들을 기망하여 교부받은 **금원은 그 회사에 귀속**되는 것인데, 그 후 대표이사 등이 이를 보관하고 있으면서 임의로 소비한 경우 사기죄와 횡령죄의 실체적 경합이 성립한다(89도1605).

⑰ 피해자가 마트 내의 정육 코너를 임차하여 운영하면서 고객들로 하여금 피고인인 임대인이 설치한 계산대를 통하여 대금을 결제하게 한 경우, 피고인이 피해자에게 지급하여야 할 정육 코너 매출액 중 **현금으로 결제한 판매대금**을 임의로 사용한 경우(2010도10417)

⑱ 주식회사의 주식이 사실상 **1인의 주주에 귀속하는 1인 회사**의 경우에도 회사와 주주는 별개의 인격체로서 1인 회사의 재산이 곧바로 그 1인 주주의 소유라고 볼 수 없으므로 그 회사 소유의 금원을 업무상 보관하는 중에 임의로 소비한 경우 횡령죄가 성립한다(99도1040). 19. 법원행시, 22. 경찰간부

비교판례 **회사에 대하여 개인적인 채권을 가지고 있는 대표이사**가 회사를 위하여 보관하고 있는 회사 소유의 금전으로 자신의 채권변제에 충당하는 행위는 불법영득의 의사가 인정되지 아니하여 횡령죄의 죄책을 물을 수 없다(2001도5459). 16. 법원직, 19. 경찰간부, 21. 경찰승진

⑩ 매도인이 매수인으로부터 교부받은 물건납품을 위한 **선매대금**을 임의로 소비한 경우(86도631) 11. 경찰승진

⑪ 피고인이 甲사립학교 경영자 乙과 공모하여 학생 등이 납부한 **수업료** 등을 교비회계가 아닌 다른 회계에 임의로 사용한 경우(2011도12408) 13. 경찰, 21. 경찰승진

⑫ 甲교육청이 乙주식회사가 사용하여 오던 교육청 토지를 매도하면서 관련 법령에 따라 공개경쟁입찰절차를 거쳐 乙회사의 직원인 피고인을 낙찰자로 선정한 다음, 매수인을 **피고인으로 명시한 계약서**를 작성하고 甲교육청 교육장과 피고인이 각 기명·날인한 경우(2009도11868)

⑬ 부동산 입찰절차에서 **수인이 대금을 분담하되 그중 1인 명의로 낙찰받기로 약정**하여 그에 따라 낙찰이 이루어진 후에 그 명의인이 임의로 그 부동산을 처분한 경우(2000도258) 11. 경찰승진, 18. 국가직

⑭ 위탁판매인과 위탁자간에 판매대금에서 각종 비용이나 수수료 등을 공제한 이익을 분배하기로 하는 등 그 대금처분에 관하여 특별한 약정이 있는 경우에는 위탁물을 판매하여 이를 소비하거나 인도를 거부하였다 하여 곧바로 횡령죄가 성립한다고는 할 수 없다(89도813). 18. 법원직

⑮ 채권자가 그 **채권의 지급을 담보하기 위하여 채무자로부터 수표를 발행·교부받아 이를 소지**한 경우에는 단순히 보관의 위탁관계에 따라 수표를 소지하고 있는 경우와는 달리 그 수표상의 권리가 채권자에게 유효하게 귀속되므로 횡령죄의 주체인 타인의 재물을 보관하는 자의 지위에 있다고 볼 수 없다(99도4979). 19. 법원행시

⑯ 채권양도에 의하여 양도된 채권이 동일성을 잃지 않고 채권양도인으로부터 채권양수인에게 이전되더라도, 채권양도인이 양도한 채권을 추심하여 금전을 수령한 경우 금전의 소유권 귀속은 채권의 이전과는 별개의 문제이다. 채권 자체와 채권의 목적물인 금전은 엄연히 구별되므로, **채권양도에 따라 채권이 이전되었다는 사정만으로 채권의 목적물인 금전의 소유권까지 당연히 채권양수인에게 귀속한다고 볼 수 없다.** 이는 **단순한 민사상 채무불이행에 해당할 뿐 채무자가 채권자와의 위탁신임관계에 의하여 채무자를 위해 위 변제금을 보관하는 지위에 있다고 볼 수 없고, 채무자가 이를 임의로 소비하더라도 횡령죄는 성립하지 않는다**(2017도3829 전원합의체)

→ 채권 양도인이 **채권양도의 통지를 하기 전**에 채무자로부터 채권을 추심하여 금전을 수령하고서 이를 소비한 경우 **횡령죄는 불성립**한다. 21. 국가직 7급, 22. 경찰승진

⑲ 수의계약을 체결하는 공무원이 해당 공사업자와 적정한 금액 이상으로 **계약금액을 부풀려**
서 계약하고 부풀린 금액을 자신이 되돌려 받기로 사전에 약정한 다음, 그에 따라 수수한
돈은 성격상 **뇌물이 아니라 횡령금에 해당**한다(2005도7112).

16. 경찰, 17. 경찰승진 · 경찰간부, 20. 경찰승진

3. 행위

횡령하거나 반환을 거부하는 것

(1) 횡령

① 사실행위(**예** 소비 · 착복 · 은닉 · 점유의 부인)이건 법률행위(**예** 매매 · 입질 · 저당권설정 · 가등기 · 증여 · 대여)이건 묻지 않으며, 또한 법률행위가 유효인가 무효인가 또는 취소할 수
있는 것인가를 불문. 다만, 대법원은 처분행위가 당연무효인 경우 → 횡령죄 ×

② 부작위에 의한 횡령도 가능 **예** 사법경찰관리가 사건의 증거물로서 영치하고 있던 재물을 영득할 의사로 책상서랍에 넣어 두고 검사에게 송부하지 않은 경우

(2) 반환거부

① 자기가 보관하는 타인의 재물에 대하여 소유자의 권리를 배제한다는 의사표시를 하는 행위를 말한다. 다만 분실, 도난, 손괴 등으로 반환 할 수 없는 경우: 불법영득의사 ×
→ 횡령 ×

② 권리 있을 때 **예** 동시이행항변권: 甲이 乙이 연체한 2개월분의 월세를 지급받기 전까지 乙에게 점포에 보관중인 물건을 반환할 수 없다고 거부하는 경우

판례 📝

> 형법 제355조 제1항에서 정하는 '반환의 거부'라고 함은 보관물에 대하여 소유자의 권리를 배제하는 의사표시를 하는 행위를 뜻하므로, 타인의 재물을 보관하는 자가 **단순히 반환을**
> **거부한 사실만으로는 횡령죄를 구성하는 것은 아니며**, 반환거부의 이유 및 주관적인 의사 등을 종합하여 **반환거부행위가 횡령행위와 같다고 볼 수 있을 정도**이어야만 횡령죄가 성립한다(2000
> 도637).
>
> 22. 국가직

판례비교 횡령·반환거부의 인정 여부에 따른 횡령죄의 성립 여부

O 횡령·반환거부 인정 - 횡령죄 성립	**X** 횡령·반환거부 부정 - 횡령죄 불성립
① 피해자로부터 **재물(금제삼존불상)**을 팔아달라는 부탁을 받았는지 또는 부탁을 받지 않은 상태에서 가지고 나왔는지는 분명하지 아니하나, 불상을 보관하고 있었음은 명백한 상태에서 피해자로부터 불상의 반환을 요구받고도 이를 반환하지 아니한 경우(2008도10669) ② 임차토지에 동업계약에 기하여 식재되어 있는 수목을 관리·보관하던 동업자 일방이 다른 동업자의 허락을 받지 않고 함부로 제3자에게 수목을 매도하기로 계약을 체결한 후 계약금을 수령·소비하였으나, **다른 동업자의 저지로 계약의 추가적인 이행이 진행되지 아니한 경우** 횡령죄 미수가 성립한다(2011도9113). 14. 사시	① 보관자의 지위에 있는 등기명의자가 명의이전을 거부하면서 부동산의 **진정한 소유자가 밝혀진 후에 명의이전을 하겠다**는 의사를 표시한 경우(2000도637) 16. 사시 ② **물품제조회사가 농지를 매수**하여 피고인 명의로 소유권이전등기를 마침으로써 소유명의를 신탁하여 두었는데 피고인이 그 후에 이를 타인에게 처분한 경우, 위 회사는 소유권을 취득할 수 없으므로 피고인에게 횡령죄가 성립하지 않는다(2009도9242). → 당연무효 ③ 공장저당법에 따라 **공장재단을 구성하는 기계**를 타인에게 양도담보로 제공하였다 하여도 공장저당법의 강행성에 비추어 위 양도는 **무효**이므로 양도인이 기계에 대하여 다시 근저당권을 설정한 행위는 횡령죄가 성립하지 않는다(75도2713). → 당연무효

4. 고의 + 불법영득의사

판례비교 불법영득의사의 인정 여부에 따른 횡령죄의 성립 여부

O 불법영득의사 인정 - 횡령죄 성립	**X** 불법영득의사 부정 - 횡령죄 불성립
① 법인의 구성원이 업무수행에 있어서 관계법령을 위반함으로써 **형사재판**을 받게 되어 그의 개인적인 변호사비용을 법인자금으로 지급한 경우(2002도235) 07. 경찰, 19. 법원행시 **비교판례** 법인의 이사를 상대로 한 **이사직무집행정지가처분결정**이 된 경우, 당해 법인의 업무를 수행하는 이사의 직무집행이 정지당함으로써 사실상 법인의 업무수행에 지장을 받게 될 것은 명백하므로 법인으로서는 그 이사 자격의 부존재가 객관적으로 명백하여 항쟁의 여지가 없는 경우가 아닌 한 위 가처분에 대항하여 **항쟁할 필요가 있다고 할 것**이고, 이와 같이 필요한 한도 내에서 법인의 대표자가 법인 경비에서 당해 가처분 사건의 피신청인인 이사의 소송비용을 지급하더라도 이는 법인의 업무수행을 위하여 필요한 비용을 지급한 것에 해당하고, 법인의 경비를 횡령한 것이라고는 볼 수 없다(2003도1174). 10. 경찰승진, 16. 국가직 7급, 16. 사시 **유사판례** 단체의 대표자 개인이 자신이 소송당사자가 된 민·형사 사건의 변호사비용을 단체의 비용으로 지출한 경우 횡령죄가 성립한다(2011도4677). 10. 법원행시	① 새마을금고의 이사장인 피고인이 금고에 설치할 전산시스템을 구매하면서 발주처로부터 할인금 명목으로 교부받은 금원을 피고인의 딸 명의로 개설하여 관리하고 있는 개인예금통장에 입금해 두었다가 **야근 직원의 야식비, 직원회식비, 임직원의 추석선물비, 사무실집기 구입비 등 사무실 운용을 위하여 지출**한 경우(94도2911) ② 주식회사의 설립업무 또는 증자업무를 담당한 자와 주식인수인이 사전 공모하여 주금납입 취급은행 이외의 제3자로부터 납입금에 해당하는 금액을 차입하여 주금을 납입하고 납입취급은행으로부터 납입금보관증명서를 교부받아 회사의 설립등기절차 또는 증자등기절차를 마친 직후 이를 인출하여 **차용금채무의 변제에 사용**한 경우(2008도10096) 10. 법원행시, 12·17. 경찰승진, 17. 경찰간부 ③ 출장비 예산의 항목유용 자체가 위법한 목적이 있다거나 예산의 용도가 엄격하게 제한되어 있다고 볼 만한 사정이 없고 단지 피고인이 **출장비를 지정용도 이외에 임의로 소비**한 경우(2001도5439)

② 회사의 이사가 회사의 이익을 도모할 목적보다는 그 후보자의 개인의 이익을 도모할 목적이나 기타 다른 목적으로 보관 중인 회사재산을 처분하여 그 대금을 공직선거에 입후보한 **타인의 선거자금**으로 지원한 경우(99도1141) 10. 법원행시

③ 임직원이 업무추진비를 업무와 관련하여 **합리적인 범위를 넘어 과다하게 지출한 것이 증명되면 불법영득의사를 인정할 수 있다**(2007도5899). 17. 국가직 7급

④ 회사의 대표이사 혹은 그에 준하여 회사 자금의 보관이나 운용에 관한 사실상의 사무를 처리하여 온 자가 이자나 변제기의 약정과 이사회 결의 등 적법한 절차 없이 회사를 위한 **지출 이외의 용도로 거액의 회사 자금을 가지급금 등의 명목으로 인출, 사용**한 행위가 횡령죄를 구성한다(2003도135). 22. 국가직

④ 피고인이 甲과 함께 소주방에서 술을 마시다가 서로 몸싸움을 하는 과정에서 甲이 떨어뜨리고 간 **휴대전화를 소주방 업주로부터 건네받아 보관하던 중에 甲의 휴대전화를 임의로 사용**한 경우(2012도5346)

⑤ 채권자가 채무자로부터 채권확보를 위하여 담보물을 제공받을 때 그 물건이 채무자가 보관중인 타인의 물건임을 알았다고 하여도 그것만으로 채권자가 채무자의 불법영득행위인 횡령행위에 공모가담한 것으로 단정할 수 없다(92도1396). 20. 경찰간부

⑥ 대학교 산업협력단 운영자가 산학협력단의 자금을 이용하여 비자금을 조성하였다고 하더라도 그것이 단지 당해 비자금의 소유자인 법인 이외의 제3자가 이를 발견하기 곤란하게 하기 위한 목적으로 **장부상의 분식**을 한 경우라면 불법영득의사가 인정되지 아니한다(2014도15182). 17. 국가직 7급, 21. 국가직

2 부동산 명의신탁

1. 2자간 명의신탁의 경우

(1) **의의** : 2자간(이전형) 명의신탁이란 부동산의 소유자 A(신탁자)가 그 등기명의를 甲(수탁자)에게 신탁하기로 하는 명의신탁약정을 맺고 그 등기명의를 수탁자에게 이전하는 경우이다.

(2) **특징** : 명의신탁약정 및 물권변동은 무효이다. 따라서 소유권은 신탁자에게 있다.

(3) **부동산 소유자** : A, **등기명의인(부동산 보관자)** : 甲

→ 명의신탁약정은 무효이므로 甲에게 위탁관계에 따른 보관자가 아니므로 임의로 처분하여도 횡령죄 불성립

(4) **구조**

A(신탁자) ── ① 명의신탁 약정(무효) → 위탁관계 × ➡ 횡령죄 × ──→ 甲(수탁자)

② 등기명의 → 임의로 처분하면 횡령죄 불성립

양자간 명의신탁의 경우, 계약인 명의신탁약정과 그에 부수한 위임약정, <u>명의신탁약정을 전제로 한 명의신탁의 경우 부동산 및 그 처분대금 반환약정은 모두 무효</u>이다. 이는 형법상 보호할 만한 가치 있는 신임에 의한 것이라고 할 수 없어 명의수탁자가 명의신탁자에 대한 관계에서 '타인의 재물을 보관하는 자'의 지위에 있다고 볼 수도 없다. 따라서 <u>명의수탁자가 신탁받은 부동산을 임의로 처분하여도 명의신탁자에 대한 관계에서 횡령죄가 성립하지 아니한다</u>(2016도18761). 21. 국가직 7급, 22. 경찰승진

비교판례 피해자 갑 <u>종중으로부터 토지를 명의신탁받아 보관</u> 중이던 피고인 을이 개인 채무 변제에 사용할 돈을 차용하기 위해 위 토지에 <u>근저당권을 설정</u>하였는데, 그 후 피고인 을, 병이 공모하여 위 토지를 정에게 <u>매도</u>한 사안에서, 피고인들의 토지 매도행위가 별도의 횡령죄를 구성한다(2010도10500 전원합의체). 18. 국가직, 21. 경찰승진

2. 중간생략형 명의신탁의 경우(제3자간 명의신탁)

(1) **의의** : 신탁자 A와 수탁자 甲이 명의신탁 약정을 맺고 신탁자 A가 매도인(丙, 제3자)과 매매계약을 체결하되, 등기는 丙으로부터 수탁자 甲 앞으로 직접 이전하는 것이다.

(2) **특징** : 명의신탁자와 명의수탁자 사이에 위탁신임관계를 근거 시우는 계약인 병의신탁약정 또는 이에 부수한 위임약정이 당연무효임에도 불구하고, 횡령죄 성립을 위한 사무관리 · 관습 · 조리 · 신의칙에 기초한 위탁신임관계가 있다고 할 수는 없다.

(3) 부동산 소유자 → A, 등기명의인(부동산 보관자) → A. 따라서 甲은 처분지위가 없으므로 횡령죄 불성립

(4) **구조**

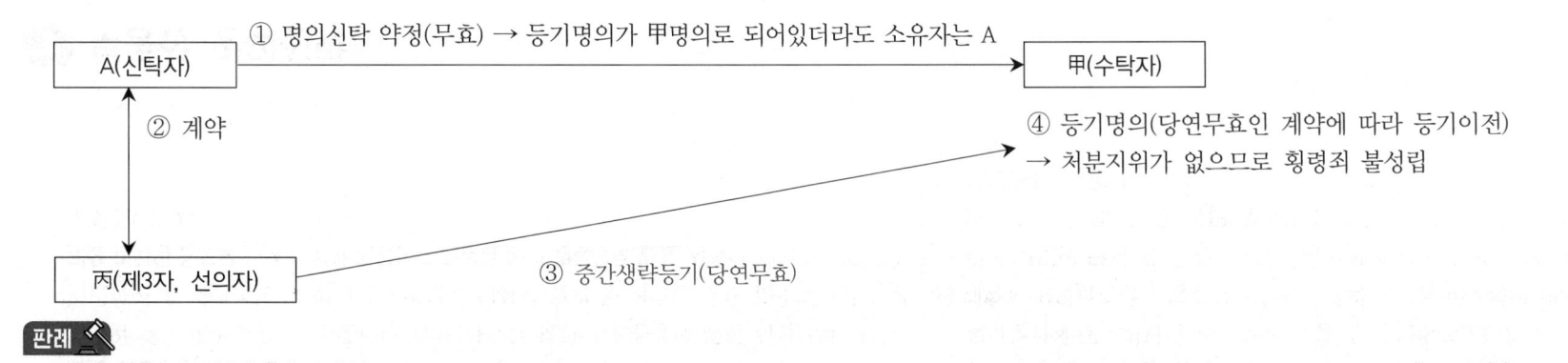

명의신탁자가 매수한 부동산에 관하여 부동산 실권리자명의 등기에 관한 법률을 위반하여 명의수탁자와 맺은 명의신탁약정에 따라 매도인에게서 바로 명의수탁자 명의로 소유권이전등기를 마친 이른바 <u>중간생략등기형 명의신탁을 한 경우</u>, 명의신탁자는 신탁부동산의 소유권을 가지지 아니하고, <u>명의신탁자와 명의수탁자 사이에 위탁신임관계를 인정할 수도 없다</u>. 따라서 <u>명의수탁자가 명의신탁자의 재물을 보관하는 자라고 할 수 없으므로 명의수탁자가 신탁받은 부동산을 임의로 처분하여도 명의신탁자에 대한 관계에서 횡령죄가 성립하지 아니한다</u>(2014도6992).

15 · 19. 변호사, 16. 국가직 7급, 16 · 18. 경찰, 17. 법원직, 18. 국가직 9급

3. 계약명의신탁의 경우

(1) **의의**: 신탁자 A가 수탁자 甲과 명의신탁약정을 맺고 수탁자 갑이 매매계약의 당사자가 되어 매도인 丙과 매매계약 체결한 뒤 등기를 수탁자인 자기 앞으로 이전하는 것이다.

(2) **특징**: 물권변동은 직접 당사자가 되어 등기를 이전 받았으므로 이는 유효이다. 따라서 소유권은 수탁자에게 있다.

(3) 부동산 소유자는 甲이므로 이를 임의로 처분하여도 무죄가 된다.

(4) **구조**

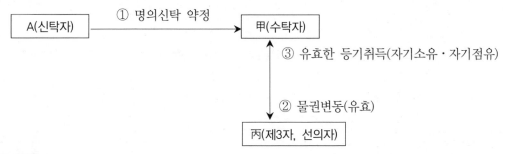

판례

① 신탁자와 수탁자가 명의신탁약정을 맺고, 이에 따라 수탁자가 당사자가 되어 명의신탁약정이 있다는 사실을 알지 못하는 소유자와 사이에서 부동산에 관한 매매계약을 체결한 후 당해 부동산의 소유권이전등기를 수탁자 이름으로 경료한 경우에는, 그 소유권이전등기에 의한 당해 부동산에 관한 물권변동은 유효하고 한편 신탁자와 수탁자 사이의 명의신탁 약정은 무효이므로 결국 **수탁자는 전 소유자인 매도인뿐만 아니라 신탁자에 대한 관계에서도 유효하게 당해 부동산의 소유권을 취득한 것으로 보아야 할 것**이고 따라서 그 **수탁자는 타인의 재물을 보관하는 자라고 볼 수 없다**(2009도4501). 15. 변호사, 18. 국가직 9급

② **계약명의신탁에 있어서 수탁자가** 신탁 부동산에 관한 등기를 이전받기 전에 소유자와 사이의 합의로 매매계약을 해제하고 그 매매대금을 반환받아서 **임의 소비한 경우, 수탁자가 횡령죄에 있어서의 '타인의 재물을 보관하는 자'의 지위에 있다고 볼 수는 없어 횡령죄가 성립하지 아니한다**(2007도766). 15. 법원직, 16. 경찰간부

※ 부동산 명의신탁

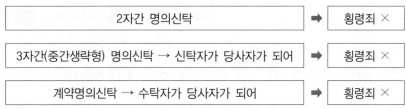

3 점유이탈물횡령죄

제360조【점유이탈물횡령】 ① 유실물, 표류물 또는 타인의 점유를 이탈한 재물을 횡령한 자는 1년 이하의 징역이나 300만원 이하의 벌금 또는 과료에 처한다.
② 매장물을 횡령한 자도 전항의 형과 같다.

판례 점유이탈물횡령죄가 성립하는 경우

① 고속버스 승객이 차내에 있는 유실물을 가지고 간 경우(92도3170)
② 승객이 놓고 내린 지하철의 전동차 바닥이나 선반 위에 있던 물건을 가지고 간 경우(99도3963)
③ 착오에 빠져 지급하여야 할 금액을 초과하여 교부한 돈을 수령한 후 나중에 알게 된 경우(2003도4531)

판례 점유이탈물횡령죄가 성립하지 않는 경우

① 다른 사람의 유실물인 줄 알면서 당국에 신고하거나 피해자의 숙소에 운반하지 아니하고 자기 친구 집에 운반한 사실만으로는 점유이탈물횡령죄의 범의를 인정하기 어렵다(69도1078).
22. 국가직

Theme 18 배임의 죄

1 배임죄

> **제355조【배임】** ② 타인의 사무를 처리하는 자가 그 임무에 위배하는 행위로써 재산상의 이익을 취득하거나 제3자로 하여금 이를 취득하게 하여 본인에게 손해를 가한 때에도 전항의 형과 같다.

타인의 사무처리자 +
- Ⅰ. 수권행위 ○
  - 재물 → 횡령죄
  - 재산상 이익 → 배임죄
- Ⅱ. 수권행위 × + 재산상 손해 ○ → 배임죄
  (대외관계에서)

※ 당연무효 → 타인의 사무처리자 × → 배임죄 ×

1. 객관적 구성요건

(1) **행위 주체**: 타인의 사무를 처리하는 자(진정신분범)

① 타인: 법인·자연인·국가·공공단체

② 사무처리의 근거

  ㉠ 법령(예 친권자, 대리인, 회사의 대표자 등), 계약(예 은행지점장, 계주, 양도담보설정자 등), 관습·사무관리에 의하여 사무를 처리하는 자 → 사실상 신임관계가 존재하면 됨.

  ㉡ 사실상의 신임관계가 있으면 족하므로 사무처리가 그 직에서 해임된 후에도 사무를 인계하기 전까지는 사무처리자가 된다.

  ㉢ But 당연무효인 계약 → 사무처리자 ×

③ 사무처리의 내용

　㉠ 사적 사무뿐만 아니라 공적 사무도 포함된다.

　㉡ 재산상의 사무에 국한된다. 例 의사의 치료행위, 변호사의 형사사건 변호행위는 배임죄의 사무가 될 수 없다.

④ 타인의 사무처리

　㉠ 신임관계의 전형적·본질적 내용이 되는 주된 의무여야 함. 단순히 부수적 의무 ×

　㉡ 일반적인 계약 이행의무 → 자기사무이므로 배임죄 성립 × 例 임차인의 임대료 지급의무

　㉢ 타인의 사무이면서 자기사무인 경우: 타인의 사무에 해당 例 이중매매에서 매도인의 선매수인에 대한 매도절차이행의무

판례 ⚖️ **사무의 타인성**

① 배임죄에서 '타인의 사무를 처리하는 자'라고 하려면, 타인의 재산관리에 관한 사무의 전부 또는 일부를 타인을 위하여 대행하는 경우와 같이 당사자 관계의 전형적·본질적 내용이 통상의 계약에서의 <u>이익대립관계를 넘어서</u> 그들 사이의 신임관계에 기초하여 타인의 재산을 보호 또는 관리하는 데에 있어야 한다. 이익대립관계에 있는 통상의 계약관계에서 채무자의 성실한 급부이행에 의해 상대방이 계약상 권리의 만족 내지 채권의 실현이라는 이익을 얻게 되는 관계에 있다거나, 계약을 이행함에 있어 상대방을 보호하거나 배려할 **부수적인 의무가 있다는 것만으로는 채무자를 타인의 사무를 처리하는 자라고 할 수 없고**, 위임 등과 같이 계약의 전형적·본질적인 급부의 내용이 상대방의 재산상 사무를 일정한 권한을 가지고 맡아 처리하는 경우에 해당하여야 한다(2019도9756 전원합의체).

② **채무자가 금전채무를 담보하기 위하여 그 소유의 동산을 채권자에게 양도담보로 제공**함으로써 채권자인 양도담보권자에 대하여 담보물의 담보가치를 유지·보전할 의무 내지 담보물을 타에 처분하거나 멸실, 훼손하는 등으로 담보권 실행에 지장을 초래하는 행위를 하지 않을 의무를 부담하게 되었더라도, 이를 들어 채무자가 통상의 계약에서의 <u>이익대립관계를 넘어서 채권자와의 신임관계에 기초하여 채권자의 사무를 맡아 처리하는 것으로 볼 수 없다.</u> 따라서 채무자를 배임죄의 주체인 '**타인의 사무를 처리하는 자**'에 해당한다고 할 수 없고, 그가 <u>담보물을 제3자에게 처분하는 등으로 담보가치를 감소 또는 상실시켜 채권자의 담보권 실행이나 이를 통한 채권실현에 위험을 초래하더라도 배임죄가 성립한다고 할 수 없다.</u> 위와 같은 법리는, 채무자가 동산에 관하여 양도담보설정계약을 체결하여 이를 채권자에게 양도할 의무가 있음에도 제3자에게 처분한 경우에도 적용되고, 주식에 관하여 양도담보설정계약을 체결한 채무자가 제3자에게 해당 주식을 처분한 사안에도 마찬가지로 적용된다(2019도9756 전원합의체). 21. 경찰승진

③ **동산 매매계약**에서의 매도인은 매수인에 대하여 그의 **사무를 처리하는 지위에 있지 아니하므로**, 매도인이 목적물을 타에 처분하였다 하더라도 형법상 배임죄가 성립하지 아니한다. 위와 같은 법리는 권리이전에 등기·등록을 요하는 동산(가령, 자동차)에 대한 매매계약에서도 동일하게 적용된다(2020도6258). 21. 경찰승진

　→ 권리이전에 등기 등록을 요하는 자동차에 대한 매매계약에 있어 매도인은 매수인에 대하여 그의 사무를 처리하는 자의 지위에 있으므로, 매도인이 매수인에게 소유권이전등록을 하지 아니하고 제3자에게 처분하였다면 배임죄가 성립한다. (×)

④ 사무처리의 근거, 즉 신임관계의 발생근거는 법령의 규정, 법률행위, 관습 또는 사무관리에 의해서도 발생할 수 있으므로 법적인 권한이 소멸된 후에 사무를 처리하거나 그 사무처리자가 그 직에서 **해임된 후 사무인계 전에 사무를 처리한 경우**에도 배임죄에 있어서의 사무를 처리하는 경우에 해당한다(99도1095).

⑤ 배임죄의 주체로서 '타인의 사무를 처리하는 자'란 타인과의 대내관계에 있어서 신의성실의 원칙에 비추어 그 사무를 처리할 신임관계가 존재한다고 인정되는 자를 의미하고, 반드시 제3자에 대한 대외관계에서 그 사무에 관한 <u>대리권이 존재할 것을 요하지 않으며,</u> 업무상배임죄에 있어서 업무의 근거는 법령·계약·관습의 어느 것에 의하든지 묻지 않고 **사실상의 것도 포함**한다(99도457). 18·21. 경찰

⑥ 업무상배임죄에 있어서 타인의 사무를 처리하는 자란 고유의 권한으로서 그 처리를 하는 자에 한하지 않고 그 자의 **보조기관으로서 직접 또는 간접으로 그 처리에 관한 사무를 담당하는 자도 포함한다**(99도1911). 09. 법원행시, 17. 경찰승진, 18. 국가직 7급

⑦ 주식발생 전 주식에 대한 양도계약에서 양도인이 양수인으로 하여금 회사 이외의 **제3자에게 대항할 수 있도록 확정일자 있는 증서에 의한 양도통지 또는 승낙을 갖추어 주어야 할 채무를 부담한다고 하더라도 이는 자기의 사무**라고 보아야 하고, 이를 양수인과의 신임관계에 기초하여 양수인의 사무를 맡아 처리하는 것으로 볼 수 없다(2015도6057). 21. 법원직

판례비교 🔨 타인의 사무처리자 인정 여부에 따른 배임죄의 성립 여부

O 타인의 사무처리자 인정 – 배임죄 성립	**X** 타인의 사무처리자 부정 – 배임죄 불성립
① 미성년자와 친생자관계가 없으나 **호적상 친모로 등재**되어 있는 자가 미성년자의 상속재산처분에 관여한 경우(2001도3534) 08. 법원직, 09. 법원행시, 15. 경찰	① **주식회사의 감사**가 대표이사의 인장을 도용하여 어음·수표를 발행하여 이를 사용한 경우에 주식회사의 감사에 불과한 자는 유가증권상의 권리·의무와 관련하여 사무를 처리하는 자라고 볼 수 없다(98도2577). → 유가증권위조죄 및 동행사죄
② 계주가 계원들로부터 월불입금을 **모두 징수**하였음에도 불구하고 그 임무에 위배하여 정당한 사유 없이 이를 지정된 계원에게 지급하지 아니한 경우(93도2221)	② **보통예금**에서 예금주는 그 예금계좌를 통한 예금반환채권을 취득하는 것이므로 금융기관의 임직원은 예금주로부터 예금계좌를 통한 적법한 예금반환청구가 있으면 이에 응할 의무가 있을 뿐 예금주와의 사이에서 그의 재산관리에 관한 사무를 처리하는 자의 지위에 있다고 할 수 없다(2008도1408). 08. 법원행시, 09. 법원직, 14·16. 경찰승진, 15·21. 경찰, 18. 국가직 7급
비교판례 • 낙찰계의 계주가 계원들과의 약정을 위반하여 계불입금을 징수하지 아니한 상황에서 계원들에게 계금을 태워주지 않은 경우 배임죄가 성립하지 않는다(2009도3134). 10. 법원직, 16. 경찰승진	③ **서면에 의하지 아니한 증여계약**이 행하여진 경우 당사자는 그 증여가 이행되기 전까지는 언제든지 이를 해제할 수 있으므로 그 증여자는 수증자의 사무를 처리하는 자의 지위에 있다고 할 수 없다(2005도5962). 08. 법원직, 20. 경찰간부
• 계주가 파계 후에 계원들로부터 계가 존속하는 것처럼 계금을 징수하는 것이 계원들과 사이에 사기죄가 성립함은 별론으로 하고, 위와 같이 징수한 금원은 계불입금의 청산금이 아니라 계의 존속을 전제로 한 계금으로서 계원에게 지급할 업무상 임무가 있다고 볼 수 없다(82도2093).	**비교판례** **서면으로 부동산 증여의 의사를 표시한** 증여자는 계약이 취소되거나 해제되지 않는 한 수증자에게 목적부동산의 소유권을 이전할 의무에서 벗어날 수 없다. 그러한 증여자는 '타인의 사무를 처리하는 자'에 해당하고, 그가 수증자에게 증여계약에 따라 부동산의 소유권을 이전하지 않고 부동산을 제3자에게 처분하여 등기를 하는 행위는 수증자와의 신임관계를 저버리는 행위로서 배임죄가 성립한다(2016도19308). 21. 경찰
유사판례 계가 정상적으로 운영되고 있음에도 불구하고 계주가 그 동안 성실하게 계불입금을 지급하여 온 계원에게 계가 깨졌다는 등의 거짓말을 하여 그 계원이 계에 참석하여 낙찰받아 계금을 탈 수 있는 기회를 박탈함으로써 손해를 가하였다면 배임죄를 구성한다(95도1176). 11·20. 경찰간부	④ **국토이용관리법**에 의하여 지정된 토지의 거래계약허가구역 안에 있는 토지의 매매에 관하여 **토지거래허가를 받은 바 없다면** 그 매매계약은 채권적 효력도 없는 것이어서 매도인에게 매수인에 대한 소유권이전등기에 협력할 의무가 생겼다고 볼 수 없다(95도2891). 11. 법원행시
③ 주택조합 정산위원회 위원장이 해임되고 후임 위원장이 선출되었는데도 업무인계를 거부하고 있던 중, 정산위원회를 상대로 제기된 소송의 소장부본 및 변론기일소환장을 송달받고도 그 제소사실을 **정산위원회에 알려주지 않고 스스로 응소하지도 않아 의제자백에 의한 패소확정판결**을 받게 한 경우(99도1095)	⑤ 임대차계약에 따른 임차인의 **임대료 지급의무**(71도1116)
④ 다방을 임차하면서 임차기간 동안 영업허가 명의를 임차인 명의로 변경하고 임대차 종료시 임대인에게 명의반환을 하기로 약정하고도 임대차 종료 후 임차인이 명의반환을 거부하는 경우(80도1176). 20. 경찰간부	⑥ **매매대금 지급의무**(75도2245)

⑤ 甲주식회사와 가맹점 관리대행계약 등을 체결하고 그 대리점으로서 가맹점 관리업무 등을 수행하는 乙주식회사 대표이사인 피고인이 **甲회사의 가맹점을 다른 경쟁업체의 가맹점으로 임의전환**하여 甲회사에 재산상 손해를 가한 경우(2010도3532) 14. 경찰승진

⑥ 피고인이 甲에게서 돈을 차용하면서 피고인 소유의 **골프회원권**을 담보로 제공한 후, 제3자에게 임의로 매도한 경우(2011도16385) 13. 법원행시

⑦ **보험계약 모집인**이 보험회사로부터 자기가 모집하여 체결시킨 보험계약의 위험성이 크니 해약하도록 하라는 지시를 받고 이를 이행하지 아니하는 사이 보험사고가 발생하여 보험회사가 그 계약에 따른 보험금을 지급하게 된 경우(85도2144) 08. 경찰

⑧ 담보권자가 **변제기 경과 후**에 담보권을 실행하기 위하여 담보목적물을 처분한 경우(97도2430) 07. 법원직, 18. 법원직

⑨ 신탁회사와 신축아파트에 대한 부동산관리처분 **신탁계약을 체결하고 소유권이전등기까지 경료해 준 아파트**건축분양회사가 임의로 신탁목적물인 아파트를 제3자에게 매도하여 제3자로 하여금 아파트를 임대하고 보증금을 받게 한 경우(2008도11722)

⑩ 甲은 A와 **점포임차권의 양도계약**을 체결한 후 계약금과 중도금까지 지급받았음에도 불구하고 그 임차권을 乙에게 양도한 경우(86도811) 09·11. 경찰승진, 11·13. 법원행시, 16. 경찰간부

> **비교판례** 피해자의 주택에 대한 **전세권설정계약**을 맺고 전세금의 중도금까지 지급받고도 임의로 타에 근저당권설정등기를 경료하여 전세금반환채무에 대한 담보능력 상실의 위험이 발생한 경우 배임죄가 성립한다(2001도5790).

⑪ **청산회사의 대표청산인**이 청산회사 소유의 부동산에 관하여 자신의 개인채권자에게 소유권이전등기를 해 준 경우(90도6) 11. 경찰승진

⑫ 소유자에게 **경락포기의 약속**을 한 자가 경락허가결정이 확정된 후에 대금을 완납하고 소유권을 취득한 경우(69도46) 11. 경찰승진

⑬ 동업계약이 체결되었다가 그 계약이 종료된 경우 그 **정산과정에서 행하는 채권의 추심과 채무의 변제** 등의 행위(91도2390) 18. 경찰승진

⑭ 채권담보목적으로 부동산에 관한 **대물변제예약을 체결**한 채무자가 대물로 변제하기로 한 부동산을 제3자에게 처분한 경우(2014도3363)

15. 경찰, 15. 변호사, 16. 국가직 7급, 17. 경찰승진, 19. 경찰간부

⑮ 피고인이 임차인 甲과 아파트에 관한 임대차계약을 체결하면서 **자신이 소유권을 취득하는 즉시** 甲에게 알려 甲이 전입신고를 하고 확정일자를 받아 1순위 근저당권자 다음으로 대항력을 취득할 수 있도록 하기로 약정하였는데, 그 후 甲에게서 전세금 전액을 수령하고 소유권을 취득하였음에도 취득사실을 고지하지 않고 다른 2·3순위 근저당권을 설정해 준 경우(2015도4976)

⑯ **채무자가 금전채무를 담보하기 위하여 자동차 등 특정동산 저당법 등에 따라** 그 소유의 동산에 관하여 **채권자에게 저당권을 설정해 주기로 약정하거나 저당권을 설정한 경우**, 채권자에 대한 관계에서 배임죄의 주체인 '타인의 사무를 처리하는 자'에 해당하지 않는다(2020도10862). 21. 경찰, 22. 경찰승진

→ 판례 변경에 따라 **저당권이 설정된 자동차를 저당권자의 동의 없이 매도**한 경우 배임죄 불성립(2008도3651) 09. 법원직, 10. 경찰승진, 19. 법원행시

→ 피고인이 자신의 모(母) 명의를 빌려 자동차를 매수하면서 피해자 甲주식회사에서 필요한 자금을 대출받고 자동차에 저당권을 설정하였는데, 저당권자인 甲회사의 동의 없이 이를 성명불상의 제3자에게 양도담보로 제공한 경우, 배임죄 불성립(2010도11665). 18. 경찰

■ 당연무효 → 배임죄 ×

① 내연의 처와 **불륜관계 지속**의 대가로 임야를 제공한다는 증여계약(86도1382) 09. 법원직

② **국토관리이용법**에 의한 규제구역 내의 토지에 대한 허가 없는 토지거래계약(96도1514) 11. 법원행시, 13. 국가직 7급

③ **농지개혁법**상 농지를 취득할 수 없는 비농가와 체결한 농지거래계약(79도141)

(2) **행위객체**: 재산상 이익(순수이득죄)

cf) 재산상 이익(컴퓨터사용사기죄, 배임죄) → 장물죄 ×

(3) **행위**: 임무에 위배하는 행위를 하여 재산상 이익을 취득 or 본인에게 손해를 가하는 것

① **태양**: 권한남용, 법률상의 의무위반, 법률행위, 사실행위, 법률상 유효·무효(당연무효 제외) 여부 불문(판례). 작위뿐만 아니라 부작위에 의한 배임행위도 가능

📖 채권추심을 위임받은 자가 추심을 게을리하여 채권의 소멸시효가 완성된 경우

📖 철도승무원이 무임승차를 방치한 경우

📖 회사의 대표이사가 회사에서 지급의무 없는 돈을 지급한 경우

판례비교 📌 배임행위의 인정 여부에 따른 배임죄의 성립 여부

O 배임행위 인정 - 배임죄 성립	**X** 배임행위 부정 - 배임죄 불성립
① 증권회사 직원이 **고객의 주문 없이** 무단 매매를 행하여 고객의 계좌에 손해를 가한 경우 (94도1598) 04. 법원행시	① 회사의 대표이사가 타인이 **단순히 채무초과상태**에 있다는 것을 알면서도 타인의 채무를 회사의 이름으로 지급보증 또는 연대보증해 준 경우(2004도520)
② 예금인출을 의뢰받은 자가 의뢰인의 의사에 반하여 **의뢰받은 돈보다 많은 돈을 인출**한 경우(72도297)	② 타인 명의로 등기된 **자기소유의 부동산을 자기 앞으로 이전등기를 경료**한 경우(73도2926)
③ 액면을 보충·할인하여 달라는 **의뢰**를 받고 액면백지인 약속어음을 교부받은 자가 **보충권의 한도를 넘어 보충하여 임의로 사용**한 경우(94도2760) 11. 경찰승진, 18. 법원직	③ 골프시설의 운영자가 일반회원들을 위한 회원의 날을 없애고 일반회원들 중에서 주말예약에 대하여 우선권이 있는 특별회원을 모집함으로써 **일반회원들의 주말예약권을 사실상 제한**하거나 박탈한 경우(2003도763) → 단순한 민사상의 채무불이행
④ 금융기관인 회사가 대출을 함에 있어서 대출을 받는 자가 **이미 채무변제능력을 상실하여 그에게 자금을 대여**할 경우 회사에 손해가 발생하리라는 정을 충분히 알면서 이에 나아갔거나, 충분한 담보를 제공받는 등 상당하고도 합리적인 채권회수조치를 취하지 아니한 채 만연히 대여해 준 경우(2002도1696) 09. 경찰승진, 10. 사시	④ 청산회사의 대표청산인이 처리하는 채무의 변제, 재산의 **환가처분** 등 회사의 청산업무(96도140) → 청산인 자신의 사무
⑤ 상호 지급보증관계에 있는 회사간에 보증회사가 채무변제능력이 없는 피보증회사에 대신하여 합리적인 **채권회수책 없이 새로 금원을 대여**하거나 예금담보를 제공한 경우(2004도810) 15. 변호사	⑤ 신주발행에 있어서 대표이사가 **납입의 이행을 가장**한 경우(2002도7340) → 신주발행과 관련된 대표이사의 업무는 회사의 사무일 뿐 일반 주주들을 위한 타인의 사무가 아니므로 상법 제628조 제1항에 의한 가장납입죄가 성립하는 것 외에 기존의 주주에 대한 업무상 배임죄가 성립한다고 할 수 없다.
⑥ 경영자가 종업원의 재산형성을 통한 복리증진보다는 안정주주를 확보함으로써 **경영자의 회사에 대한 경영권을 계속 유지**하고자 종업원의 자사주 매입을 돕기 위하여 회사자금으로 지원한 경우(99도1141) 11. 경찰간부	⑥ K상가 307호·507호에 대한 대물변제의 예약이 있은 후에 신탁등기가 경료되었다고 하더라도, **신탁등기가 대물변제의 예약보다 앞선 담보신탁의 예약에 따른 경우**(2009도14427)
⑦ 신용협동조합의 이사장이 자신 또는 제3자의 이익을 도모하고 임무에 위배하여 소정의 대출한도액을 초과하여 대출하거나 **비조합원 또는 무자격자에게 대출**한 경우(99도4587) 08. 경찰	⑦ 금융기관이 거래처의 기존 대출금에 대한 원리금에 충당하기 위하여 거래처에 신규 대출을 함에 있어 형식상 신규 대출을 한 것처럼 **서류상 정리**를 하였을 뿐인 경우(2009도10730)
⑧ 대학교수가 판공비 지출용 **법인신용카드를 업무와 무관하게 개인적 용도에 사용**한 경우(2003도8095) → 업무상횡령죄가 아닌 업무상배임죄 07. 법원행시	**비교판례** 금융기관이 실제로 거래처에 대출금을 새로 교부한 경우에는 비록 새로운 대출금이 기존 대출금의 원리금으로 상환되도록 약정되어 있다고 하더라도 그 대출과 동시에 이미 손해발생의 위험은 발생하였다고 보아야 할 것이므로 업무상배임죄가 성립한다(2009도10730).
⑨ 재단법인 이사장 직무대리인이 후원회 기부금을 정상 회계처리하지 않고 자신과 **친분관계에 있는 신도에게 확실한 담보도 제공받지 아니한 채 대여**한 경우(99도3338) 04·07. 법원행시	
⑩ 재벌그룹 소속 甲회사가 乙회사를 위하여 수백억원의 채무보증을 한 상태에서 甲회사의 대표이사와 이사들이 乙회사의 **주식 전부를 주당 1원으로 계산**하여 대표이사 등에게 매도한 경우(2005도7911) 15. 변호사	

⑪ 대기업의 회장 등이 경영상의 판단이라는 이유로 **甲계열회사의 자금으로 재무구조가 상당히 불량한 상태에 있는 乙계열회사가 발행하는 신주를 액면가격으로 인수**한 경우(2004도520)

07. 법원행시, 15. 변호사

⑫ 기업의 영업비밀을 사외로 유출하지 않을 것을 서약한 회사의 직원이 경제적인 대가를 얻기 위하여 경쟁업체에 **영업비밀을 유출**한 경우(98도4704) 07. 법원행시, 08. 경찰

(유사판례) • 회사 직원이 영업비밀이나 영업상 주요한 자산인 자료를 적법하게 반출하여 그 반출행위가 업무상배임죄에 해당하지 않는 경우라도 퇴사시에 그 영업비밀 등을 회사에 반환하거나 폐기할 의무가 있음에도 경쟁업체에 유출하거나 스스로의 이익을 위하여 이용할 목적으로 이를 반환하거나 폐기하지 아니하였다면 이러한 행위는 업무상배임죄에 해당한다(2006도9089).

18. 법원직 · 경찰승진

• 회사 직원이 영업비밀을 경쟁업체에 유출하거나 스스로의 이익을 위하여 이용할 목적으로 무단으로 반출하였다면 그 반출시에 업무상배임죄의 기수가 된다(2008도9433).

⑬ 대기업 또는 대기업의 회장 등 개인이 **정치적으로 난처한 상황에서 벗어나기 위하여** 자회사 및 협력회사 등으로 하여금 특정 회사의 주식을 매입수량 · 가격 및 매입시기를 미리 정하여 매입하게 한 행위(2004도5742) 15. 경찰간부

⑭ 비등록 · 비상장 법인의 대표이사가 시세차익을 얻을 의도로 주식 시가보다 현저히 낮은 금액을 전환가격으로 한 전환사채를 발행하고 **제3자의 이름을 빌려 이를 인수한 후에 전환권을 행사하여 인수한 주식 중 일부를 직원들에게 전환가격 상당으로 배분**한 경우(2001도3191) 09. 법원행시

⑮ 담보목적으로 피고인 명의로 가등기가 경료된 피해자 소유의 부동산에 대하여 피해자의 아들로부터 채무가 **변제공탁된 사실을 통고받고서도 피고인 앞으로 본등기를 경료**함과 동시에 제3자 앞으로 가등기를 경료하여 준 경우(90도414) 11. 경찰간부

⑯ 주식회사 임원이 회사가 관리하는 주차장에 관하여 **매월 얻는 총수익보다 적은 임대료를 정하고 통상보다 장기인 임대기간을 정하여 임대차계약을 체결**한 경우(2011도8870)

⑰ 타인 소유의 특허권을 명의신탁받아 관리하는 업무를 수행해 오다가 제3자로부터 특허권을 이전해 달라는 제의를 받고 대금을 지급받고는 그 타인의 승낙도 받지 않은 채 제3자 앞으로 특허권을 이전등록한 경우에는 업무상배임죄가 성립한다(2014도17211).

18. 변호사

⑱ A주식회사를 인수하는 甲이 일단 금융기관으로부터 인수자금을 대출받아 회사를 인수
한 다음, A주식회사에 아무런 반대급부를 제공하지 않고 그 회사의 자산을 위 인수자금
대출금의 담보로 제공한 경우(2012도1283). 14. 변호사

⑲ **공무원 甲이** 대통령이 퇴임 후에 사용할 사저부지와 그 경호부지를 일괄 매수하는 사무
를 처리하면서 매매계약 체결 후 그 매수대금을 대통령의 아들 乙과 국가에 배분함에
있어 이미 복수의 감정평가업자에게 감정평가를 의뢰하여 그 결과를 통보받았음에도 굳
이 이를 무시하면서 인근 부동산업자들이나 인터넷, 지인 등으로부터 받은 **불확실한 정보
를 가지고 감정평가 결과와 전혀 다르게 상대적으로 사저부지 가격을 낮게 평가하고 경호부지
가격을 높게 평가하여 매수대금을 배분하여 乙에게 재산상 이익을 취하게 하고 국가에 손해**를
가한 경우 甲에게 **업무상배임죄**가 성립한다(2013도6835). 19. 경찰간부

② 재산상 이익의 취득
　　㉠ 본인에 손해를 발생시켰더라도 이익을 취득한 사실이 없으면 배임죄는 성립하지 않는다.
　　㉡ 타인의 사무처리자 이외에 제3자로 하여금 재산상 이익을 취득하게 하여도 무방하다.

③ 재산상 손해
　　㉠ 본인의 전체 재산가치의 감소 **예** 1인회사의 1인주주가 주식회사의 재산을 처분하거나 회사의 돈을 임의로 소비한 경우 → 업무상 배임죄 성립
　　㉡ 현실적 손해 or 손해에 대한 위험이 발생한 경우 포함(판례) **예** 은행지점장이 무담보로 회수가망이 없는 불량대출을 하는 경우
　　㉢ 손해액은 차액이 아니라 전액

판례

① **부동산의 처분금지가처분결정을 받아 가처분집행까지 마친 경우**, 일응 가처분의 유지로 인한 재산상 이익이 인정되고, 그 후 가처분의 피보전채권이 존재하지 않는 것으로 밝혀졌더라도
　가처분의 유지로 인한 재산상 이익이 있었던 것으로 보아야 한다(2010도7624). 12. 법원직
② 타인에 대하여 근저당권설정의무를 부담하는 자가 제3자에게 근저당권을 설정하여 주는 배임행위로 인하여 취득하는 재산상 이익 내지 그 타인의 손해는 타인에게 설정하여 주기로
　한 근저당권의 담보가치 중 제3자와의 거래에 대한 담보로 이용함으로써 상실된 담보가치 상당으로서 이를 산정하는 때에 제3자에 대한 근저당권설정 이후에도 당해 부동산의 담보가
　치가 남아 있는 경우에는 그 부분을 재산상 이익 내지 손해에 포함시킬 수 없다(2008도9213). 10. 법원직
③ 배임죄에서 재산상 손해의 유무에 대한 판단은 **본인의 전 재산상태와의 관계에서 경제적 관점으로 파악**하여야 한다(89도1012). → 법률적 관점 (×) 09. 경찰승진, 16. 경찰, 19. 변호사
④ 본인에게 손해를 가하였다고 할지라도 **행위자 또는 제3자가 재산상 이익을 취득한 사실이 없다면 배임죄가 성립할 수 없다**(2008도1408). 14. 경찰승진
⑤ 업무상배임죄는 **위태범**으로서 그 성립을 위하여 **현실로 본인에게 재산상 손해가 발생할 것까지 요하는 것은 아니다**(99도883).
⑥ 업무상배임죄에 있어서 본인에게 손해를 가한 때라 함은 재산적 가치의 감소를 뜻하는 것으로 이는 재산적인 실해를 가한 경우뿐만 아니라 실해발생의 위험성을 초래하게 한 경우도
　포함되며 **손해액이 구체적으로 명백하게 확정되지 아니하더라도 무방하다**(81도2501).

⑦ **법률적 판단에 의하여 당해 배임행위가 무효라 하더라도** 경제적 관점에서 파악하여 배임행위로 인하여 본인에게 현실적인 손해를 가하였거나 재산상 실해발생의 위험을 초래한 경우에는 재산상의 손해를 가한 때에 해당되어 배임죄를 구성한다(94도3013). 16. 경찰, 19. 법원행시

⑧ 업무상배임죄에 있어서 재산상 손해가 발생하였다고 평가될 수 있는 재산상 실해발생의 위험이라 함은 본인에게 손해가 발생할 막연한 위험이 있는 것만으로는 부족하고 경제적인 관점에서 보아 본인에게 손해가 발생한 것과 같은 정도로 구체적인 위험이 있는 경우를 말한다(2016도3674). 18. 국가직 7급

⑨ 금융기관이 금원을 대출함에 있어 대출금 중 선이자를 공제한 나머지만 교부하거나 약속어음을 할인함에 있어 만기까지의 선이자를 공제한 경우, 배임행위로 인하여 금융기관이 입는 손해는 선이자를 공제한 금액이 아니라 선이자로 공제한 금원을 포함한 대출금 전액이거나 약속어음 액면금 상당액으로 보아야 한다(2003도3516). 19. 변호사

⑩ 부실대출에 의한 업무상배임죄가 성립하는 경우에는 담보물의 가치를 초과하여 대출한 금액 또는 실제로 회수가 불가능하게 된 금액만을 손해액으로 볼 것이 아니라, 재산상 권리의 실행이 불가능하게 될 염려가 있거나 손해발생의 위험이 있는 대출금 전액을 손해액으로 보아야 한다(2000도28). 19. 법원행시

판례비교 재산상 손해의 발생 여부에 따른 배임죄의 성립 여부

O 재산상 손해의 발생 – 배임죄 성립	**X** 재산상 손해의 미발생 – 배임죄 불성립
① 주식회사의 대표이사가 회사의 **유일한 재산**을 주주총회의 특별결의를 거치지 않아 매매계약 및 이에 따른 소유권이전등기가 법률상 무효라고 하더라도 재산에 관한 소유권이전등기를 넘겨준 경우(91도2963)	① 대표이사가 개인의 차용금채무에 관하여 **개인 명의로 작성**하여 교부한 차용증에 추가로 회사의 법인 인감을 날인한 경우(2004도771) 10. 사시, 11. 경찰승진, 14. 경찰
비교판례 조합의 이사장이 중소기업협동조합법 제47조 제2호에 위반하여 **조합 이사회**의 의결을 거치지 아니한 채 임의로 어음 및 수표에 조합 명의의 배서를 하여 할인받은 경우 배임죄가 성립되지 않는다(99도2983). → 배서는 무효이므로 조합은 어음·수표상의 책임을 지지 않고 민법에 의한 손해배상책임도 없다. 따라서 조합에 현실적인 손해가 없으므로 배임죄는 성립하지 않는다.	② 피고인이 그 소유의 이 사건 **에어콘 등을 피해자에게 양도담보로 제공하고 점유개정의 방법으로 점유**하고 있다가 다시 이를 제3자에게 양도담보로 제공하고 역시 점유개정의 방법으로 점유**를 계속한 경우**, 뒤의 양도담보권자인 제3자는 처음의 담보권자인 피해자에 대하여 배타적으로 자기의 담보권을 주장할 수 없으므로 이와 같이 이중으로 양도담보제공이 된 것만으로는 처음의 양도담보권자에게 담보권의 상실이나 담보가치의 감소 등 손해가 발생한 것으로 볼 수 없어 배임죄를 구성하지 않는다(89도1931). 15. 변호사, 21. 법원직
② 피해자의 주택에 대한 전세권설정계약을 맺고 전세금의 **중도금까지 지급받고도** 임의로 타에 근저당권설정등기를 경료해 줌으로써 전세금반환채무에 대한 담보능력 상실의 위험이 발생한 경우(2001도5790)	**비교판례** **채무자가 그 소유의 동산에 대하여 점유개정의 방식으로 채권자들에게 이중의 양도담보설정계약을 체결한 후** 양도담보설정자가 목적물을 임의로 제3자에게 처분하였다면 **양도담보권자라 할 수 없는 뒤의 채권자에 대한 관계에서는 설정자인 채무자가 타인의 사무를 처리하는 자에 해당한다고 할 수 없어 배임죄가 성립하지 않는다**(2010도10500). 18. 경찰간부, 21. 법원직
③ 중소기업진흥이라는 특정 목적을 위하여 조성된 기금을 합리화사업 **부적격업체에 대출**하도록 하여 기금의 감소를 초래한 경우(97도2042) 09. 경찰승진	③ 금융기관이 거래처의 기존 대출금에 대한 연체이자에 충당하기 위하여 거래처가 신규 대출을 받은 것처럼 **서류상으로만 기재**되었을 뿐, 조합 측이 위 거래처에 대출금을 새로 교부한 것이 아닌 경우(97도1469)
④ 타인을 위하여 도급계약을 체결할 임무 있는 자가 부당하게 **높은 가격으로 도급계약을 체결**하여 타인에게 부당하게 많은 채무를 부담하게 한 경우(2007도1038)	**비교판례** 금융기관이 거래처의 기존 대출금에 대한 원리금으로 상환되도록 약정된 새로운 대출금을 실제로 거래처에 교부한 경우 업무상배임죄가 성립한다(2013도7201).

⑤ 상호저축은행 임원인 피고인들이 아파트 시공업체인 甲주식회사의 신용상태 등을 감안한 적정 **대출한도를 검토하지 아니하고** 별다른 물적 담보도 확보하지 아니한 채, 실질적으로 甲회사가 아파트 건축사업 시행사들 명의로 받은 신용대출을 승인해 준 경우(2009도7813)

⑥ **회사의 대표이사가 사료첨가제 납품업체와 가격협상을 함에 있어서 유리한 위치에 있었음에도 통상적인 납품가격과 가격협상을 통하여 더 낮은 수준에서 납품받을 수 있었던 납품가격의 차액 상당**의 재산상 이익을 취득한 경우(2009도5655) 11. 법원직

⑦ 회사의 대표이사가 **대표권을 남용하여 회사 명의의 약속어음을 발행**한 경우(2011도10302) 16. 경찰

⑧ 건물관리인이 건물주로부터 **월세임대차계약**의 체결업무를 위임받고도 임차인들을 속여 **전세임대차계약을 체결**하고 그 보증금을 편취한 경우 사기죄와 별도로 업무상배임죄가 성립하고 두 죄는 실체적 경합의 관계이다(2010도10690).

⑨ 실질적으로 전환사채 인수대금이 납입되지 않았음에도 전환사채를 발행한 경우(2012노235)

⑩ 회사의 이사 등이 타인에게 회사자금을 대여함에 있어 그 타인이 **채무변제능력을 상실하여 그에게 자금을 대여할 경우 회사에 손해가 발생하리라는 점을 충분히 알면서 대여**했거나, 충분한 담보를 제공받는 등 상당하고도 합리적인 채권회사조치를 취하지 아니한 채 대여해 주었다면 이는 회사에 대하여 배임행위가 된다(2015도12633). 21. 경찰

④ 피고인이 피해 회사가 정한 **할인율 제한을 위반**하였다고 하더라도 **시장에서 거래되는 가격에 따라 제품을 판매**한 경우(2007도2484) 10. 사시

⑤ 피해자 회사의 사업부 영업팀장인 피고인이 체인점들에 대한 전매입고금액을 삭제하여 전산상 회사의 체인점들에 대한 외상대금채권이 줄어든 것으로 처리하는 **전산조작**행위를 한 경우(2006도3145) 08·14·16. 경찰, 11. 경찰간부

⑥ 이사가 기존 주주의 의사에 반하여 **주식회사의 지배권을 제3자에게 이전**하는 행위를 한 경우(2007도4949)

⑦ 이미 신용불량자로 등록되어 추가대출이 불가능한데도 마치 연체대출금 모두 변제된 것처럼 **전산조작**하여 부정대출을 해 주었더라도 이로 인하여 결과적으로 회수한 채권액이 더 많아졌다면 계산상 대출금융기관에 손해가 아닌 이익이 되었다고 볼 여지가 있는 경우(2007도7716) 09. 경찰승진

⑧ 입주자대표회의 회장이 지출결의서에 날인을 거부함으로써 **아파트 입주자들에게 그 연체료를 부담**시킨 경우(2008도3792) → 공급업체가 연체료 상당의 재산상 이익을 취득한 것으로 단정하기 어렵다. 14. 변호사

⑨ 회사의 대표이사가 제3자를 위하여 회사의 재산을 담보로 제공한 후, 이미 설정한 담보물을 교체하는 경우에 기존 담보물의 가치보다 새로 제공하는 담보물의 가치가 더 작거나 동일한 경우(2004도7027) 09. 경찰승진

⑩ 새마을금고의 동일인 대출한도 제한규정은 새마을금고 자체의 적정한 운영을 위하여 마련된 것이므로 **동일인 대출한도를 초과**하여 대출하였다는 사실만으로 곧바로 대출채권을 회수하지 못하게 될 위험성이 생겼다고 볼 수 없다(2006도4876). 15. 경찰, 17. 경찰승진

→ 새마을금고법을 위반하였다고 하더라도 대출한도 제한규정 위반으로 처벌함은 별론으로 하고 그 사실만으로 특별한 사정이 없는 한 업무상배임죄가 성립한다고 할 수 없다.

⑪ 회사의 대표이사가 제3자의 채무를 담보하기 위하여 회사 명의의 백지약속어음을 제공하는 배임행위를 한 후 법적 효력이 더 확실한 채무보증을 위해 이를 회수하고 대신 다른 회사가 발행한 새로운 약속어음을 배서·교부한 사안에서, **선행 담보제공행위로 백지약속어음을 제공할 때 이미 회사에 그 피담보채무액 상당의 손해발생 위험이 발생**하였고, **경제적인 관점에서 볼 때 전후의 담보제공에 의해 발생하는 손해발생의 위험성은 결국 동일**하므로, **위 담보교체행위로 선행 담보제공으로 인한 기존의 위험과는 별개로 회사에 새로운 손해발생의 위험을 초래하였다고 보기 어렵다**(2008도484). 21. 국가직 7급

→ 새로 제공하는 담보물의 가치와 기존 담보물의 가치를 비교할 필요 없이 회사에 새로운 손해발생의 위험이 발생하였다 볼 수 있으므로 배임죄가 성립한다. (×)

비교판례 1인 회사의 주주가 자신의 개인채무를 담보하기 위하여 회사소유의 부동산에 대하여 근저당설정등기를 마쳐 주어 **배임죄가 성립한 이후에 그 부동산에 대하여 새로운 담보권을 설정해 주는 행위**는 선순위 근저당권의 담보가치를 공제한 나머지 담보가치 상당의 재산상 이익을 침해하는 행위로서 별도의 배임죄가 성립한다(2005도4915). 21. 국가직 7급

⑫ 甲의 행위는 대표권을 남용한 행위로서 상대방들도 甲이 회사의 이익과 관계없이 자기 또는 **제3자의 이익을 도모할 목적**으로 공정증서를 작성해 준다는 것을 **알았거나 충분히 알 수 있었으므로 모두 무효**이고, 그로 인하여 회사에 재산상 손해가 발생하였다거나 재산상 실해발생의 위험이 초래되었다고 볼 수 없다는 이유로 무죄를 선고한 원심판단이 정당하다(2012도2142). 14. 변호사

⑬ 甲주식회사 대표이사인 피고인이 주주총회 의사록을 허위로 작성하고 이를 근거로 피고인을 비롯한 임직원들과 **주식매수선택권 부여계약을 체결만** 한 경우(2010도11394) 14. 경찰

⑭ 보증인이 변제자력 없는 피보증인에게 신규 자금을 제공하거나 신규 자금 차용에 관한 담보를 제공하면서 **이미 보증한 채무의 변제에 사용**되도록 한 경우(2013도5214) 12. 경찰

④ 착수시기와 기수시기

판례

① 주식회사 대표이사가 대표권을 남용하여 회사 명의로 약속어음을 발행한 경우 그 어음발행이 무효라 하더라도 그 어음이 실제로 제3자에게 **유통되었다면 배임죄의 기수**범이 된다. 그러나 약속어음 발행이 무효일 뿐 아니라 그 어음이 **유통되지도 않았다면 배임죄의 미수**로 처벌하여야 한다(2014도1104). → 어음이 유통되지도 않았다면 회사에 현실적으로 손해가 발생하였다거나 실해 발생의 위험이 발생하였다고 볼 수 없으므로 배임죄의 기수, 미수 어느 것도 성립할 수 없다. (×) 18. 법원직, 18. 경찰간부, 18·21. 경찰, 19. 변호사, 21. 국가직 7급

② 회사 임직원이 영업비밀이나 영업상 주요한 자산인 자료를 적법하게 반출하여 그 반출행위가 업무상배임죄에 해당하지 않는 경우에도 **퇴사시에 그 영업비밀 등을 회사에 반환하거나 폐기할 의무가 있음에도 경쟁업체에 유출**하거나 스스로의 이익을 위하여 이용할 목적으로 이를 반환하거나 폐기하지 아니하였다면 **이러한 행위는 업무상배임죄에 해당한다**(2014도11876).
18. 변호사, 18. 국가직 7급

2. 주관적 구성요건

판례 ⚖️

① 배임죄가 성립하려면 임무위배의 인식과 그로 인하여 자기 또는 제3자가 이익을 취득하고 **본인에게 손해를 가한다는 인식**이 있어야 하고 **미필적 고의**로 족하다(99도1095). 21. 경찰
② 피고인이 **본인의 이익을 위한다는 의사를 가지고 있었다고 하더라도** 간접사실에 의하여 본인의 이익을 위한다는 의사는 부수적일 뿐이고 이득 또는 **가해의 의사가 주된 것임이 판명되면** **배임죄의 고의가 있었다고 할 것**이다(99도3338).

판례비교 ⚖️ 고의·불법이득의사의 인정 여부에 따른 배임죄의 성립 여부

O 고의·불법이득의사 인정 – 배임죄 성립	**X** 고의·불법이득의사 부정 – 배임죄 불성립
① 주식회사와 주주는 별개의 인격으로서 동일인이라고 볼 수 없으므로 회사의 임원이 그 임무의 위배행위에 대하여 사실상 **대주주의 양해를 얻은 경우라도** 재산상 이익을 취득하거나 제3자로 하여금 이를 취득하게 하여 회사에 손해를 가한 경우 배임죄가 성립한다(99도2781).	① 재단의 직원이 금 15억여 원의 재단채무를 변제기한보다 약 **8개월 앞당겨 변제**한 사안에서 재단이 그 자금의 여유가 있을 때에 남아 있는 채무의 일부를 변제기를 일시 앞당겨 변제하는 것은 사회적 상당성이 있어 부당하다고 할 수 없다(95도1120).
② 대기업의 회장 등이 계열그룹 전체의 회생을 위한다는 목적에서 이루어진 경영상의 판단 하에 甲계열회사의 자금으로 **재무구조가 상당히 불량한 상태**에 있는 乙계열회사가 발행하는 신주를 액면가격으로 인수한 경우(2004도520)	② 퇴사한 전직 동료의 편의를 위하여 회사 **컴퓨터에 저장된 개인 파일 등을 복사**하여 준 경우 배임의 고의가 있었다고 단정하기 어렵다(2008도5706).
③ **1인 회사에 있어서 그 1인 주주** 겸 대표이사가 업무상 임무에 위배하여 본인인 주식회사에 재산상 손해를 발생하게 한 경우(83도2330) 04. 법원행시	③ 회사의 대표이사가 타인의 채무를 회사 이름으로 지급보증 또는 연대보증함에 있어서 그 타인이 **단순히 채무초과상태**에 있다는 이유만으로는 그러한 지급보증 또는 연대보증이 곧 회사에 대하여 배임행위가 된다고 단정할 수 없다(2004도520).
④ 조합장이 조합원들을 대표하여 약속어음공증신청을 이사회의 결의로 선정된 법무사로 하여금 대행하게 하는 용역계약을 체결함에 있어서 **그 법무사가 제시하는 수수료액이 적정한 것인지 조사하여 보지 않고** 그 금액이 과다함에도 불구하고 이를 낮추려는 시도조차 하지 않은 채 이를 그대로 받아들여 용역계약을 체결한 경우(97도618)	④ 피고인이 피해자와 공동으로 구입한 택시를 **법정폐차** 시한 전에 임의로 폐차하게 한 경우(81도2601)
⑤ 지상건물을 철거해 주기로 약정한 대지매도인이 잔금 수령 후 **철거약정기한 전에 그 건물에 관하여 타인 앞으로 가등기**를 마쳐준 경우(2006도2684) 10. 사시	⑤ 담보물에 대한 대출한도액을 초과하여 대출하거나 담보로 할 수 없는 물건을 담보로 대출하였더라도 그렇게 대출한 것이 회수할 수 없는 채권을 회수하여 **실질적으로 은행에 이익이 된다면** 배임의 고의가 부정된다(2007도7716).
	⑥ 회사의 설립등기절차 또는 증자등기절차를 마친 직후 이를 인출하여 **차용금채무의 변제**에 사용하는 경우(2005도856)
	⑦ 타인과 동일 기업집단 내 계열사인 피고인이 타인의 보유주식 매각과 관련하여 타인으로부터 이사회의 결의 없이 작성된 **손실보상각서**를 받고 주식의 매수인인 제3자와 주식매수청구권 부여계약을 체결한 경우 피고인의 이사들에게 업무상배임죄가 성립하지 아니한다(2007도6564).

3. 공범

판례비교 배임죄의 공범 성립 여부

O 　　　　　　　　　　배임죄의 공범 성립	X 　　　　　　　　　　배임죄의 공범 불성립
① 업무상배임죄의 실행으로 인하여 이익을 얻게 되는 수익자가 소극적으로 실행행위자의 배임행위에 편승하여 이익을 취득하는 데 그치지 않고 **배임행위를 교사하거나 배임행위의 전 과정에 관여하는 등으로 실행행위자의 배임행위에 적극 가담한 경우에는 업무상배임죄의 공동정범**이 된다(2006도483). → 소극적으로 그 배임행위에 편승하여 이익을 취득하는 것만으로 충분하다. (×) 17. 경찰, 19. 변호사, 19. 법원직 ② 점포의 임차인이, 임대인이 그 점포를 타에 매도한 사실을 알고 있으면서 점포의 임대차계약 당시 "타인에게 점포를 매도할 경우 우선적으로 임차인에게 매도한다."라는 특약을 구실로 임차인이 매매대금을 일방적으로 결정하여 공탁하고 **임대인과 공모**하여 임차인 명의로 소유권이전등기를 경료하였다면 임대인의 배임행위에 적극 가담한 것으로서 배임죄의 공동정범에 해당한다(82도180).	① 배임행위의 상대방이 실행행위자에 대한 채권의 회수를 위하여 **실행행위자의 적극적인 제의를 받아들인 데에 불과할 뿐** 배임행위에 적극 가담하였다고 보기 어렵다면 배임행위의 상대방을 실행행위자의 배임행위에 관한 공동정범으로 인정하기에는 부족하다(2006도5147). ② 회사 직원이 영업비밀을 경쟁업체에 유출하거나 스스로의 이익을 위하여 이용할 목적으로 무단으로 반출한 때에 업무상배임죄의 **기수에 이르렀다**고 할 것이고, **그 이후**에 위 직원과 접촉하여 영업비밀을 취득하려고 한 자는 업무상배임죄의 공동정범이 될 수 없다(2003도4382). ③ 타인의 행위가 배임행위에 해당한다는 것을 **알면서도 소극적으로 그 배임행위에 편승**하여 이익을 취득한 경우(2004도810) 19. 변호사 ④ 1인 회사의 주주가 개인적 거래에 수반하여 법인 소유의 부동산을 담보로 제공한다는 사정을 **거래 상대방이 알면서 가등기의 설정을 요구**하고 그 가등기를 경료받은 경우 거래상대방이 배임행위의 방조범에 해당한다고 보기 어렵다(2005도4915).

2 이중저당과 이중매매의 형사책임

1. 이중저당

(1) **사례**: 甲이 乙로부터 금원을 차용하고 1번 저당권 설정을 약정한 후 아직 등기가 경료되지 않은 상태에서 다시 丙으로부터 금원을 차용하고 丙에게 1번 저당권을 설정해 준 경우

(2) **이중저당의 죄책**: 甲이 乙의 저당권설정등기에 협력하여 할 의무는 자기사무이다. → 배임죄 불성립(판례)

판례 📝

① **채무자가 저당권설정계약에 따라 채권자에 대하여 부담하는 저당권을 설정할 의무는** 계약에 따라 부담하게 된 채무자 자신의 의무이다. 채무자가 위와 같은 의무를 이행하는 것은 채무자 **자신의 사무에 해당할 뿐**이므로, 채무자를 채권자에 대한 관계에서 '**타인의 사무를 처리하는 자**'라고 할 수 없다. 따라서 **채무자가 제3자에게 먼저 담보물에 관한 저당권을 설정하거나 담보물을 양도하는 등으로 담보가치를 감소 또는 상실시켜 채권자의 채권실현에 위험을 초래하더라도 배임죄가 성립한다고 할 수 없다.** 21. 경찰승진, 21. 경찰

② 피고인이 갑으로부터 18억 원을 차용하면서 담보로 피고인 소유의 아파트에 갑 명의의 4순위 근저당권을 설정해 주기로 약정하였음에도 제3자에게 채권최고액을 12억 원으로 하는 4순위 근저당권을 설정하여 줌으로써 12억 원 상당의 재산상 이익을 취득하고 갑에게 같은 금액 상당의 손해를 가하였다고 하여 특정경제범죄 가중처벌 등에 관한 법률 위반(배임)으로 기소된 사안에서, 위 근저당권설정계약에서 피고인과 갑 사이 당사자 관계의 전형적·본질적 내용은 채무의 변제와 이를 위한 담보에 있고, 피고인을 통상의 계약에서의 이익대립관계를 넘어서 갑과의 신임관계에 기초하여 갑의 사무를 맡아 처리하는 것으로 볼 수 없는 이상 갑에 대한 관계에서 '타인의 사무를 처리하는 자'에 해당한다고 할 수 없다(2019도14340 전원합의체).

2. 부동산 이중매매

(1) **사례**: 매도인 甲이 乙(제1매수인)에게 자기의 부동산을 매도하였으나 아직 소유권이전등기를 해 주지 않은 상태에서 다시 이를 丙(제2매수인)에게 소유권이전등기를 경료해 준 경우

(2) **횡령죄 또는 배임죄의 성립여부**: 형식주의를 취하고 있는 현행 민법하에서는 소유권이전등기경료 전까지는 매도인의 소유이므로 횡령죄 ×

(3) **실행의 착수시기와 기수시기**

    ① 착수시기: 중도금을 수령한 때

    ② 기수시기: 제3자에게 소유권이전등기를 마친 때

(4) **배임죄의 성립시기**

    ① 계약금만 수령한 경우: 단순채무에 불과하여 배액을 지급하고 계약해제 가능 → 배임죄 ×

    ② 중도금 또는 잔금을 수령한 경우: 중도금을 수령하면 등기이전 협력의무가 있으므로 이를 이중으로 매도한 경우 → 배임죄 성립(통설·판례)

    ③ 피고인이 **제1매수인으로부터 계약금 및 중도금** 명목의 금원을 교부받은 후, 제2매수인에게 부동산을 매도하기로 하고 **계약금만을 지급**받은 뒤에 중도금을 수령한 바 없는 경우 배임죄는 성립하지 않는다(판례).

부동산 매매계약에서 계약금만 지급된 단계에서는 어느 당사자나 계약금을 포기하거나 그 배액을 상환함으로써 자유롭게 계약의 구속력에서 벗어날 수 있다. 그러나 **중도금이 지급되는 등 계약이 본격적으로 이행되는 단계에 이른 때에는** 계약이 취소되거나 해제되지 않는 한 매도인은 매수인에게 부동산의 소유권을 이전해 줄 의무에서 벗어날 수 없다. 따라서 이러한 단계에 이른 때에 매도인은 매수인에 대하여 매수인의 재산보전에 협력하여 재산적 이익을 보호·관리할 신임관계에 있게 된다. 그때부터 **매도인은 배임죄에서 말하는 '타인의 사무를 처리하는 자'에 해당한다고 보아야 한다.** 그러한 지위에 있는 매도인이 매수인에게 계약 내용에 따라 부동산의 소유권을 이전해 주기 전에 그 부동산을 제3자에게 처분하고 제3자 앞으로 그 처분에 따른 등기를 마쳐 준 행위는 매수인의 부동산 취득 또는 보전에 지장을 초래하는 행위이다. 이는 매수인과의 신임관계를 저버리는 행위로서 배임죄가 성립한다(2017도4027).

21. 국가직 7급, 22. 경찰승진

④ 악의의 제2매수인의 죄책

　㉠ 단순히 악의의 제2매수인은 무죄가 되나, 적극적으로 가담한 경우(교사로 가담 또는 공동정범에 해당할 정도) 배임죄의 공범 성립(판례)

　㉡ 제2매수인은 장물취득죄 ×(재산상 이익이므로)

　㉢ 매도인이 이중매매를 하였더라도 후매수인이 부동산 소유권이전등기를 경료하면 후매수인은 적법한 소유권을 취득할 수 있기 때문에 이중매매를 고지하지 않은 것만으로는 후매수인에 대한 사기죄가 성립하지 않는다(판례).

⑤ 매도인이 선매수인에게서 중도금 또는 잔금을 지급받고 후매수인에게서도 중도금 또는 잔금까지 지급받으면 선매수인에 대해서는 배임죄의 실행의 착수가 인정되나, 이후 선매수인에게 이전등기를 경료한 경우에는 자신의 의무를 이행한 것에 지나지 않으므로 후매수인에 대해서는 배임죄는 성립하지 않는다(판례).

(5) 사기죄의 성립여부

① 甲이 乙에게 소유권이전등기를 경료해 준 후 丙에게 다시 매도한 경우에는 이중매매의 문제는 발생하지 않고 丙에 대한 사기죄가 성립한다.

② 甲이 처음부터 이중매매를 의도하면서 乙로부터 계약금, 중도금, 잔금을 지급받고 丙에게 소유권이전등기를 경료해 준 경우에는 乙로부터 계약금을 수령한 단계에서 乙에 대한 사기죄는 기수가 된다.

판례비교 🔨 부동산 이중매매에서 배임죄의 성립 여부

O 배임죄 성립	**X** 배임죄 불성립
① 부동산매도인이 매수인으로부터 **계약금과 중도금까지 수령**한 이상, 특단의 약정이 없다면 잔금수령과 동시에 매수인 명의로의 소유권이전등기에 협력할 임무가 있으므로 이를 다시 제3자에게 처분함으로써 제1매수인에게 잔대금수령과 상환으로 소유권이전등기절차를 이행하는 것이 불가능하게 되었다면 배임죄의 책임을 면할 수 없다(88도750). 19. 경찰간부	① 피고인이 공소외인으로부터 매매**계약금**을 수령하였다면 피고인은 아직 그 소유권이전등기의 절차를 이행할 의무가 있다고 할 수 없으므로 이 사건 임야를 다시 다른 곳에 처분한 행위를 배임죄로 다스릴 수 없다(80도290).
② 부동산의 이중매매에 있어서 배임죄의 기수시기는 **2차 매수인 앞으로 소유권이전등기를 마친 때**라고 할 것이다(83도1946).	② 피고인이 **제1매수인으로부터 계약금 및 중도금** 명목의 금원을 교부받은 후, 제2매수인에게 부동산을 매도하기로 하고 **계약금만을 지급**받은 뒤에 중도금을 수령한 바 없는 경우(83도2057) 04·11. 법원행시
③ 무허가건물의 양도인이 **중도금 또는 잔금까지 수령**한 상태에서 양수인의 의사에 반하여 제3자에게 그 무허가건물을 이중으로 양도하고 무허가건물을 인도한 경우(2005도5713) 06. 법원행시	③ 부동산을 이중으로 매도한 경우에 매도인이 **선매수인에게 소유권이전의무를 이행**하였다고 하여 후매수인에 대한 관계에서 그가 임무를 위법하게 위배한 것이라고 할 수 없다(92도1223). 11·12. 경찰승진
④ 매도인이 부동산을 제3자에게 **이중매매하고 소유권이전등기청구권 보전을 위한 가등기**를 마쳐 준 경우(2008도3766) 10. 사시	

3. 동산의 이중매매

판례 🔨

① 매매의 목적물이 동산일 경우, 매도인은 매수인에게 계약에 정한 바에 따라 그 목적물인 동산을 인도함으로써 계약의 이행을 완료하게 되고 그때 매수인은 매매목적물에 대한 권리를 취득하게 되는 것이므로, 매도인에게 자기의 사무인 동산인도채무 외에 별도로 매수인의 재산의 보호 내지 관리 행위에 협력할 의무가 있다고 할 수 없다. 동산매매계약에서의 매도인은 매수인에 대하여 그의 사무를 처리하는 지위에 있지 아니하므로, 매도인이 목적물을 매수인에게 인도하지 아니하고 이를 타에 처분하였다 하더라도 형법상 배임죄가 성립하는 것은 아니다. 18. 변호사

② 매도인이 매수인으로부터 **중도금을 수령한 이후**에 매매목적물인 '**동산**'을 제3자에게 양도하는 행위는 **배임죄에 해당하지 않는다.** 따라서 피고인이 '인쇄기'를 甲에게 양도하기로 하고 계약금 및 중도금을 수령하였음에도 이를 자신의 채권자 乙에게 기존 채무 변제에 갈음하여 양도함으로써 재산상 이익을 취득하고 甲에게 동액 상당의 손해를 입혔다는 배임의 공소사실에 대하여 이는 무죄이다(2008도10479 전합). 11. 법원직·법원행시, 14·15·16. 경찰, 15. 변호사, 21. 경찰승진

4. 양도담보

⑴ **의의** : 양도담보란 채권담보의 목적으로 물건의 소유권을 채권자에게 이전하고, 채무자가 이행하지 아니한 경우에는 채권자가 그 목적물로부터 우선변제를 받게 되지만, 채무자가 이행을 하는 경우에는 목적물을 다시 원소유자에게 반환함으로써 채권을 담보하는 비전형담보이다. 가등기담보법은 부동산에만 적용되는 법이다.

⑵ **부동산인 경우** : 1억원의 자금을 필요로 하는 甲이 금전소비대차계약에 의하여 乙로부터 1억원을 빌리고, 그 담보로 시가 2억원 상당의 甲소유 건물을 乙 앞으로 소유권이전등기를 해주는 방법으로 甲은 1억원을 乙에게 갚고 건물을 다시 찾아오는 형식이다.

　① 판례법리 - 형식주의 : 민법 제186조[부동산물권변동의 효력] 부동산에 관한 법률행위로 인한 물권의 득실변경은 등기하여야 그 효력이 생긴다. → <u>등기를 갖고 있는 자가 소유자</u>이다.

　② 구조

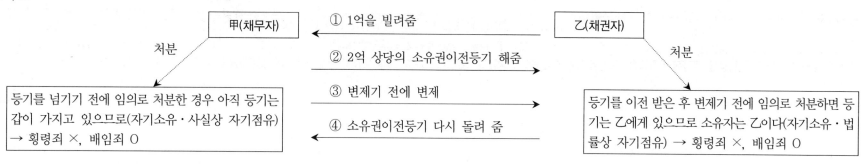

판례

① 채권자(담보권자)가 처분한 경우 : 채권의 담보를 목적으로 **부동산의 소유권이전등기를 경료받은 채권자**는 채무자가 변제기일까지 그 채무를 변제하면 채무자에게 그 소유명의를 환원하여 주기 위하여 그 소유권이전등기를 이행할 의무가 있으므로 그 변제기일 이전에 그 임무에 위배하여 이를 제3자에게 처분하였다면 배임죄가 성립한다(92도753).

② 채무자(담보권설정자)가 처분한 경우 : 자신의 채권자와 부동산양도담보설정계약을 체결한 피고인이 그 **소유권이전등기의 경료 전**에 임의로 기존의 근저당권자인 제3자에게 지상권설정등기를 경료하여 준 경우, 양도담보권자의 채권에 대한 담보능력감소의 위험이 발생한 이상 배임죄가 성립한다(96도1218).

③ 담보권자가 변제기 경과 후 처분한 경우 : 담보권자가 **변제기 경과 후**에 담보권을 실행하기 위하여 담보목적물을 처분하는 행위는 담보계약에 따라 담보권자에게 주어진 권능이어서 자기의 사무처리에 속하는 것이지 타인인 채무자의 사무처리에 속하는 것이라고 할 수 없으므로 배임죄가 성립된다고 할 수 없다(97도2430). 18. 국가직 9급·법원직

(3) **동산인 경우** : 1억원의 자금을 필요로 하는 甲이 금전소비대차계약에 의하여 乙로부터 1억원을 빌리고, 그 담보로 시가 2억원 상당의 甲소유 고려청자를 乙 앞으로 양도담보권리를 설정해 주는 방법으로 甲은 1억원을 乙에게 갚고 양도담보권리를 청산하는 형식이다.

① 판례법리 — 인도되어야 소유권이 이전된다(원칙).

② 구조

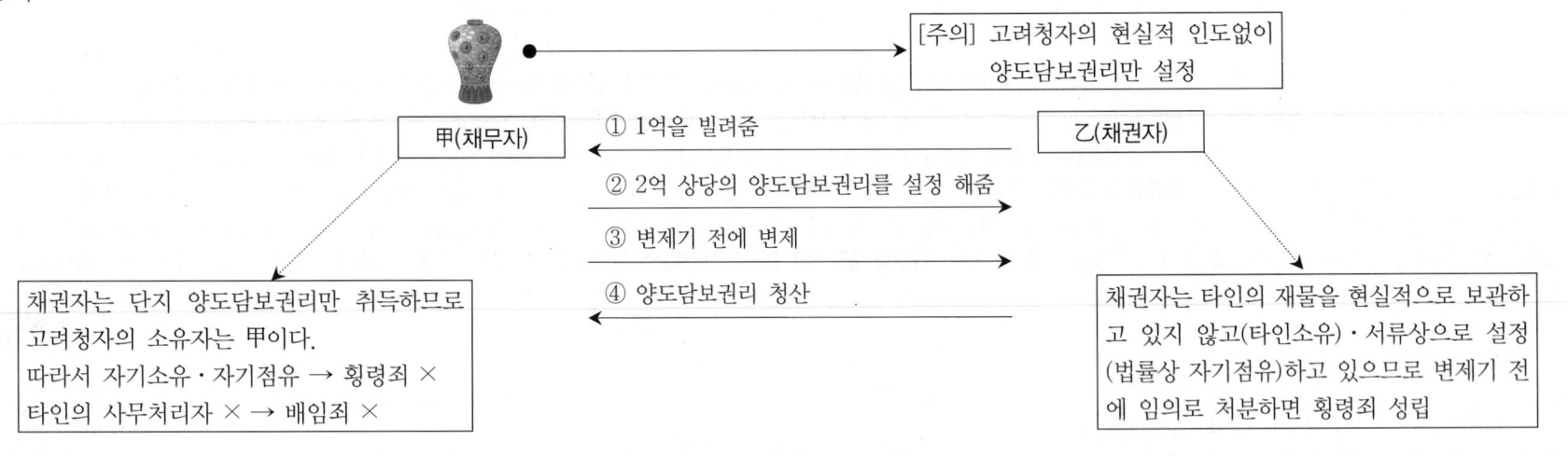

[주의] 고려청자의 현실적 인도없이 양도담보권리만 설정

甲(채무자)

① 1억을 빌려줌

② 2억 상당의 양도담보권리를 설정 해줌

③ 변제기 전에 변제

④ 양도담보권리 청산

乙(채권자)

채권자는 단지 양도담보권리만 취득하므로 고려청자의 소유자는 甲이다.
따라서 자기소유·자기점유 → 횡령죄 ×
타인의 사무처리자 × → 배임죄 ×

채권자는 타인의 재물을 현실적으로 보관하고 있지 않고(타인소유)·서류상으로 설정(법률상 자기점유)하고 있으므로 변제기 전에 임의로 처분하면 횡령죄 성립

판례

① 채권자(담보권자)가 처분한 경우 : **채무자가 채무이행의 담보를 위하여 동산에 관한 양도담보계약을 체결하고 점유개정의 방법으로 여전히 그 동산을 점유하는 경우**, 그 계약이 채무의 담보를 위하여 양도의 형식을 취하였을 뿐이고 별단의 사정이 없는 한 **그 동산의 소유권은 여전히 채무자에게 남아 있고**, 채권자는 단지 양도담보물권을 취득하는 데에 지나지 않으므로 그 동산을 다른 사유에 의하여 보관하게 된 **채권자는 타인소유의 물건을 보관하는 자로서 횡령죄의 주체가 될 수 있다**(88도906).

② 채무자(담보권설정자)가 처분한 경우

㉠ **채무자가 금전채무를 담보하기 위하여 그 소유의 동산을 채권자에게 양도담보로 제공**함으로써 채권자인 양도담보권자에 대하여 담보물의 담보가치를 유지·보전할 의무 내지 담보물을 타에 처분하거나 멸실, 훼손하는 등으로 담보권 실행에 지장을 초래하는 행위를 하지 않을 의무를 부담하게 되었더라도, 이를 들어 채무자가 통상의 계약에서의 이익대립관계를 넘어서 채권자와의 신임관계에 기초하여 채권자의 사무를 맡아 처리하는 것으로 볼 수 없다. 따라서 채무자를 **배임죄의 주체인 '타인의 사무를 처리하는 자'에 해당한다고 할 수 없고**, 그가 담보물을 제3자에게 처분하는 등으로 담보가치를 감소 또는 상실시켜 채권자의 담보권 실행이나 이를 통한 채권실현에 위험을 초래하더라도 배임죄가 성립한다고 할 수 없다 (2019도9756 전원합의체) 21. 경찰, 21. 경찰승진

㉡ 약한 의미의 양도담보에 있어서는 목적물의 소유권은 채무자에게 유보되어 있고 채권자에게는 그 채무불이행시의 목적물에 대한 담보권 및 환가권만이 귀속되는 것이어서 채무자는 자기의 물건을 보관하고 있는 셈이 되는 것이므로 양도담보의 목적물을 제3자에게 처분하였다 하더라도 횡령죄를 구성하지 않는다(80도2097).

5. 매도담보

(1) **의의** : 매도담보란 필요한 자금을 매매의 형식을 빌어, 즉 매매대금으로 얻는 경우로서, 계약체결과 동시에 소유권을 매수인에게 이전하고 일정한 기간내에 매매대금을 반환하여 그 목적물을 다시 찾아오는 형식을 취하는 담보형식이다.

(2) **부동산인 경우** : 1,000만원의 자금을 필요로 하는 甲이 시가 3,000만원 상당의 甲 소유의 토지를 1,000만원에 乙에게 매매계약의 체결을 통하여 매각하고(乙 앞으로 이전등기를 해줌) 필요한 자금을 얻은 다음, 뒷날에(변제기) 그 1,000만원을 반환함으로써 토지소유권을 다시 찾아오는 방법이다.

① 판례법리 : 등기를 갖고 있는 자가 소유자이다.

② 구조

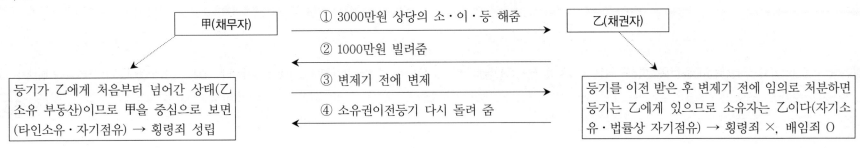

甲(채무자) ─── ① 3000만원 상당의 소·이·등 해줌 ───▶ 乙(채권자)

② 1000만원 빌려줌 ◀───

③ 변제기 전에 변제 ───▶

④ 소유권이전등기 다시 돌려 줌 ◀───

등기가 乙에게 처음부터 넘어간 상태(乙 소유 부동산)이므로 甲을 중심으로 보면 (타인소유·자기점유) → 횡령죄 성립

등기를 이전 받은 후 변제기 전에 임의로 처분하면 등기는 乙에게 있으므로 소유자는 乙이다(자기소유·법률상 자기점유) → 횡령죄 ×, 배임죄 O

판례 매도담보 – 부동산

채권의 담보를 목적으로 부동산의 소유권이전등기를 마친 채권자는 채무자가 변제기일까지 그 채무를 변제하면 채무자에게 그 소유명의를 환원하여 주기 위하여 그 소유권이전등기를 이행할 의무가 있으므로, 그 변제기일 이전에 그 임무에 위배하여 제3자에게 근저당권을 경료하여 주었다면 변제기일까지 채무자의 채무변제가 없었다고 하더라도 배임죄는 성립한다(95도283).

(3) 동산인 경우: 1,000만원의 자금을 필요로 하는 甲이 시가 3,000만원 상당의 甲 소유의 고려청자를 1,000만원에 乙에게 매매계약의 체결을 통하여 매각하고(乙 앞으로 매도담보권리를 설정해
줌) 필요한 자금을 얻은 다음, 뒷날에(변제기) 그 1,000만원을 반환함으로써 매도담보권설정 권리를 청산하는 방법이다.

① **판례법리** - 매매형식이므로 소유권은 채권자에게 이전된다.

② **구조**

[주의] 매매형식이므로 소유권은 채권자에게 이전

甲(채무자)		乙(채권자)
	① 3000만원상당의 매도담보권리설정 →	
	← ② 1000만원 빌려 줌	
	③ 변제기 전에 변제 →	
	← ④ 매도담보권리 청산	

매매형식이므로 소유권은 乙에게 이전됨. 채무자를 중심으로 보면 타인소유·사실상 자기점유이다. 이를 임의처분하면 횡령죄 성립

채권자는 고려청자에 대해서 자기소유·법률상 자기점유이므로 이를 임의로 처분 → 횡령죄 ×, 배임죄 O

판례 매도담보 - 동산

타인에게 매도담보로 제공한 동산을 그대로 계속하여 점유하고 있는 경우에 그 동산을 임의로 처분하였다는 횡령죄가 되는 것이고 권리행사방해죄는 성립하지 않는다(4294형상470).

19. 법원행시

3 업무상 배임죄

제356조【업무상의 횡령과 배임】 업무상의 임무에 위배하여 전조의 죄를 범한 자는 10년 이하의 징역 또는 3,000만원 이하의 벌금에 처한다.
제358조【자격정지의 병과】 본죄에는 10년 이하의 자격정지를 병과할 수 있다.
제359조【미수범】 미수범은 처벌한다.

■ 업무 + 타인의 사무처리자가 할 수 있는 범죄 → 부진정신분범 → 이중의 신분임.

4 배임수재죄 · 배임증재죄

제357조【배임수증죄】 ① 타인의 사무를 처리하는 자가 그 임무에 관하여 부정한 청탁을 받고 재물 또는 재산상의 이익을 취득하거나 제3자로 하여금 이를 취득하게 한 때에는 5년 이하의 징역 또는 1천만원 이하의 벌금에 처한다.
② 제1항의 재물 또는 이익을 공여한 자는 2년 이하의 징역 또는 500만원 이하의 벌금에 처한다.
③ 범인 또는 정(情)을 아는 제3자가 취득한 제1항의 재물은 몰수한다. 그 재물을 몰수하기 불가능하거나 재산상의 이익을 취득한 때에는 그 가액을 추징한다.
제358조【자격정지의 병과】 10년 이하의 자격정지를 병과할 수 있다.
제359조【미수범】 미수범은 처벌한다.

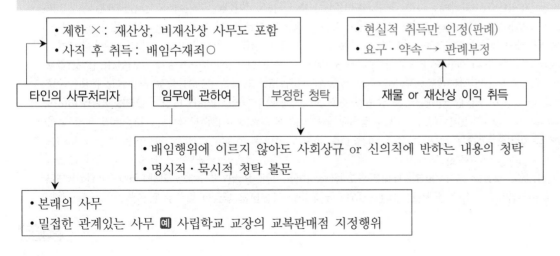

┌ 배임수재죄 → 필요적 몰수
└ 배임증재죄 → 임의적 몰수

※ 임무위배행위나 본인에게 손해를 가하는 행위는 배임수재죄의 구성요건이 아니다. 17. 법원행시

① 배임수재죄의 주체로서 타인의 사무를 처리하는 자라 함은 타인과의 대내관계에 있어서 신의성실의 원칙에 비추어 그 사무를 처리할 신임관계가 존재한다고 인정되는 자를 의미하고 **반드시 제3자에 대한 대외관계에서 그 사무에 관한 권한이 존재할 것을 요하지 않으며**, 또 그 사무가 포괄적 위탁사무일 것을 요하는 것도 아니고 사무처리의 근거, 즉 신임관계의 발생근거는 법령의 규정, 법률행위, 관습 또는 사무관리에 의해서도 발생할 수 있다(2002도6834). 07. 사시. 16. 법원직, 17. 법원행시, 19. 경찰간부

② 타인의 사무를 처리하는 자가 그 임무에 관하여 부정한 청탁을 받은 이상, 그 후 **사직으로 인하여 그 직무를 담당하지 아니하게 된 상태에서 재물을 수수**하게 되었다 하더라도, 그 재물 등의 수수가 부정한 청탁과 관련하여 이루어진 것이라면 배임수재가 성립한다(97도2042). 07·09. 사시, 10. 경찰승진

③ **'타인의 사무를 처리하는 자'의 지위를 취득하기 전**에 부정한 청탁을 받은 경우, 배임수재죄로 처벌할 수 없다. 따라서 피고인이 타인 등으로부터 시에서 발주한 도시형폐기물종합처리시설 건설사업의 기본설계 적격심의 및 평가와 관련하여 동부건설 컨소시엄이 제출한 설계도면에 유리한 점수를 주어 낙찰을 받을 수 있도록 해 달라는 취지의 **청탁을 받은 이후에 비로소 건설사업의 평가위원으로 위촉**되었다면, 피고인이 그 임무와 관련하여 부정한 청탁을 받고 재물을 취득하였더라도 배임수재죄는 성립하지 않는다(2009도12878).

④ 배임수재죄에서 말하는 '재산상 이익의 취득'이라 함은 현실적인 취득만을 의미하므로 **단순한 요구 또는 약속만을 한 경우**에는 이에 포함되지 아니한다고 할 것인바, 건설회사의 대표이사에게 부정한 청탁을 하면서 골프장회원권을 공여할 의사표시를 하고 대표이사가 이를 승낙하였지만, 그 골프장회원권에 관하여 대표이사 명의로 **명의변경이 이루어지지 아니한 이상** 피고인인 대표이사가 현실적으로 재산상 이익을 '취득'하였다고 할 수 없어 무죄이다(98도4183). 09. 사시, 10·11. 경찰승진, 16. 사시

⑤ [1] 형법 제357조 제1항의 배임수재죄의 법문상 '타인'의 사무를 처리하는 자가 그 임무에 관하여 부정한 청탁을 받았다고 하더라도 **자신이 아니라 그 '타인'에게 재물 또는 재산상 이익을 취득하게 한 경우에는 위 죄가 성립하지 않는다.**

[2] 조합 이사장이 조합이 주관하는 도자기 축제의 대행기획사를 선정하는 과정에서 최종 기획사로 선정된 회사로부터 조합운영비 지급을 약속받고 위 축제가 끝난 후 **조합운영비 명목으로 현금 3,000만 원을 교부받아 조합운영비로 사용**한 경우, 이사장이 개인적인 이익을 위해서가 아니라 조합의 이사장으로서 위 금원을 받아 조합의 운영경비로 사용한 것이라면 배임수재죄는 성립하지 않는다(2006도1202).

⑥ 형법 제357조 제1항의 배임수재죄는 반드시 수재 당시에도 그와 관련된 **임무를 현실적으로 담당하고 있음을 요건으로 하는 것은 아니다**(97도2042).

⑦ **장래에 담당할 임무**에 관하여 부정한 청탁을 받고 재물 또는 재산상 이익을 취득한 후 그 임무를 현실적으로 담당하게 된 경우 배임수재죄가 성립한다(2012도13719).

⑧ 임무에 관하여 부정한 청탁을 받고 재물 또는 재산상 이익을 취득하면 배임수재죄는 성립하고, 어떠한 임무위배행위를 하거나 **본인에게 손해를 가하는 것을 요건으로 하지 아니한다**(2011도11174). → 본인에게 재산상의 손해발생을 요한다. (×) 16. 법원직, 16. 경찰간부

⑨ 배임수·증재죄에서 타인의 업무를 처리하는 사람에게 공여한 금품에, 부정한 청탁의 대가로서의 성질과 그 외의 행위에 대한 사례로서의 성질이 불가분적으로 결합되어 있는 경우, **전부**가 부정한 청탁의 대가로서의 성질을 가진다(2015도3080). 18. 경찰승진

⑩ 형법 제357조 제1항의 배임수재죄와 같은 조 제2항의 배임증재죄는 **통상 필요적 공범의 관계**에 있기는 하나 이것은 **반드시 수재자와 증재자가 같이 처벌받아야 하는 것을 의미하는 것은 아니고** 증재자에게는 정당한 업무에 속하는 청탁이라도 수재자에게 부정한 청탁이 될 수도 있는 것이다(90도2257). 09. 사시, 10. 경찰승진, 17. 법원행시

⑪ 거래상대방의 대향적 행위의 존재를 필요로 하는 유형의 배임죄에서 거래상대방이 양수대금 등 거래에 따른 계약상 의무를 이행하고 배임행위의 실행행위자가 이를 이행받은 것을 두고 부정한 청탁에 대한 대가로 수수하였다고 쉽게 단정하여서는 아니 된다(2014도17211). 17. 법원행시

⑫ 회사의 대표이사가 업무상 보관하던 회사자금을 빼돌려 횡령한 다음, 그중 일부를 더 많은 장비 납품 등의 계약을 체결할 수 있도록 해 달라는 취지의 묵시적 청탁과 함께 위 돈을 배임증재에 공여한 경우 횡령죄와 배임증재죄는 실체적 경합범이 성립한다(2009도13463).

⑬ 공동의 사기 범행으로 인하여 얻은 돈을 **공범자끼리 수수한 행위**가 공동정범들 사이의 범행에 의하여 취득한 돈이나 재산상 이익의 내부적인 분배행위에 지나지 않는다면 돈의 수수행위가 따로 **배임수증재죄를 구성한다고 볼 수 없다**(2015도18795). 16. 법원행시

O 배임수증죄 성립	X 배임수증죄 불성립
① 방송프로그램에 **특정 가수의 노래만**을 자주 방송하여 달라는 청탁을 받은 경우(90도2257) 06. 법원행시	① **기존 계약관계를 유지시켜 달라는 부탁**을 받고 사례금 명목으로 금원을 교부한 경우(85도465)
② **특정 학원 소속의 강사만을 채용**하고 **특정 회사에서 출판되는 교재를 채택**하여 특정 회사의 이익을 위하여 수능과외방송을 하는 내용의 방송협약을 체결하여 달라고 부탁한 경우(99도2165) 06. 법원행시	② 청탁한 내용이 단순히 규정이 **허용하는 범위 내에서 최대한의 선처를 바란다**는 내용에 불과한 경우(82도1656) 06. 법원행시
③ 정상적으로 KOC 위원의 위촉절차를 밟지 않고 KOC 위원장에게 **KOC 위원으로 선임해 달라는 등의 부탁**을 한 경우(2004도6646) 11. 경찰승진	③ 농업협동조합 단위조합장이 **조합을 위한 예금유치**를 위하여 청탁한 경우(79도708)
④ 국회의원이 더 이상 지구당의 **공천비리를 조사하지 말아 달라는 취지**로 당무에 노고가 많다고 하면서 중앙당 당기위원회 수석부위원장에게 금원을 교부한 경우(88도167)	④ 지역별 **수산업협동조합의 총대**가 조합장선거에 출마한 후보자들로부터 자신을 지지하여 달라는 부탁과 함께 금원을 교부받은 경우(89도970)
⑤ 대학교수가 **특정 출판사의 교재를 채택**하여 달라는 청탁을 받고 교재 판매대금의 일정비율에 해당하는 금원을 받은 경우(95도2090)	⑤ 대학병원 등의 의사인 피고인들이 의약품인 조영제를 사용해 준 대가 또는 향후 조영제를 지속적으로 납품할 수 있도록 하여 달라는 청탁의 취지로 제약회사 등이 제공하는 조영제에 관한 '시판 후 조사(PMS; Post Marketing Surveillance)' 연구용역계약을 체결하고 **연구비 명목의 돈을 수수**한 경우(2010도10290)
⑥ 아파트입주자 대표가 건축회사 협상대표로부터 **보상금을 대폭 감액**하여 조속히 합의하여 달라고 부탁받고 약속어음을 받은 경우(92도2033)	 비교판례 대학병원 의사인 피고인이 의약품 등을 지속적으로 납품할 수 있도록 하여 달라는 부정한 청탁 또는 의약품 등을 사용하여 준 대가로 제약회사 등으로부터 명절 선물이나 골프접대 등 향응을 제공받은 경우 배임수재죄가 성립한다(2010도10290).
⑦ 건설회사의 실무책임자가 건설공사 **양수대금을 유리하게 책정**하여 달라는 취지의 청탁을 한 경우(95도2930)	⑥ 학교법인의 이사장 또는 사립학교경영자가 학교법인 운영권을 양도하고 양수인으로부터 양수인 측을 학교법인의 임원으로 선임하여 주는 대가로 양도대금을 받기로 하는 내용의 청탁을 받은 경우(2013도11735). 16. 법원직
⑧ 방송국예능담당 프로듀서인 피고인이 **연예기획사운영자로부터 그 소속 연예인을 출연시켜 달라는 청탁**을 받고 상당한 시세차익이 예상되는 주식을 매수하였고, 이후 그러한 예능프로그램 제작에 프로듀서로 관여한 경우(2009도4791)	⑦ 공인회계사인 피고인이 甲주식회사 부사장 乙에게서 "**합병에 필요한 甲회사의 주식가치를 높게 평가해 달라.**"라는 청탁을 한 경우(2011도4397)
⑨ 회원제 골프장의 예약업무담당자가 부킹대행업자의 청탁에 따라 **회원에게 제공하여야 하는 주말부킹권을 부킹대행업자에게 판매**하고 그 대금 명목의 금품을 받은 경우(2008도6987) 11. 경찰승진	⑧ 공동의 사기 범행으로 인하여 얻은 돈을 공범자끼리 수수한 행위가 공동정범들 사이의 범행에 의하여 취득한 돈이나 재산상 이익의 내부적인 분배행위에 지나지 않는다면 돈의 수수행위가 따로 배임수증재죄를 구성한다고 볼 수는 없다(2015도18795). 17. 법원행시
⑩ 공사도급회사의 현장감독이 수급인으로부터 공사시공에 하자가 있더라도 묵인하여 달라는 취지의 청탁을 받고 금원을 수령한 경우(91도2418) 06. 법원행시	⑨ 금융기관의 임직원이 대출상대방과 공모하여 임무에 위배하여 대출상대방에게 담보로 제공되는 부동산의 담보가치보다 훨씬 초과하는 금원을 대출하여 주고 대출금 중 일부를 되돌려 받기로 한 다음 그에 따라 약정된 금품을 수수하는 것은 부실대출로 인한 업무상배임죄의 공동정범들 사이의 내부적인 이익분배에 불과한 경우(2013도7201). 16. 사시

Theme **19** # 장물의 죄

1 장물죄

제362조【장물의 취득, 알선 등】 ① 장물을 취득, 양도, 운반 또는 보관한 자는 7년 이하의 징역 또는 1,500만원 이하의 벌금에 처한다.

제365조【친족간의 범행】 ① 전 3조의 죄를 범한 자와 피해자간에 제328조 제1항, 제2항의 신분관계가 있는 때에는 동조의 규정을 준용한다.

② 전 3조의 죄를 범한 자와 본범간에 제328조 제1항의 신분관계가 있는 때에는 그 형을 감경 또는 면제한다. 단, 신분관계가 없는 공범에 대하여는 예외로 한다.

1. 객관적 구성요건

(I) **주체**: 본범 이외의 자

① 본범의 정범·공동정범·합동범: 주체 ×

② 본범의 교사범·방조범: 주체 ○

    예 절도를 교사한 자가 피교사자로부터 그 절취품을 매수한 경우 → 절도교사범과 장물취득죄의 경합범

판례 ✍

① 장물죄는 타인(본범)이 불법하게 영득한 재물의 처분에 관여하는 범죄이므로 **자기의 범죄에 의하여 영득한 물건에 대하여는 성립하지 아니하고** 이는 불가벌적 사후행위에 해당하나 여기에서 **자기의 범죄라 함은 정범자(공동정범과 합동범을 포함한다)에 한정**되는 것이므로 평소 본범과 공동하여 수차 상습으로 절도등 범행을 자행함으로써 실질적인 범죄집단을 이루고 있었다 하더라도, 당해 범죄행위의 정범자(공동정범이나 합동범)로 되지 아니한 이상 이를 자기의 범죄라고 할 수 없고 따라서 그 장물의 취득을 불가벌적 사후행위라고 할 수 없다(86도1273). 17. 경찰승진

② 본범자와 **공동하여** 장물을 운반한 경우에 본범자는 장물죄에 해당하지 않으나, 그 외의 자의 행위는 장물운반죄를 구성한다(98도3030). 21. 법원직

③ **횡령 교사를 한 후 그 횡령한 물건을 취득**한 때에는 횡령교사죄와 장물취득죄의 경합범이 성립된다(69도692). 22. 경찰승진

(2) **객체**: 재산범죄를 통해 영득한 재물

① **재물**

　ⓘ 재물 그 자체 → 재산상 이익 ×, 권리 ×

　ⓛ 관리할 수 있는 동력도 재물이므로 제346조 준용한다는 명문규정이 없더라도 당연히 장물이 될 수 있다.

② **본범의 성질**: 재산범죄로 영득한 재물

　ⓘ 재산범죄임을 요함

　　ⓐ 비재산범죄로 취득한 재물은 장물 ×(**예** 뇌물, 위조통화, 도박의 판돈, 영득한 사체, 수렵법·수산업법 위반으로 얻은 조수·어획물, 임산물단속법 위반으로 생긴 임산물 등)

　　ⓑ 재산범죄는 배임죄(**예** 이중매매된 부동산)·컴퓨터사용사기죄(순수이득죄)와 손괴죄(영득죄가 아님)를 제외한 모든 재산죄 및 특별법상의 재산범죄(**예** 산림법상의 산림절도)도 포함

> '장물'이라 함은 재산죄인 범죄행위에 의하여 영득된 물건을 말하는 것으로서 절도·강도·사기·공갈·횡령 등 영득죄에 의하여 **취득된 물건**이어야 한다(2010도15350). 21. 법원직

　ⓛ 재산범죄에 의해 영득한 재물: 재산범죄로 영득한 재물 그 자체 or 그것과 동일성이 인정되는 것

　　ⓐ 어느 정도의 원형이 변경되더라도 동일성을 유지하는 경우 장물성이 인정 → 물질적 동일성 인정

　　　예 절취한 금반지를 녹여 금괴를 만든 경우, 도벌한 원목을 제재하여 반출한 목재 등

　　ⓑ 대체장물은 장물이 아님.

　　　예 장물을 매각한 대금, 장물과 교환한 재물, 장물을 전당잡힌 전당표 등은 장물이 되지 않는다. 16. 경찰승진

　　ⓒ 대체장물이 다른 재산범죄에 의하여 취득한 것이라고 인정될 때에는 장물이 될 수 있다.

　　　예 절취한 예금통장으로 찾은 돈은 사기죄에 의하여 영득한 재물로 장물성 인정

　　ⓓ 장물인 금전을 다른 돈으로 환전한 경우 장물성 인정 → 가치의 동일성 인정

　　　예 절취한 자기앞수표로 교환한 현금, 절취한 1만원권 지폐를 천원권으로 교환한 경우

> 장물인 현금을 금융기관에 예금의 형태로 보관하였다가 이를 반환받기 위하여 동일한 액수의 현금을 인출한 경우에 예금계약의 성질상 인출된 현금은 당초의 현금과 **물리적인 동일성은 상실**되었지만 액수에 의하여 표시되는 **금전적 가치에는 아무런 변동이 없으므로 장물로서의 성질은 그대로 유지된다**(2004도134). 19. 경찰, 21. 법원직, 22. 경찰간부

ⓒ 장물성의 상실

 ⓐ 피해자가 추구권을 상실하여 본범 또는 제3자가 그 장물에 대하여 소유권을 취득한 때에는 장물성이 부정된다.

  예 본범에 대하여 피해자의 승낙이 있는 경우, 본범이 장물을 상속받은 경우 등

 ⓑ 본범이 대외관계에서 소유자로서 처분할 권한을 가지고 처분한 재물 **예** 종중 명의수탁자가 처분한 재물, 제3자가 선의취득한 재물 등은 장물이라고 할 수 없다.

 ⓒ 불법원인급여물은 추구권설에 의하면 장물성이 상실된다.

ⓔ 본범의 실현 정도

 ⓐ <u>구 + 위</u>

  예 책임무능력자가 절취한 재물도 장물

 ⓑ 본범에게 소추조건이나 처벌조건이 없는 경우에도 장물죄는 성립

  예 본범이 친고죄인데 고소가 없는 경우, 본범이 친족상도례가 적용되어 형이 면제되는 경우, 본범이 공소시효가 완성된 경우 장물성 인정

 ⓒ 장물죄가 성립하기 위해서는 <u>본범이 기수</u>에 이르러야 함. 본범이 미수상태에 있는 경우에는 장물죄가 아닌 본범의 공동정범·교사범·방조범 성립

판례비교 🔨 장물의 인정 여부

O 장물 인정	**X** 장물 부정
① 장물인 **현금과 자기앞수표를 금융기관에 예치**하였다가 현금으로 인출한 경우(98도2579)	① **전화가입권**(70도2589) 03. 사시, 10. 법원행시, 11·16. 경찰승진
② 절취한 **자기앞수표를 현금**으로 교환한 경우(2004도134) <div align="right">10·11. 법원행시, 12. 법원직, 12·13. 경찰승진</div>	② **문화재보호법** 위반으로 허가 없이 발굴한 문화재(87도538)
③ 수표를 횡령하여 타인의 **예금계좌에 입금시켜 놓았다가 현금**으로 되찾은 경우(98도2269)	③ 밀수입된 물품이라도 이를 매수하거나 보관할 당시에 그 밀수본범에 대한 **공소시효가 완성되어 국가과형권을 발동할 수 없는 단계**에 이른 경우(80도86)
④ 리프트 탑승권 발매기를 전산조작하여 **위조한 리프트 탑승권**(98도2967)	④ 장물을 **전당잡히고 받은 전당표**(78도58)
⑤ 甲이 회사 자금으로 乙에게 **주식매각 대금조로 금원을 지급하는 사실을 乙이 알면서 받은 경우**(2004도5904) 05. 사시, 11. 법원직, 12. 법원행시, 15. 경찰, 22. 경찰간부	⑤ 공무원이 **뇌물로 받은 돈, 도박에서 딴 돈, 손괴한 물건**(74도1804)
⑥ **사기도박으로 딴 돈, 산림절도로 벌채한 목재**(70도2589)	⑥ **배임죄**에 제공된 것에 불과한 **이중매매된 부동산**(74도2804) 12. 경찰, 15. 경찰간부
⑦ 재산범죄를 저지른 이후에 별도의 재산범죄의 구성요건에 해당하는 사후행위가 있었다면 비록 그 행위가 불가벌적 사후행위로서 처벌의 대상이 되지 않는다 할지라도 그 **사후행위로 인하여 취득한 물건은 재산범죄로 인하여 취득한 물건으로서 장물이 될 수 있다**(2004도353). 05. 법원직·사시, 15. 경찰, 22. 경찰승진	⑦ 채무자가 처분한 **양도담보로 제공된 부동산**(82도2119) 03. 법무사
	⑧ **컴퓨터 등 사용사기죄**의 범행으로 예금채권을 취득한 다음 자기의 현금카드를 사용하여 현금자동지급기에서 현금을 인출한 경우(2004도353) <div align="right">06. 경찰승진·경찰, 07. 국가직 7급, 08·10·12. 법원행시, 21. 경찰승진</div>

(3) 행위: 장물을 취득·양도·운반·보관·알선하는 것 → 모두 동일한 법정형으로 규정되어 있음. 19. 경찰승진

① **취득**: 점유이전 + <u>사실상의 처분권 취득</u> **예** 매입, 교환, 채무변제, 증여 등

　㉠ **점유이전**: 직접적·간접적 점유 불문

　　예 매매계약을 체결할 때에는 장물인 것을 몰랐으나 그 정을 알고 인도받은 때에는 본죄가 성립하지만, 취득한 때에 장물인 정을 몰랐을 경우에는 본죄가 성립하지 않음.

　㉡ **사실상의 처분권 획득**: 장물에 대한 사실상의 처분권이 취득자에게 이전된다는 데에 취득의 본질이 있다. 이 점에서 보관·운반과 구별된다.

　　예 사용대차, 임대차, 보관 등은 취득이 아니다.

　㉢ **기수시기**: <u>현실적인 취득</u>(점유이전)시에 기수가 됨. 합의만으로는 부족

　㉣ 장물취득죄가 성립하려면 취득시에 장물이라는 점에 대한 인식이 있어야 한다.

　　예 계약당시에는 몰랐을지라도 인도받을 당시에 장물인 정을 알았다면 장물취득죄가 성립

판례

① [1] 장물취득죄에서 '취득'이라 함은 점유를 이전받음으로써 그 장물에 대하여 사실상의 처분권을 획득하는 것을 의미하는 것이므로 **단순히 보수를 받고** 본범을 위하여 장물을 일시사용하거나 그와 같이 사용할 목적으로 장물을 건네받은 것만으로는 장물을 취득한 것으로 볼 수 없다. 16. 경찰승진, 21. 법원직

　[2] 甲이 A로부터 **보수를 받는 조건**으로 A가 습득하였다고 주장하는 신용카드들을 사용하여 **물품을 구입하여 주기로 하고 그 신용카드를 교부받은 경우** 취득죄는 부정하고 보관죄는 인정한다(2003도1366). 12. 법원직, 19. 경찰간부

② 甲이 권한 없이 인터넷뱅킹으로 타인의 예금계좌에서 자신의 예금계좌로 돈을 이체한 후 그중 일부를 인출하여 그 정을 아는 乙에게 교부한 경우 乙에 대해서는 장물취득죄가 성립하지 아니한다(2004도353). 16. 사시, 16. 경찰승진, 18. 법원직

③ 신탁행위에 있어서는 수탁자가 외부관계에 대하여 소유자로 간주되므로 이를 취득한 제3자는 **수탁자가 신탁자의 승낙 없이 매각하는 정을 알고 있었다고 하더라도** 장물취득죄가 성립하지 아니한다(79도2410). 16. 경찰승진

④ 甲이 사기 범행에 이용되리라는 사정을 알고서도 자신의 명의로 새마을금고 예금계좌를 개설하여 乙에게 이를 인계한 후 乙이 제3자인 A를 속여 A로 하여금 1,000만원을 위 **계좌로 송금**하게 한 것을 甲이 인출한 경우 甲은 장물취득죄는 성립하지 않는다(2010도6256). 16. 사시

⑤ 본인 명의의 통장을 양도하는 방법으로 본범의 **사기 범행을 용이하게 한 방조범**이 본범의 사기 범행결과 그 자신의 계좌에 입금된 돈을 인출한 경우, 피고인이 **자신의 예금계좌에서 돈을 인출**하였다고 하더라도 본범으로부터 위 돈에 대한 점유를 이전받아 **사실상 처분권을 획득한 것은 아니므로**, 피고인의 위와 같은 인출행위를 장물취득죄로 벌할 수는 없다(2010도6256). 11·15. 법원직, 19. 변호사

　→ 사기 범행에 이용되리라는 사정을 알고서도 자신(C)의 명의로 은행 예금계좌를 개설하여 A에게 양도함으로써 A가 B를 속여 B로 하여금 현금을 위 계좌로 송금하게 한 사기 범행을 방조한 C가 위 계좌로 송금된 돈 중 일부를 인출한 행위는 이는 예금명의자로서 은행에 예금반환을 청구한 결과일 뿐 본범으로부터 위 돈에 대한 점유를 이전받아 사실상 처분권을 획득한 것은 아니므로 장물취득죄로 벌할 수는 없다. 17. 법원행시

⑥ 장물취득죄는 취득 당시 장물인 줄 알면서 이를 취득하여야 성립하는 것이므로 피고인이 자전거의 **인도를 받은 후**에 비로소 장물이 아닌가 하는 의구심을 가졌다고 하여 그 자전거의 수수행위가 장물취득죄를 구성한다고 할 수 없다(2004도6084). 11. 국가직 7급, 15. 경찰간부, 22. 경찰승진

　비교판례 매매계약을 체결할 때에는 장물인 정을 몰랐으나 그 후에 그 정을 알면서 점유를 인도받은 경우 장물취득죄가 성립한다(4292형상496). 15. 경찰간부

⑦ [1] 장물죄에 있어서 본범의 행위에 관한 법적 평가는 그 행위에 대하여 우리 형법이 적용되지 아니하는 경우에도 <u>우리 형법을 기준</u>으로 하여야 한다.

16. 사시, 19. 경찰간부, 19 · 21. 경찰승진

    [2] 대한민국 국민 또는 외국인이 미국 캘리포니아주에서 미국 리스회사와 미국 캘리포니아주의 법에 따라 차량 이용에 관한 리스계약을 체결하였는데, 이후 자동차수입업자인 피고인이 리스기간 중에 <u>리스이용자들이 임의로 처분한 차량</u>들을 수입한 경우 피고인에게 장물취득죄가 성립한다(2010도15350). 13. 경찰승진, 15. 경찰

⑧ 甲이 A로부터 부동산의 매도위임을 받아 매매계약을 체결하고 계약금으로 5억원을 교부받아 보관하던 중, 甲이 A에 대하여 가지고 있던 채권변제에 충당한다는 명목으로 그 반환을 거부하고 이를 乙에 대한 자신의 채무변제로 3억원을 교부하는 등으로 소비하였고, 한편 乙은 甲으로부터 자신의 채권변제 명목으로 3억원을 교부받을 당시에 그러한 정을 알고 있었다면 <u>甲은 횡령죄에 해당하고, 乙은 장물취득죄에 해당</u>한다(2004도134).

② 양도 : 장물인 정을 알지 못하고 취득한 후에 그 정을 알면서 장물을 제3자에게 수여하는 것

※ **취득과의 관계** : 장물임을 알고 취득하여 이를 다른 사람에게 양도한 경우에는 장물취득죄만 성립하고, 양도행위는 불가벌적 사후행위에 지나지 않는다.

판례

① 구 자동차관리법 제6조가 "자동차소유권의 득실변경은 등록을 하여야 그 효력이 생긴다."고 규정하고 있기는 하나, 위 규정은 도로에서의 운행에 제공될 자동차의 소유권을 공증하고 안전성을 확보하고자 하는 데 그 취지가 있는 것이므로, **장물인 수입자동차를 신규 등록하였다고 하여 그 최초 등록명의인이 해당 수입자동차를 원시취득하게 된다거나 그 장물양도행위가 범죄가 되지 않는다고 볼 수는 없다.** 14. 사시

② 피고인이 도난차량인 미등록 수입자동차를 취득하여 신규 등록을 마친 후 **해당 자동차가 장물일지도 모른다고 생각하면서 이를 양도**한 사안에서, 피고인의 선의취득 주장을 배척하고 장물양도죄를 인정한다(2009도3552). 17. 경찰

③ 운반 : 장물임을 알고 운반할 것을 요한다.
   ㉠ 장물을 취득한 자가 이를 운반하거나, 운반한 자가 취득한 때에는 장물취득죄만 성립
   ㉡ 장물을 운반한 자가 이를 계속 보관한 경우에는 포괄하여 장물보관죄만 성립
   ㉢ **제3자가 가담하여 장물운반시** : 제3자는 장물운반죄 성립

판례

① 피고인이 본범이 절취한 차량이라는 정을 알면서도 본범 등으로부터 그들이 차량을 이용하여 강도를 하려 함에 있어서 차량을 운전하여 달라는 부탁을 받고 차량을 운전하여 준 경우 **장물운반죄와 강도예비죄의 상상적 경합**이 성립한다(98도3030). 15. 법원직, 17. 경찰간부, 22. 경찰승진

② 타인이 절취 · 운전하는 승용차의 **뒷좌석에 편승**한 것을 가리켜 장물운반행위의 실행을 분담하였다고는 할 수 없다(83도1146).

④ 보관: 처분권 취득 ×

　㉠ 장물임을 모르고 취득한 자가 그 정을 알면서 계속 보관한 때에는 그때부터 장물보관죄가 성립하나, 이 경우에도 점유할 권한이 있는 때에는 이를 계속하여 보관하더라도 장물보관죄가 성립하지 않는다. 例 장물을 채권담보조로 보관한 경우

　㉡ 타인의 죄증을 인멸하기 위하여 장물은닉 → 장물 보관죄 vs. 증거인멸죄의 상상적 경합

판례

① 장물인 정을 모르고 장물을 보관하였다가 그 후에 **장물인 정을 알게 된 경우 그 정을 알고서도 이를 계속하여 보관**하는 행위는 장물죄를 구성하는 것이나, 이 경우에도 **점유할 권한이 있는 때**에는 이를 계속하여 보관하더라도 장물보관죄가 성립하지 않는다(85도2472). 14 · 16. 사시, 16. 경찰승진, 22. 경찰간부

② 피고인이 타인이 보관을 의뢰한 수표를 보관하다가 발행은행에 문의한 결과 도난당한 수표임을 알게 되었는데도 이를 **계속 보관**하였다면 장물보관죄가 성립한다(87도1633).
13 · 16. 경찰승진

③ 피고인이 **채권의 담보로서** 이 사건 수표들을 교부받았다가 장물인 정을 알게 되었음에도 이를 보관한 행위는 **점유할 권한이 있기 때문에** 장물보관죄에 해당하지 아니한다(85도2472). 01 · 10. 법원직, 04 · 15. 경찰, 19. 경찰간부

④ 절도범인으로부터 장물보관의뢰를 받은 자가 그 정을 알면서 이를 인도받아 보관하고 있다가 임의처분하였다고 하여도 **장물보관죄가 성립하는 때에는** 이미 그 소유자의 소유물추구권을 침해하였으므로 그 후의 횡령행위는 불가벌적 사후행위에 불과하여 **별도로 횡령죄가 성립하지 않는다**(76도3067). 14. 사시, 19 · 22. 경찰간부

⑤ 알선: 장물의 취득 · 양도 · 운반 또는 보관을 매개하거나 주선하는 것

　㉠ 점유이전 ×

　㉡ 알선행위만 있으면 알선에 의한 계약성립 여부를 불문하고 알선죄는 기수(판례)

판례

장물인 귀금속의 매도를 부탁받은 피고인이 그 귀금속이 장물임을 알면서도 매매를 **중개하고** 매수인에게 이를 전달하려다가 **매수인을 만나기도 전에 체포**되었다 하더라도 귀금속의 매매를 중개함으로써 장물알선죄가 성립한다(2009도1203). 14 · 16. 사시, 15. 경찰, 16 · 17 · 19 · 21. 경찰승진, 18 · 21. 법원직

2. 주관적 구성요건

장물인 점에 대한 인식과 의사가 있어야 한다. 미필적 고의로 족함.

판례

① 장물죄의 고의는 범인이 장물이라는 정을 알면 족하고 그 본범의 범행을 구체적으로 알아야 하는 것은 아니며 또 그 인식은 **미필적 인식으로 족하다**(68도1474). 12 · 21. 법원직

② 자전거의 인도를 받은 후에 비로소 장물이 아닌가 하는 **의구심을 가진 경우**에는 장물취득죄를 구성한다고는 할 수 없다(94도1968).

③ 장물인 정을 알고 있었는지의 여부는 장물소지자의 신분, 재물의 성질, 거래의 대가 기타 상황을 참작하여 인정할 수밖에 없다(2004도5904).

3. 친족상도례 15. 법원직

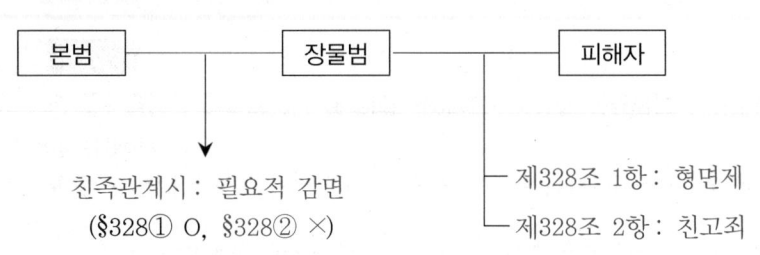

친족관계시 : 필요적 감면
(§328① O, §328② ×)

— 제328조 1항 : 형면제
— 제328조 2항 : 친고죄

2 상습장물죄

제363조【상습범】 ① 상습으로 전조의 죄를 범한 자는 1년 이상 10년 이하의 징역에 처한다.
② 제1항의 경우에는 10년 이하의 자격정지 또는 1,500만원 이하의 벌금을 병과할 수 있다.

③ 업무상 과실 · 중과실 장물죄

> **제364조【업무상 과실, 중과실】** 업무상 과실 또는 중대한 과실로 인하여 제326조의 죄를 범한 자는 1년 이하의 금고 또는 500만원 이하의 벌금에 처한다.

■ 업무상과실·중과실장물죄는 재산범죄 중 유일하게 과실범처벌규정이 있다. 단, 단순과실은 포함되지 않는다.

판례비교 ⚖ 업무상과실장물죄의 성립 여부

O　　　　　　　　　　업무상과실장물죄 성립	X　　　　　　　　　　업무상과실장물죄 불성립
① 군수용 외래품 구입상이 매도인의 신원확인을 하고 통상적인 출처만을 물은 뒤에 물품을 매입한 경우(4294형상7) ② 금은방을 운영하는 甲이, 19세 乙이 가져온 14K 커플링 반지를 매수하고 며칠 후에 다시 18K 큐빅 반지를 가져오자 乙의 주민등록증을 교부받아 신원만 확인한 후에 매수한 경우(2003도348) ③ 전자대리점을 경영하는 자가 그 취급물품의 판매회사 사원으로부터 그가 소개한 회사 보관창고의 물품반출업무 담당자가 그 창고에서 내어 주는 회사 소유물품을 반출하여 판매한 후에 그 대금을 달라는 부탁을 받고 이를 반출함에 있어서 그 대금도 확실히 정하지 않고 인수증의 발행 등 정당한 출고절차를 거치지 아니한 경우(87도915)	① 전당포경영자가 전당물을 입질받음에 있어서 소유관계를 묻고 주민등록증을 제시받아 전당물대장에 주소, 성명, 직업, 주민등록번호, 연령 등을 기재한 경우(86도2077) ② 절도범이 장물을 전당하면서 전당포주에게 위조한 주민등록증을 제시하고 전당포주의 질문에 대하여 전당물의 취득경위나 전당이유 등을 그럴싸하게 꾸며서 진술하여 전당포주가 육안으로는 위조 여부를 쉽게 식별할 수 없는 위 주민등록증과 절도범의 말이 진실한 것으로 믿고 전당물대장에 소정양식대로 기재한 경우(83도1857) ③ 카메라상이 매입카메라를 전매함에 있어서 고물대장에 매수인의 성명, 주소 등을 확인한 후 도품인지 여부를 확인하지 않고 전매한 경우(70도1489) ④ 택시운전기사가 승객 물건의 출처와 장물 여부를 따지고 신분에 적합한 소지인인가를 알아보는 등의 주의를 하지 않고 승객의 물건을 운반한 경우(83도1144)

Theme **20** # 손괴의 죄

1 손괴죄

> **제366조【재물손괴 등】** 타인의 재물, 문서 또는 전자기록 등 특수매체기록을 손괴 또는 은닉 기타 방법으로 그 효용을 해한 자는 3년 이하의 징역 또는 700만원 이하의 벌금에 처한다.
> **제371조【미수범】** 미수범은 처벌한다.

1. 객관적 구성요건

(1) **객체**: 타인소유의 재물, 문서 또는 전자기록등 특수매체기록 → 타인 점유 ×

① **재물**
  ㉠ 유체물 및 관리할 수 있는 동력을 말한다.
  ㉡ 재물은 동산·부동산 불문, 이용가치 또는 주관적 가치는 있어야 한다. **예** 포도주 원액이 부패하여 포도주 원료로서의 효용가치는 상실되었으나, 그 신도가 1.8도 내지 6.2도에 이르고 있어 식초의 제조 등 다른 용도에 사용할 수 있는 경우에는 재물손괴죄의 객체가 될 수 있다(78도2138).
  ㉢ 공익건조물을 파괴한 경우 공익건조물파괴죄(제367조) 성립. if 파괴에 이르지 못함 → 재물손괴죄
  ㉣ 공용물을 파괴한 경우 공용물파괴죄(제141조 2항) 성립. if 파괴에 이르지 못함(손괴의 경우) → 공용서류무효죄(제141조 제1항)가 성립. 재물손괴죄 ×
  ㉤ 문서란 공용서류(제141조 제1항)에 해당하지 않는 모든 서류이다. 공문서·사문서 불문
  ㉥ 문서의 경우 타인소유이면 자기명의·타인명의를 불문한다.
    예 채무자가 작성·교부한 자기명의의 차용증서를 우연히 채권자로부터 반환받아 임의로 차용금액을 고쳐 쓴 경우 문서변조죄가 아니라 문서손괴죄가 성립한다.

판례 🖋

① 본래의 용도에 사용할 수 없으나 다른 용도에 사용할 수 있다면 이는 재물손괴죄의 객체가 된다. 포도주 원액이 부패하여 효용가치가 상실된 경우, **식초의 제조 등 다른 용도에 사용할 수 있는 경우**에는 재물손괴죄의 객체가 될 수 있다(78도2138). 16. 경찰간부
② **재건축사업으로 철거 예정**이고 그 입주자들이 모두 이사하여 아무도 거주하지 않은 채 비어 있는 아파트라 하더라도 **재물손괴죄의 객체가 된다**(2007도5207).
  10·12.·21 경찰승진, 11·21. 법원직, 16·18. 경찰간부
③ 재물의 효용을 해한다고 함은 물건 본래의 사용목적에 공할 수 없게 하는 것은 물론 **일시 이용할 수 없는 상태로 만드는 것도 포함**된다(2007도2590).

(2) 행위

① 손괴 : 직접적 유형력(물리력) 행사 + 재물보존 상태를 불이익하게 변경 **예** 커피에 담뱃재를 털어 버린 행위나 백색 페인트로 도색하여 광고 문안을 지워버린 경우

　㉠ 재물자체에 유형력 행사 **要** **예** 텔레비전을 못 보게 하기 위하여 전파를 방해하는 것은 손괴가 아니다.

　㉡ 반드시 중요부분에 대한 훼손일 필요는 없지만 물건의 본래 용도대로 사용할 수 없는 본질적인 훼손이어야 한다. **예** 자동차 타이어의 바람을 빼버린 행위

　㉢ 일시적이어도 좋다. **예** 문서에 첨부된 인지를 떼는 행위 또는 얼음을 녹이는 경우

② 은닉

　㉠ 물건의 소재를 불분명 + 발견을 곤란하게 or 불가능 + 효용침해(**예** 친구 집에 놀러 갔다가 자기가 써준 차용증서를 발견하고 친구 몰래 보이지 않는 곳에 놓아둔 경우)

　㉡ 물건자체의 상태 변화 有 → 손괴죄

　㉢ 불법영득의사 有 → 절도죄

③ 기타방법 : 손괴, 은닉 이외의 방법으로 물질적 훼손 or 사실상·감정상 그 물건을 본래의 용법에 따라 사용할 수 없게 하는 일체의 행위 포함(**예** 식기에 방뇨하는 경우, 그림에 낙서하는 경우, 보석을 강물에 던져버린 경우)

2. 주관적 구성요건

고의 **要**, But 불법영득의사는 **不要**

판례비교 손괴죄의 성립 여부

O 손괴죄 성립	**X** 손괴죄 불성립
① 甲이 회사의 경리사무처리상 필요불가결한 매출계산서의 반환을 거부하여 일시적으로 사용에 지장을 준 경우(71도1576) 03·10. 법원행시, 09. 경찰승진	① 피고인이 터미널운영을 방해하려고 타인이 설치한 철조망을, 가까운 곳에 적당한 장소가 없어 약 200m 내지 **300m 가량 떨어진 피고인 소유의 다른 토지 위에 옮겨 놓았다면** 피고인에게 재물은닉의 범의가 있다고 할 수 없어 손괴죄가 성립하지 아니한다(90도1591).
② 자기 명의로 작성된 허위 내용의 확인서를 소유자의 의사에 반하여 작성명의인이 지운 경우(82도1807) 03. 법원행시	② 수확되지 아니한 쪽파의 매수인이 **명인방법을 갖추지 않은 경우**, 그 쪽파의 소유권은 여전히 매도인에게 있고 매도인과 제3자 사이에 **일정기간 후 임의처분의 약정**이 있었다면 그 기간 후에 그 제3자가 쪽파를 손괴하였더라도 재물손괴죄가 성립하지 않는다(95도2754).
③ 피고인이 甲에게 채무 없이 단순히 잠시 빌려준 피고인발행 약속어음을 甲이 乙에게 배서양도하여 乙이 소지하던 중에 피고인이 이를 찢어버린 경우(74도3559)	10. 법원행시, 16·21. 경찰승진
④ 약속어음의 수취인이 차용금의 지급담보를 위하여 은행에 보관시킨 약속어음을 은행지점장이 발행인의 부탁을 받고 그 지급기일란의 일자를 지운 경우(82도223)	③ 이미 작성되어 있던 장부의 기재를 **새로운 장부로 이기하는 과정**에서 누계 등을 잘못 기재하다가 그 부분을 찢어버리고 계속하여 종전 장부의 기재 내용을 모두 이기한 경우(88도1296) 16. 경찰승진
⑤ 판결에 의하여 명도받은 토지의 경계에 설치해 놓은 철조망과 경고판을 치워버린 경우(82도1057) 07. 법원행시, 21. 법원직	

⑥ 피고인이 다른 사람 소유의 광고용 간판을 백색페인트로 도색하여 광고 문언을 지워버린 경우(91도2090) 21. 법원직

⑦ 우물에 연결하고 땅속에 묻어서 수도관적 역할을 하고 있는 고무호스 중 약 1.5m를 발굴하여 우물가에 제쳐놓음으로써 물이 통하지 못하게 한 경우(70도2378) 10·16. 경찰승진

⑧ 이미 타인(타기관)에 접수되어 있는 자기명의 문서에 대하여 이를 무효화시켜 그 용도에 사용하지 못하게 한 경우(87도177) 16. 경찰승진

⑨ 경락받은 공장건물을 개조하기 위하여 그 안에 시설되어 있는 타인의 자재를 적법한 절차 없이 철거한 경우(90도700) 09. 경찰승진, 10. 법원행시, 11. 사시

⑩ **자동문을 자동으로 작동하지 않고 수동으로만 개폐**가 가능하게 하여 자동잠금장치로서 역할을 할 수 없도록 한 경우(2016도9219) 18. 경찰간부, 21. 경찰승진, 21. 법원직

④ 타인의 등기권리증을 가지고 가서 **민사사건에 증거로 제출**한 경우(79도1266) 03. 법원행시

⑤ 해고근로자 등이 복직을 요구하는 집회를 개최하던 중에 래커 **스프레이를 이용**하여 회사 건물 외벽에 낙서한 행위는 손괴죄에 해당하나, **계란 30여 개**를 건물에 투척한 행위는 손괴죄에 해당하지 않는다(2007도2590). 07. 법원행시, 10·16·21. 경찰승진

⑥ 문서가 그 소유자의 의사에 반하여 또는 **소유자의 의사와 무관하게 엘리베이터 벽면에 게시된 경우, 피고인이 이를 떼어낸 행위**만으로는 문서의 효용을 해하였다고 볼 수 없어 문서손괴죄가 성립하지 않는다(2014도13083). 18. 경찰간부, 22. 경찰승진

⑦ 밭에서 재배하였으나 미처 수확되지 않은 농작물의 소유권을 이전받기 위해서는 명인방법을 실시하여야 하므로 그러한 농작물을 매도한 사람이 매수인의 **명인방법이 실시되기 전에** 농작물을 파헤쳐 훼손하였다면 재물손괴죄는 성립하지 않는다(95도2754). 16. 경찰승진

2 공익건조물파괴죄

> **제367조 【공익건조물파괴】** 공익에 공하는 건조물을 파괴한 자는 10년 이하의 징역 또는 2,000만원 이하의 벌금에 처한다.
> **제371조 【미수범】** 미수범은 처벌한다.

(1) 공익건조물 = 사용목적이 공공이익 + 일반인의 접근이 용이해야 함(예 공중전화 박스, 지하철 승강장, 공설 실내체육관 등)

(2) 공용건조물(예 법원도서관·국회도서관) 본죄의 객체 × → 공용건조물파괴죄(제141조)의 객체

(3) 파괴는 건조물의 중요부분을 훼손시켜 전부 또는 일부를 사용할 수 없게 하는 것이다. 파괴에 이르지 않은 경우 손괴죄에 해당한다.

3 가중적 구성요건

1. 중손괴죄 · 손괴치사상죄

제368조【중손괴】 ① 전2조의 죄를 범하여 사람의 생명 또는 신체에 대하여 위험을 발생하게 한 때에는 1년 이상 10년 이하의 징역에 처한다.
② 제366조 또는 제367조의 죄를 범하여 사람을 상해에 이르게 한 때에는 1년 이상의 유기징역에 처한다. 사망에 이르게 한 때에는 3년 이상의 유기징역에 처한다.

※ 중손괴죄는 부진정결과적 가중범이며, 손괴치사상죄는 진정결과적 가중범이다.

2. 특수손괴죄

제369조【특수손괴】 ① 단체 또는 다중의 위력을 보이거나 위험한 물건을 휴대하여 제366조의 죄를 범한 때에는 5년 이하의 징역 또는 1,000만원 이하의 벌금에 처한다.
② 제1항의 방법으로 제367조의 죄를 범한 때에는 1년 이상의 유기징역 또는 2,000만원 이하의 벌금에 처한다.
제371조【미수범】 미수범은 처벌한다.

판례

자동차를 이용하여 다른 사람의 자동차 2대를 손괴한 경우, 그 자동차소유자 등이 실제로 해를 입거나 해를 입을 만한 위치에 있지 아니하였다고 하더라도 폭력행위 등 처벌에 관한 법률 제3조 제1항 위반죄가 성립한다(2002도5783).

4 경계침범죄

제371조【미수범】 미수범은 처벌한다.
제370조【경계침범】 경계표를 손괴, 이동 또는 제거하거나 기타 방법으로 토지의 경계를 인식 불능하게 한 자는 3년 이하의 징역 또는 500만원 이하의 벌금에 처한다.

(1) 토지의 경계(경계표 ×) → 사적·공적·인공적·자연적 불문, 실체법상의 권리와 일치할 것을 요하지 않음.

(2) **인식불능**: 추상적 위험범 → 일부라도 인식불능하면 성립함(기수).

(3) **주관적 구성요건**: 고의 要, 불법영득의사 不要

판례

① 형법 제370조에서 말하는 경계는 반드시 법률상의 정당한 경계를 말하는 것이 아니고, 비록 **법률상의 정당한 경계에 부합되지 아니하는 경계**라고 하더라도 이해관계인들의 명시적 또는 묵시적 합의에 의하여 정하여진 것이면 이는 이 법조에서 말하는 경계라고 할 것이다(99도480). 12. 법원직

② **종래 통용되어 오던 사실상의 경계**가 법률상의 정당한 경계인지 여부에 대하여 다툼이 있다고 하더라도 여전히 경계에 해당된다(92도1682).

③ 형법 제370조에서 말하는 경계표는 그것이 어느 정도 **객관적으로 통용되는 사실상의 경계**를 표시하는 것이라면 영속적인 것이 아니고 일시적인 것이라도 경계침범죄의 객체에 해당한다(99도480).

④ **수목이나 유수 등과 같이 종래부터 자연적으로 존재하던 것**이라도 경계표지로 승인된 것이면 여기의 경계표에 해당한다고 할 것이다(2007도9181).

⑤ 당사자의 어느 한쪽이 기존 경계를 무시하고 **일방적으로** 경계측량을 하여 이를 실체권리관계에 맞는 경계라고 주장하면서 그 위에 계표를 설치하더라도 이와 같은 경계표는 계표에 해당되지 않는다(86도1492).

판례비교 경계침범죄의 성립 여부

O 경계침범죄 성립	**X** 경계침범죄 불성립
① 토지의 경계선을 표시하는 **포플라 및 아카시아나무 약 30본**을 뽑아버리고 대지 1평 7합을 깎아내려 약 1m 높이의 석축을 쌓은 경우(80도225)	① 기왕에 건립되어 있던 **담벽의 연장선상**에 추가로 담벽을 설치한 경우(92도1682)
② **타인의 토지를 침범**하여 건축을 신축한 경우(68도967)	② 건물을 신축하면서 그 건물의 1층과 2층 사이에 있는 **처마**를 타인소유의 가옥지붕 위로 나오게 한 경우(83도1533) 01. 법원행시
③ 피고인이 임야를 타인에게 매도하고 **경계선상에 소나무**를 심어 토지의 경계로 삼아왔는데, 진실한 권리상태와 맞지 않는다며 뽑아버린 경우(86도1492)	③ 기존의 부엌을 완전히 철거하지 않고 약 **50cm의 높이로 그대로 둔 채**, 새로이 지적공사의 측량대로 그 20cm 밖으로 새로운 담장을 설치한 경우(91도856)

Theme 21 권리행사를 방해하는 죄

1 권리행사방해죄

> **제323조【권리행사방해】** 타인의 점유 또는 권리의 목적이 된 자기의 물건 또는 전자기록 등 특수매체기록을 취거, 은닉 또는 손괴하여 타인의 권리행사를 방해한 자는 5년 이하의 징역 또는 700만원 이하의 벌금에 처한다.

1. 주체

(1) 자기의 물건을 타인의 점유 또는 권리의 목적으로 제공한 소유자가 주체이다.

(2) **지입차량** : 지입차량의 법률상 소유자는 지입회사이다. 따라서 지입차주가 점유하는 차량을 지입회사가 직무집행으로 취거하면 권리행사방해죄가 성립하고, 지입회사가 점유하고 있는 차량을 지입차주가 취거하면 절도죄가 성립한다.

(3) **명의신탁**

  ① **명의신탁자** : 명의신탁자는 대외적으로 부동산 소유자가 아니므로 권리행사방해죄의 주체가 될 수 없다.

  ② **명의수탁자** : 종중 및 배우자의 명의신탁이나, 계약명의신탁에서 거래상대방이 선의인 경우에는 명의수탁자가 대외적으로 소유자이므로 권리행사방해죄의 주체가 될 수 있으나, 기타의 경우에는 명의수탁자가 대외적으로 부동산의 소유자가 아니므로 권리행사방해죄의 주체가 될 수 없다.

2. 객체

(1) 타인이 점유하는 권리의 목적이 된 자기의 물건 or 특수매체기록

(2) 자기의 물건 또는 특수매체기록

  ① 동산·부동산 불문, 공동소유는 타인의 물건에 해당 → 본죄의 객체 ×

  ② 제346조 동력에 관한 준용규정은 없지만 본죄의 물건에 포함(다수설)

(3) 타인 점유의 목적이 된 물건

① 타인이 사실상 지배하고 있는 물건 **예** 전당포에 전당잡힌 시계

② 타인의 점유는 적법한 권한에 의한 점유여야 함.

(4) **타인 권리의 목적이 된 물건** : 타인의 제한물권(**예** 점유권·지상권·지역권·전세권) or 채권의 목적이 된 물건(**예** 저당권이 설정된 물건)

판례

① 권리행사방해죄에서의 보호대상인 '타인의 점유'에는 일단 **적법한 권원에 기하여 검유를 개시**하였으나 **사후에 점유권원을 상실**한 경우의 점유, 점유권원의 존부가 외관상 명백하지 아니하여 **법정절차를 통하여 권원의 존부가 밝혀질 때까지의 점유**, 권원에 기하여 점유를 개시한 것은 아니나 **동시이행항변권 등으로 대항할 수 있는 점유** 등이 포함된다(2005도4455). 19. 경찰승진

② 권리행사방해죄의 구성요건 중 타인의 '권리'란 반드시 제한물권만을 의미하는 것이 아니라 물건에 대하여 점유를 수반하지 아니하는 **채권도 이에 포함**된다(90도1958).
06. 법원행시, 08. 경찰, 10·11. 경찰승진

③ 권리행사방해죄에 있어서 '타인 권리의 목적이 된 자기의 물건'이라는 요건에서 그 권리 중에는 반드시 제한물권이나 물건에 대하여 점유를 수반하는 채권만이 아니라 **정지조건이 있는 물권변제의 예약권을** 가지는 경우도 포함된다고 보는 것이 상당하다(68도616).

④ 권리행사방해죄에 있어서의 타인의 점유라 함은 **권원으로 인한 점유,** 즉 정당한 원인에 기하여 그 물건을 점유하는 권리 있는 자의 점유를 의미하는 것이다(94도343).
08. 법원직, 10. 법원행시·경찰·경찰승진

⑤ **절도범의 점유**와 같이 점유할 권리 없는 자의 점유임이 외관상 명백한 경우에는 보호할 가치 있는 점유에 포함되지 않는다(2005도4455). 08. 법원직, 10. 법원행시, 19. 경찰간부

⑥ 권리행사방해죄에 있어서의 보호대상인 타인의 점유는 반드시 점유할 권원에 기한 점유만을 의미하는 것은 아니고, **법정절차를 통한 분쟁 해결시까지 잠정적으로 보호할 가치가 있는 점유는 모두 포함**된다(2005도4455).

⑦ **무효인 경매절차**에서 경매목적물을 경락받아 이를 점유하고 있는 낙찰자의 점유는 적법한 점유로서 그 점유자는 권리행사방해죄에 있어서 타인의 물건을 점유하고 있는 자라고 할 것이다(2003도4257). 04·19. 법원행시, 06. 사시, 10·11. 경찰승진, 16. 경찰간부, 21. 경찰

⑧ 일단 적법한 권원에 기하여 물건을 점유한 이상 그 후에 **그 점유물을 소유자에게 명도하여야 할 사정이 발생하였다 할지라도 점유자가 임의로 명도를 하지 아니하고 계속 점유하고 있다면** 그 점유자는 권리행사방해죄에 있어서 타인의 물건을 점유하고 있는 자이다(77도1672).

⑨ 렌터카회사의 공동대표이사 중 1인이 회사 보유 차량을 자신의 개인적인 채무담보 명목으로 피해자에게 넘겨주었는데 **다른 공동대표이사인 피고인이 위 차량을 몰래 회수하도록 한 경우,** 피해자의 점유는 권리행사방해죄의 보호대상인 점유에 해당한다(2005도4455). 16. 경찰간부, 17. 경찰승진·법원직

3. 행위

취거·은닉 또는 손괴하여 타인의 권리행사를 방해하는 것

(1) 취거·은닉·손괴

① 취거는 점유자의 의사에 반하여 재물을 자기 또는 제3자의 지배하에 옮기는 것이다.

※ 하자있는 의사에 기한 '편취'는 취거의 개념에 포함되지 않는다.

> **판례**
>
> 점유자의 의사나 그의 **하자 있는 의사에 기하여** 점유가 이전된 경우에는 형법 제323조 소정의 권리행사방해죄에 있어서의 취거로 볼 수는 없다(87도1952).
>
> 08. 경찰·법원직, 10. 법원행시·경찰승진, 19. 경찰승진
>
> → 채권자인 乙이 채무자인 피고인 甲으로부터 차용금채무의 담보로 제공받은 甲 소유의 맥콜을 공소외 丙에게 보관시키고 있던 중, 甲이 맥콜은 丁으로부터 교부받은 것이고 이를 동인에게 반환한다는 내용으로 된 반환서를 丁에게 작성해 주어 丁이 丙에게 이 반환서를 제시하면서 위 맥콜은 甲에게 편취당한 장물이므로 이를 인계하여 달라고 요구하여 이를 믿은 동인들로부터 이를 교부받아 간 경우 이는 甲의 취거행위로 볼 수는 없어 甲은 무죄가 된다.

② 은닉은 물건의 발견이 곤란하게 하는 것이며, 손괴는 물건의 효용을 해하는 것이다.

※ 부동산의 소유권이전등기는 권리행사방해죄의 은닉에 포함되지 않는다.

> **판례**
>
> 형법 제323조의 권리행사방해죄는 타인의 점유 또는 권리의 목적이 된 자기의 물건 또는 전자기록 등 특수매체기록을 취거, 은닉 또는 손괴하여 타인의 권리행사를 방해함으로써 성립한다. 여기서 '은닉'이란 타인의 점유 또는 권리의 목적이 된 자기 물건 등의 소재를 발견하기 불가능하게 하거나 또는 현저히 곤란한 상태에 두는 것을 말하고, 그로 인하여 권리행사가 방해될 우려가 있는 상태에 이르면 권리행사방해죄가 성립하고 **현실로** 권리행사가 방해되었을 것까지 필요로 하는 것은 아니다(2017도2230). 19. 법원행시, 19. 경찰승진

③ 손괴는 물건의 전부 또는 일부에 대하여 그 용익적 또는 가치적 효용을 해하는 것을 말한다.

(2) 권리행사방해죄

① 타인의 권리행사가 발행될 우려 있는 상태에 이른 것을 말한다.

② 권리행사의 현실적 방해는 요하지 않는다.

판례비교 권리행사방해죄의 성립 여부

O 권리행사방해죄 성립	**X** 권리행사방해죄 불성립
① 임대차계약이 만료된 후에 임차인이 퇴거하지 아니하고 그 건물에 거주하고 있는 경우, 임대인이 그 건물을 명도받기 이전에 임차인이 거주하고 있는 **방의 마루바닥판지**를 뜯어낸 경우(77도1672)	① 甲은 자기의 가마솥을 절취하여 간 乙의 집 마당에 있는 가마솥을 乙의 허락 없이 가져왔다. 본권을 갖지 아니하는 절도범인의 점유는 여기에 해당하지 않는다(94도343). 08. 법원직, 10. 법원행시
② 乙은 **무효인 경매절차**에 의하여 경매목적물을 경락받아 점유하고 있는데, **건물의 소유자 甲이 乙의 점유하에 있는 경매목적물 중 일부의 점포를 자신의 점유로 옮긴 경우**(2003도4257) → 무효인 경매절차에서 경매목적물을 경락받아 이를 점유하고 있는 낙찰자의 점유는 적법한 점유로서 권리행사방해죄의 타인의 물건을 점유하고 있는 자라고 할 것이다. 17. 경찰승진	② 회사의 **부사장**이 타인이 점유 중인 회사 소유의 선박을 취거한 경우(83도2413) 10. 법원행시 ③ 지입차주인 피고인이 지입회사 측에 공과금을 납부하지 아니하여 회사로부터 택시의 반환을 요구받던 중, **회사 차고지에 입고된 택시**를 임의로 취거한 경우(2000도5767) 04·10. 법원행시
③ 지입회사의 대표이사인 피고인이 지입차주가 지입료 납부를 거부하거나 지체하자, 지입차주가 **지입하여 운행하는 트럭**을 직원들로 하여금 취거하게 한 경우(2002도6088)	④ 권리행사방해죄의 공범으로 기소된 물건의 소유자에게 고의가 없는 등으로 범죄가 성립하지 않는 경우, **물건의 소유자가 아닌 사람**은 권리행사방해죄의 공동정범이 될 수 없다(2017도4578).
④ 주식회사의 **대표이사**가 그의 지위에 기하여 그 직무집행 행위로서 타인이 점유하는 회사의 물건을 취거한 경우에 그 행위는 회사의 대표기관으로서의 행위라고 평가되므로, **그 회사의 물건은** 권리행사방해죄에 있어서 '**자기의 물건**'이라고 보아야 한다. 21. 경찰 → 주식회사의 **대표이사**인 피고인이 직무집행행위로서 타인이 점유하는 회사물건을 취거한 경우 권리행사방해죄가 성립한다(91도1170). 06. 사시, 09·10. 법원행시, 19. 경찰간부, 21. 국가직 7급	⑤ 채권자가 채무자인 피고인으로부터 차용금채무의 담보를 제공받은 피고인 소유의 물건을 제3자에게 보관시키고 있던 중, 피고인이 제3자를 **기망하여** 제3자로부터 그 물건을 교부받아 간 경우(87도1952) 08. 경찰·법원직, 10. 법원행시·경찰승진 ⑥ 회사의 **전직 대표이사가** 회사가 타인에게 담보로 제공한 회사 소유의 물건을 타에 매도한 경우 권리행사방해죄를 구성하지 않는다(2005도6604). 05. 법원행시, 08. 경찰, 08·17. 법원직, 10·17. 경찰승진
⑤ 甲과 乙간에 "乙이 임야지 입목을 벌채하는 등의 공사를 완료하면 甲은 그 벌채한 원목을 乙에게 인도한다."는 계약이 성립되고, 乙이 계약상 위 의무를 모두 이행하였으나 甲은 위 원목을 제3자인 丙에게 매도한 경우(90도1958)	⑦ 이른바 **계약명의신탁**의 방식으로 명의수탁자가 당사자가 되어 소유자와 부동산에 관한 매매계약을 체결하고 그 명의로 소유권이전등기를 마친 경우, 채무자인 명의신탁자에게 강제집행면탈죄가 성립될 여지는 없다(2010도4129). 16. 변호사, 21. 경찰
⑥ **공장근저당권이 설정된 선반기계** 등을 이중담보로 제공하기 위하여 이를 다른 장소로 옮긴 경우, 이는 공장저당권의 행사가 방해될 우려가 있는 행위로서 권리행사방해죄에 해당한다(94도1439). 05. 법원행시, 17. 법원직	⑧ 피고인이 이른바 중간생략등기형 명의신탁 또는 계약명의신탁의 방식으로 **자신의 처에게 등기명의를 신탁**하여 놓은 점포에 자물쇠를 채워 점포의 임차인을 출입하지 못하게 한 경우, 그 점포가 권리행사방해죄의 객체인 자기의 물건에 해당하지 않는다(2005도626). 09. 법원행시, 11·12. 경찰승진, 16. 경찰간부

⑦ 甲·乙이 공모하여 렌트카 회사인 A주식회사를 설립한 다음, B주식회사 등의 명의로 저당권등록이 되어 있는 다수의 차량들을 사들여 A회사 소유의 영업용 차량으로 등록한 후 자동차대여사업자등록 취소처분을 받아 차량등록을 직권말소시켜 저당권 등이 소멸되게 하였더라도 甲·乙이 차량들을 은닉하는 방법으로 권리행사를 방해하였다고 볼 수 있다 (2017도2230). 18. 경찰간부, 21. 국가직 7급

⑧ **甲이 차량을 구입**하면서 乙로부터 차량 매수대금을 차용하고, 담보로 차량에 **乙 명의의 저당권을 설정**해 주었는데, 그 후 대부업자로부터 돈을 차용하면서 차량을 대부업자에게 담보로 제공하여 이른바 '**대포차'로 유통**되게 한 경우 권리행사방해죄가 성립한다(2016도13734). 21. 국가직 7급

⑨ 피고인이 피해자에게 담보로 제공한 차량이 자동차등록원부에 타인 명의로 등록되어 있는 경우에 있어서 피고인이 피해자의 승낙 없이 미리 소지하고 있던 위 차량의 보조키를 이용하여 이를 운전하여 간 경우(2013도14139) → 권리행사방해죄 × 16. 경찰간부

4. 주관적 구성요건

고의 要, 불법영득의사 不要

2 점유강취죄 · 준점유강취죄

제325조【점유강취, 준점유강취】 ① 폭행 또는 협박으로 타인의 점유에 속하는 자기의 물건을 강취한 자는 7년 이하의 징역 또는 10년 이하의 자격정지에 처한다.
② 타인 점유에 속하는 자기의 물건을 취거함에 당하여 그 탈환을 항거하거나 체포를 면탈하거나 죄적을 인멸할 목적으로 폭행 또는 협박을 가한 때에도 전항의 형과 같다.
③ 전 2항의 미수범은 처벌한다.

3 중권리행사방해죄

제326조【중권리행사방해】 제324조 또는 제325조의 죄를 범하여 사람의 생명에 대한 위험을 발생하게 한 자는 10년 이하의 징역에 처한다.

4 강제집행면탈죄

> **제327조【강제집행면탈죄】** 강제집행을 면할 목적으로 재산을 은닉, 손괴, 허위양도 또는 허위의 채무를 부담하여 채권자를 해한 자는 3년 이하의 징역 또는 1,000만원 이하의 벌금에 처한다.

1. 객관적 구성요건

(1) **행위주체**: 채무자는 물론 제3자 **예** 채무자의 법정대리인, 법인의 기관, 기타 제3자

(2) **행위객체**

① 재물(동산·부동산 불문) or 권리 → 민사소송법상 강제집행의 대상에 한함.

② 재산은 채무자의 재산에 한정

판례

① 의료법에 의하여 적법하게 개설되지 아니한 의료기관에서 요양급여가 행하여진 경우, 해당 의료기관은 국민건강보험법상 요양급여비용을 청구할 수 있는 요양기관에 해당되지 아니하여 해당 요양급여비용 전부를 청구할 수 없고, 해당 의료기관의 채권자로서도 위 **요양급여비용**채권을 대상으로 하여 강제집행 또는 보전처분의 방법으로 채권의 만족을 얻을 수 없는 것이므로, 결국 위와 같은 채권은 강제집행면탈죄의 객체가 되지 아니한다(2016도19982). 19. 법원행시, 21. 경찰

② 산업재해보상보험법상 **휴업급여**를 받을 권리는 압류가 금지되는 채권으로서 강제집행면탈죄의 객체에 해당하지 않으므로, 피고인이 장차 지급될 휴업급여 수령계좌를 기존의 압류된 예금계좌에서 압류가 되지 않는 다른 예금계좌로 변경하여 휴업급여를 수령한 행위는 강제집행면탈죄가 성립하지 않는다(2017도6229). 18. 법원직

③ 甲주식회사 대표이사 등인 피고인들이 공모하여 회사 채권자들의 강제집행을 면탈할 목적으로 甲회사가 시공 중인 건물에 관한 건축주 명의를 甲회사에서 乙주식회사로 변경하였다는 내용으로 기소된 사안에서 위 건물은 지하 4층, 지상 12층으로 건축허가를 받았으나 피고인들이 건축주 명의를 변경한 당시에는 **지상 8층**까지 골조공사가 완료된 채 **공사가 중단되었던 사정**에 비추어 민사집행법상 강제집행이나 보전처분의 대상이 될 수 없어 강제집행면탈죄의 객체가 될 수 없다(2014도9442).

④ 형법 제327조의 강제집행면탈죄가 적용되는 강제집행은 민사집행법의 적용대상인 강제집행 또는 가압류·가처분 등의 집행을 가리키는 것이므로, **국세징수법에 의한 체납처분을 면탈할 목적으로 재산을 은닉하는 등의 행위는 위 죄의 규율대상에 포함되지 않는다.** 사안의 경우 체납처분을 면탈할 목적으로 자신 소유 아파트를 친구에게 허위양도하였더라도 강제집행면탈죄는 성립하지 않는다(2010도5693). 13. 변호사, 19. 법원행시, 19. 경찰간부

⑤ 강제집행면탈죄의 객체는 채무자의 재산 중에서 채권자가 민사집행법상 강제집행 또는 보전처분의 대상으로 삼을 수 있는 것만을 의미하므로, '**보전처분 단계에서의 가압류채권자의 지위**' 자체는 원칙적으로 민사집행법상 강제집행 또는 보전처분의 대상이 될 수 없어 강제집행면탈죄의 객체에 해당한다고 볼 수 없고, 이는 가압류채무자가 가압류해방금을 공탁한 경우에도 마찬가지이다(2006도8721). 17. 경찰, 20. 경찰승진

⑥ 물건의 소유자가 아닌 사람은 형법 제33조 본문에 따라 소유자의 권리행사방해 범행에 가담한 경우에 한하여 그의 공범이 될 수 있을 뿐이다. 그러나 권리행사방해죄의 공범으로 기소된 물건의 소유자에게 고의가 없는 등으로 범죄가 성립하지 않는다면 공동정범이 성립할 여지가 없다(2017도4578). 19. 법원행시

(3) **행위상황**: 채권의 존재 + 강제집행을 받을 객관적 상태 존재

　① 채권의 존재: 채권자의 정당하고 유효한 채권(청구권)이 존재

판례

> ① 채권의 존재는 강제집행면탈죄의 성립요건이며 그 채권의 존재가 인정되지 않을 때에는 강제집행면탈죄는 성립하지 않는다(88도48). 11·16. 법원직, 12. 사시, 13. 변호사, 17. 경찰
> ② 강제집행면탈죄에 있어서 재산에는 동산·부동산뿐만 아니라 재산적 가치가 있어 민사소송법에 의한 **강제집행 또는 보전처분이 가능한 특허 내지 실용신안 등을 받을 수 있는 권리도 포함**된다(2001도4759). 15. 사시, 17. 경찰승진, 18. 법원직
> ③ 집행할 채권이 조건부 채권이라고 하여도 그 채권자는 이를 피보전권리로 하여 보전처분을 함에는 법률상 아무런 장해도 없다고 할 것이므로 이와 같은 **보전처분을 면할 목적으로 은닉, 손괴, 허위양도 등의 행위**를 한 이상 강제집행면탈죄는 성립되며, 그 후에 그 조건의 불성취로 채권이 소멸되었다고 하여도 일단 성립한 범죄에는 영향을 미칠 수 없다(82도1544).
> ④ 채권자의 채권이 금전채권이 아니라 **토지소유자로서 그 지상건물의 소유자에 대하여 가지는 건물철거 및 토지인도청구권인 경우**라면, 채무자인 건물소유자가 제3자에게 허위의 금전채무를 부담하면서 이를 피담보채무로 하여 **건물에 관하여 근저당권설정등기를 경료하였다는 것만으로는 강제집행면탈죄가 성립한다고 할 수 없다**(2008도2279). 12·13. 경찰승진
> ⑤ **상계로 인하여 소멸한 것으로 보게 되는 채권**에 관하여는 상계의 효력이 발생하는 시점 이후에는 채권의 존재가 인정되지 않으므로 강제집행면탈죄가 성립하지 않는다(2011도2252).
>
> 18. 국가직 7급

　② 강제집행을 받을 객관적 상태

　　㉠ 의의: 민사소송에 의한 강제집행 또는 가압류·가처분 등의 집행을 당할 구체적 염려가 있는 상태 13. 변호사

　　㉡ 판단: 현실적인 민사소송의 제기 or 소송을 제기할 기세를 보이면 충분

　　㉢ 범위: 민사소송법상의 강제집행이나 동법이 준용되는 가압류·가처분만을 의미한다고 해석함이 통설·판례이다. 금전채권의 강제집행 이외에 소유권이전등기의 강제집행도 포함된다.

　　　But 형사소송법의 벌금, 국세징수법에 의한 체납처분, 민사소송법상의 경매는 본죄의 강제집행에 포함되지 않는다.

판례 ✍

① 강제집행을 당할 구체적인 위험이 있는 상태란 채권자가 이행청구의 소 또는 그 보전을 위한 가압류·가처분신청(보전소송)을 제기하거나 **제기할 태세**를 보인 경우를 말한다(82도311). 04. 사시, 09. 경찰승진, 11. 법원행시

② 채무자와 제3채무자 사이에 채무자의 장래청구권이 충분하게 표시되었거나 결정된 법률관계가 존재한다면 동산·부동산뿐만 아니라 장래의 권리도 강제집행면탈죄의 객체에 해당한다(2011도6115). 13. 변호사, 17. 경찰

③ 강제집행면탈죄는 위태범으로서 채권자를 해할 위험만 있으면 되는 것이지 **반드시 채권자를 해하는 결과가 있어야 하는 것은 아니다**(94도2056). 16. 법원직, 17. 경찰, 19. 경찰간부

④ 현실적으로 강제집행을 받을 우려가 있는 상태에서 강제집행을 면탈할 목적으로 **허위의 채무를 부담**하였다면 달리 특별한 사정이 없는 한 채권자를 해할 위험이 발생하였다고 봄이 상당하다(95도2526). 07. 법원직

⑤ 허위채무 등을 공제한 후, 채무자의 적극재산이 남는다고 예측되더라도 허위채무의 부담행위로 채권자를 해할 위험이 있으므로 강제집행면탈죄가 성립한다(2007도4585).

⑥ 피해자가 **치료비를 청구하면서 관계기관에 진정**하고 있는 경우, 채무초과상태에 있는 피고인 발행의 17억원 정도의 약속어음이 부도난 경우, 강제집행을 당할 구체적 위험이 있는 상태에 있다고 보아야 한다(78도2370).

　　　비교판례 　피고인이 발행한 수표가 **부도 나기 보름 정도 전후**에 소유권이전등기를 한 경우에는 강제집행면탈죄가 성립하지 않는다(81도588).

⑦ 형법 제327조의 강제집행면탈죄가 적용되는 강제집행은 민사집행법 제2편의 적용대상인 '강제집행' 또는 '가압류, 가처분' 등의 집행을 가리키는 것이고, 민사집행법 제3편의 적용대상인 '**담보권 실행 등을 위한 경매**'를 면탈할 목적으로 재산을 은닉하는 등의 행위는 위 죄의 규율대상에 포함되지 않는다(2014도14909). 18. 경찰간부, 18. 국가직 7급, 20. 경찰승진

⑧ 강제집행면탈죄는 국가의 강제집행권이 발동될 단계에 있는 채권자의 권리를 보호하기 위한 범죄로서, 여기서의 강제집행에는 광의의 강제집행인 **의사의 진술에 갈음하는 판결의 강제집행도 포함**되고, 강제집행면탈죄의 성립요건으로서의 채권자의 권리와 행위의 객체인 재산은 국가의 강제집행권이 발동될 수 있으면 충분하다(2015도9883).

(4) **행위** : 재산을 은닉·손괴·허위양도 또는 허위의 채무를 부담하여 채권자를 해하는 것

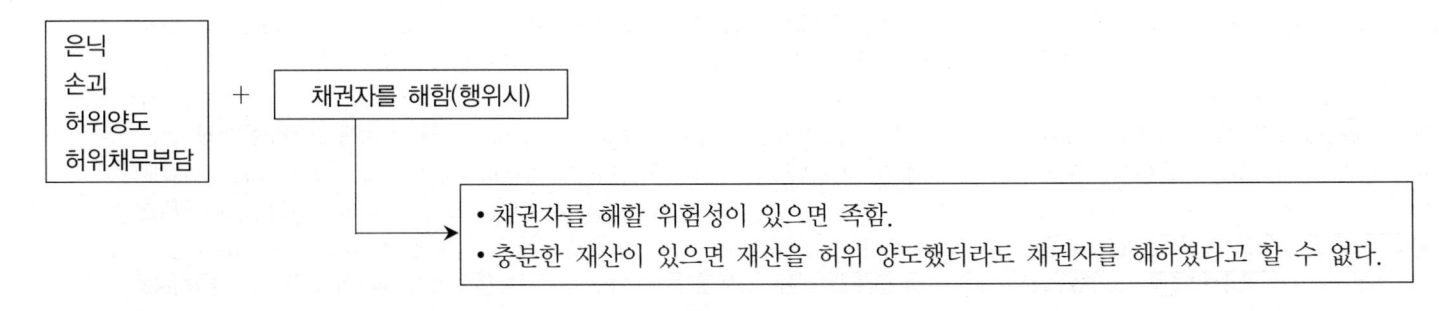

① 은닉, 손괴, 허위양도, 허위의 채무부담
　㉠ 은닉은 재산의 발견을 불가능하게 만드는 것뿐만 아니라 명의자를 변경하여 재산의 소유관계를 불명하게 하는 경우도 포함한다.
　　예 부동산의 소유권이전등기를 경료한 경우 은닉에 해당한다.
　㉡ 허위양도는 실제로 재산의 양도가 없음에도 불구하고 양도한 것으로 가장하여 재산의 명의를 변경하는 것이다.
　　※ 진실한 양도인 경우에는 횡령죄가 성립하거나 강제집행을 면탈할 목적이 있고 채권자의 불이익을 초래하더라도 강제집행면탈죄가 성립하지 않는다.
　㉢ 허위의 채무부담은 채무가 없음에도 불구하고 제3자에게 채무를 부담한 것처럼 가장하는 것이다.
　　※ 진실한 채무부담인 경우 강제집행면탈죄가 성립하지 않는다.

판례

① 형법 제327조에 규정된 강제집행면탈죄에서 재산의 '은닉'이란 강제집행을 실시하는 자에 대하여 재산의 발견을 불능 또는 곤란하게 하는 것을 말하는 것으로서 재산의 소재를 불명하게 하는 경우는 물론 그 소유관계를 불명하게 하는 경우도 포함하나, **채무자가 제3자 명의로 되어 있던 사업자등록을 또 다른 제3자 명의로 변경하였다는 사정만으로는 그 변경이 채권자의 입장에서 볼 때, 사업장 내 유체동산에 관한 소유관계를 종전보다 더 불명하게 하여 채권자에게 손해를 입게 할 위험성을 야기한다고 단정할 수 없다**(2012도2732). 16. 법원직
② 강제집행면탈죄에 있어서 **진의에 의하여 재산을 양도**하였다면 설령 그것이 강제집행을 면탈할 목적으로 이루어진 것으로 채권자의 불이익을 초래하는 결과가 되었다고 하더라도 강제집행면탈의 허위양도 또는 은닉에는 해당하지 아니한다(83도1869). 18. 국가직 7급
③ 피고인이 자신의 채권담보의 목적으로 채무자 소유의 선박들에 관하여 가등기를 경료하여 두었다가 채무자와 공모하여 위 선박들을 가압류한 다른 채권자들의 강제집행을 불가능하게 할 목적으로 정확한 청산절차도 거치지 않은 채 의제자백판결을 통하여 선순위 가등기권자인 피고인 앞으로 본등기를 경료함과 동시에 가등기 이후에 경료된 가압류등기 등을 모두 직권말소하게 한 경우 '재산상 은닉'에 해당한다(98도4558). 15. 사시, 17. 경찰

② 채권자를 해하는 것
　㉠ 채권자를 해할 위험성으로 충분하고, 현실적으로 해할 것은 요하지 않는다(추상적 위험범).
　㉡ 채권자를 해할 위험성은 행위시를 기준으로 구체적 상황을 고려하여 판단한다.

3. 주관적 구성요건

고의 + 강제집행을 면할 목적 19. 법원직

판례비교 강제집행면탈죄의 성립 여부

O 강제집행면탈죄 성립	**X** 강제집행면탈죄 불성립
① 채권자에 의하여 압류된 채무자 소유의 유체동산을 **채무자의 모(母)의 소유인 것으로 사칭**하면서 모(母)의 명의로 제3자 이의의 소를 제기하고, 집행정지결정을 받아 그 집행을 저지한 경우(92도1653)	① 채무자가 가압류채권자의 지위에 있으면서 **가압류집행해제를 신청**함으로써 그 지위를 상실하는 행위는 형법 제327조에서 정한 '은닉·손괴·허위양도 또는 허위채무부담' 등 강제집행면탈행위의 어느 유형에도 포함되지 않는 것이므로 이러한 행위를 처벌대상으로 삼을 수 없다(2006도8721). 11. 경찰승진, 12·18. 법원직, 15. 사시
② **18억원 정도의 채무초과상태**에 있는 피고인 어음이 부도가 난 경우(96도3141) 13. 변호사	
③ 甲은 감사원 감사과정에서 등록세 횡령사실이 적발되어 횡령사실에 대한 확인서를 작성하여 제출하고 상급자로부터 빨리 변상조치를 하라는 권유 겸 독촉을 받고 가압류 조치에 대비하여 허위의 차용증을 2매 작성하여 乙에게 교부하고 자기소유 부동산을 乙 앞으로 가등기를 마친 경우(95도2526). 07. 법원직	② 가압류 후에 목적물의 **소유권을 취득한 제3취득자**가 다른 사람에 대한 허위의 채무에 기하여 근저당권설정등기 등을 경료한 경우(2008도2476) → 가압류에는 처분금지의 효력이 있으므로 가압류 후에 목적물의 소유권을 취득한 제3취득자 또는 그 제3취득자에 대한 채권자는 그 소유권 또는 채권으로써 가압류권자에게 대항할 수 없다. 09. 법원행시, 11. 경찰승진, 12. 법원직
④ 사업장의 유체동산에 대한 강제집행을 면탈할 목적으로 사업자등록의 사업자 명의를 변경함이 없이 사업장에서 사용하는 **금전등록기의 사업자 이름만을 변경**한 경우(2003도3387) 17. 경찰승진, 18. 경찰간부, 18. 국가직 7급, 21. 국가직 7급	
	③ 피고인이 **타인에게 채무를 부담하고 있는 양 가장하는 방편으로 피고인 소유의 부동산들에 관하여 소유권이전청구권보전을 위한 가등기를 경료**하여 준 경우(87도1260) → 이와 같은 가등기는 원래 순위보전의 효력밖에 없는 것이므로 그와 같이 각 가등기를 경료한 사실만으로는 피고인이 강제집행을 면탈할 목적으로 허위채무를 부담하여 채권자를 해한 것이라고 할 수 없다. 04. 행시, 11. 경찰승진
⑤ 피고인이 회사의 어음채권자들의 가압류 등을 피하기 위하여 회사의 예금계좌에 입금된 회사 자금을 인출하여 **제3자 명의의 다른 계좌로 송금**하였다면 강제집행면탈죄를 구성하는 것이고, 이른바 **어음 되막기 용도의 자금 조성을 위하여** 위와 같은 행위를 하였다는 사정만으로는 피고인의 강제집행면탈행위가 정당행위에 해당한다고 볼 수 없다(2005도4522) 18. 국가직 7급	
	④ 피고인이 **장래에 발생할 특정의 조건부 채권을 담보하기 위한 방편**으로 부동산에 대하여 근저당권을 설정한 경우(96도1531) 11. 법원직, 12. 경찰간부
⑥ 강제집행을 면할 목적으로 **시가보다 더 많은 다액의 피담보채무가 있는 부동산**을 타인에게 **허위로 양도**한 경우(98도2474) 17. 경찰	
⑦ 피고인이 **허위채무를 부담**하고 근저당권설정등기를 경료(설혹 피고인이 그 근저당권이 설정된 부동산 외에 **약간의 다른 재산**이 있는 경우)하여 준 경우(89도2506)	⑤ 교회목사인 피고인은 甲과 공동명의로 신탁된 교회 소유의 대지가 甲의 사업실패로 그 채권자들로부터 강제집행의 우려가 있자 교회건축위원회에서 피고인 및 甲에 대한 명의신탁을 해지한 후, 다른 재직회 임원인 공소외 乙 등 5명 앞으로 명의신탁하기로 결정하고 이에 따라 매매를 원인으로 하여 소유권이전등기를 경료한 경우(83도1869) 07. 법원직, 11. 법원행시, 12. 사시
⑧ 이혼을 요구하는 처로부터 재산분할청구권에 근거한 가압류 등 강제집행을 받을 우려가 있는 상태에서 남편이 이를 면탈할 목적으로 **허위의 채무를 부담하고 소유권이전청구권보전 가등기를 경료**한 경우(2008도3184) 12. 사시, 17. 경찰	
	⑥ 채무자가 타인에게 자기소유의 건물을 대물변제하기로 하였다가 이를 이행하지 아니하여 강제집행을 당할 상태가 되자, 이를 면하고자 1천만원의 차용금채무를 지고 있던 다른 채권자에게 건물에 대하여 진실로 **대물변제계약**을 체결한 경우(83도1869) 17. 법원직

⑨ 피고인이 선박들을 가압류한 다른 채권자들의 강제집행을 불가능하게 할 목적으로 정확한 **청산절차도 거치지 않은 채,** 의제자백판결을 통하여 선순위 가등기권자인 피고인 앞으로 본등기를 경료함과 동시에 가등기 이후에 경료된 **가압류등기 등을 모두 직권말소**하게 한 경우 (98도4558) 17. 경찰

⑩ 가압류결정 정본이 제3채무자에게 송달된 날짜와 피고인이 채권을 양도한 날짜가 동일하므로 **가압류결정 정본이 乙에게 송달되기 전에 채권을 허위로 양도**한 경우(2012도3999)

13 · 17. 경찰승진

⑪ 채권자들에 의한 복수의 강제집행이 예상되는 경우 재산을 은닉 또는 허위양도함으로써 채권자들을 해하였다면 채권자 별로 각각 강제집행면탈죄가 성립하고 상호 상상적 경합범의 관계에 있다(2010도4129). 18. 경찰간부

⑦ 피고인이 자신을 상대로 사실혼관계 해소청구소송을 제기한 甲에 대한 채무를 면탈하려고 피고인 명의 아파트를 담보로 10억원을 대출받아 그중 8억원을 타인 명의 계좌로 입금하여 은닉하였다면, 피고인에게 위자료채권액을 훨씬 상회하는 다른 재산이 있었던 경우 (2011도5165) 17. 경찰

⑧ **타인의 재물을 보관하는 자가 보관하고 있는 재물을 영득할 의사로 은닉**하였다면 이는 횡령죄를 구성하는 것이고 **채권자들의 강제집행을 면탈하는 결과를 가져온다 하여 이와 별도로 강제집행 면탈죄를 구성하는 것은 아니다**(2000도1447). 09. 법원행시, 11. 법원직, 19. 경찰승진

→ 횡령죄에서의 보관 부탁은 진의에 의한 양도이다.

Theme 22 공안을 해하는 죄

1 범죄단체조직죄

> **제114조 【범죄단체의 조직】** 사형, 무기 또는 장기 4년 이상의 징역에 해당하는 범죄를 목적으로 하는 단체 또는 집단을 조직하거나 이에 가입 또는 그 구성원으로 활동한 사람은 그 목적한 범죄에 정한 형으로 처벌한다. 다만, 형을 감경할 수 있다. 21. 경찰승진

1. 특징

(1) 거동범, 추상적 위험범, 필요적 공범(집합범), 목적범, 즉시범(판례)

(2) 범죄에 대한 예비 · 음모 단계를 처벌 → 기수의 형으로 처벌(단, 임의적 감경 가능)

2. 행위 : 범죄목적의 단체조직 또는 가입, 납세 · 병역 거부목적으로 단체조직 또는 가입

(1) **범죄** : 모든 범죄(형법 · 특별법상의 범죄 불문) → 단, 국가보안법상 반국가단체구성 · 가입죄나 경범죄 제외

(2) **단체** : ① 공통목적 + ② 조직(지휘 · 통솔체제) + ③ 계속적인 결합체 → 소매치기나 어음사기를 공모한 경우 범죄단체조직이 아님.

(3) **기수시기** : 범죄를 목적으로 단체를 조직하였거나 이에 가입함으로써 기수. 목적한 범죄를 실행하였는가의 여부는 본죄의 성립에 영향 없음(추상적 위험범).

　　예 살인목적의 단체를 조직하면 즉시 기수가 되고 살인의 목적을 달성할 필요는 없다.

① **단체라 함은** 특정 다수인에 의하여 이루어진 계속적인 결합체로서 그 단체를 주도하거나 내부의 질서를 유지하는 **최소한의 통솔체계**를 갖추면 되는 것이고, 그 범죄단체는 다양한 형태로 성립·존속할 수 있는 것으로서 정형을 요하는 것이 아닌 이상, 그 구성 또는 가입에 있어 반드시 단체의 명칭이나 강령이 명확하게 존재하고 단체 결성식이나 가입식과 같은 특별한 절차가 있어야만 하는 것은 아니다(2009도9484). 15. 법원직, 21. 경찰승진

② 형법 제114조에서 정한 '**범죄를 목적으로 하는 집단**'이란 특정 다수인이 사형, 무기 또는 장기 4년 이상의 범죄를 수행한다는 공동목적 아래 구성원들이 정해진 역할분담에 따라 행동함으로써 범죄를 반복적으로 실행할 수 있는 조직체계를 갖춘 계속적인 결합체를 의미한다. '범죄단체'에서 요구되는 '**최소한의 통솔체계**'를 갖출 필요는 없지만, 범죄의 계획과 실행을 용이하게 할 정도의 **조직적 구조를 갖추어야 한다**(2019도16263). 21. 법원직

③ 구 폭력행위 등 처벌에 관한 법률(1990.12.31. 법률 제4294호로 개정되기 전의 것) 제4조 소정의 단체 등의 조직죄는 같은 법에 규정된 범죄를 목적으로 한 단체 또는 집단을 구성함으로써 즉시 성립하고 그와 동시에 완성되는 **즉시범**이지 계속범은 아니다(91도3192).

④ 범죄단체조직죄는 범죄를 목적으로 하는 단체를 조직함으로써 성립하는 것이고 그 후에 **목적한 범죄를 실행하였는지 여부는 범죄단체조직죄의 성립에 영향이 없다**(75도2321).

⑤ **소매치기를 공모**하고 실행행위를 분담한 경우, 계속적이고 통솔체제를 갖춘 단체를 조직하였거나 그와 같은 단체에 가입하였다고 볼 증거가 없다면 범죄단체라고 할 수 없다(81도2608).

⑥ **어음사기**를 위하여 전자제품 도매상을 경영하는 것으로 가장하고 대표자 또는 감사 등으로서의 업무를 분담한 것만으로는 범죄단체조직죄가 성립하지 아니한다(85도1515).
17. 경찰간부

⑦ **4인이 도박장소 등 개설**을 공모한 경우에는 범죄를 목적으로 한 단체가 아니다(77도3463).

⑦ 사기범죄를 목적으로 구성된 다수인의 계속적인 결합체로서 총책을 중심으로 간부급 조직원들과 상담원들, 현금인출책 등으로 구성되어 내부의 위계질서가 유지되고 조직원의 역할 분담이 이루어지는 최소한의 통솔체계를 갖추고 있는 **보이스피싱 사기조직**은 형법상 범죄단체에 해당한다(77도3463). 21. 경찰승진

⑧ 범죄단체를 구성하거나 이에 가입한 자가 더 나아가 구성원으로 활동하는 경우, '범죄단체의 구성이나 가입'과 '범죄단체 구성원으로서의 활동'은 **포괄일죄의 관계**에 있다(2015도7081). 21. 경찰승진

2 소요죄 및 다중불해산죄

1. 소요죄

> **제115조 【소요】** 다중이 집합하여 폭행, 협박 또는 손괴의 행위를 한 자는 1년 이상 10년 이하의 징역이나 금고 또는 1,500만원 이하의 벌금에 처한다.

(1) **성격**: 목적범 ×, 필요적 공범(집합범), 추상적 위험범(통설), 자수특례 규정 ×

(2) **주체**: 다중을 구성한 개인

(3) **행위**: 다중이 집합하여 폭행·협박 또는 손괴 21. 법원직

　① 다중의 집합: 시간적·장소적 결합 → 한지방의 안녕을 해할 정도의 다수인

　② 폭행·협박·손괴: 사람 or 물건에 대한 공격적·적극적 행위(최광의) → 단순한 저항 ×. 연좌농성 ×

　③ 기수시기: 한 지방의 평온·안전을 해할 수 있을 정도의 위험성이 있으면 기수. 현실적인 침해결과를 요하는 것은 아님(추상적 위험범).

(4) **공범규정의 적용문제**

　① 집합한 다중의 내부참가자 사이: 총칙상의 공범규정 적용 × → 다중의 구성원이 다른 구성원에게 폭행 등을 교사 또는 방조한 경우 본죄의 정범이 된다.

　② 집단 밖에서 관여한 자: 총칙상의 공범규정(교사·방조) 적용 ○

(5) **다른 범죄와의 관계**

　① 가벼운 범죄: 공무집행방해·주거침입·폭행·협박·손괴죄는 소요죄에 흡수

　② 무거운 범죄: 살인죄·방화죄 등은 소요죄와 상상적 경합

　③ 소요죄는 내란죄에 흡수

> **판례** ✎
>
> ① 정당인사가 **군중 500~600명이 운집**하여 있음을 보고 구호를 선창하면서 군중들과 같이 행진하다가 도중에 지프차 및 승용차의 유리창을 손괴하고 통행인에게 폭행을 가한 경우 소요죄가 인정된다(4289형상341).
>
> ② 피고인의 행위가 수십명의 군중과 함께 정치적 구호를 외치며 거리를 진행하는 등 다중이 집합하여 폭행·협박·손괴행위를 한 것이라면 그 행위 자체가 포고령 제10호가 금지한 정치목적의 시위를 한 것이라고 보아야 할 것이므로 **소요죄와 포고령 위반죄는** 1개의 행위가 동시에 수개의 죄에 해당하는 형법 제40조의 **상상적 경합범**의 관계에 있다(83도424).

2. 다중불해산죄

> **제116조【다중불해산】** 폭행, 협박 또는 손괴의 행위를 할 목적으로 다중이 집합하여 그를 단속할 권한이 있는 공무원으로부터 3회 이상의 해산명령을 받고 해산하지 아니한 자는 2년 이하의 징역이나 금고 또는 300만원 이하의 벌금에 처한다.

(1) **목적범, 진정부작위범** : 3회 이상의 해산명령 → 해산 ×(기수). 미수처벌규정 × 21. 법원직

(2) 소요죄의 예비단계(필요적 공범 : 집합범)

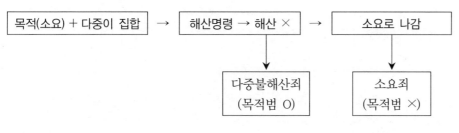

→ 소요까지 간 경우에는 소요죄만 성립함.

3 전시공급계약불이행죄

> **제117조【전시공급계약불이행】** ① 전쟁, 천재 기타 사변에 있어서 국가 또는 공공단체와 체결한 식량 기타 생활필수품의 공급계약을 정당한 이유 없이 이행하지 아니한 자는 3년 이하의 징역 또는 500만원 이하의 벌금에 처한다.
> ② 전항의 계약이행을 방해한 자도 전항의 형과 같다.
> ③ 전 2항의 경우에는 그 소정의 벌금을 병과할 수 있다.

4 공무원자격사칭죄

제118조【공무원자격의 사칭】 공무원의 자격을 사칭하여 그 직권을 행사한 자는 3년 이하의 징역 또는 700만원 이하의 벌금에 처한다.

- 자격사칭 + 그 직권행사(다른 직권행사 ×), 부작위에 의한 사칭도 가능
- 미수처벌규정 × 21. 법원직

판례

① 형법 제118조의 공무원자격사칭죄의 소위 공무원 개념에는 공무원임용령 제43조에 의한 **임시 직원**도 포함된다(73도884).

② 공무원자격사칭죄가 성립하려면 어떤 직권을 행사할 수 있는 권한을 가진 **공무원을 사칭하고 그 직권을 행사**한 사실이 있어야 한다(81도1955). 11. 경찰승진

③ **청와대민원비서관을 사칭**하고 **시외전화선로 고장수리**를 하라고 말한 경우 공무원자격사칭죄가 성립하지 아니한다(72도2552).

④ 채권을 용이하게 추심하는 방편으로 **합동수사반원**을 사칭하고 협박하였다 하더라도, **채권의 추심**행위는 개인적인 업무이지 합동수사반의 수사업무의 범위에는 속하지 아니하므로 공무원자격사칭죄에 해당하지 아니한다(81도1955). 11·18. 경찰승진, 17. 경찰간부

⑤ **중앙정보부 직원을 사칭**하고 사무실에 대통령사진의 액자가 파손된 채 방치되었다는 사실을 보고받고 나왔으니 **자인서를 제출**하라고 말한 경우 공무원자격사칭죄가 성립하지 아니한다(77도2750).

Theme 23 폭발물에 관한 죄

1 폭발물사용죄

1. 폭발물사용죄

제119조 【폭발물사용】 ① 폭발물을 사용하여 사람의 생명, 신체 또는 재산을 해하거나 기타 공안을 문란한 자는 사형, 무기 또는 7년 이상의 징역에 처한다.
③ 미수범은 처벌한다.

(1) **폭발물**: 자체 내의 폭발장치를 통하여 폭약을 급격하게 파열시켜 사람의 생명·신체·재산을 해할 수 있는 물건이다(예 수류탄·시한폭탄·다이너마이트). 소총의 실탄, 화염병은 폭발물 ×

판례

피고인이 자신이 제작한 폭발물을 배낭에 담아 고속버스터미널 등의 물품 보관함 안에 넣어 두고 폭발하게 하였는데, 피고인이 제작한 물건의 구조, 그것이 설치된 장소 및 폭발 당시의 상황 등에 비추어, **위 물건이 사람의 신체 또는 재산을 경미하게 손상시킬 수 있는 정도**에 그쳐 사회의 안전과 평온에 직접적이고 구체적인 위험을 초래하여 공공의 안전을 문란하게 하기에는 현저히 부족한 정도의 파괴력과 위험성만을 가진 물건이므로 **형법 제172조 제1항의 '폭발성 있는 물건'에 해당될 여지는 있으나** 이를 **형법 제119조 제1항에 규정된 '폭발물'에 해당한다고 볼 수는 없다**(2011도17254). 13.법원행시

(2) 사람의 생명·신체·재산을 해하거나 공안을 문란케 하였을 때 기수. 폭발물이 폭발하였어도 공안을 문란케 하지 못한 경우 미수가 된다. 22. 국가직

(3) 폭발성물건파열죄와의 비교

구분	기폭장치	전시가중	과실규정	미수	예비	음모	선동
폭발물 사용죄	○	○	×	○	○	○	○
폭발성물건파열죄	×	×	○	○	○	○	×

2. 전시폭발물사용죄

> **제119조【폭발물사용】** ② 전쟁, 천재 기타 사변에 있어서 전항의 죄를 범한 자는 사형 또는 무기징역에 처한다.
> ③ 미수범은 처벌한다.

2 폭발물사용 예비 · 음모 등 죄

1. 예비 · 음모 · 선동죄

> **제120조【예비, 음모, 선동】** ① 전조 제1항, 제2항의 죄를 범할 목적으로 예비 또는 음모한 자는 2년 이상의 유기징역에 처한다. 단, 그 목적한 죄의 실행에 이르기 전에 자수한 때에는 그 형을 감경 또는 면제한다.
> ② 전조 제1항, 제2항의 죄를 범할 것을 선동한 자도 전항의 형과 같다.

2. 전시폭발물 제조 · 수입 · 수출 · 수수 · 소지죄

> **제121조【전시폭발물 제조 등】** 전쟁 또는 사변에 있어서 정당한 이유 없이 폭발물을 제조, 수입, 수출, 수수 또는 소지한 자는 10년 이하의 징역에 처한다.

Theme 24 방화와 실화의 죄

1 서설

1. 의의

방화죄(고의)와 실화죄(과실)는 고의 또는 과실로 불을 놓아 현주건조물·공용건조물·일반건조물 또는 일반물건을 소훼하는 것을 내용으로 하는 공공위험죄

2. 보호법익 및 보호의 정도

(1) **보호법익**: 공공의 안전이라는 사회적 이익을 보호. 부차적으로는 개인의 재산도 보호법익으로 한다(통설 — 이중성격설·판례). 15. 경찰승진

(2) **보호의 정도**: 추상적 위험범과 구체적 위험범으로 구별

참고 + 추상적 위험범과 구체적 위험범의 비교

추상적 위험범	구체적 위험범
'불을 놓아 ~ 소훼한 때' ① 위험발생이 구성요건요소 ×(고의의 인식대상 ×) ② 제164조, 제165조, 제166조 제1항, 제170조 제1항 → 미수·예비·음모 처벌	'불을 놓아 ~ 소훼한 때 + 공공의 위험이 발생한 때' ① 위험발생이 구성요건요소(고의의 인식대상 ○) ② 제166조 제2항, 제167조, 제170조 제2항 → 기수만 처벌
① 현주건조물방화죄(제164조) ② 공용건조물 등 방화죄(제165조) ③ 타인소유일반건조물방화죄(제166조 제1항) ④ ①②③에 대한 실화죄(제170조 제1항) ⑤ 공공용의 가스·전기 등 공급방해죄(제173조 제2항)	① 자기소유일반건조물방화죄(제166조 제2항) ② 일반물건방화죄(제167조) ③ ①②에 대한 실화죄(제170조 제2항) ④ 폭발성물건파열죄(제172조 제1항) ⑤ 가스·전기 등 공급방해죄·방류죄

3. 방화죄의 기본구조

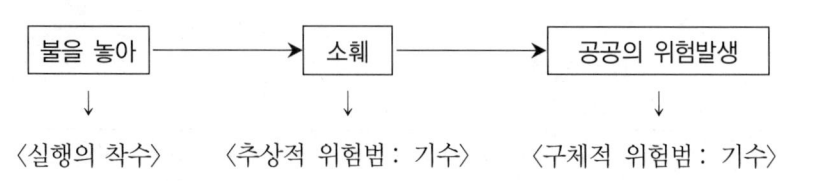

| 불을 놓아 | → | 소훼 | → | 공공의 위험발생 |

〈실행의 착수〉　　　〈추상적 위험범 : 기수〉　　　〈구체적 위험범 : 기수〉

(1) **실행의 착수시기**: 점화 · 발화시(판례)

(2) **기수시기**

　① **독립연소설(판례)** : 불이 매개물을 떠나 목적물에 옮겨 붙어 독립하여 연소할 수 있는 상태에 이르렀을 때 기수 → 기수시기가 너무 **빠름** : 미수인정이 곤란

　② **효용상실성** : 독립연소로 부족하고 더 나아가 목적물의 중요부분이 소실되어 그 본래의 효용을 상실한 때 기수 → 기수시기가 너무 늦음.

판례 ✒️

> 방화죄는 화력이 매개물을 떠나 **스스로 연소할 수 있는 상태에 이르렀을 때에 기수**가 되고, 반드시 목적물의 중요 부분이 소실하여 그 본래의 효용을 상실한 때에 기수가 되는 것은 아니다(70도330). 15. 법원직, 15. 경찰승진

2 방화죄

1. 현주건조물등 방화죄

제164조【현주건조물등에의 방화】 ① 불을 놓아 사람이 주거로 사용하거나 사람이 현존하는 건축물, 기차, 전차, 자동차, 선박, 항공기 또는 광갱을 소훼한 자는 무기 또는 3년 이상의 징역에 처한다.

② 제1항의 죄를 범하여 사람을 상해에 이르게 한 때에는 무기 또는 5년 이상의 징역에 처한다. 사망에 이르게 한 때에는 사형, 무기 또는 7년 이상의 징역에 처한다.

제174조【미수범】 미수범은 처벌한다.

(I) **현주건조물방화죄(§164①)** : 사람의 주거 현존 + 소훼

① **사람** : 범인 이외의 자 → 범인(공동정범) ×

ㄱ 범인 혼자 사는 집에 방화한 경우 → 일반건조물방화죄(제166조)가 성립

ㄴ 범인의 가족·동거인도 공범이 아닌 이상 여기의 사람에 포함 → 처와 함께 사는 집에 방화한 경우에도 현주건조물방화죄 성립

② **주거** : 범인 이외의 사람이 일상생활의 장소로 사용되는 것

ㄱ 행위시 주거자가 없는 경우에도 본죄 성립(사람이 현존할 필요 없음)

ㄴ 건조물의 일부만 주거에 사용 → 건조물 전체가 주거사용으로 됨.

판례 ⚖

사람이 거주하는 가옥의 일부로 되어 있는 **우사(牛舍)**에 대한 방화는 현주건조물방화죄에 해당한다(67도925). 02·10. 경찰승진, 08. 경찰, 12. 경찰간부

③ 건조물, 기차, 전차, 자동차, 항공기, 선박, 광갱 → 주거로 사용하지 않음 + 사람이 현존할 것을 요함

판례 ⚖

형법상 **방화죄의 객체인 건조물은** 토지에 정착되고 벽 또는 기둥과 지붕 또는 천장으로 구성되어 사람이 내부에 기거하거나 출입할 수 있는 공작물을 말하고, 반드시 사람의 주거용이어야 하는 것은 아니라도 **사람이 사실상 기거·취침에 사용할 수 있는 정도는 되어야 한다**(2013도3950). 19·21. 경찰승진

④ **행위** : 불을 놓아 + 소훼

ㄱ **불을 놓아** : 발화·점화시에 실행의 착수 인정

예 가옥의 일부인 창고 또는 사람의 몸을 매개물로 점화하는 경우에도 현주건조물방화죄의 실행의 착수가 인정되나 가옥의 일부인 창고에 불을 놓았으나 창고만 타버린 경우 일반건조물방화죄의 기수가 아니라 현주건조물방화죄의 미수에 해당한다.

ㄴ **소훼** : 작위·부작위 가능. 소훼하면 기수(독립연소설, 추상적 위험범)

예 현주건조물의 기둥, 지붕, 벽 등에 불이 옮겨 붙었을 때 방화죄는 기수가 되고, 가구, 커텐, 양탄자, 카페트 등에 불이 옮겨 붙은 단계에서는 아직 방화죄의 기수가 아니다.

판례 실행의 착수시기

① 현주건조물 등 방화죄의 실행의 착수시기는 점화시(발화시)이다(4293형상213).

② 방화의 의사로 뿌린 휘발유가 인화성이 강한 상태로 주택 주변과 피해자의 몸에 적지 않게 살포되어 있는 사정을 알면서 **라이터를 켜 불꽃을 일으킴**으로써 피해자의 몸에 불이 붙은 경우 실행의 착수가 인정된다(2001도6641). 06 · 09 · 13 · 16 · 17 · 21. 경찰승진, 09. 사시, 12. 국가직 7급 · 경찰

③ 선박의 갑판 위에 휘발유를 뿌리고 **라이터로 점화하려 한 사실**로는 실행의 착수가 부정된다(4293형상213).

판례 기수시기

① 방화죄는 화력이 매개물을 떠나 **스스로 연소할 수 있는 상태**에 이르렀을 때에 기수가 된다(70도330). 14. 경찰간부

→ 갑과 을은 공동으로 집에 방화를 하였는데 불길이 예상외로 크게 번지자, 을은 도망하였고 갑은 후회하며 진화활동을 결과 그 집은 **반소(半燒)**에 그친 경우 갑과 을은 모두 방화죄의 기수범이다. 22. 국가직

② 타인 가옥의 창문에 석유를 뿌리고 라이터를 사용하여 불을 붙였으나 창문에 부착된 **모기장만 탄 채 동네사람들에 의하여 소화**된 경우 미수에 해당한다(82도2341).

③ 부모에게 용돈을 요구하였다가 거절당하자 홧김에 자기 집 **헛간 지붕** 위에 올라가 라이터로 불을 놓고, 이어서 본채 · 사랑채 지붕 위에 차례로 올라가 각각 불을 놓아 헛간 지붕 60cm² 가량 그리고 본채 지붕 1m² 가량을 태운 경우 기수가 된다(70도330). 17. 경찰간부

④ 피해자의 사체 위에 옷가지 등을 올려놓고 불을 붙인 천조각을 던져서 그 불길이 방 안을 태우면서 **천장에까지 옮겨 붙었다면** 도중에 진화되었다고 하더라도 이미 현주건조물방화죄의 **기수**에 해당한다(2006도9164). 18 · 21. 경찰승진, 19. 경찰간부

⑤ 고의

㉠ 사람이 현존하는 건조물 등을 소훼한다는 고의가 있어야 한다. 다만 본죄는 추상적 위험범이므로 공공의 위험에 대한 인식은 필요하지 않다.

㉡ 방화의 목적물이 주거로 사용되지 않거나 사람이 현존하지 않는 것으로 오인한 경우 구성요건 착오로서 고의를 조각하여 제15조 제1항에 따라 일반건조물방회죄 성립

판례

가정불화의 악화로 헤어지기로 작정하고 **홧김에** 죽은 동생의 유품으로 보관하던 서적 등을 마당에 내어놓고 불태운 경우 방화죄의 고의가 있었다고 볼 수 없다(84도1245).

08 · 12. 경찰, 10 · 13. 경찰승진, 17. 경찰간부

⑥ 피해자의 승낙

㉠ 주거자 또는 현존자의 승낙이 있으면 현주건조물방화죄가 아니라, 일반건조물방화죄가 성립한다. 여기서 소유자의 승낙까지 있으면 타인소유 일반건조물이 아니라 자기소유 일반건조물방화죄가 성립한다.

㉡ 자기소유 일반건조물방화죄인 경우에도 그 건물이 압류 또는 보험의 목적인 경우에는 타인소유 일반건조물방화죄가 성립한다(제176조).

㉢ 보험목적의 건조물에 방화한 후에 보험회사를 상대로 화재보험금을 청구하여 수령하였다면 방화죄와 사기죄의 경합범이 성립한다.

⑵ 현주건조물방화치사상죄(§164②)

① 부진정결과적가중범 : 중한결과(고의, 과실)

② 중한결과에 대한 예견가능성

판례 📌

① 甲은 乙을 살해하기 위하여 乙의 집(은봉암)에 침입하였으나 乙은 없고, 乙의 처 丙과 세 딸이 甲를 알아보자 절구방망이로 丙과 큰딸의 머리를 강타하여 실신시키고 이불로 뒤집어 씌운 후에 석유를 뿌리고 방화하여 乙의 집을 전소하게 하고, 둘째 딸과 셋째 딸이 나오지 못하게 방문 앞에 버티고 있어 모두가 사망한 경우, 丙과 큰딸에게는 현주건조물방화치사죄, 나머지 두 딸에게는 현주건조물방화죄와 살인죄의 실체적 경합범이 된다(82도2341). 01. 국가직 9급, 06·08. 경찰, 09. 사시·경찰승진, 12. 국가직 7급, 16. 경찰간부

② 甲은 아버지와 동생을 살해하기 위하여 아버지와 동생이 잠자고 있던 방에 두루마리 휴지를 이용하여 방화하여 집을 태우고 아버지와 동생을 질식사하도록 한 경우, 존속살인죄와 현주건조물방화치사죄는 상상적 경합범관계에 있으므로 법정형이 중한 존속살인죄로 의율함이 타당하다(96도485). 05. 경찰, 08. 경찰승진, 18. 경찰간부, 22. 국가직

③ 피해자의 재물을 강취한 후, 살해할 목적으로 현주건조물에 방화하여 사망에 이르게 한 경우에 강도살인죄와 현주건조물방화치사죄는 상상적 경합관계에 있다(98도3416).
02. 행시, 04·12·15. 경찰, 10·16. 경찰승진, 12. 국가직 7급, 18. 경찰간부

④ 사람이 현존하는 건조물을 방화하는 집단행위의 과정에서 일부 집단원이 고의행위로 살상을 가한 경우에도 다른 집단원에게 그 사상의 결과가 예견 가능한 것이었다면 다른 집단원도 그 결과에 대하여 현주건조물방화치사상의 책임을 면할 수 없는 것이다(96도215).

2. 공용건조물등 방화죄

제165조 【공용건조물등에의 방화】 불을 놓아 공용 또는 공익에 공하는 건조물, 기차, 전차, 자동차, 선박, 항공기 또는 광갱을 소훼한 자는 무기 또는 3년 이상의 징역에 처한다.
제174조 【미수범】 미수범은 처벌한다.

※ 공익·공용에 속하는 건조물이더라도 사람의 주거에 사용하거나 사람이 현존하면 현주건조물등 방화죄에 해당한다.

3. 일반건조물 등 방화죄

> **제166조【일반건조물등에의 방화】** ① 불을 놓아 전 2조에 기재한 이외의 건조물, 기차, 전차, 자동차, 선박, 항공기 또는 광갱을 소훼한 자는 2년 이상의 유기징역에 처한다.
> ② 자기소유에 속하는 제1항의 물건을 소훼하여 공공의 위험을 발생하게 한 자는 7년 이하의 징역 또는 1,000만원 이하의 벌금에 처한다.
> **제174조【미수범】** 제1항의 죄의 미수범은 처벌한다.
> **제176조【타인의 권리대상이 된 자기의 물건】** 자기의 소유에 속하는 물건이라도 압류 기타 강제처분을 받거나 타인의 권리 또는 보험의 목적물이 된 때에는 본장의 규정의 적용에 있어서 타인의 물건으로 간주한다.

(1) **타인소유 일반건조물 등 방화죄(§166①)** : 비현주건조물(현주건조물 ×, 공용건조물 ×)방화 + 범인 자신소유에 속하지 않은 경우일 때 해당 → 추상적 위험범

   ① 자기소유 일반건조물 + <u>압류 기타 강제처분, 타인의 권리</u>(저당권, 전세권), <u>보험의 목적물</u>이 된 때 → <u>타인물건으로 간주</u>(제176조)

   ② 甲이 화재보험에 가입된 독거하고 있는 자기 가옥을 보험금을 사취할 목적으로 방화한 경우 → 타인소유 일반건조물 방화죄(§166①)

(2) **자기소유 일반건조물 등 방화죄(§166②)** : 자기소유(무주물 포함) + 일반건조물방화 → 구체적 위험범

   ① <u>타인소유 일반건조물 + 소유자의 동의 有 → 자기소유 일반건조물 방화죄 성립</u>

   ② 甲이 乙의 승낙을 얻어 乙이 독거하고 있는 乙 소유의 가옥에 방화한 경우 → 甲은 자기건조물방화죄, 乙은 구체적 상황에 따라 자기건조물방화죄의 공동정범 또는 방조범

(3) **법적성격**

   ① 타인소유 일반건조물 등 방화죄(§166①) : 추상적 위험범 → 예비·음모·미수 처벌

   ② 자기소유 일반건조물 등 방화죄(§166②) : 구체적 위험범 → 기수만 처벌

4. 일반물건방화죄

> **제167조【일반물건에의 방화】** ① 불을 놓아 전 3조에 기재한 이외의 물건을 소훼하여 공공의 위험을 발생하게 한 자는 1년 이상 10년 이하의 징역에 처한다.
> ② 제1항의 물건이 자기의 소유에 속한 때에는 3년 이하의 징역 또는 700만원 이하의 벌금에 처한다.
>
> **제176조【타인의 권리대상이 된 자기의 물건】** 자기의 소유에 속하는 물건 이라도 압류 기타 강제처분을 받거나 타인의 권리 또는 보험의 목적물이 된 때에는 본 장의 규정의 적용에 있어서 타인의 물건으로 간주한다.

(I) 본죄는 구체적 위험범(자기소유·타인소유 불문) → 공공의 위험이 발생하지 않은 경우 본죄 성립 ×. 타인소유에 한하여 손괴죄 성립

(2) **참고** : 자기소유 일반건조물방화죄, 일반물건방화죄, 연소죄는 미수범처벌규정 ×(∵ 구체적 위험범)

판례

① **폐가**는 지붕과 문짝·창문이 없고 담장과 일부 벽체가 붕괴된 철거대상 건물로서 사실상 기거·취침에 사용할 수 없는 상태의 것이므로 **형법 제166조의 건조물이 아닌 형법 제167조의 물건에 해당**하고, 피고인이 이 사건 폐가의 내부와 외부에 쓰레기를 모아 놓고 태워 그 불길이 이 사건 **폐가 주변 수목 4~5그루를 태우고 폐가의 벽을 일부 그을리게 하는 정도**만으로는 **방화죄의 기수에 이르렀다고 보기 어려우며, 일반물건방화죄에 관하여는 미수범의 처벌규정이 없다는 이유로 제1심의 유죄판결을 파기하고 피고인에게 무죄**를 선고하였다(2013도3950). 17. 경찰간부
② 노상에서 전봇대 주변에 놓인 재활용품과 쓰레기 등에 불을 놓아 소훼한 경우, **그 재활용품과 쓰레기 등은 '무주물'로서 형법 제167조 제2항에 정한 '자기소유의 물건'에 준하는 것으로 보아야** 하므로, 여기에 불을 붙인 후, **불상의 가연물을 집어넣어 그 화염을 키움으로써 전선을 비롯한 주변의 가연물에 손상을 입히거나 바람에 의하여 다른 곳으로 불이 옮아 붙을 수 있는 공공의 위험을 발생하게 하였다면 자기소유일반물건방화죄**가 성립한다(2009도7421). 10·12. 경찰, 12·18. 경찰간부, 12·13·16·17·21·22. 경찰승진, 17. 국가직 7급, 22. 국가직

5. 연소죄

> **제168조【연소】** ① 제166조 제2항 또는 전조 제2항의 죄를 범하여 제164조, 제165조 또는 제166조 제1항에 기재한 물건에 연소한 때에는 1년 이상 10년 이하의 징역에 처한다.
> ② 전조 제2항의 죄를 범하여 전조 제1항에 기재한 물건에 연소한 때에는 5년 이하의 징역에 처한다.

(I) **구조** 16. 경찰승진, 19. 경찰간부

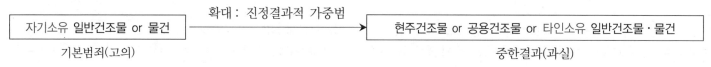

(2) **자기소유(건조물 §166②, 물건 §167②)**

① 기본범죄는 반드시 기수에 이를 것(자기소유 일반건조물 or 물건 방화 → 미수처벌 ×)

② If 기본범죄가 미수 → 실화죄 : 자기소유 일반건조물방화죄나 자기소유 일반물건방화죄는 자기소유물이 소훼되고 공공의 위험도 발생한 기수범임을 요한다(∵자기소유 일반건조물방화죄와 자기소유 일반물건방화죄의 미수범을 처벌하지 않기 때문이다). 만약 기본범죄가 미수이면 실화죄가 성립한다.

6. 방화예비·음모죄

> **제175조【예비, 음모】** ① 제164조 제1항, 제165조, 제166조 1항, 제172조의2 제1항, 제173조 제1항과 제2항의 죄를 범할 목적으로 예비 또는 음모한 자는 5년 이하의 징역에 처한다. 단, 그 목적한 죄의 실행에 이르기 전에 자수한 때에는 형을 감경 또는 면제한다. 18. 경찰간부, 22. 경찰승진

3 준방화죄

1. 진화방해죄

> **제169조【진화방해】** 화재에 있어서 진화용의 시설 또는 물건을 은닉 또는 손괴하거나 기타 방법으로 진화를 방해한 자는 10년 이하의 징역에 처한다.

2. 폭발성물건파열죄

> **제172조【폭발성물건파열】** ① 보일러, 고압가스 기타 폭발성 있는 물건을 파열시켜 사람의 생명, 신체 또는 재산에 대하여 위험을 발생시킨 자는 1년 이상의 유기징역에 처한다.
> ※ 예비·음모 처벌(자수한 경우 필요적 감면)
> ② 제1항의 죄를 범하여 사람을 상해에 이르게 한 때에는 무기 또는 3년 이상의 징역에 처한다. 사망에 이르게 한 때에는 무기 또는 5년 이상의 징역에 처한다.
> **제174조【미수범】** 제1항의 미수범은 처벌한다.

3. 가스·전기등 방류죄

제172조의2 【가스·전기 등 방류】 ① 가스, 전기, 증기 또는 방사선이나 방사선 물질을 방출, 유출 또는 살포시켜 사람의 생명·신체 또는 재산에 대하여 위험을 발생시킨 자는 1년 이상 10년 이하의 징역에 처한다.

※ 예비·음모 처벌(자수한 경우 필요적 감면)

② 제1항의 죄를 범하여 사람을 상해에 이르게 한 때에는 무기 또는 3년 이상의 징역에 처한다. 사망에 이르게 한 때에는 무기 또는 5년 이상의 징역에 처한다.

※ 치상죄는 부진정결과적 가중범, 치사죄는 진정결과적 가중범

제174조 【미수범】 제1항의 미수범은 처벌한다.

4. 가스·전기등 공급방해죄

제173조 【가스·전기등 공급방해】 ① 가스, 전기 또는 증기의 공작물을 손괴 또는 제거하거나 기타 방법으로 가스, 전기 또는 증기의 공급이나 사용을 방해하여 공공의 위험을 발생하게 한 자는 1년 이상 10년 이하의 징역에 처한다.

② 공공용의 가스, 전기 또는 증기의 공작물을 손괴 또는 제거하거나 기타 방법으로 가스, 전기 또는 증기의 공급이나 사용을 방해한 자도 전항의 형과 같다.

③ 제1항 또는 제2항의 죄를 범하여 사람을 상해에 이르게 한 때에는 2년 이상의 유기징역에 처한다. 사망에 이르게 한 때에는 무기 또는 3년 이상의 징역에 처한다.

※ 예비·음모 처벌 (제1항, 제2항 : 자수한 경우 필요적 감면)

제174조 【미수범】 제1항의 미수범은 처벌한다.

4 실화죄

1. 단순실화죄

> **제170조 【실화】** ① 과실로 인하여 제164조 또는 제165조에 기재한 물건 또는 타인의 소유에 속하는 제166조에 기재한 물건을 소훼한 자는 1,500만원 이하의 벌금에 처한다.
> ② 과실로 인하여 자기의 소유에 속하는 제166조 또는 제167조에 기재한 물건을 소훼하여 공공의 위험을 발생하게 한 자도 전항의 형과 같다.

(1) §170① : 추상적 위험범, §170② : 구체적 위험범

(2) 형법 제170조 제2항에서 말하는 '자기의 소유에 속하는 제166조 또는 제167조에 기재한 물건'이라 함은 '자기의 소유에 속하는 제166조에 기재한 물건 또는 자기의 소유에 속하든, 타인의 소유에 속하든 불문하고 제167조에 기재한 물건'을 의미한다(94도32).

2. 업무상 실화 · 중실화죄

> **제171조 【업무상실화, 중실화】** 업무상 과실 또는 중대한 과실로 인하여 제170조의 죄를 범한 자는 3년 이하의 금고 또는 2,000만원 이하의 벌금에 처한다.

3. 과실폭발성물건파열죄, 업무상 과실 · 중과실폭발성물건파열죄

> **제173조의2 【과실폭발성물건파열 등】** ① 과실로 제172조 제1항, 제172조의2 제1항, 제173조 제1항과 제2항의 죄를 범한 자는 5년 이하의 금고 또는 1,500만원 이하의 벌금에 처한다.
> ② 업무상 과실 또는 중대한 과실로 제1항의 죄를 범한 자는 7년 이하의 금고 또는 2,000만원 이하의 벌금에 처한다.

Theme 25 일수와 수리에 관한 죄

1 일수죄

1. 현주건조물등 일수죄

> **제177조 【현주건조물등에의 일수】** ① 물을 넘겨 사람이 주거에 사용하거나 사람이 현존하는 건축물, 기차, 전차, 자동차, 선박, 항공기 또는 광갱을 침해한 자는 무기 또는 3년 이상의 징역에 처한다.
> ② 제1항의 죄를 범하여 사람을 상해에 이르게 한 때에는 무기 또는 5년 이상의 징역에 처한다. 사망에 이르게 한 때에는 무기 또는 7년 이상의 징역에 처한다.
> **제182조 【미수범】** 제1항의 미수범은 처벌한다.

2. 공용건조물등 일수죄

> **제178조 【공용건조물등에의 일수】** 물을 넘겨 공용 또는 공익에 공하는 건조물, 기차, 전차, 자동차, 선박, 항공기 또는 광갱을 침해한 자는 무기 또는 2년 이상의 징역에 처한다.
> **제182조 【미수범】** 제1항의 미수범은 처벌한다.

3. 일반건조물등 일수죄

> **제179조 【일반건조물등에의 일수】** ① 물을 넘겨 전2조에 기재한 이외의 건조물, 기차, 전차, 자동차, 선박, 항공기 또는 광갱 기타 타인의 재산을 침해한 자는 1년 이상 10년 이하의 징역에 처한다.
> ② 자기의 소유에 속하는 전항의 물건을 침해하여 공공의 위험을 발생하게 한 때에는 3년 이하의 징역 또는 700만원 이하의 벌금에 처한다.
> ③ 제176조의 규정은 본조의 경우에 준용한다.
> **제182조 【미수범】** 제1항의 미수범은 처벌한다.

(1) 타인소유 일반건조물 일수죄(제179조①) → 추상적 위험범, 미수처벌 ○, 예비·음모 처벌 ○

(2) 자기소유 일반건조물 일수죄(제179조②) → 구체적 위험범(미수 ×, 예비·음모 ×)

4. 방수방해죄

> 제180조 【방수방해】 수재에 있어서 방수용의 시설 또는 물건을 손괴 또는 은닉하거나 기타 방법으로 방수를 방해한 자는 10년 이하의 징역에 처한다.

5. 과실일수죄

> 제181조 【과실일수】 과실로 인하여 제177조 또는 제178조에 기재한 물건을 침해한 자 또는 제179조에 기재한 물건을 침해하여 공공의 위험을 발생하게 한 자는 1천만원 이하의 벌금에 처한다.

※ 업무상과실·중과실: 가중 × → 단순과실과 동일하게 처벌

6. 일수예비·음모죄

> 제183조 【예비, 음모】 제177조 내지 제179조 제1항의 죄를 범할 목적으로 예비 또는 음모한 자는 3년 이하의 징역에 처한다.

참고+ 방화죄와 일수죄의 비교 02. 입법고시, 11. 경찰간부

공통점	① 방화죄나 일수죄 모두 공용건조물·현주건조물이 객체로 규정되어 있다. ② 자기소유 일반건조물에 대한 방화죄 및 일수죄는 미수처벌규정이 없다. ③ 단순실화죄·과실일수죄는 벌금만 규정되어 있다.
차이점	① 예비·음모의 경우 방화죄는 필요적 감면규정이 있으나, 일수죄는 필요적 감면규정이 없다. ② 과실일수의 경우 업무상 과실 내지 중과실에 대한 처벌규정이 없다. ③ 현주건조물일수죄의 객체는 자기소유 및 타인소유를 불문한다. ④ 일수죄는 자기소유물에 대한 결과적 가중범(연소죄에 해당) 규정이 없다.

2 수리방해죄

제184조【수리방해】제방을 결궤하거나 수문을 파괴하거나 기타 방법으로 수리를 방해한 자는 5년 이하의 징역 또는 700만원 이하의 벌금에 처한다.

판례

① 형법 제184조의 수리방해죄에서 규정하는 **수리**는 관개용, 목축용, 발전이나 수차 등의 동력용, 상수도의 원천용 등 널리 물이라는 천연자원을 사람의 생활에 유익하게 사용하는 것을 가리킨다(2001도404).

② 수리방해죄가 성립하기 위해서는 법령, **계약 또는 관습** 등에 의하여 타인의 권리에 속한다고 인정될 수 있는 물의 이용을 방해하는 것이어야 한다(2001도404).

③ 몽리민들이 계속하여 **20년 이상 평온·공연하게 본건 유지의 물을 사용**하여 소유농지를 경작하여 왔다면 그 유지의 물을 사용할 권리가 있다고 할 것이므로 그 권리를 침해하는 행위는 수리방해죄를 구성한다(67도1677).

④ **배수 또는 하수처리**를 방해하는 행위는 특히 그 배수가 수리용의 인수와 밀접하게 연결되어 있어서 그 배수의 방해가 직접 인수에까지 지장을 초래한다는 등의 특수한 경우가 아닌 한 수리방해죄의 대상이 될 수 없다(2001도404). 07. 법원직, 09·18. 경찰승진, 10. 경찰

Theme 26 교통방해의 죄

1 교통방해죄

1. 일반교통방해죄

> 제185조【일반교통방해】 육로, 수로 또는 교량을 손괴 또는 불통하게 하거나 기타 방법으로 교통을 방해한 자는 10년 이하의 징역 또는 1천500만원 이하의 벌금에 처한다.
> 제190조【미수범】 미수범은 처벌한다.

(1) **객체**: 육로(제한 없음: 노면의 광협, 통행인 다과, 적법, 위법 불문), 수로, 교량

판례

① 형법 제185조의 일반교통방해죄는 일반공중의 교통의 안전을 보호법익으로 하는 범죄로서 여기서의 '육로'라 함은 **사실상 일반공중의 왕래에 공용되는 육상의 통로**를 널리 일컫는 것으로서 그 부지의 소유관계나 통행권리관계 또는 통행인의 많고 적음 등을 가리지 않는다(2001도6903). 05. 경찰, 09 · 16. 법원직, 10 · 11 · 13. 경찰승진, 16. 사시

② 공로에 출입할 수 있는 다른 도로가 있는 상태에서 토지 소유자로부터 일시적인 사용승낙을 받아 통행하거나 토지 소유자가 개인적으로 사용하면서 부수적으로 타인의 통행을 묵인한 장소에 불과한 도로는 일반교통방해죄의 객체인 육로에 해당하지 않는다(2016도12563). 19. 법원행시

(2) **행위**: 손괴 · 불통하게 하거나 기타방법으로 교통을 방해하는 것

① 손괴, 불통, 기타방법 **예** 허위의 교통표지를 세우는 것

② 기수시기: 위의 행위가 있으면 기수. 현실적으로 교통방행의 결과가 발생하여야 하는 것은 아님(추상적 위험범).

판례

형법 제185조의 일반교통방해죄는 일반공중의 교통안전을 그 보호법익으로 하는 범죄로서 육로 등을 손괴 또는 불통하게 하거나 기타의 방법으로 교통을 방해하여 통행을 불가능하게 하거나 현저하게 곤란하게 하는 일체의 행위를 처벌하는 것을 그 목적으로 하고 있고, 또한 일반교통방해죄는 이른바 **추상적 위험범**으로서 교통이 불가능하거나 또는 현저히 곤란한 상태가 발생하면 바로 기수가 되고 **교통방해의 결과가 현실적으로 발생하여야 하는 것은 아니다**(2006도4662). 16. 사시, 16. 법원직

O 일반교통방해죄 성립	X 일반교통방해죄 불성립
① 여관 및 식당, 버섯농장의 차량이나 인근주민들이 사용하여 오던 수자원공사의 토지(폭이 약 80m)를 甲이 일부(약 20m)를 구입하여 **통행로의 중앙에 바위를 두고** 땅을 파헤쳐 차량의 통행을 방해한 경우(2001도6903) 15. 경찰	① 토지소유자가 토지의 한쪽 부분을 일시 공터로 두었을 때, 인근주민들이 토지의 동서쪽에 있는 도로에 이르는 **지름길**로 일시 이용한 적이 있었는데 이를 막은 경우(84도2192) 05·15. 경찰, 06. 경찰승진, 09. 법원직
② 주민들에 의하여 **공로로 통하는 유일한 통행로**로 오랫동안 이용되어 온 폭 2m의 골목길에, 자신의 소유라는 이유로 폭 50~70cm 가량만 남겨두고 담장을 설치하여 주민들의 통행을 현저히 곤란하게 한 경우(94도2112) 05. 경찰, 10·19. 경찰승진, 19. 경찰간부	② 원래 마을 사람들이 통행로로 사용하던 도로였으나 **대체도로가 개설**되면서 피고인이 건축한 주택의 마당으로 사용되던 토지였는데 고발인들이 담장의 일부를 헐고 지름길로 사용하고 주차장으로도 이용하자 담을 다시 쌓아 이용하지 못하도록 한 경우(99도401)
③ 도로가 농가의 영농을 위한 경운기나 리어카 등의 통행을 위한 농로로 개설되었다 하더라도 그 도로가 **사실상 일반 공중의 왕래에 공용되는 도로**로 된 이상, 경운기나 리어카 등만 통행할 수 있는 것이 아니고 다른 차량도 통행할 수 있는 것이므로 이러한 차량의 통행을 방해한 경우 일반교통방해죄에 해당한다(92도1475). 10. 경찰승진, 16. 사시	③ 약 600명의 노동조합원들이 차도만 설치되어 있을 뿐 보도는 따로 마련되어 있지 아니한 도로 **우측의 편도 2차선**의 대부분을 차지하면서 대오를 이루어 행진하는 방법으로 시위를 한 경우(91도2771) 05. 경찰, 10. 경찰승진
④ 노조원들이 적법절차 없이 철제 옷장으로 광업소 출입구를 봉쇄하고 **바리케이트를 설치**하여 통근버스의 운행을 방해한 경우(90도755) 09. 법원직	④ 피고인의 가옥 앞 도로가 폐기물 운반 차량의 통행로로 이용되어 가옥 일부에 균열 등이 발생하자, 차량들의 앞을 가로막고 **앉아서 통행을 일시적으로 방해**한 경우(2008도10560) 12. 경찰승진
⑤ 집회 또는 시위가 **당초 신고된 범위를 현저히 일탈**하거나 집회 및 시위에 관한 법률에 의한 조건을 중대하게 위반하여 도로교통을 방해함으로써 통행을 불가능하게 하거나 현저히 곤란하게 하는 경우(2006도755) 16. 법원직	**비교판례** 피고인의 가옥 앞 도로가 폐기물 운반 차량의 통행로로 이용되어 가옥 일부에 균열 등이 발생하자 피고인이 도로에 **트랙터를 세워두거나 철책펜스를 설치**한 경우 일반교통방해죄가 성립한다(2008도10560). 12. 경찰승진
⑥ 전국민주노동조합총연맹 준비위원회가 주관한 도로행진시위가 사전에 집회 및 시위에 관한 법률에 따라 옥외집회신고를 마쳤어도, 신고의 범위와 위 법률 제12조에 따른 제한을 현저히 일탈하여 **주요도로 전차선을 점거**하여 행진 등을 함으로써 교통소통에 현저한 장애를 일으킨 경우(2006도755) 10·13. 경찰승진, 15. 경찰	⑤ 농작물을 경작하던 농토를 통하여 부근 일대의 큰 도로로 통행하려는 주민들이 늘어나자, 소유자가 이를 막고 농작물을 재배하려고 **철조망**을 설치한 경우(88도262) 05. 경찰, 06. 경찰승진
⑦ 주민들이 농기계 등으로 그 주변의 농경지나 임야에 통행하기 위하여 이용하는 자신소유의 도로에 깊이 **1m 정도의 구덩이**를 판 행위는 일반교통방해죄에 해당하고 자구행위나 정당행위에 해당하지 않는다(2006도9418).	⑥ 목장소유자가 목장운영을 위하여 목장용지 내에 **임도를 개설하고 차량 출입을 통제**하면서 인근 주민들의 일부 통행을 부수적으로 묵인한 경우, 위 임도는 공공성을 지닌 장소가 아니어서 일반교통방해죄의 '육로'에 해당하지 않는다(2005도7573). 16. 사시
⑧ 서울 중구 소공동의 **왕복 4차로의 도로 중 편도 3개 차로 쪽에 차량 2~3대와 간이테이블 수십개를 이용하여 길가쪽 2개의 차로를 차지하는 포장마차**를 설치하고 영업행위를 한 경우(2006도4662). 18. 경찰간부, 19. 경찰승진	⑦ 甲은 자신의 카니발 밴 차량을 여객터미널 도로 중에서 **공항리무진 버스들이 승객들을 승·하차시키는 장소에 40분 가량 주차**하였는데, 이 곳은 일반 차량들의 주차가 금지된 구역이었으나 당시 주차한 장소의 옆 차로를 통하여 다른 차량들이 충분히 통행 가능하였고 공항리무진 **버스도 후진을 하여 차로를 바꾸어야 하는 불편이 있기는 하나 통행 자체는 가능한 경우** **일반교통방해죄를 구성하지 않는다**(2009도4266). 19. 경찰간부, 19. 경찰승진

⑨ 신고범위를 현저히 벗어나거나 집회 및 시위에 관한 법률 제12조에 따른 조건을 중대하게 위반함으로써 교통방해를 유발한 집회에 참가한 경우, 참가 당시 이미 다른 참가자들에 의하여 교통의 흐름이 차단된 상태였더라도 교통방해를 유발한 다른 참가자들과 **암묵적·순차적으로 공모하여 교통방해의 위법상태를 지속시켰다고 평가할 수 있다면 일반교통방해죄가 성립**한다(2017도11408). 19. 법원행시, 19. 경찰간부, 19. 경찰승진

2. 기차·선박등 교통방해죄

제186조【기차, 선박등의 교통방해】 궤도, 등대 또는 표지를 손괴하거나 기타 방법으로 기차, 전차, 자동차, 선박 또는 항공기의 교통을 방해한 자는 1년 이상의 유기징역에 처한다.

제190조【미수범】 제185조 내지 제187조의 미수범은 처벌한다.

제191조【예비, 음모】 제186조 또는 제187조의 죄를 범할 목적으로 예비 또는 음모한 자는 3년 이하의 징역에 처한다.

3. 기차등 전복죄

제187조【기차등의 전복등】 사람의 현존하는 기차, 전차, 자동차, 선박 또는 항공기를 전복, 매몰, 추락 또는 파괴한 자는 무기 또는 3년 이상의 징역에 처한다.

제190조【미수범】 제185조 내지 제187조의 미수범은 처벌한다.

제191조【예비, 음모】 제186조 또는 제187조의 죄를 범할 목적으로 예비 또는 음모한 자는 3년 이하의 징역에 처한다.

판례

① 사람이 현존하는 선박에 대하여 매몰행위의 실행을 개시하고 그로 인하여 선박을 매몰시켰다면 매몰의 결과발생시 사람이 현존하지 않았거나 범인이 **선박에 있는 사람을 안전하게 대피**시켰다고 하더라도 선박매몰죄의 기수로 보아야 할 것이지 이를 미수로 볼 것은 아니다(99도4688).

② **대형 유조선의 유류탱크 일부에 구멍**이 생기고 선수마스트, 위성통신 안테나, 항해등 등이 파손된 경우, 형법 제187조에 정한 선박의 '파괴'에 해당하지 않으므로 업무상과실선박파괴죄가 성립하지 아니한다(2008도11921).

4. 교통방해치사상죄

> **제188조【교통방해치사상】** 제185조 내지 제187조의 죄를 범하여 사람을 상해에 이르게 한 때에는 무기 또는 3년 이상의 징역에 처한다. 사망에 이르게 한 때에는 무기 또는 5년 이상의 징역에 처한다.

판례 ⚖️

피고인이 고속도로 2차로를 따라 자동차를 운전하다가 1차로를 진행하던 甲의 차량 앞에 급하게 끼어든 후 곧바로 정차하여 甲의 차량 및 이를 뒤따르던 차량 두 대는 급정차하였으나, 그 뒤를 따라오던 乙의 차량이 앞의 차량들을 연쇄적으로 추돌하게 하여 乙을 사망에 이르게 하고 나머지 차량운전자 등 피해자들에게 상해를 입힌 사안에서 피고인에게 일반교통방해치사상죄를 인정한 원심의 판단은 정당하다(2014도6206). 16. 법원직, 17. 국가직 9급, 18. 경찰간부

2 과실에 의한 교통방해죄

1. 과실교통방해죄

> **제189조【과실, 업무상과실, 중과실】** ① 과실로 인하여 제185조 내지 제187조의 죄를 범한 자는 1천만원 이하의 벌금에 처한다.

2. 업무상 과실 · 중과실교통방해죄

> **제189조【과실, 업무상과실, 중과실】** ② 업무상과실 또는 중대한 과실로 인하여 제185조 내지 제187조의 죄를 범한 자는 3년 이하의 금고 또는 2천만원 이하의 벌금에 처한다.

Theme 27 문서에 관한 죄

1 문서의 본질, 종류

1. 문서죄의 본질

(1) 형식주의와 실질주의

형식주의	① 문서 **성립의 진정**이 보호의 대상이며 **작성명의**에 허위가 있을 때에 처벌하는 입법방식이다. ② 문서의 작성명의에 허위가 없다면(진정하면), 그 내용이 객관적 진실과 일치하지 않아도 문서위조죄가 성립하지 않는다.
실질주의	① 문서에 표시된 **내용의 진실**이 보호의 대상이며 문서의 내용을 허위로 작성하는 행위를 처벌하는 입법방식이다. ② 문서에 표시된 내용이 객관적 진실과 일치하면 작성명의에 허위가 있어도 문서위조죄가 성립하지 않는다.

(2) 유형위조와 무형위조

유형위조	① **작성권한 없는 자**가 타인 명의의 문서를 작성하는 것을 말한다. **예** 甲이 권한 없이 乙 명의의 차용증을 작성하는 경우 ② 형식주의에서는 유형위조를 위조로 본다.
무형위조	① **작성권한 있는 자**가 허위 내용을 작성하는 것을 말한다. **예** 환자를 진찰한 의사가 자기 명의로 된 허위 내용의 진단서를 작성하는 경우 ② 실질주의에서는 무형위조를 위조로 본다.

(3) 우리형법의 태도

① 형식주의를 원칙으로 예외적으로 실질주의를 취하고 있다.

② 유형위조는 공문서·사문서를 불문하고 모두 처벌하고 있으나, 무형위조는 공문서와 달리 사문서에 있어서는 허위진단서작성죄의 경우에만 예외적으로 처벌 22. 경찰

③ 유형위조는 '위조', 무형위조는 '작성'이라고 표시하여 양자를 용어적으로 구별

④ 허위공문서작성죄, 허위진단서작성죄, 공정증서원본부실기재죄가 형법상 인정되는 무형위조이다.

이사회를 개최함에 있어 공소외 이사들이 그 참석 및 의결권의 행사에 관한 권한을 피고인에게 **위임**하였다면 그 이사들이 실제로 이사회에 참석하지도 않았는데, 마치 참석하여 의결권을 행사한 것처럼 피고인이 **이사회 회의록에 기재**하였다 하더라도 이는 이른바 사문서의 무형위조에 해당할 따름이어서 처벌대상이 되지 아니한다(85도1732). 18. 경찰

2. 문서의 개념요소

문자 또는 이에 대신하는 부호에 의하여 사람의 관념이나 사상이 화체되어 표시된 어느 정도 계속성이 있는 물체로서(계속성) 법률관계 또는 사회생활상 중요한 사실을 증명할 수 있는 것(증명적 기능)이어야 하고, 특정한 작성명의인이 존재(보장적 기능)하는 것을 말한다.

(1) 계속적 기능

① 문서는 사람의 의사가 표시되어 계속성을 가져야 하고 시각적으로 고정되어야 한다.

② 복사문서: 문서에 해당. 다만 필사본은 문서 ✕

③ 의사표시가 물체에 고정되어 어느 정도 계속성을 지녀야 한다. → 일시적으로 모래 위에 쓴 글, 흑판에 백묵으로 쓴 글: 문서 ✕

④ 의사표시의 내용은 시각적으로 이해할 수 있어야 한다. → 시각적으로 이해할 수 없는 음반·녹음테이프: 문서 ✕

(2) 증명적 기능

① 일정한 법률관계(예 매매계약서나 예금청구서 등)와 사회생활의 중요사항(예 이력서·영수증·신분증, 고소장, 추천서, 소개장 등)을 증명할 수 있어야 한다.

② 개인의 일기장·편지·시·소설: 문서 ✕

(3) 보장적 기능

① 의사표시의 내용을 보증할 수 있는 의사표시의 주체, 즉 명의인의 표시가 되어야 한다.

② **명의인의 실재성 여부**: 통설·판례는 공문서·사문서를 불문하고 명의인의 실재해야 할 필요가 없다고 하여 일반인에게 진정한 문서라고 오신하게 할 염려가 있는 때에는 사자와 허무인명의의 문서도 문서에 해당한다.

 **판례**

① 사회적인 신용을 보호할 필요가 있으므로 **복사한 문서**의 사본은 문서위조 및 동행사죄의 객체인 문서에 해당한다(87도506). → 형법 제237조의2 입법을 통하여 복사문서의 문서성 명문화 18. 경찰간부

② 복사한 문서의 사본도 문서원본과 동일한 의미를 가지는 문서로서 이를 다시 **복사한 문서의 재사본**도 문서위조죄 및 동행사죄의 객체인 문서에 해당한다(2000도2855). 16. 변호사, 17. 경찰

③ 컴퓨터 모니터 화면에 나타나는 이미지는 이미지 파일을 보기 위한 프로그램을 실행할 경우 계속적으로 화면에 고정된 것으로 볼 수 없으므로, 형법상 문서에 관한 죄에 있어서의 '문서'에는 해당하지 않는다. 따라서 컴퓨터 스캔 작업을 통하여 만들어 낸 공인중개사 자격증의 **이미지 파일**은 형법상 문서에 관한 죄의 **'문서'에 해당하지 않는다**(2008도1013).

17. 경찰, 18. 변호사, 22. 경찰승진

④ **졸업증명서 파일**은 그 파일을 보기 위하여 일정한 프로그램을 실행하여 모니터 등에 이미지 영상을 나타나게 하여야 하므로 문서에 해당하지 않는다(2001도6066). 09. 경찰, 18. 경찰승진

⑤ 이른바 **생략문서**도 그것이 사람 등의 동일성을 나타내는 데에 그치지 않고 그 이외의 사항도 증명·표시하는 한 인장이나 기호가 아니라 문서로서 취급하여야 한다(95도1269).

04. 사시

⑥ **담뱃갑**은 적어도 그 담뱃갑 안에 들어 있는 담배가 특정 제조회사가 제조한 특정한 종류의 담배라는 사실을 증명하는 기능이 있으므로 그러한 담뱃갑은 문서 등 위조의 대상인 도화에 해당한다(2010도2705). 11. 법원행시, 18. 경찰간부

⑦ 문서위조죄는 문서의 진정에 대한 공공의 신용을 그 보호법익으로 하는 것이므로 명의인이 실재하지 않는 **허무인이거나 또는 문서의 작성일자 전에 이미 사망**하였다고 하더라도 그러한 문서 역시 공공의 신용을 해할 위험성이 있으므로 **문서위조죄가 성립**한다고 봄이 상당하며, 이는 공문서뿐만 아니라 사문서의 경우에도 마찬가지라고 보아야 한다(2002도18).

05·08. 법원행시, 09. 사시, 11. 국가직 7급, 11·12. 법원직, 14·17·18. 경찰, 18. 변호사, 21. 경찰승진

⑧ 해산등기를 마쳐 그 **법인격이 소멸한 법인 명의의 사문서**를 위조한 행위는 사문서위조죄에 해당된다(2003도4943). 11. 경찰

⑨ 작성된 문서가 일반인으로 하여금 당해 명의인의 권한 내에서 작성된 것이라고 믿을 수 있는 정도의 형식과 외관을 구비하면 성립되는 것이고 자연인 아닌 법인 또는 단체 명의의 문서에 있어서는 요건이 구비된 이상 그 문서작성자로 **표시된 사람의 실존 여부는 위조죄의 성립에 아무런 소장이 없다**(73도2296). 05. 법원행시, 16. 경찰승진

⑩ 사문서위조죄는 그 명의자가 진정으로 작성한 문서로 볼 수 있을 정도의 **형식과 외관을 갖추어 일반인이 명의자의 진정한 사문서로 오신하기에 충분**한 정도이면 성립하는 것이고, **반드시 그 작성명의자의 서명이나 날인이 있어야 하는 것은 아니다**(2007도1674). 17. 법원직, 17. 변호사

⑪ 거래상 중요한 사실을 증명하는 문서는, 직접적인 법률관계에 단지 **간접적으로 연관된 의사표시 내지 권리·의무의 변동에 사실상으로 영향을 줄 수 있는 의사표시**를 내용으로 하는 문서도 포함된다(2008도8527). → 문서의 객체가 아니다. (×) 17. 변호사

3. 문서의 종류

(1) 공문서와 사문서

① 공문서

　㉠ 대한민국의 공무소 또는 공무원이 직무와 관련하여 작성한 문서이다. **예** 국립대학교 학생증, 국립경찰병원장명의의 진단서, 합동법률사무소명의로 작성한 공증문서 등

　㉡ 외국의 공문서는 사문서 취급 **예** 홍콩 교통국장이 발급한 운전면허증은 사문서이다.

② 사문서 : 사인 명의로 작성된 문서로 '권리·의무와 사실증명에 관한 문서'만이 형법상 사문서이다.

　예 사립대학교 학생증, 지방세 수납업무를 관장하는 시중은행이 발부한 세금수납영수증 등

판례

① **십지지문대조표**는 수사기관이 피의자의 신원을 특정하고 지문대조조회를 하기 위하여 직무상 작성하는 서류로서 비록 자서란에 피의자로 하여금 스스로 성명 등의 인적사항을 기재하도록 하고 있더라도 이를 사문서로 볼 수는 없다(2000도2393).

② **외부 전문기관이 작성·보고하고 지방자치단체의 장 또는 계약담당자가 결재·승인한 '검사조서'**는 공문서에 해당한다(2010도875). 11. 법원직

③ 계약 등에 의하여 공무와 관련되는 업무를 일부 대행하는 경우가 있더라도 공무원 또는 공무소가 될 수 없다. 따라서 지방세의 수납업무를 일부 관장하는 **시중은행이 작성한 세금수납영수증**은 공문서에 해당하지 않는다(95도3073). 11·16. 경찰

④ 식당의 부식 구입업무를 담당하는 공무원이 계약 등에 의하여 공무소의 부식 구입업무를 담당하는 조리장·영양사 등의 명의를 위조하여 **검수결과보고서**를 작성한 경우 공문서위조죄는 성립하지 않는다(2007도6987). 11. 경찰, 15. 경찰간부

⑤ **홍콩 경찰청이 발행한 국제운전면허증, 미대사관 발행의 여권, 일본 문부성이나 동경대학교 명의의 졸업증명서** 또는 학위증명서는 **사문서에 해당**한다(98도164 ; 2003도3729). 04. 법원행시

⑥ **사문서의 작성명의자의 인장이 찍히지 아니하였더라도** 그 사람의 상호와 성명이 기재되어 그 명의자의 문서로 믿을 만한 형식과 외관을 갖춘 경우에는 사문서위조죄에 있어서의 사문서에 해당한다고 볼 수 있다(99도4819). 10. 경찰승진, 19. 법원행시

(2) **복합문서** : 1통 또는 수통의 용지에 2개 이상의 종류가 다른 문서가 병존해 있는 것을 말한다. 특히 공문서와 사문서가 복합된 문서를 공사병존문서라고도 한다.

　예 이혼의사확인서등본(공문서)과 간인으로 연결된 이혼신고서(사문서)

　예 인감증명서(공문서)의 사용용도란(사문서)

　예 경찰관 작성의 주취운전자 적발보고서(공문서)의 운전자서명란(사문서)

　예 공립학교 교원실태카드(공문서)의 전출희망란(사문서)

판례

① 당사자가 <u>이혼의사확인서등본과 간인으로 연결된 이혼신고서</u>를 떼어내고 원래 이혼신고서의 내용과는 다른 이혼신고서를 작성하여 이혼의사확인서등본과 함께 호적관서에 제출한 경우 공문서변조 및 동행사죄가 성립하지 아니한다(2006도7777). 11 · 14 · 18 · 21. 경찰, 16. 국가직 7급

② 권한 없는 자가 임의로 <u>인감증명서의 사용용도란</u>의 기재를 고쳐 썼다고 하더라도 공무원 또는 공무소의 문서 내용에 대하여 변경을 가하여 새로운 증명력을 작출한 경우라고 볼 수 없으므로 공문서변조죄나 이를 전제로 하는 변조공문서행사죄가 성립하지 않는다(2004도2767). 16. 경찰, 22. 경찰간부

③ 피고인이 음주운전 중에 경찰관에게 단속되어 <u>주취운전자 적발보고서 중 운전자확인란</u>에 타인의 성명을 기재하고 무인을 찍었다면 피고인에게 사문서위조죄가 성립한다(2004도6843).
07. 법원행시

④ 공립학교 <u>교원실태조사카드</u>는 학교장의 작성 명의 부분은 공문서라 할 수 있으나, 작성자가 교사 명의로 된 부분은 개인적으로 <u>전출을 희망하는</u> 의사표시를 한 것에 지나지 아니하여 위 카드의 교사 명의 부분을 명의자의 의사에 반하여 작성하였다고 하여도 공문서를 위조한 것이라고 할 수 없다(91도1733). 13 · 14 · 16. 경찰, 17. 경찰승진

(3) **공용서류** : 공무소에서 사용하는 서류로서 공문서·사문서를 불문하고 공용서류무효죄의 객체가 된다(제141조).

예 사인이 혼인신고서를 작성하여 동사무소에 제출하면 사문서이면서 공용서류이다.

(4) **사서증서와 공정증서**

① **사서증서** : 사인간의 합의된 내용을 증명하는 문서로서 사문서이다.

② **사서증서의 인증서** : 공증인이 사서증서의 작성명의인의 진정을 증명하는 문서로서 공문서이다. 인증서는 단순한 사실증명기능 밖에 없으므로 공정증서원본은 아니다.

③ 공정증서는 공증인이 사인간에 합의된 권리의무의 내용을 증명하는 공적 증명문서이다. 당사자 간에 집행을 수락하면서 공무원이 직무상 권리의무에 관한 사실을 증명하는 기능을 하므로 별도의 소송을 거치지 않고 확정판결과 동일한 집행력을 가진다. 공정증서원본불실기재죄의 객체가 된다.

2 문서위조 · 변조죄

1. 사문서위조 · 변조죄

> 제231조【사문서등의 위조 · 변조】행사할 목적으로 권리 · 의무 또는 사실증명에 관한 타인의 문서 또는 도화를 위조 또는 변조한 자는 5년 이하의 징역 또는 1천만원 이하의 벌금에 처한다.
> 제235조【미수범】미수범은 처벌한다.

(1) 객체: 권리 · 의무 또는 사실증명에 관한 타인의 문서 또는 도화

 판례

> 거래상 중요한 사실을 증명하는 문서는, 법률관계의 발생 · 존속 · 변경 · 소멸의 전후과정을 증명하는 것이 주된 취지인 문서뿐만 아니라 직접적인 법률관계에 **단지 간접적으로만 연관된 의사표시 내지 권리 · 의무의 변동에 사실상으로만 영향을 줄 수 있는 의사표시를 내용으로 하는 문서도 포함**될 수 있다(2008도8527). 19. 경찰승진

(2) 행위: 위조 또는 변조

① 위조: 작성권한 없는 자 + 타인명의를 모용(함부로 사용)하여 문서를 작성

　㉠ 작성권한 없는 자: If 명의인의 사전승낙 有 → 구성요건해당성 부정 **예** 대금수령권한을 위임받아 예금청구서를 작성한 경우

　㉡ 문서작성을 위탁받은 자: 포괄적 위임을 받은 자(**예** 대리권자 또는 대표권자) → 작성권한 有 ⇨ 위조 ×. 다만 위탁범위 초월 or 위임취지에 반한 경우 위조에 해당

판례비교 사문서위조죄의 성립 여부

O 사문서위조죄 성립	**X** 사문서위조죄 불성립
① 타인으로부터 그 명의의 문서작성을 위임받은 경우에도 위임된 **권한을 초월**하여 내용을 기재함으로써 명의자의 의사에 반하는 사문서를 작성한 경우(96도3191). <div align="right">08. 법원행시, 09. 경찰</div> **비교판례** 대표이사가 권한을 **남용**하여 허위로 주식회사 명의의 문서를 작성한 경우, 자격모용사문서작성죄 또는 사문서위조죄는 성립하지 않는다(2008도7836). ② 기존의 진정문서를 이용하여 문서를 변개하는 경우에도 문서의 중요 부분에 변경을 가하여 **새로운 증명력을 가지는 별개의 문서**를 작성하는 것은 문서의 변조가 아닌 위조에 해당한다(2003도3729).	① 甲이 사문서를 작성함에 있어 문서 작성권한을 위임받았고 위임받은 권한의 범위 내에서 이를 **남용**하여 문서를 작성한 경우(2006도1545) 16. 변호사 ② 甲과 乙이 공동으로 주식회사를 경영하다가 乙이 甲에게 해당 회사의 소유와 경영에 관한 일체의 권리를 포기하면서 그 **사무처리의 권한까지 甲에게 포괄적으로 위임**하여, 甲이 그 사무처리를 위하여 乙 명의의 주식배당포기서, 이사사임서 등을 작성 · 행사한 경우(87도2012)

③ 피고인이 문서명의인인 문중원들을 기망하여 정기문중총회 회의록을 작성하였다면, 비록 문중원들의 서명·날인이 정당하게 성립된 경우(2000도778)

④ 권리·의무에 관한 사문서인 타인 명의의 신탁증서 1통을 작성한 후, **마치 이를 다른 내용의 문서인 것처럼** 그 타인에게 제시하여 날인을 받고 이를 법원에 증거로 제출하여 사용한 경우(83도1036). 17. 경찰간부

⑤ 피고인이 자신의 부(父) 甲에게서 甲 소유 부동산 매매에 관한 권한 **일체를 위임받아 이를 매도**하였는데, 그 후 **甲이 갑자기 사망**하자 소유권 이전에 사용할 목적으로 甲이 자신에게 인감증명서 발급을 위임한다는 취지의 인감증명 위임장을 작성하여 주민센터 담당 직원에게 제출한 경우(2011도6223) 14. 변호사

⑥ 피고인 甲이 乙과의 동업계약에 따라 피고인 甲의 명의로 변경하기 위하여 乙의 인장이 날인된 백지의 건축주 명의변경신청서를 받아 보관하고 있던 중, 그 **위임의 취지에 반하여** 피고인 丙 앞으로 건축주 명의를 변경하는 건축주 명의변경신청서를 작성하여 구청에 제출한 경우(83도2408) 11. 경찰승진

⑦ 공동대표이사로 법인등기하기로 하고 등기절차를 위임받은 자가 자신을 **단독대표이사로 선임한 이사회 의사록을 작성**하여 단독대표이사로 하는 법인등기를 한 경우(93도1091) 09. 법원행시

⑧ 종중사무원인 피고인이 종중 소유의 임야의 처분권한을 피고인에게 일임한다는 내용의 회의록을 작성하고는 **종중원들을 일일이 찾아다니며 그 회의록의 내용에 관하여 제대로 알려주지 않은 채** 서명·날인을 받은 경우(2000도778) 08. 경찰승진

⑨ 수탁자가 신탁받은 채권을 자신이 신탁자로부터 증여받았을 뿐 **명의신탁받은 것이 아니라고 주장하는 상황**에서 신탁자의 상속인이 수탁자의 동의를 받지 아니하고 그 명의의 채권이전등록청구서를 작성·행사한 경우(2006도9425) 09. 법원행시, 11. 경찰승진

⑩ 타인으로부터 약속어음작성에 사용하라고 인장을 교부받았음에도 그 인장을 사용하여 그 **타인 명의의 지급명령 이의신청취하서를 작성**한 경우(70도1623) 06. 법원행시

⑪ 신용장에 날인된 은행의 접수일부인은 사실증명에 관한 사문서에 해당되므로 신용장에 허위의 접수인을 날인한 경우(77도1879) 09. 법원행시

③ 매수인으로부터 매도인과의 토지매매계약체결에 관하여 **포괄적 권한을 위임받은 자가 실제 매수가격보다 높은 가격을 매매대금으로 기재**하여 매수인 명의의 매매계약서를 작성한 경우(84도1146) 14. 경찰, 18. 변호사

④ 매수인이 단독으로 작성한 농지매매증명발급신청서의 신청인란 중에 매수인란에는 피고인의 이름을 기재하고 날인하였으나, **매도인란에는 매도인의 이름만 기재하고 날인을 하지 않은 경우**(86도1300)

⑤ 작성명의자의 승낙이나 위임이 없이 그 명의를 모용하여 토지사용에 관한 책임각서 등을 작성하면서 **작성명의자의 서명이나 날인은 하지 않고,** 다만 피고인이 자신의 이름으로 보증인란에 서명·날인한 경우(95도2221) 09. 사시

⑥ **세금계산서상의 공급자**가 임의로 공급받은 자란에 다른 사람을 기재한 경우 그 사람에 대한 관계에서 사문서위조죄는 성립하지 않는다(2007도169).

⑦ 일정한도액에 관하여 연대보증인이 될 것을 허락한 甲으로부터 그에 필요한 문서를 작성하는 데 쓰일 **인감도장과 인감증명서를 교부받아** 甲을 직접 차주로 하는 동액 상당의 차용금증서를 작성한 경우(84도1566) 18. 법원직, 18. 변호사

⑧ A회사의 대표이사 甲이 B회사의 대표이사 乙로부터 **포괄적 위임**을 받아 두 회사의 대표이사업무를 처리하면서 **두 회사의 명의로 허위 내용의 영수증과 세금계산서를 작성**한 사안에서 B회사 명의 부분은 乙의 개별적·구체적 위임 또는 승낙 없는 행위로서 사문서위조 및 위조사문서행사죄가 성립하지만, **A회사 명의 부분은 이미 퇴직한 종전의 대표이사를 승낙 없이 대표이사로 표시하였더라도 이에 해당하지 않는다**(2006도2016).

⑨ 주식회사 **지배인**이 자신을 그 회사의 대표이사로 표시하여 연대보증채무를 부담하는 취지의 회사 명의의 **차용증을 작성·교부**한 경우(2010도1040)

⑩ 피고인들이 甲 등과 공모하여 부동산등기법 제49조 제2항·제3항에서 정한 확인서면의 등기의무자란에 **등기의무자 乙 대신 甲이 우무인(오른쪽 엄지 손도장)을 날인하는 방법으로 사문서인 乙 명의의 확인서면을 위조**한 다음 법무사를 통하여 이를 교부받았다고 기소된 사안에서 위 확인서면은 법무사 명의의 문서이고, 작성명의인인 법무사가 피고인들 등에게 속아 등기의무자를 乙로 하는 내용의 확인서면을 작성하였다고 하더라도 이를 피고인들 등이 위조하였다고는 볼 수 없다(2010도11509). 12. 경찰

⑫ 丙은 乙에 대한 채무를 변제하지 않을 경우 나이트클럽의 명의를 乙 앞으로 변경하기로 약정하고 백지의 양도양수서 용지에 그의 도장을 날인하여 乙에게 교부하였는데, 乙의 부탁으로 동 서류를 보관하던 甲은 행사할 목적으로 **丙의 의사에 반하여 서류에 丙이 나이트클럽을 甲에게 양도한다는 내용을 기재**한 경우(92도2047) 11. 경찰승진

⑬ 진정한 문서의 사본을 전자복사기를 이용하여 복사하면서 일부 조작을 가하여 그 사본 내용과 전혀 다르게 만든 경우(2000도2855) 05. 사시, 16. 경찰승진

⑭ 문서를 작성할 권한을 위임받지 아니한 문서기안자가 문서 작성권한을 가진 사람의 결재를 받은 바 없이 권한을 초과하여 문서를 작성한 경우(96도2234) 14. 경찰

⑮ 피고인이 다른 서류에 찍혀 있던 甲의 직인을 **칼로 오려내어 풀로 붙인 후 이를 복사**하는 방법으로 甲 명의의 추천서와 경력증명서를 위조하고 이를 행사한 경우(2010도8361)
16. 변호사

⑯ '문서가 원본인지 여부'가 중요한 거래에서 문서 사본을 진정한 원본인 것처럼 행사할 목적으로 다른 조작을 가함이 없이 문서 원본을 그대로 **컬러복사기**로 복사한 후 복사한 문서 사본을 원본인 것처럼 행사한 경우(2016도2081)
17. 법원직, 18. 법원직 · 경찰승진, 18 · 21. 경찰, 21. 경찰승진

⑰ 어떤 문서에 권한 없는 자가 타인의 서명 등을 기재하는 경우에는 일단 **서명 등이 완성된 이상 문서가 완성되지 아니한 경우**에도 서명 등의 위조죄는 성립한다(2011도503).
16. 변호사

⑱ 사문서위조가 성립한 후 사후에 피해자의 동의 또는 추인 등의 사정으로 문서에 기재된 대로 효과의 승인을 받았다고 하더라도 이미 성립한 범죄에는 아무런 영향이 없다(99도202). 17. 경찰

⑲ 실제의 본명 대신 가명이나 위명을 사용하여 사문서를 작성한 경우, **그 문서의 작성명의인과 실제 작성자의 인격이 상이할 때에는 위조죄가 성립할 수 있다**(2010도1835). 21. 경찰

⑳ **명의자의 명시적인 승낙이나 동의가 없다는 것을 알고 있으면서도** 명의자 이외의 자의 의뢰로 문서를 작성하는 경우 명의자가 문서작성 사실을 알았다면 승낙하였을 것이라고 기대하거나 예측한 것만으로는 그 승낙이 추정된다고 단정할 수 없다. 22. 경찰간부
→ 법무사 갑이 위임인 A가 문서명의자로부터 **문서작성 권한을 위임받지 않았음을 알면서도** 법무사법 제25조에 따른 확인절차를 거치지 아니하고 권리의무에 중대한 영향을 미칠 수 있는 문서를 작성한 경우에는 사문서위조죄가 성립한다(2007도9987). 21. 경찰

비교판례 甲은행의 **지배인으로 등기되어 있는 피고인**이 신용이나 담보가 부족한 차주 회사가 저축은행 등 대출기관에서 대출을 받는 데에 사용하도록 지급보증의 성질이 있는 甲은행 명의의 대출채권양수도약정서와 사용인감계를 작성하였다고 하여 사문서위조로 기소된 사안에서 위와 같은 문서작성행위는 甲은행 내부규정에 따라 제한된 지배인의 대리권한을 넘는 경우에 해당하여 사문서위조죄가 성립한다(2012도7467).

㉑ **A주식회사의 대표이사 갑이** 실질적 운영자인 1인 주주 B의 구체적인 위임이나 승낙 없이 이미 퇴임한 전(前) 대표이사 C를 대표이사로 표시하여 A회사 명의의 문서를 작성한 경우 사문서 위조죄는 성립하지 않는다(2006도9194). 21. 경찰

② **변조**: 작성권한 없는 자 + 이미 진정하게 성립된 타인명의의 진정문서 + 동일성을 유지 + 내용변경

　㉠ 권한 있는 자라도 위임범위를 초월하여 임의로 변경한 경우에는 변조 ○

　㉡ 위조, 변조, 허위작성된 것 → 변조의 대상 ×

　㉢ 자기명의의 문서가 타인의 소유에 속할 경우 → 문서손괴죄가 가능할 뿐 변조 ×

　㉣ 동일성을 해하는 경우: 문서의 본질적 부분이나 중요 부분에 변경을 가하거나(예 추천장에 기재된 피추천인의 성명을 다른 사람으로 변경한 경우), 효력을 상실한 문서에 변경을
　　가하여 새로운 증명력을 가진 문서를 작성하게 한 경우(예 유효기간이 경과한 문서의 발행일자를 변경하여 새로운 문서를 발행한 경우)에는 변조가 아니라 위조에 해당하게 된다(판례).

판례

기존의 진정문서를 이용하여 문서를 변개하는 경우에도 문서의 중요부분에 변경을 가하여 **새로운 증명력을 가지는 별개의 문서를 작성**하는 것은 문서의 변조가 아닌 위조에 해당한다
(2003도3729). 22. 경찰승진

판례비교 사문서변조죄의 성립 여부

O 사문서변조죄 성립	**X** 사문서변조죄 불성립
① 사문서변조에 있어서 그 변조 당시 명의인의 명시적·묵시적 승낙 없이 한 것이라면 변조된 문서가 명의인에게 유리하여 결과적으로 그 의사에 합치한다 하더라도 사문서변조죄의 구성요건을 충족한다(84도2422). 06. 법원행시, 14. 경찰, 17. 변호사	① 비록 **자기 명의의 문서**라 할지라도 이미 타인(타 기관)에 접수되어 있는 문서에 대하여 함부로 이를 무효화시켜 그 용도에 사용하지 못하게 하였다면 일응 형법상의 문서손괴죄를 구성한다(87도177). → 사문서변조죄는 성립하지 않는다. 12. 경찰간부
② 피고인이 사무실전세계약서 원본을 스캐너로 복사하여 컴퓨터 화면에 띄운 후 그 보증금액란을 공란으로 만든 다음 이를 프린터로 출력하여 검정색 볼펜으로 보증금액을 '삼천만원(30,000,000원)'으로 변조한 경우(2011도10468) 18. 경찰간부	② 명의자가 현실적으로 승낙하지는 않았지만 명의자가 그 사실을 당연히 승낙하였을 것이라고 추정되는 경우(2014도781)
③ 문서에 2인 이상의 작성명의인이 있는 때에 그 명의자의 한 사람이 타 명의자와 합의 없이 행사할 목적으로 그 문서의 내용을 변경한 경우(77도1736) 17. 변호사	
④ 사립학교 법인 **이사가 이사회 회의록에 서명 대신 서명거부사유를 기재**하고 그에 대한 서명을 한 경우, 이사회 회의록의 작성권한자인 **이사장이라 하더라도 임의로 이를 삭제하면 특별한 사정이 없는 한 사문서변조에 해당한다**(2016도20954). 21. 경찰	

2. 공문서위조·변조죄

제225조【공문서등의 위조·변조】 행사할 목적으로 공무원 또는 공무소의 문서 또는 도화를 위조 또는 변조한 자는 10년 이하의 징역에 처한다.
제235조【미수범】 미수범은 처벌한다.
제237조【자격정지의 병과】 본죄를 범하여 징역에 처할 경우에는 10년 이하의 자격정지를 병과할 수 있다.

판례비교 📍 공문서위조죄의 성립 여부

O 공문서위조죄 성립	X 공문서위조죄 불성립
① **유효기간이 경과하여 무효가 된 공문서**상에 권한 없는 자가 그 유효기간과 발행일자를 정정하고 그 부분에 작성권한자의 직인을 압날하여 공문서를 작성한 경우(80도2126)	① **종량제 쓰레기봉투에 인쇄할 시장 명의의 문안이 새겨진 필름을 제조**하는 행위에 그친 경우(2005도7430) 08. 법원행시
② 피고인이 행사할 목적으로 **타인의 주민등록증에 붙어 있는 사진을 떼어내고 그 자리에 피고인의 사진을 붙인 경우**(91도1610) 09. 사시, 10·11. 경찰승진, 13. 국가직 9급, 18. 경찰간부	② 자신의 이름과 나이를 속이는 용도로 사용할 목적으로 주민등록증의 이름·주민등록번호란에 글자를 오려붙인 후, 이를 컴퓨터 스캔 장치를 이용하여 **이미지 파일로 만들어** 컴퓨터 모니터로 출력하는 한편, 타인에게 이메일로 전송한 경우 컴퓨터 모니터 화면에 나타나는 이미지는 형법상 문서에 관한 죄의 문서에 해당하지 않으므로 공문서위조 및 위조공문서행사죄를 구성하지 않는다(2007도7480). 10. 법원행시, 17. 경찰, 18. 경찰간부
③ 타인의 **주민등록증사본의 사진란에 피고인의 사진을 붙이고, 복사**하여 행사한 행위(2000도2855). 16. 법원직	③ **식당의 주·부식 구입**업무를 담당하는 공무원이 계약 등에 의하여 공무소의 주·부식 구입·검수업무 등을 담당하는 조리장·영양사 등의 명의를 위조하여 검수결과보고서를 작성한 경우(2007도6987) 11. 경찰, 15. 경찰간부, 16. 국가직 7급
④ 공문서작성권한자로부터 포괄적인 권한을 수여받은 업무보조자인 공무원이 그 **위임의 취지에 반하여** 공문서 용지에 허위 내용을 기재하고 그 위에 보관하고 있던 작성권자의 직인을 날인한 경우(96도424) 18. 경찰	④ **건설업자인 甲은** 공무원인 乙에게 실적이 과장되어 내용이 허위인 수주실적증명원을 제출하였다. 그리고 이 사실을 모르는 乙로부터 이 문서를 기초로 증명원 내용과 같은 공사실적증명서를 발급받은 경우 **공문서위조죄의 간접정범으로 의율할 수는 없다**(2000도938). 18. 법원직, 18. 경찰간부
⑤ **면사무소 호적계장이 면장의 결재 없이** 호적의 출생연란·주민등록번호란에 허위 내용의 호적정정기재를 한 경우, 공문서위조 및 동행사죄를 구성하는 것은 별론으로 하고 형법 제227조가 규정한 허위공문서작성죄에 해당할 수는 없다(90도1790). 17. 경찰간부	⑤ 갑이 콘도미니엄 입주민들의 모임인 A시설 운영위원회의 대표로 선출된 후 A위원회가 대표성을 갖춘 단체라는 외양을 작출할 목적으로, **행정용 봉투에 A위원회의 한자와 한글 직인을 날인한 다음 자신의 인감증명서 중앙에 있는 '용도'란 부분에 이를 오려 붙이는 방법으로 인감증명서 1매를 작성**하고, 이를 휴대전화로 촬영한 사진 파일을 입주민들이 참여하는 메신저 단체 대화방에 게재한 경우에는 공문서위조 및 동행사죄가 성립하지 아니한다(2019도8443). 21. 경찰
	⑥ 공문서의 작성권한 자가 직접 이에 서명하지 않고 **타인에게 지시하여 자기서명을 흉내내어 결재란에 대신 서명**하게 한 경우(82도1426) 15. 경찰간부 → 구성요건해당성 조각(○), 위법성 조각 (×) 18. 경찰승진

판례비교 🔨 공문서변조죄의 성립 여부

O 공문서변조죄 성립	**X** 공문서변조죄 불성립
① 결재된 <u>원안문서에 있는 사항을 없는 것으로 알고서 기재</u>한 경우(70도116) 12. 경찰간부	① 이미 <u>허위로 작성된 문서</u>(허위 내용의 폐품반납증)는 형법 제225조 소정의 공문서변조죄의 객체가 되지 아니한다(86도1984).
② 공무원이 시장 명의의 환지계획인가신청서에 <u>첨부</u>된 당초의 잘못 표시된 부분이 있다고 하여 임의로 <u>도면을 정정도면과 바꿔치기</u>하였다면 공문서변조 및 동행사죄가 성립한다(85도540).	② <u>인낙조서</u>에 첨부되어 있는 도면 및 그 사본에 <u>임의로 그은 점선</u>은 특정한 의미 내용을 가지지 아니한 단순한 도형에 불과하여 공도화변조죄에 해당하지 않는다(2000도3033).
③ 재산세 과세대장의 작성권한이 있던 자가 <u>인사이동되어 그 권한이 없어진 후에 그 기재 내용을 변경</u>한 경우(96도1862)	③ 자신의 <u>주민등록증 비닐커버 위에 검은색 볼펜을 사용하여 주민등록번호 전부를 덧기재하고 투명테이프</u>를 붙인 경우, 공도화변조죄가 성립하지 아니한다(97도30).
④ 인터넷을 통하여 열람·출력한 등기사항전부증명서를 하단의 열람 일시 부분을 수정테이프로 지우고 복사한 행위는 공문서변조에 해당한다(2018도19043). 22. 경찰	

3. 자격모용에 의한 사문서작성죄

> **제232조 【자격모용에 의한 사문서의 작성】** 행사할 목적으로 타인의 자격을 모용하여 권리·의무 또는 사실증명에 관한 문서 또는 도화를 작성한 자는 5년 이하의 징역 또는 1천만원 이하의 벌금에 처한다.
> **제235조 【미수범】** 미수범은 처벌한다.

(1) 대리권 or 대표권 없는 자 + 자기명의 → 자격모용에 의한 사문서작성죄

   예 대리권 없는 甲이 乙의 대리인으로 자기명의(乙의 대리인 '甲')의 문서를 작성한 경우

(2) 대리권 or 대표권 있는 자 + 그 권한을 초월 + 자기명의 → 자격모용에 의한 사문서작성죄

(3) 대리권 or 대표권 있는 자 + 그 권한의 범위 내에서 권한을 남용 → 문서죄 ×, 배임죄 ○

   예 주식회사 대표이사가 회사공금으로 쓰기 위하여 1백만원을 차용하면서 2백만원의 차용증서를 회사명의로 발부한 경우

O	자격모용에 의한 사문서작성죄 성립	X	자격모용에 의한 사문서작성죄 불성립

O 자격모용에 의한 사문서작성죄 성립

① 양식계의 계장이나 <u>그 직무를 대행하는 자가 아닌 자</u>가 양식계의 계장 명의의 내수면사용동의신청서 하단의 계장란에 <u>자신의 이름</u>을 쓰게 하고 그 옆에 자신의 도장을 날인한 경우(91도1703)

② 재건축조합의 <u>조합장이 아닌 사람이 재건축조합 조합장의 직함을 사용</u>하여 재건축사업에 관한 계약서를 작성한 경우(2006도2330) 09. 경찰

③ 부동산중개사무소를 대표하거나 <u>대리할 권한이 없는 사람</u>이 부동산매매계약서의 공인중개사란에 '○○**부동산 대표** △△△(**피고인의 이름**)'라고 **기재**한 경우(2007도9606) 10. 법원행시

④ 종중의 신임 대표자 선임결의가 무효라 하더라도 전임대표자가 <u>직무집행정지가처분결정</u>을 알면서 가처분결정시부터 취소시 사이에 대표자 자격으로 작성한 이사회 의사록 등은 <u>자격을 모용</u>하여 작성한 문서라고 볼 수 있다(2005도4072). 09. 경찰

X 자격모용에 의한 사문서작성죄 불성립

① 회사의 대표이사직에 있었던 자가 <u>재직시에 발행한 약속어음</u>의 발행명의인과 일치시키기 위하여 약속어음에 대한 회사 명의의 지급각서를 작성함에 있어서 <u>당시의 대표이사의 승낙을 받아 작성</u>한 경우(75도2067)

② 대표이사가 권한을 <u>남용</u>하여 허위로 주식회사 명의의 문서를 작성한 경우(2006도2016)

③ 해당 주주총회 결의가 주주명부상의 주주 전원이 참석하여 총회를 개최하는 데에 동의하고 <u>아무런 이의 없이 만장일치로 결의가 이루어져 대주주가 임시의장이 되어</u> 임시주주총회 의사록을 작성한 경우(2008도1044)

④ <u>토지매수권한을 위임받은 대리인</u>이 매도인 측 대표자와 공모하여 매매대금 일부를 착복하기로 하고 위임받은 특정 매매금액보다 낮은 금액을 허위로 기재한 매매계약서를 작성한 경우(2007도5838)

⑤ 주식회사의 <u>지배인</u>이 자신을 그 회사의 대표이사로 표시하여 연대보증채무를 부담하는 취지의 회사 명의의 <u>차용증을 작성·교부</u>한 경우 → 주식회사의 지배인은 회사의 영업에 관하여 재판상 또는 재판 외의 모든 행위를 할 권한이 있기 때문이다(2010도1040).

11. 법원직, 17. 변호사, 18. 경찰승진

비교판례 甲은행의 지배인으로 등기되어 있는 피고인이 신용이나 담보가 부족한 차주회사가 저축은행 등 대출기관에서 대출을 받는 데에 사용하도록 지급보증의 성질이 있는 甲은행 명의의 대출채권양수·도약정서와 사용인감계를 작성하였다고 하여 사문서위조로 기소된 사안에서 이와 같은 문서작성행위는 甲은행 내부규정에 따라 제한된 지배인의 대리권한을 넘는 경우에 해당하여 사문서위조죄가 성립한다(2012도7467).

4. 자격모용에 의한 공문서작성죄

> **제226조【자격모용에 의한 공문서등의 작성】** 행사할 목적으로 공무원 또는 공무소의 자격을 모용하여 문서 또는 도화를 작성한 자는 10년 이하의 징역에 처한다.
>
> **제235조【미수범】** 미수범은 처벌한다.

판례

① 甲구청장이 乙구청장으로 전보된 후 甲구청장의 권한에 속하는 건축허가에 관한 기안용지의 결재란에 서명을 한 경우 자격모용에 의한 공문서작성죄가 성립한다(92도2688). → 허위공문서작성죄를 구성한다. (×) 12·16. 경찰, 17. 경찰간부

② 식당의 주·부식 구입업무를 담당하는 공무원이 주·부식 구입요구서의 과장결재란에 **권한 없이 자신의 서명**을 한 경우 자격모용에 의한 공문서작성죄가 성립한다(2007도6987).

11. 경찰, 16. 국가직 7급

3 허위문서작성죄

1. 허위진단서등 작성죄

> **제233조【허위진단서등의 작성】** 의사, 한의사, 치과의사 또는 조산사가 진단서, 검안서 또는 생사에 관한 증명서를 허위로 작성한 때에는 3년 이하의 징역이나 금고, 7년 이하의 자격정지 또는 3천만원 이하의 벌금에 처한다.
>
> **제235조【미수범】** 미수범은 처벌한다.

(1) **법적성격**: 사문서의 무형위조를 예외적으로 처벌하는 규정. 목적범 ×

(2) **주체**: 의사, 한의사, 치과의사, 조산사 → 진정신분범, 자수범

(3) **객체**: 진단서, 검안서, 생사에 관한 증명서(사망진단서, 출생증명서 등)

① '입퇴원 확인서' → 허위진단서 × (2012도3173)

② 피고인이 최초진단서를 작성함에 있어서 그 내용이 허위라는 주관적 인식을 가지고 있었다 하더라도 그 내용이 **객관적 진실에 부합하면** 허위진단서작성죄가 성립하지 않는다(97도183).

③ 폭행을 당한 후, 의사인 피고인에게 상해진단서를 발급해 달라고 부탁하자 피고인이 그 자가 상해를 입지 않았다고 판단하고도 상해진단서를 발급하였는데, 나중에 그 자가 **상해를 입었다는 사실이 판명되었다면** 허위진단서작성죄는 성립하지 않는다(2004도3360).

④ 허위진단서작성죄에 있어서 허위의 기재는 사실에 관한 것이건 판단에 관한 것이건 불문하나, 본죄는 원래 허위의 증명을 금지하려는 것이므로 그 **내용이 허위라는 주관적 인식이 필요함은 물론 실질상 진실에 반하는 기재일 것이 필요하다**(2014도15129). 22. 경찰승진

2. 허위공문서작성죄

> **제227조【허위공문서작성등】** 공무원이 행사할 목적으로 그 직무에 관하여 문서 또는 도화를 허위로 작성하거나 변개한 때에는 7년 이하의 징역 또는 2천만원 이하의 벌금에 처한다.
> **제235조【미수범】** 미수범은 처벌한다.

(1) **법적성격** : 사문서와 달리 공문서의 무형위조를 일반적으로 처벌하는 규정. 목적범

(2) **주체** : 직무에 관하여 공문서 또는 공도화를 작성할 권한이 있는 공무원

  ① 작성권한 없는 공무원 → 공문서 위조

  ② 문서작성 보조자가 결재를 받지 않고 허위문서 작성 → 공문서 위조 (if. 결재를 받은 경우에는 허위공문서작성죄의 간접정범이 성립한다.)

  ③ 공무원이 직무상 권한 범위 내에서 자기명의로 문서작성 + 그 권한 남용 → 허위공문서작성죄

(3) **객체** : 공문서 또는 공도화

① 허위공문서작성죄의 객체가 되는 문서는 문서상 작성명의인이 명시된 경우뿐 아니라 **작성명의인이 명시되지 않더라도 문서의 형식, 내용 등 문서 자체에 의하여 누가 작성하였는지를 추지할 수 있을 정도의 것이면 된다**(2018도18646). 21. 경찰, 21. 국가직, 22. 경찰간부

② '직무에 관한 문서'라 함은 공무원이 직무권한 내에서 작성하는 문서를 말하며, **법률뿐만 아니라 명령, 내규 또는 관례에 의한 직무집행의 권한으로 작성하는 경우도 포함**한다(94도3401).

21. 국가직

(4) **행위**: 공문서 또는 공도화를 허위로 작성하거나 변개하는 것

  ① **허위작성**: 객관적 진실에 반하는 것 → 허위사실을 작성하여야 하고, 가치판단·의견에 불과한 경우에는 허위작성에 해당하지 않는다.

    예 사실관계에 허위가 없다면 공무원이 고의로 법령을 잘못 적용하여 공문서를 작성한 경우 허위공문서작성죄 ×

  ② **변개**: 작성권한 있는 공무원 + 진정성립한 기존문서 + 허위로 고치는 것

    ㉠ 부진정문서 또는 허위문서 → 변개의 대상 ×

    ㉡ 변개는 작성권한 있는 자의 변경, 작성권한 없는 자의 변경인 변조와 구별

(5) **주관적 구성요건**: 고의 + 행사목적

판례비교 🔨 허위공문서작성죄의 성립 여부

O　　　　　　　　　허위공문서작성죄 성립	**X**　　　　　　　　　허위공문서작성죄 불성립
① 허위공문서라 함은 문서를 작성할 권한이 있는 공무원이 그 내용이 허위라는 사실을 인식하면서 **진실에 반하는 기재**를 한 공문서이다(96도1669). 09. 법원직 ② 인감증명서 발급업무를 담당하는 공무원이 발급을 신청한 본인이 **직접 출두한 바 없음**에도 불구하고 본인이 직접 신청하여 발급받은 것처럼 인감증명서에 기재한 경우(97도1082) 17. 경찰 ③ 군직원이 **농지전용허가를 주어서는 안 됨을 알면서도 허가하여 주는 것이 타당하다는 취지의 현장출장복명서 및 심사의견서를 작성하여 결재권자에게 제출**한 경우 허위공문서작성죄와 직무유기죄의 실체적 경합이 성립한다(92도3334). ④ 준공검사조서를 작성함에 있어서 정산설계서를 확인하고 **준공검사를 한 것이 아님에도 마치 한 것처럼** 준공검사용지에 정산설계서에 의하여 준공검사를 하였다는 내용을 기입한 경우 (82도3063) 14. 경찰간부, 18. 국가직 9급 ⑤ 폐기물처리업을 하려는 자가 폐기물관리법 제26조 제1항에 따라 제출한 폐기물처리사업계획이 관계법령의 규정에 **적합하지 아니함으로 알면서 적합하다는 내용으로 통보서를 작성**한 경우 (2002도4293) 18. 국가직 9급 ⑥ 농지취득자격증명을 신청하는 자에게 **농업경영능력이나 영농의 의사가 없음을 알았거나 이를 제대로 알지 못하면서** 농지취득자격에 아무런 문제가 없다는 내용의 농지취득자격증명통보서를 작성한 경우(2006도3996) 17. 경찰	① 당사자로부터 뇌물을 받고 **고의로 적용하여서는 안 될 조항을 적용**하여 과세표준을 결정하고 **그 과세표준에 기하여 세액을 산출**한 경우(96도554) 　　　07. 경찰, 09. 사시·법원직, 10·19. 경찰승진, 21. 국가직 ② 건축담당 공무원이 건축허가신청서를 접수·처리함에 있어서 건축법상의 요건을 갖추지 못하고 설계된 사실을 알면서도 기안서인 건축허가통보서를 작성하여 건축허가서의 작성 명의인인 **군수의 결재를 받아 건축허가서를 작성**한 경우(2000도1858) 04. 행시, 18. 국가직 9급, ③ 공무원이 여러 차례의 출장반복의 번거로움을 회피하고 민원사무를 신속히 처리한다는 방침에 따라 **사전에 출장조사**를 한 다음 출장조사 내용이 변동 없다는 확신하에 출장복명서를 작성하고, 다만 그 출장일자를 작성일자로 기재한 경우(99도4101) 05. 사시, 16. 경찰 ④ 면사무소 호적계장이 면장의 **결재 없이** 호적의 출생연도, 주민등록번호란에 허위 내용의 호적정정기재를 한 경우 공문서위조죄가 성립한다(90도1790). 14. 경찰간부

⑦ 피고인들을 비롯한 경찰관들이 피의자들을 현행범으로 체포하거나 현행범인체포서를 작성할 때 체포사유 및 변호인선임권을 고지하였다는 내용의 **허위의 현행범인체포서와 확인서를 작성**한 경우(2008도11226)

⑧ **국립병원의 의사**로서 보건복지부 소속 의무서기관인 피고인이 타인의 부탁을 받고 **허위의 진단서를 작성**한 경우 허위공문서작성죄만이 성립하고 허위진단서작성죄는 별도로 성립하지 않는다(2003도7762). → 허위공문서작성죄와 허위진단서작성죄가 성립하고 두 죄는 상상적 경합관계에 있다. (×) 18. 변호사, 22. 경찰

⑨ 호적 공무원이 허위임을 알고 있으면서 이를 호적부에 기재한 경우(77도2155) 09. 법원직

⑩ 인감증명서를 발부하는 공무원이 대리인에 의한 신청임에도 본인이 직접 신청하는 것으로 기재한 경우(85도758) 09. 법원직

⑪ 피고인이 건축물조사 및 가옥대장 정리업무를 담당하는 지방행정서기를 교사하여 무허가 건물을 허가받은 건축물인 것처럼 가옥대장 등에 등재하게 하여 허위공문서 등을 작성하게 한 사실이 인정된다면, 허위공문서작성죄의 교사범으로 처단한 것은 정당하다(83도1458). 14. 경찰간부

⑫ 공무원이 가옥대장에 기재된 내용과 다른 내용을 기재하여 가옥증명서를 발행한 경우(73도395) 14. 경찰간부

⑬ 공무원이 부탁을 받고 세대주가 아닌 자를 세대주인 것으로 하여 주민등록표를 작성한 경우(90도1199) 14. 경찰간부, 18. 국가직 9급

⑭ 공증담당 변호사가 법무사의 직원으로부터 인증촉탁서류를 제출받은 후, 법무사가 공증사무실에 출석하여 사서증서의 날인이 당사자 본인의 것임을 확인한 바 없지만, **업계의 관행에 따라 그러한 확인을 한 것처럼 인증서에 기재한 경우**(2006도3844) 21. 국가직

판례비교 허위공문서작성죄의 간접정범 성립 여부

O 허위공문서작성죄의 간접정범 성립	X 허위공문서작성죄의 간접정범 불성립
① 보조공무원이 허위공문서를 기안하여 그 정을 모르는 작성권자의 **결재를 받아 공문서를 완성한 때에는 허위공문서작성죄의 간접정범**이 되고, 이러한 **결재를 거치지 않고 임의로 허위 내용의 공문서를 완성한 때에는 공문서위조죄**가 성립한다(81도898). 14. 경찰·경찰간부, 16. 국가직 7급, 21. 경찰승진	① **공무원이 아닌 자는** 형법 제228조의 경우를 제외하고는 **허위공문서작성죄의 간접정범으로 처벌할 수 없다**(70도2598). 05. 사시, 20. 경찰승진, 21. 경찰
② 공무원 아닌 甲이 공문서의 작성권한이 있는 공무원의 직무를 보좌하는 乙과 공모하여 乙이 그 직위를 이용하여 행사할 목적으로 허위 내용이 기재된 문서초안을 그 정을 **모르는 상사인 丙에게 제출하여 결재하도록 한 경우**, 乙은 허위공문서작성죄의 간접정범, 甲은 허위공문서작성죄의 공동정범이 성립한다(91도2837).	② **군청 산림과 소속 공무원인 피고인과 다른 공무원이 공모**하여 기안하고 피고인이 전결한 허위의 각 '산지이용구분 내역 통보' 공문을 **군청 민원봉사과로 보내어** 그 정을 모르는 민원봉사과 소속 공무원으로 하여금 **군수 명의의 토지이용계획확인서를 작성·발급**하게 한 경우, 피고인들에게 허위공문서작성죄 및 허위공문서행사죄의 간접정범 내지 간접정범의 공동정범은 성립하지 않는다(2009도9963).
③ 경찰서 보안과장인 피고인 甲이 乙의 음주운전을 눈감아주기 위하여 그에 대한 음주운전자 적발보고서를 찢어버리고 부하로 하여금 일련번호가 동일한 가짜 음주운전자 적발보고서에 대한 음주운전사실을 기재하게 하여 그 **정을 모르는 담당 경찰관으로 하여금 주취운전자 음주측정처리부에 丙에 대한 음주운전사실을 기재**하도록 한 경우, 허위공문서작성 및 동행사죄의 간접정범으로서의 죄책을 면할 수 없다(95도1706). 16. 국가직 7급	③ 출원에 대한 심사업무를 담당하는 공무원이 출원인의 출원사유가 허위라는 사실을 알면서도 결재권자로 하여금 오인·착각·부지를 일으키게 하고 그 오인·착각·부지를 이용하여 인·허가처분에 대한 결재를 받아낸 경우, 위계에 의한 공무집행방해죄가 성립한다(96도2825). → 허위공문서작성죄의 간접정범 불성립 09. 사시
④ 면사무소의 호적계장이 **정을 모르는 면장의 결재를 받아** 허위 내용의 호적부를 작성한 경우(90도1912) 13. 경찰	

4 공정증서원본 등의 불실기재죄

제228조【공정증서원본등의 부실기재】 ① 공무원에 대하여 허위신고를 하여 공정증서원본 또는 이와 동일한 전자기록등 특수매체기록에 부실의 사실을 기재 또는 기록하게 한 자는 5년 이하의 징역 또는 1천만원 이하의 벌금에 처한다.
② 공무원에 대하여 허위신고를 하여 면허증, 허가증, 등록증 또는 여권에 부실의 사실을 기재하게 한 자는 3년 이하의 징역 또는 700만원 이하의 벌금에 처한다.
제235조【미수범】 미수범은 처벌한다.

(1) 법적성격: 간접정범의 형태에 의한 허위공문서작성죄를 특별히 규정하여 허위공문서작성죄에 의한 처벌의 결함을 보충하기 위한 범죄

(2) 주체: 제한 ×. 공무원도 주체가 될 수 있으나 그 신청을 받은 작성권한 있는 공무원 ×

(3) 객체: 공정증서원본, 이와 동일시되는 전자기록 등 특수매체기록, 면허증, 허가증, 등록증 또는 여권

① **공정증서원본**: 공무원이 직무상 작성하는 공문서로서 권리·의무에 관한 사실을 증명하는 효력을 가지는 것 → 원본일 것을 요함. 등본·초본·사본 ×

② 공정증서원본과 동일한 전자기록 등 특수매체기록 **예** 전산자료화한 부동산등기파일, 자동차등록파일, 특허원부 또는 호적파일 등

③ 면허증(**예** 의사면허증, 자동차운전면허증, 침구사자격증), 허가증(**예** 고물상 영어허가증) 또는 등록증(**예** 주류판매의 영업허가증, 자동차의 등록증, 변호사·공인회계사·법무사·감정평가사 등의 등록증), 여권

판례비교 🔨 공정증서원본의 인정 여부

O 공정증서원본 인정	**X** 공정증서원본 부정
① 공증사무취급이 인가된 합동법률사무소 명의로 작성된 공증에 관한 문서는 형법상 **공정증서** 기타 공문서에 해당한다(74도2715). 05. 법원행시, 10. 경찰승진, 12. 경찰간부 ② 유상증자등기의 신청시 발행주식 총수 및 자본의 총액이 증가한 사실이 허위임을 알면서 증자등기를 신청하여 **상업등기부** 원본에 그 기재를 하게 한 경우 공정증서원본불실기재죄가 성립한다(2006도5147). 19. 경찰간부	① 형법 제228조 제1항, 제229조의 각 조항에서 규정한 '공정증서원본'에는 공정증서의 **정본**이 포함된다고 볼 수 없다(2001도6503). ② 판사로 하여금 조정조서에 부실의 사실을 기재하게 한 경우 **조정조서**는 그 성질상 허위신고에 의하여 부실의 사실이 그대로 기재될 수 있는 공문서로 볼 수 없어 공정증서원본에 해당하지 않는다(2010도3232). 12. 법원직·경찰간부, 15. 경찰간부, 22. 경찰 ③ 형법 제228조에서 말하는 공정증서란 권리·의무에 관한 공정증서를 가리키는 것이라 할 것이므로 **공증인이 인증한 사서증서**는 위 법조에서 말하는 공정증서원본이 될 수 없다(84도1217). 10. 경찰승진 ④ **자동차운전면허대장**은 사실증명에 관한 것에 불과하므로 형법 제228조에서 말하는 공정증서원본이라고 볼 수 없다(2010도1125). 12. 법원직, 15·17. 경찰 ⑤ 권리·의무에 변동을 주는 효력이 없는 토지대장(87도2696) 05. 법원행시, 10. 경찰승진, 12. 경찰간부, 15. 경찰 ⑥ **사업자등록증**은 단순한 사업사실의 등록을 증명하는 증서에 불과하여 형법 제228조 제1항에 정한 '등록증'에 해당하지 않는다(2003도6934). 10. 경찰승진, 11. 사시, 12. 경찰간부, 15. 경찰 ⑦ **인감대장**은 행정청이 출원자의 현재 사용하고 있는 인감을 증명함으로써 국민의 편의를 도모하기 위하여 출원자의 인감신고를 받아두는 공부로서 공정증서가 아니라 할 것이다(68도1231). 04. 입시

⑧ **주민등록부**는 권리·의무의 득실변경 등의 증명을 목적으로 하는 공부가 아니라 할 것이므로 형법 제228조 소정의 공정증서가 아니다(68도1231).

⑨ 부동산 거래당사자가 **거래가액**을 시장 등에게 거짓으로 신고하여 받은 **신고필증**을 기초로 사실과 다른 내용의 거래가액이 부동산등기부에 등재되도록 한 경우, 형법상의 공전자기록 등 불실기재죄 및 불실기재공전자기록 등 행사죄가 성립하지는 아니한다(2012도12363). 13·16. 경찰, 18. 국가직 7급, 20. 경찰승진

(4) **행위**: 허위신고(실행의 착수) → 불실사실기재(기수)

① 신고: 공무원, 공무소 → 신고방법: 제한 없음.
   If. 공무원이 기재사실이 부실임을 알면서 기재한 경우 → 허위공문서작성죄가 성립하고, 신고자는 경우에 따라서 공동정범·교사범·종범이 된다.

② 허위신고

   ㉠ 진실에 반하는 신고를 하는 것 → 내용이 허위인 경우 or 신고인의 자격을 사칭하는 경우 포함(예 사자명의로 소유권보존등기를 신청한 경우, 허위의 매매를 원인으로 소유권이전등기를 신청한 경우 등)

   ㉡ 불법할 것을 요건으로 하지 않음 → 확정판결이나 화해조서에 의하여 등기신청을 하는 경우 그 내용이 진실에 반하는 것을 알면서 신청한 때에는 허위신고에 해당

③ **불실사실의 기재**: 객관적 진실에 반하는 것 → 당사자 의사에 합치(예 권리·의무와 관계없는 예고등기말소, 등기원인을 명의신탁 대신 매매라고 기재하는 것은 부실기재에 해당 ×) or 허위신고가 없다거나 실체권리관계와 일치하는 경우 ⇨ 부실기재 ×(예 등기부에 부실등기가 이루어진 경우에도 당사자의 신고가 아니라 법원의 촉탁으로 이루어진 경우에는 본죄가 성립하지 않는다)

(5) **실행의 착수시기 및 기수시기**

① **착수시기**: 공무원에 대하여 허위신고 한 때

② **기수시기**: 불실사실기재 한 때 → 사후에 추인해도 범죄성립에는 영향이 없음.

O 공정증서원본불실기재죄 성립	X 공정증서원본불실기재죄 불성립
① 중국 국적의 조선족 여자들과 참다운 부부관계를 설정할 의사 없이 해외이주를 목적으로 **가장혼인(위장결혼)**을 하고 혼인신고를 하여 그 사실이 호적부에 기재된 경우(85도1481) 　　　　　　05. 법원행시, 07. 법원직, 08·15·17. 경찰간부	① 공증인이 채권양도·양수인의 **촉탁**에 따라 그들의 진술을 청취하여 **채권의 양도·양수가 진정으로 이루어짐을 확인**하고 채권양도의 법률행위에 관한 공정증서를 작성한 경우(2001도5414)
② 피고인들이 중국 국적의 조선족 여자들과 참다운 부부관계를 설정할 의사 없이 단지 그들의 국내 취업을 위한 입국을 가능하게 할 목적으로 **형식상 혼인신고**를 한 경우(96도2049)	② 실제로는 채권·채무관계가 존재하지 아니함에도 허위의 주장입증으로 확정판결을 받아 법원의 **촉탁**에 의한 부실의 등기가 이루어진 경우(83도2442) 19. 경찰간부
③ **법원을 기망하여 승소판결을 받고 그에 의하여 소유권이전등기를 경료**한 경우, 등기부의 기재가 확정판결에 의하여 되었다 하더라도 피고인이 그 확정판결의 내용이 진실에 반하는 것임을 알면서 이에 기하여 등기공무원에게 등기신청을 한 경우(95도1967)	③ 해외이주를 목적으로 **일시 이혼하기로 합의**하고 이혼신고를 한 경우(76도107)
④ 주금을 **가장납입**하고 마치 주식인수인이 납입을 완료한 것처럼 증자등기를 신청한 경우(2000도5418) 17. 경찰간부	④ 등기의무자 명의의 소유권이전등기가 원인무효임을 알면서 그로부터 **가장매수**하고 이를 원인으로 소유권이전등기를 경료한 경우(2009도5780)
⑤ **타인의 부동산을 자기 또는 제3자의 소유라고 허위의 사실을 신고**하여 소유권이전등기를 경료한 후에 나아가 그 부동산이 자기 또는 당해 제3자의 소유인 것처럼 가장하여 그 부동산에 관하여 자기 또는 당해 제3자 명의로 채권자와의 사이에 근저당권설정등기를 경료한 경우(97도605) 07. 법원행시	⑤ **중간등기 생략의 합의**에 의한 중간생략등기(69도826)
⑥ 실제로는 **채권·채무관계가 존재하지 아니함**에도 강제집행을 면탈할 목적으로 공증인에게 허위신고를 하여 가장된 금전채권에 대하여 집행력이 있는 공정증서의 원본을 작성하고 이를 비치한 경우(2002도638) 19. 법원행시	⑥ 등기원인을 **명의신탁 대신 매매**라고 기재하거나 **매매 대신 상속**으로 기재한 경우(98도16)
⑦ 부동산매수인이 매도인과 사이에 부동산의 소유권이전에 관한 물권적 합의가 없는 상태에서, 소유권이전등기신청에 관한 **대리권 없이** 단지 소유권이전등기에 필요한 서류를 보관하고 있을 뿐인 법무사를 기망하여 매수인 명의의 소유권이전등기를 신청하게 한 경우(2005도9402) 12. 법원직, 17. 경찰승진	⑦ 사망한 乙의 단독상속인인 甲이 사망자 명의로 된 아파트에 대한 채권자의 강제집행을 면하기 위하여 乙이 증여한 사실이 없음에도 불구하고 증여를 원인으로 丙 명의의 소유권이전등기를 한 경우(85도2661) 19. 경찰간부
⑧ 강제집행을 면탈할 목적으로 허위채권을 만들어 합동법률사무소 명의의 공정증서를 작성한 경우(2008도7836) 19. 경찰간부	⑧ **점유취득시효에 의하여 소유권을 취득한 자가 매매를 원인으로 하는 소유권이전등기소송을 제기**하여 의제자백에 의한 승소판결을 받은 경우(86도864)
⑨ 소유권이전등기의 경료 당시에는 **실체권리관계에 부합하지 아니하였던 등기**가 사후에 이해관계인들의 동의 또는 추인 등의 사정으로 실체권리관계에 부합하게 된 경우(98도16) 　　　　　　07. 법원직, 10. 경찰승진	⑨ 주주총회의 소집절차 등에 관한 하자가 주주총회결의의 취소사유에 불과하여 그 **취소 전**에 주주총회의 결의에 따른 감사변경등기를 한 경우(2008도10248) → 취소되기 전후를 불문하고 공정증서원본의 불실기재에 해당한다. (×) 18. 국가직 7급
	⑩ 대주주가 적법한 소집절차나 임시주주총회의 개최 없이 나머지 주주들의 의결권을 **위임받아** 자신이 임시의장이 되어 임시주주총회 의사록을 작성하여 법인등기를 마친 경우(2008도1044)
	⑪ 재건축조합 임시총회의 소집절차나 결의방법이 법령이나 정관에 위반되어 임원개임결의가 사법상 무효라고 하더라도, **실제로 재건축조합의 조합총회에서 그와 같은 내용의 임원개임결의가 이루어졌고** 그 결의에 따라 임원변경등기를 마친 경우(2004도3584) 17. 경찰, 18. 경찰간부
	⑫ 매매계약에 따른 **잔금**을 모두 지급하기 전에 소유권이전등기신청을 위임받은 법무사를 기망하여 소유권이전등기를 경료한 경우(96도233)

⑩ 부동산에 관한 종중 명의의 등기에 있어서 **허위의 종중 대표자를 기재**한 경우(2005도4790)

07. 법원행시, 15. 경찰

⑪ 타인으로부터 금원을 차용하여 주금을 납입하고 설립등기나 증자등기 후에 바로 인출하여 차용금변제에 사용하는 경우, 상법상 납입가장죄의 성립 외에 공정증서원본불실기재 및 동행사죄가 성립한다(2003도7645). → 횡령죄는 불성립 09. 경찰

⑫ 발행인과 수취인이 통모하여 **진정한 어음채무의 부담이나 어음채권의 취득의사 없이** 단지 발행인의 채권자에게서 채권 추심이나 강제집행을 받는 것을 회피하기 위하여 형식적으로만 약속어음의 발행을 가장한 후 공증인에게 마치 진정한 어음발행행위가 있는 것처럼 허위로 신고하여 어음공정증서원본을 작성·비치하게 한 경우(2009도5786) 17. 경찰승진

⑬ 토지거래허가구역 안의 토지에 관하여 실제로는 매매계약을 체결하고서도 처음부터 토지거래허가를 잠탈하려는 목적으로 등기원인을 '증여'로 하여 소유권이전등기를 경료한 경우 공정증서원본불실기재죄에 해당한다(2005도9922). 15. 경찰간부, 17. 경찰승진

⑬ 1인 주주회사에 있어서 **1인 주주**가 이사를 상법 소정의 **형식적 절차를 거치지 않고 해임**하였다는 내용을 법인등기부에 기재하게 한 경우(95도2817) 08. 경찰

비교판례 1인 회사에서 1인 주주가 임원의 의사에 기하지 아니하고 사임서를 작성한 경우 사문서위조죄 및 공정증서원본불실기재죄가 성립한다(92도1564).

⑭ 사망한 **남편과 이름이 같은** 타인소유의 부동산에 관하여 고인 앞으로 상속을 원인으로 한 소유권이전등기를 경료한 경우(94도2679)

⑮ **기망에 의하여 체결된 증여계약**에 기하여 소유권이전등기를 경료한 경우(2004도4012)

⑯ 비록 당사자들의 합의가 없어 경료된 소유권이전등기라 할지라도 그것이 민사**실체법상의 권리관계에 부합**되어 유효한 등기라 할 수 있는 경우(80도1323)

⑰ 법령 및 정관상 요구되는 이사회 결의나 소집절차 없이 이루어졌으나 주주 전원이 참석하여 **만장일치로 행한 임시주주총회의 결의**가 유효하고, 그 결의에 따른 등기는 실체관계에 부합하는 경우(2013도15895)

⑱ 공정증서원본 등 부실기재죄에 있어서 권리·의무와 관계없는 사항에 관한 부실기재가 있다거나 **절차상의 흠이 있는 부실기재라고 하더라도 실체적 권리관계에 부합**한다면 본죄의 부실기재에 해당하지 않는다(98도105). 15. 경찰간부

⑲ **원래 자신 소유인 부동산**에 대하여 허위의 보증서를 작성한 후 등기소에 제출하여 자기 명의로 소유권을 이전받은 경우(84도2285) 15. 경찰

⑳ 부동산의 소유자로 하여금 **근저당권자를 자금주라고 믿도록 속여서 근저당권설정등기를 경료케한 경우**라도 정당한 권한 있는 자에 의하여 작성된 문서를 제출하여 그 등기가 이루어진 경우(82도39). 20. 경찰승진

5 위조등 문서행사죄

1. 위조·변조·작성 사문서행사죄

> **제234조【위조사문서등의 행사】** 제231조 내지 제233조의 죄에 의하여 만들어진 문서, 도화 또는 전자기록등 특수매체기록을 행사한 자는 그 각 죄에 정한 형에 처한다.
>
> **제235조【미수범】** 미수범은 처벌한다.

(1) **주체**: 제한 × → 반드시 사문서를 위조·변조 또는 작성한 범인이 행사할 것 요하지 않음.

(2) **객체**: 위조·변조 또는 자격모용에 의하여 작성된 사문서와 허위진단서 및 검안서 또는 생사에 관한 증명서

(3) **행위**: 행사하는 것 ⇨ 위조·변조된 문서(부진정문서) → 진정문서 또는 내용이 진실한 문서인 것처럼 사용

   ① **행사방법**: 인식 가능한 상태에 둠(기수) → 교부, 제시, 우송, 비치, 부착, 팩스전송 등. If. 소지·휴대·구술고지 → ×

   ② **진정 문서인 것처럼 사용**

      ㉠ 부진정문서로 증거제출: 행사 ×

      ㉡ 위조문서의 정을 아는 자에게 제출: 행사 × → [행사의 상대방은 위조의 정을 몰라야 함 ⇨ 위조의 정을 아는 자(공범자 or 대리인)에게 제시, 교부: 행사 ×]

        (vs. 통화, 유가증권 → 행사 ○)

      ㉢ 복사본의 사용: 문서 → 행사 ○

        vs. 유가증권: 원본만 가능 → 사본행사 ×(판례)

   ③ **기수시기**: 인식가능상태에 둠 → 상대방이 인식할 것 불요 **예** 운전면허증을 위조하여 소지하고 운전하는 경우 → 행사 ×

참고+ **각종 행사죄의 행사개념 비교**

구분	문서	통화	유가증권
유통에 놓은 것	불요	필요	불요
신용력을 위한 제시	행사 ○	행사 ×	행사 ○
정을 아는 자에게 제시	행사 ×	행사 ○	행사 ○
사본의 제시	행사 ○	―	행사 ×
명의인 실재 요부	실재할 필요 없음	―	실재할 필요 없음

2. 위조 · 변조등 공문서행사죄

> **제229조【위조등 공문서의 행사】** 제225조 내지 제228조의 죄에 의하여 만들어진 문서, 도화, 전자기록등 특수매체기록, 공정증서원본, 면허증, 허가증, 등록증 또는 여권을 행사한 자는 그 각 죄에 정한 형에 처한다.
>
> **제235조【미수범】** 미수범은 처벌한다.
>
> **제237조【자격정지의 병과】** 본죄를 범하여 징역에 처할 경우에는 10년 이하의 자격정지를 병과할 수 있다.

판례비교 📕 위조 등 문서행사죄의 성립 여부

O 위조 등 문서행사죄 성립	**X** 위조 등 문서행사죄 불성립
① 위조문서행사죄에 있어서의 행사는 문서에 대한 공공의 신용을 해칠 우려가 있는 행위를 말하므로 **위조된 문서의 작성명의인은 위조문서행사죄의 상대방이 될 수 있다**(2004도4663). 08. 법원행시, 08 · 18. 경찰, 10. 경찰승진, 14. 사시 ② 위조한 문서를 **모사전송(facsimile)**의 방법으로 타인에게 제시한 경우(94도4) 09. 경찰 ③ 휴대전화 신규 가입신청서를 **위조한 후** 이를 스캔한 이미지 파일을 **제3자에게 이메일로 전송**한 경우(2008도5200) 09. 법원행시, 16 · 17. 경찰, 18. 경찰승진 ④ 위조된 문서를 우송한 경우에는 그 문서가 **상대방에게 도달한 때에 기수**가 되고 상대방이 실제로 그 문서를 보아야 하는 것은 아니다(2004도4663). 12. 경찰 ⑤ 甲이 위조한 공문서의 이미지 파일을 위조된 사실을 알지 못하는 乙에게 이메일로 송부하여 프린터로 출력하게 한 경우(2011도14441) 21. 국가직 7급 → **간접정범을 통한 위조문서행사죄** 범행에 있어 도구로 이용된 자라고 하더라도 문서가 위조된 것임을 알지 못하는 자에게 행사한 경우에는 위조문서행사죄가 성립한다. 16. 변호사, 19. 법원행시, 22. 경찰 ⑥ 허위공문서작성죄에 있어서 행사의 목적이라 함은 허위 내용의 문서를 그 내용이 진실한 문서인 것처럼 그 문서의 효용에 따라 사용할 목적이 있는 것을 말하는 것이고 그러한 공문서를 관청에 **비치**하는 경우(89도1253) 18. 경찰	① 문서가 위조 · 변조 · 허위작성되었다는 **정을 아는 공범자에게 제시**한 경우(85도2798) 18 · 22. 경찰 ② 위조문서인 신분증을 항상 **휴대하고 다닌 경우**(4289형상240) ③ 피고인이 자신의 나이와 성명을 속이는 용도로 행사할 목적으로 권한 없이 컴퓨터로 '미애', '701226'을 작성 · 출력하여 자신의 주민등록증 성명란과 주민등록번호란에 각각 **오려 붙인 후에 이를 스캔하여 생성된 이미지 파일을 이메일에 첨부 · 전송**하여 상대방으로 하여금 열람하도록 한 경우(2007도7480)

6 문서 부정행사죄

> 제236조【사문서의 부정행사】권리·의무 또는 사실증명에 관한 타인의 문서 또는 도화를 부정행사한 자는 1년 이하의 징역이나 금고 또는 300만원 이하의 벌금에 처한다.
> ※ 사문서 부정행사죄는 문서죄 중 유일하게 미수범 처벌 ×
>
> 제230조【공문서등의 부정행사】공무원 또는 공무소의 문서 또는 도화를 부정행사한 자는 2년 이하의 징역이나 금고 또는 500만원 이하의 벌금에 처한다.
> 제235조【미수범】미수범은 처벌한다.

(1) **특징**: 사문서부정행사죄 미수처벌규정 × vs. 공문서부정행사죄 미수처벌규정 ○

(2) **부정행사**: 타인의 진정문서 → 사용권한 없는 자가 사용

(3) 사용권한 없는 자가 사용

   ① 본래목적·용도에 사용 → 부정행사죄 ○ (**예** 타인의 운전면허증을 운전자격의 확인을 위해 제시한 경우: 본죄 ○)

   ② 본래목적·용도 이외의 사용 → 부정행사 × (**예** 보관하고 있던 실효된 문서를 증거로 법원에 제출하는 행위: 본죄 ×) 22. 경찰

(4) 사용권한 자가 사용

   ① 그 본래 용도 사용 → 부정행사 ×

   ② 권한 이외의 사항 증명에 이용(다른 용도 사용) → 부정행사 ○

판례비교 🔨 사문서부정행사죄의 성립 여부

O 사문서부정행사죄 성립	**X** 사문서부정행사죄 불성립
① **절취한 후불식 전화카드를 공중전화기에 넣어 사용**한 것은 권리·의무에 관한 타인의 사문서를 부정행사한 경우에 해당한다(2002도461). 11. 경찰승진, 13. 국가직 9급	① 실질적인 채권채무관계 없이 당사자간의 합의로 작성한 '**차용증 및 이행각서**'를 이용하여 대여금청구소송을 제기하면서 이를 법원에 제출한 경우(2007도629) ② **현금보관증**이 자기 수중에 있다는 사실 자체를 증명하기 위하여 법원에 증거로 제출한 경우(84도2999) 04. 법원행시 ③ **실효된 문서**를 증거로 제출한 경우(77도2645) ④ 피고인이 타인과 체결하였던 **동업약정서**를 사실증명을 위하여 증거로 법원에 제시한 경우(77도2645)

판례비교 공문서부정행사죄의 성립 여부

O 공문서부정행사죄 성립	**X** 공문서부정행사죄 불성립
① 허위로 신고하여 자신의 사진과 지문이 찍힌 **타인 명의의 주민등록증**을 발급받아 소지하다가 검문경찰관에게 제시한 경우(82도1297)	① **신원증명서**를 피증명인의 의사에 의하지 아니하고 사용한 경우(93도127) 08. 경찰
② 신분확인을 위한 주민등록증 제시를 요구받고 **타인의 운전면허증을 제시**하는 경우(2000도1985) 04. 법원행시·행시, 13. 국가직 9급, 14. 변호사, 15. 경찰, 16. 법원직	② 권한 없는 자가 임의로 **인감증명서**의 사용용도란의 기재를 고쳐 쓴 경우(2004도2767) 16. 경찰
③ 자동차를 임차하면서 **타인의 운전면허증을 자신의 것인 양 자동차 대여업체 직원에게 제시**한 경우(98도1701) 11. 경찰승진	③ **화해조서경정결정신청 기각결정문**을 화해조서정본인 것처럼 등기서류로 제출한 경우(82도1985) 08. 경찰
④ 공문서부정행사죄는 사용권한 있는 자라도 정당한 용법에 반하여 부정하게 행사하였다면 본죄가 성립한다고 보아야 한다(99도206). 15. 경찰간부	④ **등기필증**을 그 문서와 아무 관련 없는 사람이 문서상의 명의인인 양 가장하여 행사한 경우(81도1130)
	⑤ 타인의 **주민등록표등본**을 그와 아무런 관련 없는 사람이 마치 자신의 것인 양 행사한 경우(99도206) 04. 행시, 07. 사시, 08. 경찰간부, 13. 국가직 9급, 14. 변호사, 15. 경찰
	⑥ **기왕에 습득한 타인의 주민등록증**을 가족의 것이라고 제시하면서 그 주민등록증상의 명의 또는 가명으로 이동전화 가입신청을 한 경우(2002도4935) 04. 법원행시, 05. 사시, 09. 경찰간부, 14. 변호사, 15. 경찰, 16. 법원직
	⑦ 어떤 선박이 사고를 낸 것처럼 허위로 사고신고를 하면서 그 선박의 **선박국적증서와 선박검사증서**를 함께 제출한 경우(2008도10851) 11. 경찰승진, 14. 변호사, 15. 경찰, 19. 경찰간부

7 전자기록 위작·변작 등 죄

제232조의2【사전자기록 위작·변작】 사무처리를 그르치게 할 목적으로 권리, 의무 또는 사실증명에 관한 타인의 전자기록 등 특수매체 기록을 위작 또는 변작한 자는 5년 이하의 징역 또는 1천만원 이하의 벌금에 처한다.
제227조의2【공전자기록 위작·변작】 사무처리를 그르치게 할 목적으로 공무원 또는 공무소의 전자기록 등 특수매체 기록을 위작 또는 변작한 자는 10년 이하의 징역에 처한다.
제235조【미수범】 미수범은 처벌한다.

① 형법 제232조의2에서 정한 '위작'의 포섭 범위에 권한 있는 사람이 그 권한을 남용하여 허위의 정보를 입력함으로써 시스템 설치·운영 주체의 의사에 반하는 전자기록을 생성하는 행위를 포함하는 것으로 보더라도, 이러한 해석이 '위작'이란 낱말이 가지는 문언의 가능한 의미를 벗어났다거나, 피고인에게 불리한 유추해석 또는 확장해석을 한 것이라고 볼 수 없다. 21. 국가직 7급, 22. 경찰간부

→ 공전자기록등위작죄에서 말하는 전자기록의 '위작'에, 전자적 방식에 의한 정보의 생성·처리·저장·출력을 목적으로 구축하여 설치·운영하는 시스템의 설치·운영 주체와의 관계에서 전자기록의 생성에 관여할 권한이 없는 사람이 전자기록을 작출하거나 전자기록의 생성에 필요한 단위정보의 입력을 하는 경우 외에 시스템의 설치·운영 주체로부터 각자의 직무 범위에서 **개개의 단위정보의 입력 권한을 부여받은 사람이** 그 권한을 남용하여 허위의 정보를 입력함으로써 시스템 설치·운영 주체의 의사에 반하는 **전자기록을 생성하는 경우도 포함된다**. 위 법리는 사전자기록등위작죄에서 행위의 태양으로 규정한 '위작'에 대해서도 마찬가지로 적용된다(2019도11294 전원합의체). 21. 법원직, 22. 경찰

② 법인이 설치·운영하는 전산망 시스템에 제공되어 정보의 생성·처리·저장·출력이 이루어지는 전자기록 등 특수매체기록은 그 법인의 임직원과의 관계에서 '타인'의 전자기록 등 특수매체기록에 해당한다(2019도11294 전원합의체). 21. 법원직

③ 원본파일의 변경까지 초래하지는 아니하였더라도 램에 올려진 전자기록에 허구의 내용을 권한 없이 수정입력한 경우, 사전자기록변작죄의 기수이 이르렀다(2000도4993). 18. 경찰승진

Theme 28 유가증권에 관한 죄

1 유가증권의 개념

(1) **의의** : 증권속에 재산권 화체(표창) + 점유수반(**예** 어음, 수표, 주권, 상품권, 입장권, 승차권, 공중전화카드, 영화관람권, 화물상환증, 창고증권, 선하증권, 복권, 할부구매전표, 스키장 리프트 탑승권 등. 그러나 신용카드는 유가증권이 아니라 문서이다.)

(2) **요건**

① 증거증권(**예** 차용증서, 영수증, 매매계약서, 물품구입증 등)은 유가증권 ×(∵ 재산권이 증권에 표창되어 있지 않음.)

② 면책증권(**예** 예금통장, 신발표, 휴대품보관증, 정기예탁금증서 등)은 유가증권 ×(∵ 점유가 권리행사의 요건이 되지 않음.)

③ 유통성은 그 요건이 아님. **예** 유동성이 없는 승차권, 복권 등노 유가증권 ○

④ 사법상 유효함을 요하지 않음. **예** 발행일자 기재 없는 수표, 대표이사의 날인이 없는 주권 등

⑤ 발행자가 사인인가 국가 또는 공공단체인가를 불문

⑥ 허무인명의의 유가증권도 본죄의 객체(통설·판례)

판례

① 재산권이 증권에 화체되어 있어 그 권리의 행사와 처분에 **증권의 점유**를 필요로 하는 것을 말하며, 그것이 사법상 유효할 것도 요하지 않는다(74도294). 11·18. 경찰

② **유통성**의 유무는 형법상 유가증권의 요건이 아니다(95도20). 11. 경찰승진·경찰, 12·14. 경찰간부, 18. 경찰, 19. 경찰승진

③ 유가증권이라 함은 위조된 유가증권의 원본을 말하는 것이지 전자복사기 등을 사용하여 기계적으로 **복사한 사본은 이에 해당하지 않는다**(97도2922).

④ 증권이 문방구의 약속어음용지를 이용하여 작성되었다고 하더라도 전체적인 형식·내용에 비추어 **일반인이 진정한 것으로 오신할 정도**의 요건을 갖추고 있으면 유가증권에 해당한다(2001도2832). 03. 법원직, 10. 경찰, 11·12. 경찰승진

O 유가증권 인정	X 유가증권 부정
① 소지인만이 금액의 한도 내에서 물품을 구입할 수 있는 **할부구매전표**(95도20)	① **정기예탁금증서**는 채무자가 그 증서 소지인에게 변제하여 책임을 면할 목적으로 발행된 이른바 면책증권에 불과하여 형법에서 규정된 유가증권에 해당하지 아니한다(84도2157).
② **스키장 리프트 탑승권**(98도2967)	② **물품구입증**(72도1688)
③ **공중전화카드**(97도2483)	③ 선하증권의 팩스 **사본**(2006도8480)
④ 대표이사의 날인이 없어 **상법상 무효인 주권**에 발행인의 대표이사의 기명을 비롯한 주권의 기재요건을 모두 구비하고 회사의 사인까지 날인한 경우(74도294)	④ **가계수표가 발행인의 날인이 없는 것**이라면 이는 일반인이 진정한 것으로 오신할 정도의 형식과 외관을 갖춘 수표라 할 수 없다(85도1501).
〔비교판례〕 발행인의 날인이 없고 발행인 아닌 피고인이 임의로 날인한 무인만 있는 약속어음은 유가증권에 해당하지 않는다(92도967).	⑤ 신용카드업자가 발행한 **신용카드**(99도857) → 문서에 해당
⑤ **선하증권**(95도803)	〔비교판례〕 외환은행 소비조합이 발행한 신용카드는 유가증권이다(84도1862).
⑥ **문방구 약속어음용지**를 이용하여 작성되었다고 하더라도 일반인이 진정한 것으로 오신할 정도의 약속어음의 요건을 갖춘 경우(2001도2832) 03. 법원직, 10. 경찰, 11·12. 경찰승진	

2 유가증권 위조·변조죄

제214조【유가증권의 위조등】 ① 행사할 목적으로 대한민국 또는 외국의 공채증서 기타 유가증권을 위조 또는 변조한 자는 10년 이하의 징역에 처한다.

제220조【자격정지 또는 벌금의 병과】 본죄를 범하여 징역에 처할 경우에는 10년 이하의 자격정지 또는 2,000만원 이하의 벌금을 병과할 수 있다.

제223조【미수범】 미수범은 처벌한다.

(1) **위조** : 작성권한 × + 타인명의 유가증권 작성(예 기간이 경과한 정기승차권의 종기를 변경한 경우, 복권당첨번호를 변경한 경우)

판례비교 유가증권위조죄의 성립 여부

O 유가증권위조죄 성립	**X** 유가증권위조죄 불성립
① 찢어버린 타인발행 명의의 **어음 파지면을 이용 · 조합**하여 어음의 외형을 갖춘 경우(74도3442)	① **회사의 대표이사직에 있는 자**가 은행과의 당좌거래약정이 되어 있는 **종전 당좌거래 명의를 변경함이 없이** 그대로 전 대표이사 명의를 사용하여 회사의 수표를 발행한 경우(74도1684)
② 백지어음에 대하여 취득자가 발행자와의 합의에 의하여 정하여진 **보충권의 한도를 넘어** 보충을 한 경우(89도1264) 02. 법무사	② 피고인이 망부의 사망 후 그 명의를 **거래상 자기를 표시하는 명칭**으로 사용하여 온 경우(82도296)
③ 타인이 위조한 액면과 지급기일이 백지로 된 약속어음을 구입하여 행사의 목적으로 백지인 액면란에 금액을 기입하여 그 **위조어음을 완성**하는 경우(82도677) 13 · 17 · 18. 경찰	③ 발행인의 **날인이 없는 가계수표**를 발행한 경우(85도1501) → 일반인이 진정하게 작성한 유가증권으로 오신할 만한 외관이 있다고 볼 수 없기 때문이다.
④ 금액란이 백지인 수표의 소지인이 **백지보충권의 범위를 초월**하여 발행인의 서명날인이 있는 기존의 수표용지를 이용한 새로운 수표를 발행한 경우(99도1201) 14. 경찰간부	④ 종래 사용하던 가명으로 가계수표를 발행한 경우, 비록 칭호가 본명이 아니라 하더라도 **통상 그 명칭을 자기를 표시하는 것**으로 거래상 사용하여 그것이 그 행위자를 지칭하는 것으로 인식되어 온 경우(96노527)
⑤ 주식회사의 **감사** 겸 서울사무소장이 **대표이사 명의의 당좌수표를 발행**하는 경우(98도2577)	
⑥ 발매할 **권한 없이** 발매기를 임의조작하여 **리프트 답승권을 부정발급**하여 판매한 경우(98도2967) 10 · 18. 국가직 7급	
⑦ **폐공중전화카드**의 자기기록 부분에 전자정보를 기록하여 사용 가능한 공중전화카드를 만든 경우(97도2483) 03. 법원직, 10. 경찰승진, 15. 경찰	
⑧ 피고인이 남편 몰래 남편의 목도장을 새겨 **문방구 약속어음용지**로 남편 명의로 약속어음을 작성한 뒤에 그 정을 모르는 제3자로부터 돈을 빌리면서 대여금에 대한 변제담보조로 이를 교부한 경우(2001도2832)	
⑨ **사자 명의로 된 약속어음을 작성**함에 있어서 사망자의 처로부터 사망자의 인장을 교부받아 생존 당시에 작성한 것처럼 약속어음의 발행일자를 그 명의자의 생존 중의 일자로 소급하여 작성한 경우(2010도1025) → 발행명의인의 승낙이 있었다고 볼 수 없으므로 유가증권위조죄에 해당한다.	

(2) **변조**: 이미 진정하게 성립된 타인명의의 유가증권 + 동일성 유지 + 내용변경(**예** 약속어음의 발행일자, 지급기일, 지급인의 주소, 액면금액 등을 변경하는 경우)

  ① 진정하게 성립된 유가증권: 폐기되거나 유효기간이 경과하여 이미 실효된 유가증권에 가공하여 새로운 유가증권을 작성하는 경우 → 위조

  ② 타인명의의 유가증권: 타인소유 자기명의의 유가증권의 내용을 변경한 경우 → 변조가 아니라 문서손괴죄가 성립

  ③ 동일성 유지: 동일성이 상실되었다면 위조 **예** 발행인의 성명 변경

판례비교 유가증권변조죄의 성립 여부

O　　유가증권변조죄 성립	**X**　　유가증권변조죄 불성립
① 신용카드(한국외환은행 소비조합이 그 소속 조합원에게 발행한 신용카드)를 제시받은 상점점원이 그 카드의 금액란을 정정기재하였다 하더라도 그것이 카드소지인이 점원에게 자신이 **금액을 정정기재**할 수 있는 양 기망하여 이루어진 경우(84도1862) ② 어음발행인이 어음상 권리·의무를 가진 자의 동의 없이 어음의 기재 **내용에 변경**을 가한 행위(2001도6553)	① 타인에게 속한 **자기 명의**의 유가증권에 무단히 주권상의 주주 명의를 변경하고 그 자로부터 배서양도받은 것처럼 변경한 경우(78도1904) → 사안에 따라 문서손괴죄·허위유가증권작성죄가 성립한다. 14. 경찰간부 ② 회사의 대표이사로서 주권작성에 관한 일반적인 권한을 가지고 있는 자가 **대표권을 남용**하여 자기 또는 제3자의 이익을 도모할 목적으로 그들 명의 주권의 기재사항에 변경을 가한 경우(79도3034) ③ **이미 타인에 의하여 위조된 약속어음**의 기재사항을 권한 없이 변경한 경우(2005도4764) 　　　　　　　　　　　　　　　　　　10. 경찰승진, 15·18. 경찰 ④ 유가증권의 내용 중 권한 없는 자에 의하여 이미 **변조된 부분을 다시 권한 없이 변조**한 경우(2010도15206) 14. 경찰간부 ⑤ 약속어음의 발행인으로부터 어음금액이 백지인 약속어음의 할인을 위임받은 자가 **위임범위 내에서** 어음금액을 기재한 후, 어음할인을 받으려고 하다가 그 목적을 이루지 못하자 유통되지 아니한 **당해 약속어음을 원상태대로 발행인에게 반환하기 위하여 어음금액의 기재를 삭제**한 경우(2005도6267) 10. 경찰승진 ⑥ 甲이 백지약속어음의 액면란 등을 부당 보충하여 **위조한 후 乙이 甲과 공모하여 금액란을 임의로 변경**한 경우 乙의 행위는 유가증권위조나 변조에 해당하지 않는다(2008도9494). 　　　　　　　　　　08·10·19. 경찰승진, 10·13. 경찰, 12. 경찰간부

3 기재의 위조 · 변조죄

> **제214조【유가증권의 위조등】** ② 행사할 목적으로 유가증권의 권리의무에 관한 기재를 위조 또는 변조한 자도 전항의 형과 같다.

본죄는 기본적 증권행위가 진정하게 성립한 후에 그 부수적 증권행위인 기재를 위조(**예** 진정하게 작성된 어음에 타인명의를 모용하여 배서한 경우) · 변조(**예** 타인의 배서부분에 배서일자를 변경하는 경우)함으로써 성립한다. 기재라 함은 배서 · 인수 · 보증과 같은 부수적 증권행위의 기재사항을 말한다. <u>자기명의의 유가증권에 타인이 배서한 후에 그 배서에 관한 문언을 변경한 경우 유가증권기재사항변조죄에 해당한다</u>(**예** 발행인란에는 자기 이름으로 하고 배서란에만 타인의 이름과 도장을 사용하여 유가증권을 만든 경우 유가증권변조죄가 성립하지 않고 유가증권기재 위조 · 변조죄가 성립한다). 13. 사시

판례비교 🔨 기재의 위조 · 변조의 성립 여부

O 기재의 위조 · 변조 성립	**X** 기재의 위조 · 변조 불성립
① 명의대여자의 승낙 없이 제1의 명의임차인으로부터 지점의 영업권을 사실상 매수한 **제2의 명의임차인이** 명의대여자의 승낙 없이 **본래 명의대여자의 명의로 어음을 배서하고 행사**한 경우 기재의 위조에 해당한다(83도3284).	① 약속어음을 제3배서인으로부터 백지식 배서에 의하여 교부양도받은 자가 어음에 배서를 하지 아니한 채 제3자에게 교부양도하였다가 어음금의 지급이 거절됨에 따라 제3자로부터 이를 환수한 다음, 어음의 제3배서인란과 제4배서인란 사이에 보전지를 결합시키고 그 배서란에 자신의 성명과 배서일자를 기재하고 날인한 경우(88도753)
② **어음발행인이** 어음상의 권리 · 의무를 가진 자의 **동의 없이 어음기재 내용에 변경**을 가한 경우 기재의 변조에 해당한다(2001도6553).	

4 자격모용에 의한 유가증권작성죄

> **제215조【자격모용에 의한 유가증권의 작성】** 행사할 목적으로 타인의 자격을 모용하여 유가증권을 작성하거나 유가증권의 권리 또는 의무에 관한 사항을 기재한 자는 10년 이하의 징역에 처한다.

(1) 대리권 또는 대표권 없는 자 + 자기명의의 유가증권을 작성하는 것

(2) **유가증권위조죄와의 구별**: 자격모용에 의한 유가증권작성죄는 타인의 자격을 모용한 경우에 성립하고, 유가증권위조죄는 명의를 모용한 경우에 성립한다(**예** A주식회사의 평직원으로 근무하는 甲이 A주식회사 대표이사 甲명의로 약속어음을 발행한 경우에는 본죄가 성립하나, A주식회사 대표이사 乙명의로 약속어음을 발행한 경우에는 유가증권위조죄가 성립한다).

판례비교 자격모용에 의한 유가증권작성죄의 성립 여부

O 자격모용에 의한 유가증권작성죄 성립	**X** 자격모용에 의한 유가증권작성죄 불성립
① **직무집행정지가처분**을 받은 대표이사가 회사업무의 중단을 막기 위한 긴급한 인수인계행위로서 **자기 명의**의 유가증권을 작성·행사한 경우(87도145) ② **퇴직한 회사의 대표이사**가 **자신의 명의**로 회사주권을 작성한 경우(81도1935) ③ 주식회사 대표이사로 재직하던 피고인이 **대표이사가 타인으로 변경**되었음에도 불구하고 이전부터 사용하여 오던 **피고인 명의**로 된 회사 대표이사 명판을 이용하여 여전히 피고인을 대표이사로 표시하여 약속어음을 발행·행사한 경우(90도577) <div align=right>11. 법원행시, 17. 경찰간부, 19. 경찰승진</div>	① **회사의 대표이사가** 은행과 당좌거래가 되어 있는 전 대표이사의 명의로 어음을 발행한 경우(74도1684) ② **거래상 자기를 표시하는 명칭으로 사용해 온 망부의 명의**로 어음을 발행한 경우(82도296) <div align=right>11. 경찰승진</div>

5 허위유가증권작성죄

> **제216조 【허위유가증권의 작성등】** 행사할 목적으로 허위의 유가증권을 작성하거나 유가증권에 허위사항을 기재한 자는 7년 이하의 징역 또는 3천만원 이하의 벌금에 처한다.

(1) 작성권한 있는 자 + 허위내용 기재

(2) 작성권한 있는 자가 작성명의를 모용하지 않고 단순히 유가증권에 허위의 내용을 기재하는 것 **예** 회사의 대표이사가 주권을 발행하면서 발행일자를 소급하여 기재한 경우

(3) 기본적 증권 또는 부수적 증권 불문. 다만 권리의무에 아무런 영향을 미치지 않는 사항을 허위기재하는 것은 본죄에 해당하지 않는다. **예** 배서인의 주소를 허위로 기재한 경우

판례비교 ⚖️ 허위유가증권작성죄의 성립 여부

O 허위유가증권작성죄 성립	**X** 허위유가증권작성죄 불성립
① 주권발행의 권한을 **위임**받았다고 하더라도 **발행일자를 소급**시킴으로써 허위 내용이 된 경우 (73도2401)	① 은행을 통하여 지급이 이루어지는 약속어음의 발행인이 그 발행을 위하여 **은행에 신고된 것이 아닌 발행인의 다른 인장**을 날인한 경우(2000도883) 10 · 11. 경찰승진, 13. 경찰
② 수표에 기재한 지급은행과 전혀 당좌거래를 한 일이 없거나 **당좌거래정지를 당하였음에도 불구하고 이런 사유가 없는 것처럼 가장하고 수표를 발행**한 경우(4289형상128)	② 어음이 부도나면 소구당할지 모른다는 생각에서 배서인이 약속어음에 배서하면서 자신의 **주소를 허위로 기재**한 경우(84도547) 08 · 12. 경찰, 11. 법원행시
비교판례 당좌거래은행에 잔고가 없음을 알면서 수표를 발행한 경우 허위유가증권작성죄는 성립하지 않는다(4293형상787).	③ 주권발행 전에 **주식을 양도받은 자에게 주식을 발행**한 경우(81도1935)
③ 발행인의 **위임**을 받아 약속어음을 발행함에 있어서 발행인의 이름 아래 **진실에 반하는 내용**인 피고인의 인장을 날인하여 어음을 발행한 경우(74도2594)	④ 자기앞수표의 **발행인이 수표의뢰인으로부터 수표자금을 입금받지 아니한 채 자기앞수표를 발행**한 경우(2005도4528) 08 · 17 · 18. 경찰
④ 실재하지 아니한 **유령회사의 대표**라고 기재하고 자기 명의의 인장을 찍어서 회사 명의의 약속어음을 발행한 경우(70도2389)	

6 위조 등 유가증권행사죄

> **제217조 【위조유가증권등의 행사등】** 위조, 변조, 작성 또는 허위기재한 전3조 기재의 유가증권을 행사하거나 행사할 목적으로 수입 또는 수출한 자는 10년 이하의 징역에 처한다.

(1) 행사란 위조·변조·작성 또는 허위기재한 유가증권을 진정하게 작성된 진실한 내용의 유가증권인 양 그 용법에 따라 사용하는 것

(2) 원본임을 요함. 복사한 사본 ×

(3) 반드시 유가증권을 유통에 놓을 것을 요하지 않음. 위조통화행사죄와의 구별점

    예 유가증권을 할인하기 위하여 제시하는 경우나 증거자료로서 진정한 어음이라고 법원에 제출하는 경우, 신용을 얻기 위하여 타인에게 보이는 경우도 행사에 해당됨.

(4) 위조된 정을 아는 자에게 교부하는 경우에도 행사에 해당한다. (∵ 교부행위 그 자체가 유가증권의 유통질서를 해할 우려가 있어 처벌의 이유와 필요성이 충분히 있다고 할 것이므로)

    vs. 위조문서행사죄와 구별 → 행사 ×

(5) 위조의 공모자에게 유가증권을 이전한 정도로는 행사죄 ×

판례비교 🔨 위조 등 유가증권행사죄의 성립 여부

O 위조 등 유가증권행사죄 성립	**X** 위조 등 유가증권행사죄 불성립

① **위조유가증권임을 알고 있는 자에게 유통시킬 것을 인식하고 교부**한 경우(81도2492) → 위조유가증권행사죄의 처벌목적은 유가증권의 유통질서를 보호하고자 함에 있는 만큼 단순히 문서의 신용성을 보호하고자 하는 위조, 공·사문서행사죄의 경우와는 달리 교부자가 진정 또는 진실한 유가증권인 것처럼, 위조유가증권을 행사하였을 때 뿐만 아니라 위조유가증권임을 알고 있는 자에게 교부하였더라도 피교부자가 이를 유통시킬 것임을 인식하고 교부하였다면 그 교부행위 그 자체가 유가증권의 유통질서를 해할 우려가 있어 처벌의 이유와 필요성이 충분히 있다고 할 것이므로 위조유가증권행사죄가 성립한다.
         02. 사시, 09·10·12. 경찰승진, 11. 법원행시, 15. 경찰
 ② **허위작성된 유가증권을 피교부자가 그것을 유통하게 한다는 인식을 하고 교부**한 경우(95도803)
	① 甲은 乙로부터 미리 서명날인만을 받아 놓은 백지어음에 발행인·금액과 수취인을 함부로 기재하고 자신이 乙을 상대로 소송을 제기한 약속어음청구사건에서 이 청구를 대여금청구로 변경하면서 소변경신청서에 약속어음을 **복사한 사본**을 첨부하여 제출한 경우(97도2922) → 위조 등 유가증권행사죄의 객체인 유가증권은 원본일 것을 요한다.
	         08·17. 경찰, 09. 경찰승진, 17. 경찰간부
	 ② 서로 유가증권위조를 공모한 공범의 관계에 있는 자들 사이에서 위조유가증권을 교부하는 행위(2006도7120) 13·18. 경찰, 19. 경찰승진

Theme **29**　**통화에 관한 죄**

1 통화위조 · 변조죄

> 제207조【통화의 위조등】① 행사할 목적으로 통용하는 대한민국의 화폐, 지폐 또는 은행권을 위조 또는 변조한 자는 무기 또는 2년 이상의 징역에 처한다.
> ② 행사할 목적으로 내국에서 유통하는 외국의 화폐, 지폐 또는 은행권을 위조 또는 변조한 자는 1년 이상의 유기징역에 처한다.
> ③ 행사할 목적으로 외국에서 통용하는 외국의 화폐, 지폐 또는 은행권을 위조 또는 변조한 자는 10년 이하의 징역에 처한다.

(1) **통용**: 법률에 의하여 강제통용력이 인정되는 것, 유통: 강제통용력이 없이 사실상 거래되고 있는 상태 **예** 국내에서 유통되는 외국의 기념주화

(2) **위조**: 통화발행권이 없는 자가 일반인이 진화로 오인할 수 있는 진정한 통화의 외관을 지닌 물건을 만드는 깃(**예** 폐화를 이용하여 새로운 통화를 제조, 사진, 인쇄, 전자복사 등)
　If. 위조에 이르지 못한 경우 → 통화유사물제조죄(제211조)

(3) **변조**: 진정한 통화에 가공하여 그 가치를 변경시키는 것 **예** 5천원권을 가공하여 1만원권으로 고치는 경우
　If. 진화를 사용하여 전혀 다른 외관을 가진 위화를 제작한 경우(**예** 100원짜리 동전 2개를 녹여 5백원짜리 동전 1개를 만드는 경우) → 위조(∵ 동일성이 깨짐)

(4) §207 ① 내국통용 내국통화 위조, 변조
　　　② 내국유통 외국통화 위조, 변조
　　　③ 외국통용 외국통화 위조, 변조

(5) **주관적 구성요건**: 고의 + 행사목적 有(위조 · 변조한 통화를 진화로서 유통시킬 목적). If 신용력을 과시하기 위해 남에게 보일 목적인 경우 → 행사 ×

(6) 문서(일반법) vs. 통화(특별법)

① 위조통화행사죄의 객체인 위조통화는 객관적으로 보아 **일반인으로 하여금 진정통화로 오신하게 할 정도**에 이른 것이면 족하고, <u>그 위조의 정도가 반드시 진물에 흡사하여야 한다거나 누구든지 쉽게 그 진부를 식별하기가 불가능한 정도의 것일 필요는 없다</u>(85도570). 06. 법원행시, 10·13·18. 경찰승진, 17. 경찰간부

② <u>10원짜리 주화의 표면에 백색의 약칠</u>을 하여 100원짜리 주화와 같은 색채로 변경한 경우에는 일반인이 진화로 오인할 우려가 없으므로 위조에 해당하지 않는다(79도639).

③ 일만원권지폐의 앞뒤면을 **흑백으로 전자복사**하여 비슷한 크기로 자른 정도로는 진화로 오인할 우려가 없으므로 위조에 해당하지 않는다(86도255).

④ 피고인들이 한국은행 발행 <u>500원짜리 주화의 표면 일부를 깎아내어 손상</u>을 가하였지만 그 크기와 모양 및 대부분의 문양이 그대로 남아 있어 이로써 기존의 500원짜리 주화의 명목가치나 실질가치가 변경되었다거나, 객관적으로 보아 일반인으로 하여금 일본국의 500엔짜리 주화로 오신하게 할 정도의 새로운 화폐를 만들어 낸 것이라고 볼 수 없으므로 통화위조·변조에 해당하지 않는다(2000도3950). 07. 국가직 7급, 10. 경찰승진, 12·17. 경찰간부, 16. 경찰

⑤ 스위스 화폐로서 1998년까지 통용되었으나 **현재는 통용되지 않고**, 다만 스위스 은행에서 신권과의 교환이 가능한 진폐는 형법 제207조 제2항 소정의 내국에서 '유통하는' 외국의 화폐에 해당하지 아니한다(2002도3340). 06. 법원행시, 09. 경찰승진, 12. 경찰간부

⑥ 일반인의 관점에서 **통용할 것이라고 오인할 가능성**이 있다고 하더라도 형법 제207조 제3항에서 정한 외국에서 통용하는 외국의 지폐에 해당한다고 할 수 없다(2003도3487).

16. 경찰, 18. 경찰승진

⑦ 미국에서 발행된 적 없이 단지 여러 종류의 **관광용 기념상품**으로 제조·판매되고 있는 미합중국 100만 달러 지폐와 과거에 발행되어 은행 사이에서 유통되다가 **현재는 발행되지 않고 있으나 화폐수집가나 재벌들이 이를 보유**하여 오고 있는 미합중국 10만 달러 지폐가 막연히 일반인의 관점에서 미합중국에서 강제통용력을 가졌다고 오인할 수 있다는 이유로 형법 제207조 제3항의 외국에서 통용하는 지폐에 포함한다고 판단할 수는 없다(2003도3487). 05. 법원행시, 07. 국가직 7급, 13. 경찰승진

⑧ 형법상 통화에 관한 죄는 문서에 관한 죄에 대하여 특별관계에 있으므로 통화에 관한 죄가 성립하는 때에는 문서에 관한 죄는 별도로 성립하지 않는다. 형법 제207조 제4항에서 정한 위조통화행사죄를 구성하지 않으면, 형법 제234조에서 정한 **위조사문서행사죄 또는 위조사도화행사죄로 의율할 수 있다**고 보아야 한다(2012도2249).

2 위조·변조통화 행사 등 죄

> **제207조 【통화의 위조등】** ④ 위조 또는 변조한 전3항 기재의 통화를 행사하거나 행사할 목적으로 수입 또는 수출한 자는 그 위조 또는 변조의 각죄에 정한 형에 처한다.
>
> **제209조 【자격정지 또는 벌금의 병과】** 본죄를 범하여 유기징역에 처할 경우에는 10년 이하의 자격정지 또는 2,000만원 이하의 벌금을 병과할 수 있다.
>
> **제212조 【미수범】** 미수범은 처벌한다.

(1) 위조·변조한 통화를 진정한 통화처럼 유통에 제공하는 것

(2) 단순히 신용력을 보이기 위한 제시 → 행사 × 17. 경찰간부, 22. 경찰

(3) 단순히 위화인 사정을 아는 자에게 교부하는 경우 → 행사 ×(∵ 진정한 통화처럼 유통에 제공하는 것이 아니므로)

> **주의** 위조통화임을 알고 있는 자에게 교부한 경우에 피교부자가 이를 유통시킬 것이라는 것을 예상 내지 인식하면서 교부한 경우 → 행사 ○

판례

① 진정한 통화라고 하여 위조통화를 다른 사람에게 **증여**하는 경우에도 위조통화행사죄가 성립한다(79도840).

② **위조통화임을 알고 있는 자에게 교부**한 경우, 피교부자가 이를 유통시킬 것을 예상 내지 인식하면서 교부한 때에는 그 교부행위 자체가 통화에 대한 공공의 신용 또는 거래의 안전을 해할 위험이 있으므로 위조통화행사죄가 성립한다(2002도3340). 16. 경찰, 17. 경찰간부

③ 형법 제207조에서 정한 '행사할 목적'이란 유가증권위조의 경우와 달리 위조·변조한 통화를 진정한 통화로서 유통에 놓겠다는 목적을 말하므로 자신의 **신용력을 증명하기 위하여** 타인에게 보일 목적으로 통화를 위조한 경우에는 행사할 목적이 있다고 할 수 없다(2011도7704). 17·19. 경찰간부, 18. 경찰승진·경찰, 22. 경찰

1 음행매개죄

제242조【음행매개】영리의 목적으로 사람을 매개하여 간음하게 한 자는 3년 이하의 징역 또는 1천500만원 이하의 벌금에 처한다.

2 음란물죄와 공연음란죄

1. 음서등 반포 · 판매 · 임대 · 공연전시죄

제243조【음화반포등】음란한 문서, 도화, 필름 기타 물건을 반포, 판매 또는 임대하거나 공연히 전시 또는 상영한 자는 1년 이하의 징역 또는 500만원 이하의 벌금에 처한다.

판례

① 표현물의 음란 여부를 판단함에 있어서는 표현물 제작자의 주관적 의도가 아니라 그 **사회의 평균인의 입장**에서 그 시대의 건전한 사회통념에 따라 **객관적이고 규범적으로 평가**하여야 한다(2016도8783). 02. 사시, 11. 경찰승진, 19. 법원행시

② '음란'이란 개념은 일정한 가치판단에 기초하여 정립할 수 있는 규범적인 개념이므로, '음란'이라는 개념을 정립하는 것은 물론 구체적인 표현물의 음란성 여부도 종국적으로는 법원이 이를 판단하여야 한다(2007도3815). 19. 법원행시

③ 비록 명화집에 실려 있는 그림이라 할지라도 이것을 **성냥갑 속에 넣어 판매**할 목적으로 그 카드사진을 복사 · 제조하거나 시중에 판매하였다면 명화를 모독하여 음화화하였다고 할 것이고 그림의 음란성 유무는 객관적으로 판단하여야 할 것이다(70도1879).

④ **컴퓨터 프로그램 파일**은 형법 제243조에서 규정하고 있는 문서, 도화, 필름 기타 물건에 해당한다고 할 수 없다(98도3140). 01 · 11. 사시, 07. 경찰승진 · 법원직, 09. 경찰, 19. 법원행시

⑤ **음란한 부호 등으로 링크**를 해 놓은 일련의 행위는 전체로 보아 음란한 부호 등을 공연히 전시한다는 구성요건을 충족한다(2001도1335). 08 · 13 · 15. 경찰승진, 11. 사시

⑥ 인터넷 사이트에 집단 성행위목적의 카페를 개설 · 운영한 자가 남녀 회원을 모집한 후 특별모임을 빙자하여 **집단으로 성행위를 하고 그 촬영물이나 사진 등을 카페에 게시**한 경우 음란물을 공연히 전시한 것에 해당한다(2008도10914). 13 · 18. 경찰승진

2. 공연음란죄

> **제245조 【공연음란】** 공연히 음란한 행위를 한 자는 1년 이하의 징역, 500만원 이하의 벌금, 구류 또는 과료에 처한다.

▶ 공연성(불특정 또는 다수인이 인식할 수 있는 상태) + 음란행위

판례 📝

① 형법 제245조 소정의 '음란한 행위'라 함은 <u>일반 보통인의 성욕을 자극하여 성적 흥분을 유발하고 정상적인 성적 수치심을 해하여 성적 도의관념에 반하는 행위</u>를 가리키는 것이고, <u>그 행위가 반드시 성행위를 묘사하거나 성적인 의도를 표출할 것을 요하는 것은 아니다</u>(2005도1264).

② 형법 제245조 소정의 공연음란죄는 <u>주관적으로 성욕의 흥분 또는 만족 등의 성적인 목적이 있어야 성립하는 것은 아니지만, 그 행위의 음란성에 대한 의미의 인식이 있으면 족하다</u>(2000도4372).
09. 법원직, 11. 사시, 12·13. 경찰승진

③ 음란성에 관한 논의의 특수한 성격 때문에, 그에 관한 논의의 형성·발전을 위해 <u>문학적·예술적·사상적·과학적·의학적·교육적 표현 등과 결합</u>되는 경우가 있다. 이러한 경우 음란 표현의 해악이 이와 결합된 위와 같은 표현 등을 통해 상당한 방법으로 해소되거나 다양한 의견과 사상의 경쟁메커니즘에 의해 해소될 수 있는 정도라는 등의 특별한 사정이 있다면, 이러한 결합 표현물에 의한 표현행위는 공중도덕이나 사회윤리를 훼손하는 것이 아니어서, 법질서 전체의 정신이나 그 배후에 놓여 있는 사회윤리 내지 사회통념에 비추어 용인될 수 있는 행위로서 <u>형법 제20조에 정하여진 '사회상규에 위배되지 아니하는 행위'</u>에 해당된다(2012도13352). → 음란물에 해당하나 위법성이 조각된다는 의미이다. 음란물에 해당하지 않는다. (×) 19. 법원행시

④ 일반 보통인의 성욕을 자극하여 성적 흥분을 유발하고 정상적인 성적 수치심을 해하는 것이 아니라 단순히 다른 사람에게 부끄러운 느낌이나 불쾌감을 주는 정도에 불과하다고 인정되는 경우 그와 같은 행위는 경범죄처벌법 제1조 제41호에 해당할지언정, 형법 제245조의 음란행위에 해당한다고 할 수 없다(2003도6514). 19. 법원행시

판례비교 📝 공연음란죄의 성립 여부

O 공연음란죄 성립	**X** 공연음란죄 불성립
① 고속도로에서 승용차를 손괴하거나 타인에게 상해를 가하는 등의 행패를 부리던 자가 이를 제지하려는 경찰관에 대항하여 **공중 앞에서 알몸이 되어 성기를 노출**한 경우(2000도4372) <div align="right">05. 사시, 05·09. 경찰, 07. 법원행시, 08·15·18. 경찰승진</div>	① 피고인이 주차문제로 말다툼을 하다가 A가 "술을 똥구멍으로 먹었냐."라고 말하자, 상점을 보고 있던 A의 딸 B녀(23세)에게 가서 바지와 팬티를 내리고 엉덩이를 들이대며 "**똥구멍에 술을 부어 보아라.**"라고 말한 경우(2003도6514) 07. 법원행시
② 요구르트 제품의 홍보를 위하여 전라의 여성 누드모델들이 **일반 관람객과 기자 등 수십 명이 있는 자리에서** 알몸에 밀가루를 바르고 무대에 나와 분무기로 요구르트를 몸에 뿌려 밀가루를 벗겨내는 방법으로 알몸을 완전히 드러낸 채 **음부 및 유방 등이 노출**된 상태에서 무대를 돌며 관람객들을 향하여 요구르트를 던진 경우(2005도1264) 07. 법원행시, 11. 경찰승진	② 유흥주점 여종업원들이 웃옷을 벗고 **브래지어만 착용**하거나 치마를 허벅지가 다 드러나도록 걷어 올리고 가슴이 보일 정도로 어깨끈을 밑으로 내린 채 손님을 접대한 경우(2006도3119) 13. 경찰승진

도박죄

1 도박죄

> **제246조【도박, 상습도박】** ① 도박을 한 사람은 1천만원 이하의 벌금에 처한다. 다만, 일시오락정도에 불과한 때에는 예외로 한다.

(1) **성격**: 2인 이상의 참여를 요하는 필요적 공범(대향범), 추상적 위험범

(2) **행위**: 재물로써 도박하는 것

　① **재물로써**: '재물을 걸고'라는 의미이며, 이는 재물을 승자에게 줄 것을 약속하는 것을 말한다. 재물 이외에 재산상 이익도 포함

　② **도박**: 재물을 걸고 우연에 의하여 재물의 득실을 결정하는 것 → 쌍방이 우연할 것 요함.

　　　　　　　　　　　　　If. 사기도박의 경우: 편면적 도박 × ┌ 사기도박자: 사기죄 ○, 도박죄 ×
　　　　　　　　　　　　　　　　　　　　　　　　　　　　　　└ 그 상대방: 무죄

　③ **기수시기**: 도박행위를 착수가 있는 때(실행의 착수와 동시에 기수)

(3) **위법성 조각**: 일시오락의 정도

판례 ⚖️

> ① 도박죄를 처벌하지 않는 외국 카지노에서의 도박이라는 사정만으로 그 위법성이 조각된다고 할 수 없다(2002도2518). 05. 법원행시, 11. 경찰승진, 13. 경찰
>
> ② 저녁 값을 마련하기 위하여 속칭 '홀라'라는 도박을 한 경우 이는 일시오락의 정도에 불과하다(2003도6351). 05. 법원행시
>
> ③ 약 3,000원 상당의 음식내기 화투놀이를 약 30분간 한 행위는 일시오락의 정도에 불과하고 도박죄를 구성하지 않는다(84도194). 18. 경찰승진
>
> ④ 피고인 등이 사기도박에 필요한 준비를 갖추고 그 실행에 착수한 후에 **사기도박을 숨기기 위하여 얼마간 정상적인 도박**을 하였더라도 이는 사기죄의 실행행위에 포함되는 것이어서 피고인에 대하여는 피해자들에 대한 **사기죄만이 성립하고 도박죄는 따로 성립하지 아니한다**(2010도9330). 14. 경찰간부
>
> ⑤ 피고인 등이 피해자들을 유인하여 사기도박으로 도금을 편취한 행위는 사회관념상 1개의 행위로 평가함이 상당하므로 피해자들에 대한 각 사기죄는 상상적 경합의 관계에 있다(2010도9330).
>
> ⑥ 도박의 습벽이 있는 자가 도박을 하고 또 도박방조를 하였을 경우, 상습도박방조의 죄는 무거운 상습도박의 죄에 포괄시켜 1죄로서 처단하여야 한다(84도195). 14. 경찰간부

2 도박장소 등 개설죄

제247조 【도박개장】 영리의 목적으로 도박을 하는 장소나 공간을 개설한 사람은 5년 이하의 징역 또는 3천만원 이하의 벌금에 처한다.

(1) **목적범** : 영리의 목적

(2) **행위** : 도박을 개장하는 것

① 도박장개장: <u>스스로 주재자가 되어 개설</u>

　　　If. 주재자 × + 장소만 제공 : 도박죄의 종범

② 영리목적으로 도박장 <u>개장하기만 하면 기수</u> − 추상적 위험범 → 현실적으로 이득을 얻었는가는 문제되지 않는다(판례).

(3) 도박을 개장한 자가 도박을 한 경우 → 도박개장죄와 도박죄의 경합범

판례

① 형법 제247조의 도박장소 등 개설죄는 영리의 목적으로 **스스로 주재자가 되어** 그 지배하에 도박장소를 개설함으로써 성립하는 것으로서 도박죄와는 별개의 독립된 범죄이다(2001도5802).

② 반드시 도박장소 등 개설의 직접적 대가가 아니라 도박장소 등 개설을 통하여 **간접적으로 얻게 될 이익**을 위한 경우에도 영리의 목적이 인정되고 또한 현실적으로 그 이익을 얻었을 것을 요하지는 않는다(2001도5802).

③ **인터넷 고스톱게임 사이트를 유료화하는 과정**에서 사이트를 홍보하기 위하여 고스톱 대회를 개최하면서 참가자들로부터 참가비를 받고 입상자들에게 상금을 지급한 행위는 도박장소 등 개설죄에 해당한다(2001도5802). 05. 사시, 05·13. 경찰, 18. 경찰승진

④ **유료낚시터를 운영**하는 사람이 입장료 명목으로 요금을 받은 후에 물고기에 부착된 시상번호에 따라 경품을 지급한 경우 도박장소 등 개설죄에 해당한다(2008도10582).

11. 경찰승진, 12. 경찰, 14. 경찰간부

⑤ 성인PC방 운영자가 손님들로 하여금 컴퓨터에 접속하여 인터넷 도박게임을 하고 게임머니의 충전과 환전을 하도록 하면서 게임머니의 일정 금액을 수수료 명목으로 받은 행위는 도박장소 등 개설죄에 해당한다(2008도3970). 14. 경찰간부

⑥ **인터넷 사이트운영자가** 회원들로 하여금 온라인에서 현금화할 수 있는 게임코인을 걸고 속칭 고스톱, 포커 등을 하도록 하고, 수수료 명목으로 일정액을 이익으로 취한 행위는 도박장소 등 개설죄에 해당한다(2008도1667). 12. 경찰

⑦ 인터넷게임 사이트의 온라인게임에서 **일부러 패하는 방법**으로 사이버머니를 판매한 사람에 대하여 **정범인 게임 사이트 개설자의 도박개장행위를 인정할 수 없는 이상 종범인 도박장소 등 개설방조죄도 성립하지 않는다**(2007도8050). 15. 경찰간부

⑧ 피고인이 가맹점을 모집하여 인터넷 도박게임이 가능하도록 시설 등을 설치하고 도박게임 **프로그램을 가동하던 중 문제가 발생**하여 더 이상의 영업으로 나아가지 못한 것으로 볼 여지가 있다면 이로써 도박장소 등 개설죄는 이미 '**기수**'에 이르렀다(2008도5282). 11·12·13. 경찰, 11·16. 경찰승진, 15. 경찰간부

Theme 32 신앙에 관한 죄

1 장례식 · 제사 · 예배 · 설교방해죄

> **제158조【장례식등의 방해】** 장례식, 제사, 예배 또는 설교를 방해한 자는 3년 이하의 징역 또는 500만원 이하의 벌금에 처한다.

(1) 장례식 등의 <u>진행중이거나 시간적으로 밀접한 관계</u>가 있는 시기에 방해해야 한다.

(2) 추상적 위험범이므로 장례식 등을 방해하면 기수가 된다. 현실적인 방해결과는 요하지 않는다.

판례

① 형법 제158조에 규정된 예배방해죄는 공중의 종교생활의 평온과 종교감정을 그 보호법익으로 하는 것이므로 **예배 중이거나 예배와 시간적으로 밀접불가분의 관계에 있는 준비단계**에서 이를 방해하는 경우에만 성립한다(2007도5296).

② 소속 교단으로부터 목사면직의 판결을 받은 목사가 일부 신도들과 함께 소속 교단을 탈퇴한 후 아무런 통보나 예고도 없이 부활절 **예배를 준비 중이던 종전 교회 예배당**으로 들어와 찬송가를 부르고 종전 교회의 교인들로부터 예배당을 비워달라는 요구를 받았으나 이를 계속 거부한 경우 목사와 신도들의 행위는 '예배'에 해당한다고 보기는 어렵다(2006도4773).

③ 교회의 교인이었던 사람이 교인들의 총유인 교회 현판, **나무십자가 등을 떼어 내고** 예배당 건물에 들어가 출입문 자물쇠를 교체하여 **7개월 동안 교인들의 출입을 막은 경우** 예배방해죄가 성립하지 않는다(2007도5296). 05. 사시 · 경찰, 09 · 11. 경찰승진, 16. 경찰간부

2 사체등 손괴 · 유기 · 은닉 · 영득죄 및 분묘발굴죄

제161조 【사체등의 영득】 ① 사체, 유골, 유발 또는 관내에 장치한 물건을 손괴, 유기, 은닉 또는 영득한 자는 7년 이하의 징역에 처한다.

② 분묘를 발굴하여 전항의 죄를 범한 자는 10년 이하의 징역에 처한다.

판례

① 일반화장절차에 따라 피해자의 시신을 화장하여 **일반의 장제의례를 갖추었다면** 비록 그것이 범행을 은폐할 목적이었다고 하더라도 사자에 대한 종교적 감정을 침해하여 사체를 유기한 것이라고 할 수 없다(98도51). 18. 경찰

② 사람을 살해한 다음, 범죄의 흔적을 은폐하기 위하여 그 시체를 다른 장소로 옮긴 경우 **살인죄와 사체유기죄의 경합범**이 성립한다(84도2263). 05. 사시 · 경찰

③ 살인 · 강도살인 등의 목적으로 사람을 살해한 자가 그 살해의 목적을 수행함에 있어 **사후 사체의 발견이 불가능 또는 심히 곤란하게 하려는 의사로 인적이 드문 장소로 피해자를 유인하거나 실신한 피해자를 끌고 가서 그곳에서 살해**하고 **사체를 그대로 둔 채 도주**한 경우 사체은닉죄가 성립되지 아니한다(86도891). 18. 경찰

3 변사체검시방해죄

제163조 【변사체검시방해】 변사자의 사체 또는 변사의 의심 있는 사체를 은닉 또는 변경하거나 기타 방법으로 검시를 방해한 자는 700만원 이하의 벌금에 처한다.

판례

형법 제163조의 변사자라 함은 부자연한 사망으로서 그 사인이 분명하지 않은 자를 의미하고 그 사인이 명백한 경우는 변사자라 할 수 없으므로, **범죄로 인하여 사망한 것이 명백한 자의 사체**는 같은 법조 소정의 변사체검시방해죄의 객체가 될 수 없다(2003도1331). 18. 경찰

Theme 33 내란의 죄

1 내란죄

> **제87조【내란】** 국토를 참절하거나 국헌을 문란할 목적으로 폭동한 자는 다음의 구별에 의하여 처단한다.
> 1. 수괴는 사형, 무기징역 또는 무기금고에 처한다.
> 2. 모의에 참여하거나 지휘하거나 기타 중요한 임무에 종사한 자는 사형, 무기 또는 5년 이상의 징역이나 금고에 처한다. 살상, 파괴 또는 약탈의 행위를 실행한 자도 같다.
> 3. 부화수행하거나 단순히 폭동에만 관여한 자는 5년 이하의 징역 또는 금고에 처한다.
>
> **제89조【미수범】** 전2조의 미수범은 처벌한다.
>
> **제91조【국헌문란의 정의】** 본장에서 국헌을 문란할 목적이라 함은 다음 각호의 1에 해당함을 말한다.
> 1. 헌법 또는 법률에 정한 절차에 의하지 아니하고 헌법 또는 법률의 기능을 소멸시키는 것
> 2. 헌법에 의하여 설치된 국가기관을 강압에 의하여 전복 또는 그 권능행사를 불가능하게 하는 것

⑴ **주체**: 내국인·외국인 불문하나, 집합범인 이상 상당한 정도의 조직화 된 다수인의 공동이 필요

⑵ **행위**: 폭동 → 한 지방의 평온을 해할 정도

    ① 폭동: 다수인이 결합하여 폭행·협박하는 것(최광의 폭행)

    ② 기수시기: 한 지방의 평온을 해할 정도에 이르렀을 때 기수(판례)

⑶ **주관적 구성요건**: 고의 + 목적

    ① 국토참절의 목적: 대한민국의 영토(영해·영공 포함)의 전부 또는 일부를 배제 목적

    ② 국헌문란의 목적: 헌법상의 기본질서를 침해할 목적
        ┌ 정부조직제도 자체를 불법하게 타파 → 국헌문란 목적 ○
        └ 정부와 내각 타도 → 국헌문란 목적 ×

⑷ **공범**

    내란죄: 필요적 공범(집합범) ┌ 내부가담자: 공범규정 적용 ×
                             └ 외부가담자: 교사·방조 규정은 적용가능

(5) 소요죄와 내란죄의 비교

구분	소요죄	내란죄
보호법익	사회적 법익(공공의 안전과 평온)	국가적 법익(국가의 내적 안전)
조직성	단순 집합범	조직적 범죄
목적범 여부	×	O
미수처벌 여부	×	O
처벌규정	가담자 모두 동일한 법정형	가담자 역할에 따라 법정형 상이

판례

① 내란죄의 구성요건인 폭동의 내용으로서의 폭행 또는 협박은 일체의 유형력의 행사나 외포심을 생기게 하는 해악의 고지를 의미하는 **최광의의 폭행·협박**을 말하는 것으로서 그 정도가 한 지방의 평온을 해할 정도의 위력이 있을 것을 요한다(96도3376). 13. 경찰간부

② 내란죄는 국토를 참절하거나 국헌을 문란할 목적으로 폭동한 행위로서, 다수인이 결합하여 이와 같은 목적으로 한 지방의 평온을 해할 정도의 폭행·협박행위를 하면 기수가 되고, **그 목적의 달성 여부는 이와 무관**한 것으로 해석되므로 다수인이 한 지방의 평온을 해할 정도의 폭동을 하였을 때 이미 내란의 구성요건은 완전히 충족된다고 할 것이어서 상태범으로 봄이 상당하다(96도3376). 13. 경찰간부

③ 내란죄에 있어서의 국헌문란의 목적은 직접적임을 요하나 결과발생의 희망·의욕임을 필요로 한다고 할 수는 없고, 또한 확정적 인식임을 요하지 아니하며 **미필적 인식이 있으면 족하다**(80도306).

④ 내란의 실행과정에서 **폭동행위에 수반**하여 개별적으로 발생한 살인행위는 내란행위에 흡수되어 내란목적 살인의 별죄를 구성하지 아니하나, 살해행위 자체가 내란과 별도로 **의도적으로 실행된 경우**에는 내란에 흡수될 수 없고 내란목적 살인의 별죄를 구성한다(96도3376). 12. 경찰간부

2 내란목적 살인죄

제88조【내란목적의 살인】 국토를 참절하거나 국헌을 문란할 목적으로 사람을 살해한 자는 사형, 무기징역 또는 무기금고에 처한다.
제89조【미수범】 전2조의 미수범은 처벌한다.

(1) **객체**: 반드시 요인임을 요하지 않음.

(2) **행위**: 살해하는 것. 살해의 시기는 폭동 전후 불문

3 내란예비 · 음모 · 선동 · 선전죄

제90조 【예비, 음모, 선동, 선전】 ① 제87조 또는 제88조의 죄를 범할 목적으로 예비 또는 음모한 자는 3년 이상의 유기징역이나 유기금고에 처한다. 단, 그 목적한 죄의 실행에 이르기 전에 자수한 때에는 그 형을 감경 또는 면제한다.
② 제87조 또는 제88조의 죄를 범할 것을 선동 또는 선전한 자도 전항의 형과 같다.

판례 ⚖️

① **내란음모죄**에 해당하는 합의를 인정하기 위하여는 객관적으로 내란범죄의 실행을 위한 **합의**라는 것이 명백히 인정될 뿐만 아니라 그 합의에 **실질적인 위험성**이 인정되어야 한다. 내란음모를 인정하기 위하여 개별 범죄행위에 관한 세부적 합의가 있을 필요는 없으나, 공격의 대상과 목표가 설정되어 있고 그 밖의 실행계획에 있어서 주요 사항의 윤곽을 공통적으로 인식할 정도의 합의가 있어야 한다[2014도10978(전합)]. 17. 법원직

② 내란선동죄는 내란이 실행되는 것을 목표로 선동함으로써 성립하는 독립한 범죄이고, 선동으로 말미암아 피선동자들에게 반드시 범죄의 결의가 발생할 것을 요건으로 하지 않는다. 즉, 내란선동은 주로 내란행위의 외부적 준비행위에도 이르지 않은 단계에서 이루어지지만, 다수인의 심리상태에 영향을 주는 방법으로 내란의 실행욕구를 유발 또는 증대시킴으로써 집단적인 내란의 결의와 실행으로 이어지게 할 수 있는 파급력이 큰 행위이다. 따라서 내란을 목표로 선동하는 행위는 그 자체로 내란예비 · 음모에 준하는 불법성이 있다고 보아 내란예비 · 음모와 동일한 법정형으로 처벌되는 것이다[2014도10978(전합)]. 18. 경찰간부

③ 내란을 실행시킬 목표가 있더라도 특정한 **정치적 사상을 옹호 · 교시하는 것만으로는 내란선동이 될 수 없고** 피선동자에게 내란 결의를 유발하거나 증대시킬 위험성이 인정되어야만 내란선동으로 볼 수 있다[2014도10978(전합)]. 17. 법원직

④ 선동행위는 선동자에 의하여 일방적으로 행해지고, 그 이후 선동에 따른 범죄의 결의 여부 및 그 내용은 선동자의 지배 영역을 벗어나 피선동자에 의하여 결정될 수 있으며, 내란선동을 처벌하는 근거가 선동행위 자체의 위험성과 불법성에 있다는 점 등을 전제하면, 내란선동에 있어 시기와 장소, 대상과 방식, 역할분담 등 내란실행행위의 주요 내용이 선동 단계에서 구체적으로 제시되어야 하는 것은 아니고, 또 **선동에 따라 피선동자가 내란의 실행행위로 나아갈 개연성이 있다고 인정되어야만** 내란선동의 위험성이 있는 것으로 볼 수도 없다(2014도10978). 17. 법원직

Theme **34** # 외환의 죄

1 외환유치죄와 여적죄

제92조【외환유치】 외국과 통모하여 대한민국에 대하여 전단을 열게 하거나 외국인과 통모하여 대한민국에 항적한 자는 사형 또는 무기징역에 처한다.
제93조【여적】 적국과 합세하여 대한민국에 항적한 자는 사형에 처한다. ⇨ **법정형이 사형만 규정**
제100조【미수범】 미수범은 처벌한다.
제104조【동맹국】 본장의 규정은 동맹국에 대한 행위에 적용한다.

예 일본인(또는 한국인)이 일본수상에게 독도는 일본영도가 분명하니 탈환해야 한다고 부추겨 일본군으로 하여금 독도를 공격하도록 한 경우는 외환유치죄가 성립한다.

2 이적죄

제94조【모병이적】 ① 적국을 위하여 모병한 자는 사형 또는 무기징역에 처한다.
　② 전조의 모병에 응한 자는 무기 또는 5년 이상의 징역에 처한다.
제95조【시설제공이적】 ① 군대, 요새, 진영 또는 군용에 공하는 선박이나 항공기 기타 장소, 설비 또는 건조물을 적국에 제공한 자는 사형 또는 무기징역에 처한다.
　② 병기 또는 탄약 기타 군용에 공하는 물건을 적국에 제공한 자도 전항의 형과 같다.
제96조【시설파괴이적】 적국을 위하여 전조에 기재한 군용시설 기타 물건을 파괴하거나 사용할 수 없게 한 자는 사형 또는 무기징역에 처한다.
제97조【물건제공이적】 군용에 공하지 아니하는 병기, 탄약 또는 전투용에 공할 수 있는 물건을 적국에 제공한 자는 무기 또는 5년 이상의 징역에 처한다.
제99조【일반이적】 전7조에 기재한 이외에 대한민국의 군사상 이익을 해하거나 적국에 군사상 이익을 공여하는 자는 무기 또는 3년 이상의 징역에 처한다.
제100조【미수범】 전8조의 미수범은 처벌한다.
제101조【예비, 음모, 선동, 선전】 ① 제92조 내지 제99조의 죄를 범할 목적으로 예비 또는 음모한 자는 2년 이상의 유기징역에 처한다. 단 그 목적한 죄의 실행에 이르기 전에 자수한 때에는 그 형을 감경 또는 면제한다.
　② 제92조 내지 제99조의 죄를 선동 또는 선전한 자도 전항의 형과 같다.
제102조【준적국】 대한민국에 적대하는 외국 또는 외국인의 단체는 적국으로 간주한다.

(1) 조선소 사장이 군용 고속정 5척을 비밀리에 북한에 인도한 경우 시설제공이적죄가 성립한다.

(2) 일반이적죄는 외환유치죄·여적죄·모병이적죄·시설제공이적죄·시설파괴이적죄·물건제공이적죄 또는 간첩죄에 대한 <u>보충적 규정</u>이므로 위의 죄를 구성하는 때에는 본죄에 해당하지 않는다. **예** 과수원 주인이 자신의 야산 부근에 미사일 기지가 비밀리에 새로 생겼다는 것을 우연히 알고 이를 북한에 전달하는 경우

3 간첩죄

> **제98조【간첩】** ① 적국을 위하여 간첩하거나 적국의 간첩을 방조한 자는 사형, 무기 또는 7년 이상의 징역에 처한다.
> ② 군사상의 기밀을 적국에 누설한 자도 전항의 형과 같다.

(1) 적국을 위하여 간첩

① 적국을 위하여
  ㉠ 의사연락 ○ → 편면적 간첩 ×
  ㉡ 적국 : 대한민국에 적대하는 외국 또는 외국인의 단체. 북한도 적국에 해당

② 간첩 : 국가기밀을 탐지 수집
  ㉠ 군사기밀, 정치·경제·사회·문화·등 일체의 사실 → 단, 공지의 사실 ×
  ㉡ 위법한 국가기밀도 포함된다.

③ 착수시기와 기수시기
  ㉠ 착수시기 : 침투 시
  ㉡ 기수시기 : 국가기밀 탐지·수집 시

판례

> ① 간첩의 목적으로 외국 또는 북한에서 국내에 침투 또는 월남하는 경우에는 기밀탐지가 가능한 국내에 **침투·상륙함**으로써 간첩죄의 실행의 착수가 있다(84도1381).
> ② 간첩으로 **군사기밀을 탐지·수집**하면 기수가 된다(63도312).
> ③ 간첩죄를 범한 자가 그 탐지·수집한 기밀을 적국에 누설한 경우에는 간첩죄의 **포괄일죄**가 된다(82도285).

(2) 간첩방조

① 간첩과 대등한 독립된 정범 → 총칙상 공범규정 적용 ×. 즉 형의 감경 × 18. 경찰간부

② 간첩방조 : 국가기밀 탐지수집행위 그 자체의 방조 예 접선을 도와주는 것, 상륙을 도와주는 것

※ <u>간첩행위가 아닌 숙식제공, 은신처마련, 안부편지나 사진 전달 → 간첩방조</u> ×

판례비교 간첩방조죄의 성립여부

O 간첩방조죄 성립	**X** 간첩방조죄 불성립
① 북괴가 남파한 대남공작원을 **상륙시킨 경우**(4293형상807)	① 단순히 **숙식을 제공**하거나 또는 **무전기를 매몰**하는 행위를 도와준 경우(85도2533)
② 간첩은 대한민국 지역에 입국함과 동시에 간첩행위를 착수한 것이고, 동인과 **접선방법을 합의**하였음은 간첩행위를 용이하게 하는 것이라 할 것이므로 간첩을 방조하였다고 인정함이 타당하다(70도2417).	② **무전기를 매몰**하는 행위는 간첩행위로 볼 수 없다고 하겠으니, 이를 **망보아 준 행위**는 간첩방조죄를 구성하지 않는다(83도416).
③ 북괴가 남파한 **대남공작원으로 하여금 합법적인 신분을 가장**하게 하기 위한 경우(70도1870)	③ **간첩을 숨겨준 사실**이 있다고 하더라도 간첩의 범행을 용이하게 하려는 의사가 있다고 볼 수 없는 경우(75도1003)

(3) 군사상 기밀 누설

① 직무와 관련해서 지득한 것만 → 직무처리상 지득한 자

② 직무와 관계 ×(일반인) → 일반이적죄 성립

판례

① 일반인에게 널리 알려진 **공지의 사실**은 국가기밀이 될 수 없다(97도985).

② **직무에 관하여** 군사상 기밀을 지득한 자가 이를 적국에 누설한 경우 형법 제98조 제2항(간첩죄)에 해당하고, **직무에 관계없이** 군사상 기밀을 지득한 자가 그 기밀을 적국에 누설한 경우 형법 제99조 일반이적죄에 해당한다(82도968).

③ 적측과 아무런 연락 없이 편면적으로 군사에 관한 정보를 수집하였다면 그는 형법 제98조 제2항의 군사상 기밀누설의 예비행위라고 볼 것이다(4292형상34).

4 전시군수계약불이행죄

제103조【전시군수계약불이행】 ① 전쟁 또는 사변에 있어서 정당한 이유없이 정부에 대한 군수품 또는 군용공작물에 관한 계약을 이행하지 아니한 자는 10년 이하의 징역에 처한다.

② 전항의 계약이행을 방해한 자도 전항의 형과 같다.

Theme 35 공무원 직무에 관한 죄

1 직무유기죄

1. 직무유기죄

> **제122조 【직무유기】** 공무원이 정당한 이유없이 그 직무수행을 거부하거나 그 직무를 유기한 때에는 1년 이하의 징역이나 금고 또는 3년 이하의 자격정지에 처한다.

(1) **성격** : 국가기능의 공정, 구체적 위험범

(2) **주체** : 공무원(진정신분범, 진정직무범죄) if. 휴가 중이거나 병가 중인 공무원 → 주체 ×

(3) **행위** : 직무(고유한 직무·구체적 직무)수행을 거부하거나 직무를 유기하는 것

① **고유한 직무** : 본래의 직무 또는 고유한 직무를 말하며, 부수적·파생적으로 발생하는 직무(형사소송법상의 고발의무)는 여기에서 제외된다.

② **구체적 직무** : 공무원이 맡은 바 직무를 제때에 수행하지 않으면 실효를 거둘 수 없는 구체적인 직무여야 한다. 직무의 내용은 성문에 의한 법령의 근거가 있거나 특별한 지시 또는 명령이 있어야 한다.

③ **직무수행 거부** : 직무를 수행할 의무 있는 자가 이를 행하지 않는 것

④ **직무유기** : 직무를 의식적으로 방임·포기하는 것. If, 법정절차를 이행하지 않았거나, 내용이 부실, 게을리 함 → 본죄 ×

판례

① **직무유기죄는 이른바 부진정부작위범**으로서 구체적으로 그 직무를 수행하여야 할 직무의무가 있는데도 불구하고 이러한 직무를 버린다는 인식하에 그 작위의무를 수행하지 아니함으로써 성립하는 것이다(82도3065). 11. 법원행시, 16. 법원직

② **직무유기죄**는 그 작위의무를 수행하지 아니함으로써 구성요건에 해당하는 사실이 있었고 그 후에도 계속하여 그 작위의무를 수행하지 아니하는 위법한 부작위상태가 계속되는 한 형법 제122조 후단은 이를 전체적으로 보아 1죄로 처벌하는 취지로 해석되므로 이를 **즉시범이라고 할 수 없다**(97도675). 11. 법원행시, 16. 법원직

③ 형법 제122조에서 정하는 직무유기죄에서 '직무를 유기한 때'란 공무원이 법령·내규 등에 의한 추상적 성실의무를 태만히 하는 일체의 경우에 성립하는 것이 아니라 **직장의 무단이탈, 직무의 의식적인 포기 등과 같이 국가의 기능을 저해하고 국민에게 피해를 야기시킬 가능성이 있는 경우**를 가리킨다. 그리하여 일단 직무집행의 의사로 자신의 직무를 수행한 경우에는 그 **직무집행의 내용이 위법한 것**으로 평가된다는 점만으로 **직무유기죄의 성립을 인정할 것은 아니다**(2012도15257). 16·18. 법원직, 18. 경찰간부, 19. 법원행시, 21. 경찰승진

④ 공무원이 **태만, 분망 또는 착각 등으로 인하여 직무를 성실히 수행하지 아니한 경우나 형식적으로 또는 소홀히 직무를 수행한 탓**으로 적절한 직무수행에 이르지 못한 것에 불과한 경우에도 직무유기죄는 성립하지 아니한다(2013도229).

⑤ **병가 중인 공무원**은 직무유기의 주체가 될 수 없지만, 병가 중인 공무원도 정당행위에 해당하지 아니하는 파업에 대하여 다른 공무원(전국철도노동조합조합원)과 공범관계가 인정될 경우에는 직무유기죄로 처단되어야 한다(95도748). 16. 법원직, 17. 국가직 7급, 19. 법원행시

판례비교 ⚖️ **직무유기죄의 성립여부**

O　　　　　　　　　　　직무유기죄 성립	**X**　　　　　　　　　　　직무유기죄 불성립
① 학생군사교육단의 당직사관으로 주번근무를 하던 육군 중위가 당직근무를 함에 있어서 훈육관실에서 학군사관후보생 2명과 함께 술을 마시고 내무반에서 학군사관후보생 2명 및 애인 등과 함께 화투놀이를 한 다음, 애인과 함께 자고 난 뒤 교대할 당직근무자에게 당직근무의 **인계·인수도 하지 아니한 채** 퇴근한 경우(90도2425) 07. 사시, 09·16·21. 경찰승진	① **태만·분망·착각** 등 일신상 또는 객관적 사정으로 말미암아 부당한 결과를 초래한 경우(75도70)
② 과세자료저리를 담당하던 세무서원이 양노소득세과세자료가 은닉되어 있는 것을 발견하고도 자료정리 후 인계하라고 **촉구만 하고 그대로 방치**한 경우(83도1653)	② 직무집행을 하였으나 그 **내용이 부실**한 경우(81도2538)
③ 수송관 겸 출납관이 신병치료를 이유로 계원에게 **일체의 업무를 맡겨 두고 확인감독을 하지 않은 경우**(85도2471) 09. 경찰승진	③ 형식적으로 또는 **소홀히** 직무를 수행하였기 때문에 성실한 직무수행을 못한 것에 불과한 경우(97도675)
④ 경찰관이 방치된 오토바이가 있다는 신고를 받거나 순찰 중 이를 발견하고 **오토바이상회운영자에게 연락하여 오토바이를 수거하여 가도록 하고 그 대가를 받은** 경우(2001도6170) 08. 법원직, 12. 경찰간부, 15. 경찰, 16. 경찰승진	④ 교도소 **호송계호업무** 중 집단도주사고가 발행한 경우(91도96) 09·18. 경찰승진, 12. 경찰간부
⑤ 범인체포의무를 부여받은 자가 **체포하지 않고** 피의자와 전화통화를 하고 서류를 전달해 주고 예금통장까지 개설하는 등의 행위를 하고도 이를 보고하지 않은 경우(99도1904)	⑤ 일직사관이 순찰 및 검사 등을 하지 아니하고 **근무장소에서 잠을 잔 경우**(83도3260)
⑥ 보험처리하기로 하였으니 사고처리를 하지 말아달라는 교통사고 당사자의 부탁으로 경찰관이 **교통사고를 수사하지 않고**, 보험회사의 수사요청을 받고도 수사를 하지 않다가 보험금을 지급받지 못한 피해자가 교통사고를 신고하자 뒤늦게 교통사고처리 특례법 위반으로 입건하고 수사에 나선 경우(97도675)	⑥ 사법경찰관리가 **경미한 형사 피의사건**을 입건수사하지 않고 조사 후 훈방조치한 경우(82도117)
⑦ 경찰관이 불법체류자의 신병을 출입국관리사무소에 **인계하지 않고** 훈방하면서 이들의 인적사항조차 기재해 두지 아니한 경우(2005도4202) 07. 사시, 11. 법원행시, 11·16·21. 경찰승진, 12. 경찰간부, 15. 경찰, 18. 법원직	⑦ **통고처분·고발권한이 없는 세무공무원**이 그 권한자에게 통고처분이나 고발조치를 건의하지 아니한 경우(96도2753) 07. 사시
⑧ 피고인들을 비롯한 경찰관들이 현행범으로 체포한 도박혐의자들에게 압수한 일부 도박자금에 관하여 검사의 지휘도 받지 않고 반환하는 등 **제대로 조사하지 않은 채 이들을 석방한** 경우(2008도11226) 12. 경찰간부·사시	⑧ 약사감시원이 무허가약국개설자를 조사하여 **상사에게 보고하고** 수사기관에 고발하지 않은 경우(67도185)
⑨ 경찰관인 피고인이 벌금미납자로 지명수배되어 있던 甲을 세 차례에 걸쳐 만나고도 그를 검거하여 검찰청에 신병을 **인계하는 등 필요한 조치를 취하지 않은 경우**(2009도13371) 15. 경찰	⑨ 전매공무원이 외제담배를 긴급압수한 후 **도주한 범칙자를 찾는 데 급급하여** 미처 압수물에 대한 압수·수색영장신청을 하지 못한 경우(82도1633) 09. 경찰승진
	⑩ 군사법경찰업무에 종사하는 자가 아닌 하사관이 군무이탈자를 **동행 중에** 놓친 경우(75도1895)
	⑪ 교육기관, 교육행정기관, 지방자치단체 또는 교육연구기관의 장이 징계의결을 집행하지 못할 법률상·사실상의 장애가 없는데도 징계의결서를 통보받은 날로부터 **법정시한이 지나도록 집행을 유보하는 모든 경우**(2013도229) 15. 경찰, 19. 법원행시
	※ 단, **유보가 직무에 관한 의식적인 방임이나 포기에 해당한다고 볼 수 있는 경우에 한하여** 직무유기죄가 성립한다고 보아야 한다. 19·21. 경찰승진

① 피고인이, 출원인이 어업허가를 받을 수 없는 자라는 사실을 알면서도 그 직무상의 의무에 따른 적절한 조치를 취하지 않고 오히려 부하 직원으로 하여금 어업허가처리 기안문을 작성하게 한 다음, 피고인 스스로 중간결재를 하는 등 위계로써 농수산국장의 최종결재를 받았다면 **위계에 의한 공무집행방해죄만이 성립하고 부작위범인 직무유기죄는 따로 성립하지 아니한다**(96도2825).

② 피고인이 검사로부터 범인을 검거하라는 지시를 받고서도 그 직무상의 의무에 따른 적절한 조치를 취하지 아니하고 오히려 범인에게 전화로 도피하라고 권유하여 그를 도피하게 한 경우, 이와 같은 경우에는 **작위범인 범인도피죄만이 성립하고 부작위범인 직무유기죄는 따로 성립하지 않는다**(96도51). 11. 경찰승진

③ 세무공무원이 범칙사건을 수사하고 관계서류를 작성함에 있어서 그 혐의사실을 고의로 은폐하기 위하여 허위 내용의 진술조서 등을 작성·행사하였다면 **허위공문서작성죄 및 동행사죄만이 성립하고 직무유기죄는 성립하지 않는다**(71도1176). 11. 경찰승진

④ 경찰서 방범과장이 오락실을 단속하여 증거물로 오락기의 변조 기판을 압수하여 사무실에 보관 중임을 보고받아 알고 있었음에도 압수한 변조 기판을 오락실업주에게 돌려준 경우, **작위범인 증거인멸죄만 성립하고 부작위범인 직무유기죄는 따로 성립하지 아니한다**(2005도3909). 07. 사시, 08·18. 법원직, 12. 경찰간부

⑤ 예비군중대장이 그 소속 예비군대원의 훈련불참사실을 알면서도 조치를 취하지 않고, 소속 예비군대원의 훈련불참사실을 고의로 **은폐할 목적으로** 소속 예비군대원이 훈련에 참석한 양 허위의 학급편성명부를 작성·행사한 경우에는 작위범인 허위공문서작성 및 동행사죄만이 성립하고 부작위범인 직무유기죄는 따로 성립하지 않는다(82도2210). 07. 사시, 16·22. 경찰승진

⑥ 공무원이 신축건물에 대한 착공 및 준공검사를 마치고 관계서류를 작성함에 있어서 그 허가조건 **위배사실을 숨기기 위하여** 허위의 복명서를 작성·행사하였을 경우에는 작위범인 허위공문서작성 및 동행사죄만이 성립하고 부작위범인 직무유기죄는 성립하지 않는다(72도722). 11. 경찰승진

⑦ 경찰관인 피고인이 도박 범행사실을 적발하고도 조치를 다하지 아니하고 묵인하여 달라는 부탁을 받고 도박사실을 **발견하지 못한 것처럼** 근무일지를 허위로 작성·보고하였다면 작위범인 허위공문서작성 및 동행사죄만이 성립하고 부작위범인 직무유기죄는 따로 성립하지 아니한다(99도2240). 07·12. 사시, 08. 법원직

⑧ 복명서 및 심사의견서를 허위작성한 것이 농지일시전용허가를 신청하자 이를 **허가하여 주기 위하여 한 것**이라면 직접적으로 농지불법전용의 사실을 **은폐하기 위하여 한 것은 아니므로** 공문서작성 및 동행사죄와 직무유기죄는 실체적 경합의 관계에 있다(92도3334). 18. 법원직

2 피의사실공표죄

제126조 【피의사실공표】 검찰, 경찰 기타 범죄수사에 관한 직무를 행하는 자 또는 이를 감독하거나 보조하는 자가 그 직무를 행함에 당하여 지득한 피의사실을 공판청구전에 공표한 때에는 3년 이하의 징역 또는 5년 이하의 자격정지에 처한다.

(1) **주체**: 검찰·경찰, 기타 범죄수사에 관한 직무를 행하는 자 또는 이를 감독하거나 보조하는 자. If. 법원장·판사·법원서기·신문기자 → 주체 ×

(2) **객체**: 직무를 행함에 당하여 지득한 피의사실(진실·허위 불문). If. 직무와 관련 없이 알게 된 사실 → 객체 ×

(3) **공판청구 전에 공표**: 공연성 불요. If. 공소제기 후에 알리는 것 → 본죄 ×

(4) **피해자 승낙**은 본죄의 성립에 영향을 미치지 않음.(∵ 국가적 법익)

3 공무상 비밀누설죄

제127조【공무상비밀의 누설】 공무원 또는 공무원이었던 자가 법령에 의한 직무상 비밀을 누설한 때에는 2년 이하의 징역이나 금고 또는 5년 이하의 자격정지에 처한다.

(1) 주체 : 공무원 또는 공무원이었던 자

(2) 객체 : 법령에 의한 직무상 비밀

① **통설** : 법령에 의하여 비밀로 분류된 것임을 요함.

② **판례** : 법령에 의하여 비밀로 분류 or 객관적 · 일반적으로 외부에 알려지지 않은 것에 상당한 이익이 있는 사항 포함

(3) 행위 : 누설하는 것

① 비밀사항을 제3자에게 알리는 것. 이미 알고 있는 자에게 알리는 경우 → 누설 ×

② 누설행위가 종료함으로써 기수가 된다. **예** 공무원이 공무원채용 시험문제를 수험생인 친구에게 건네준 경우 수험생이 그 문제를 읽어 보지 않더라도 본죄의 기수가 된다.

판례

형법 제127조는 공무원 또는 공무원이었던 자가 법령에 의한 직무상 비밀을 누설하는 것을 구성요건으로 하고 있고, 법령에 의한 직무상 비밀이란 반드시 **법령에 의하여 비밀로 규정되었거나 비밀로 분류 · 명시된 사항에 한하지 아니하고** 정치 · 군사 · 외교 · 경제 · 사회적 필요에 따라 비밀로 된 사항은 물론 정부나 공무소 또는 국민이 **객관적 · 일반적인 입장에서 외부에 알려지지 않는 것에 상당한 이익**이 있는 사항도 포함하는 것이나, 비밀이란 **실질적으로 그것을 비밀로서 보호할 가치**가 있다고 인정할 수 있는 것이어야 할 것이다. 그리고 **본죄는 기밀 그 자체를 보호하는 것이 아니라** 공무원의 비밀엄수의무의 침해에 의하여 위험하게 되는 이익, 즉 비밀의 누설에 의하여 위험받는 **국가의 기능을 보호하기 위한 것**이다(95도780). 11. 법원행시, 13. 경찰간부, 22. 경찰승진

판례비교 공무상비밀누설죄의 성립여부

O 공무상비밀누설죄 성립	**X** 공무상비밀누설죄 불성립
① 서울시 도시계획국에 근무하는 토목기사가 **서울시청 이전계획**과 관련하여 이전부지를 알려 준 경우(80도2822)	① 감사원 감사관이 30대 재벌그룹의 비업무용토지비율이 1.2%라는 한국은행감독원의 국회 제출자료와는 달리 42.3%라는 **감사보고서**를 언론에 공개한 경우(95도780)
② 공무원선발시험 정리원이 수험생의 부탁으로 **시험문제를 알려 준 경우**(70도562)	② 이른바 옷값 대납사건의 **내사결과보고서**를 공개한 경우(2002도7339)
③ 검찰의 고위 간부가 특정 사건에 대한 수사가 계속 진행 중인 상태에서 해당 사안에 관한 수사책임자의 잠정적인 판단 등 수사팀의 **내부상황을 확인한 뒤에 그 내용을 수사대상자 측에 전달**한 경우(2004도5561) 11. 경찰승진 · 법원행시, 13. 경찰간부, 19. 경찰승진	③ **국가정보원 내부의 감찰**과 관련하여 감찰조사의 개시시점, 감찰대상자의 소속 및 인적사항을 일부 누설한 경우(2003도5547) 11. 법원행시

④ 담당 공무원이 수해복구 공사계약을 수의계약의 방식으로 체결하기로 하면서 **미리 선정된 공사업체에게 공사 예정가격을 알려준 경우**(2006도7171)

⑤ 수사지휘서의 기재 내용과 이에 관계된 수사상황은 해당 사건에 대한 종국적인 결정을 하기 전까지는 외부에 누설되어서는 안 될 수사기관 내부의 비밀에 해당한다(2014도11441).
→ 종국적인 결정 이후에도 외부에 알려서는 안 될 수사기관 내부의 비밀에 해당한다. (×)

⑥ 변호사사무실 직원인 피고인 甲이 법원공무원인 피고인 乙에게 부탁하여 수사 중인 사건의 체포영장 발부자 53명의 명단을 누설받은 사안에서 피고인 乙이 직무상 비밀을 누설한 행위와 피고인 甲이 이를 누설받은 행위는 대향범 관계에 있으므로 피고인 甲의 행위는 공무상비밀누설교사죄에 해당하지 않는다(2009도3642). 13. 경찰간부

④ 구청 공무원이 타인의 부탁을 받고 차적 조회 시스템을 이용하여 범죄 현장 부근에서 경찰의 잠복근무에 이용되고 있던 **경찰청 소속 차량의 소유관계**에 관한 정보를 알아내 타인에게 알려준 경우(2010도14734) 13. 경찰간부, 19. 법원행시

4 직권남용죄

제123조【직권남용】 공무원이 직권을 남용하여 사람으로 하여금 의무없는 일을 하게 하거나 사람의 권리행사를 방해한 때에는 5년 이하의 징역, 10년 이하의 자격정지 또는 1천만원 이하의 벌금에 처한다.

(1) **주체**: 공무원이다(강제력을 수반할 수 있는 직무를 행하는 자임을 요함: **예** 경찰관, 집행관, 교도소장 등). But 판례 → 반드시 법률상 강제력을 수반하는 것임을 요하지 않음.

(2) **행위**: 직권남용 + 의무 없는 일 or 권리행사를 방해

① **직권남용**: 형식적으로 공무원의 직무권한에 속하는 사항에 대하여 실질적으로 그 직권의 정당한 한계는 넘어서 행사하는 것
If. 외관상 직무권한과 아무런 관련이 없는 행위 or 개인적인 친분 → 본죄 ×(**예** 집행관이 채무자를 체포하는 경우, 경찰관이 채무자에게 빚을 갚으라고 권고하는 경우)

② **의무 없는 일 or 권리행사를 방해**: 법률상 전혀 의무 없는 경우(**예** 과중한 납세의무 부과, 각종 조건을 부가, 의무이행 시기를 빠르게 하는 경우 등). 법률상 가지고 있는 권리를 행사하지 못하게 하는 것(**예** 허가권자의 부당한 허가거부, 부당한 영업정지, 직권을 남용하여 도청장치를 하는 경우 등)
If. 법률상 의무가 아닌 단순한 도덕적·종교적·심리적 의무 ×

(3) **기수시기**: 권리행사를 방해하는 결과가 발생하였을 것을 요함. But 국가의 기능이 현실적으로 침해되어야 하는 것은 아님.
예 경찰관이 증거수집을 위하여 정당의 지구당 집행위원회 회의장소에 도청기를 설치하였으나 회의 전에 발각되어 도청기는 제거되고, 이 때문에 회의 개최시간이 10분 정도 늦어진 경우
➔ 권리의 현실적 행사가 방해된 바 없으므로 본죄 불성립

판례

① 직권남용권리행사방해죄는 '직권남용'이란 공무원이 일반적 직무권한에 속하는 사항에 관하여 그 권한을 위법·부당하게 행사하는 것을 뜻한다. **어떠한 직무가 공무원의 일반적 직무권한에 속하는 사항이라고 하기 위해서는 그에 관한 법령상 근거가 필요하다.** 법령상 근거는 반드시 명문의 규정만을 요구하는 것이 아니라 **명문의 규정이 없더라도 법령과 제도를 종합적, 실질적으로 살펴보아 그것이 해당 공무원의 직무권한에 속한다고 해석되고, 이것이 남용된 경우 상대방으로 하여금 사실상 의무 없는 일을 하게 하거나 권리를 방해하기에 충분한 것이라고 인정되는 경우에는 직권남용죄에서 말하는 일반적 직무권한에 포함된다**(2019도5186). 21. 법원직, 22. 경찰승진

② 직권남용 행위의 상대방이 **일반 사인인 경우** 특별한 사정이 없는 한 직권에 대응하여 따라야 할 의무가 없으므로 그에게 어떠한 행위를 하게 하였다면 직권남용권리행사방해죄의 '**의무없는 일을 하게 한 때**'에 해당할 수 있다(2019도5186). 22. 경찰승진

③ **공무원이 한 행위가 직권남용에 해당한다고 하여 그러한 이유만으로 상대방이 한 일이 '의무 없는 일'에 해당한다고 인정할 수는 없다**(2019도5186). 21. 법원직

④ 남용에 해당하는가를 판단하는 기준은 구체적인 공무원의 직무행위가 본래 법령에서 그 직권을 부여한 목적에 따라 이루어졌는지, 직무행위가 행해진 상황에서 볼 때 필요성·상당성이 있는 행위인지, 직권행사가 허용되는 법령상의 요건을 충족했는지 등을 종합하여 판단하여야 한다(2019도5186). 21. 법원직

⑤ 직권남용 행위의 상대방이 공무원이거나 법령에 따라 일정한 공적 임무를 부여받고 있는 공공기관 등의 임직원인 경우에는 법령에 따라 임무를 수행하는 지위에 있으므로 그가 직권에 대응하여 어떠한 일을 한 것이 의무 없는 일인지 여부는 관계 **법령 등의 내용에 따라 개별적으로 판단**하여야 한다(2018도2236 전합). 21. 경찰

⑥ 공무원이 자신의 직무와 관련된 상대방에게 공무원 자신 또는 자신이 지정한 제3자를 위하여 재산적 이익 등의 제공을 요구하고 상대방은 어떠한 이익을 기대하며 그에 대한 대가로 요구에 응하였다면, 다른 사정이 없는 협박을 요건으로 하는 강요죄가 성립하지 않는다(2018도13792 전합). 21. 경찰

⑦ 공무원이 자신의 직무권한에 속하는 사항에 관하여 **실무 담당자로 하여금 그 직무집행을 보조하는 사실행위를 하도록** 하더라도 이는 공무원 자신의 직무행위로 귀결될 뿐이므로 원칙적으로 '의무 없는 일을 하게 한 때'에 해당한다고 할 수 없다(2018도18646). 12. 경찰

⑧ 직권남용죄는 공무원이 그 일반적 직무권한에 속하는 사항에 관하여 직권의 행사에 가탁하여 실질적·구체적으로 위법·부당한 행위를 하는 경우에 성립하고, 그 일반적 직무권한은 반드시 **법률상의 강제력을 수반할 것을 요하지 아니하며** 그것이 남용될 경우 직권행사의 상대방으로 하여금 법률상 의무 없는 일을 하게 하거나 정당한 권리행사를 방해하기에 충분한 것이면 된다(2002도6251). 12. 경찰간부

⑨ 직권남용죄에서 말하는 '의무'란 **법률상 의무**를 가리키고, 단순한 심리적 의무감 또는 도덕적 의무는 이에 해당하지 아니한다(2008도6950).

⑩ 공무원이 직무와 상관없이 단순히 **개인적인 친분**에 근거하여 문화예술 활동에 대한 지원을 권유하거나 협조를 의뢰한 것에 불과한 경우까지 직권남용에 해당한다고 할 수는 없다(2008도6950). 12·18. 경찰간부

⑪ 직권남용권리행사방해죄에서의 권리는 **공법상의 권리인지 사법상의 권리인지를 묻지 않으므로 경찰관의 범죄수사권**도 이에 해당한다(2008도7312). 12. 경찰승진, 18. 경찰간부

O　　　　　　　　직권남용죄 성립	X　　　　　　　　직권남용죄 불성립
① 상급 경찰관이 직권을 남용하여 **부하 경찰관들의 수사를 중단**시키거나 사건을 다른 경찰관서로 이첩하게 한 경우 '**권리행사를 방해함으로 인한 직권남용권리행사방해죄**'만 성립하고 '**의무 없는 일을 하게 함으로 인한 직권남용권리행사방해죄**'는 따로 성립하지 아니한다(2008도7312). 19. 경찰승진 ② 대통령비서실 정책실장이 **공무원으로 하여금 특별교부세 교부대상이 아닌 특정 사찰의 증축·개축사업을 지원**하는 특별교부세 교부신청 및 교부결정을 하도록 하게 한 경우(2008도6950) 12. 경찰간부 　　**비교판례** 대통령비서실 정책실장이 기업관계자들에게 기업 메세나(Mecenat) 활동의 일환인 미술관 전시회 후원을 요청하여 기업관계자들이 특정 미술관에 후원금을 지급한 경우 직권남용권리행사방해죄 및 제3자뇌물공여죄가 성립하지 않는다(2008도6950). 12. 경찰간부 ③ 대통령비서실 민정수석비서관이 대통령의 근친관리업무에 관련하여 농수산물 도매시장 관리공사 대표이사에게 요구하여 위 시장 내 일부 시설을 당초 예정한 **공개입찰이 아닌 수의계약으로 대통령의 근친에게 임대하게 한 경우**(92도116) ④ 검찰의 고위 간부가 내사 **담당 검사로 하여금 내사를 중도에 그만두고 종결**처리하도록 한 경우(2004도5561) 12. 경찰간부 ⑤ 서울특별시 교육감인 피고인이 인사담당 장학관 등에게 지시하여 승진 또는 자격연수대상이 될 수 없는 특정 교원들을 **승진임용하거나 그 대상자가 되도록 한 경우**(2010도13766) 　　　　　　　　　　　　　　　　　　　12. 사시 ⑥ 해군본부 법무실장인 피고인이 국방부 검찰수사관 甲에게 군내 납품비리 수사와 관련한 **수사기밀사항을 보고하게** 한 경우(2011도1739) ⑦ 시장(市長)인 피고인 甲이 자신의 인사관리업무를 보좌하는 피고인 乙과 공동하여 관련 법령에서 정한 절차에 따라 평정대상 공무원에 대한 평정단위별 서열명부 및 평정순위가 정하여졌는데도 평정권자나 실무담당자 등에게 특정 공무원들에 대한 평정순위 변경을 구체적으로 지시하여 평정단위별 **서열명부를 새로 작성하도록** 한 경우(2010도11884). 14. 경찰간부	① 치안본부장이 국립과학수사연구소 법의학1과장에게 고문치사자의 사인에 관하여 기자간담회에 참고할 **메모를 작성하도록 요구**해서 그의 의사에 반하는 메모를 작성하도록 하여 교부받은 경우(90도2800) 12. 경찰승진 ② 당직대의 조장이 당직근무를 마치고 내무반에 들어와 하급자에게 **다른 이유로 기합을 준 경우**(84도1045) → 아무런 직권을 가지지 않는 자의 행위 또는 자기의 직권과 관계없는 행위는 이에 해당하지 않는다. ③ 교도관이 접견신청에 대하여 행형법 제18조 제2항 소정의 '**필요한 용무**'가 있는 때에 해당하지 아니한다고 판단하여 그 접견신청을 거부한 경우(92모29) ④ 정보담당 경찰관이 증거수집을 위하여 정당 지구당의 집행위원회에서 쓰일 회의장소에 몰래 도청기를 마련하여 놓았다가 **회의 개회 전에 들켜 뜯김**으로써 도청을 못한 경우 현실적인 권리침해가 없다(75도2665). ⑤ 대검찰청 공안부장인 피고인이 고교 후배인 조폐공사 사장에게 전화로 구조조정을 단행하라고 말하였는데 조폐공사 사장은 **피고인의 전화와 무관**하게 직장폐쇄를 철회하고 조폐창을 통합하기로 결정한 경우(2002도3453) → 직권남용죄 ×, 업무방해죄 × 10. 경찰승진 ⑥ 정보통신부장관이 **개인휴대통신 사업자선정**과 관련하여 서류심사는 완결된 상태에서 청문심사의 배점방식을 변경함으로써 직권을 남용하였다 하더라도, 이로 인하여 최종 사업권자로 선정되지 못한 경쟁업체가 가진 **구체적인 권리의 현실적 행사가 방해되는 결과가 발생하지 않은 경우**(2003도4599) 12. 사시, 12·18. 경찰승진

5 불법체포 · 감금죄

> **제124조【불법체포, 불법감금】** ① 재판, 검찰, 경찰 기타 인신구속에 관한 직무를 행하는 자 또는 이를 보조하는 자가 그 직권을 남용하여 사람을 체포 또는 감금한 때에는 7년 이하의 징역과 10년 이하의 자격정지에 처한다.
> ② 전항의 미수범은 처벌한다.

(1) **주체**: 재판 · 검찰 · 경찰 기타 인신구속에 관한 직무를 행하는 자(**예** 교도소장) 또는 이를 보조하는 자(**예** 법원 · 검찰서기, 사법경찰리)

(2) **행위**: 직권을 남용하여 사람을 체포 · 감금하는 것. If. 직권과 관계없이 체포 · 감금한 경우 → 제276조(일반체포 · 감금죄)에 해당

판례 📌

① 경찰관이 수사의 필요상 피의자를 **임의동행**하여 조사한 후에 귀가시키지 아니하고 경찰서 조사실 · **보호실에 계속 유치**한 경우(85모16)

② 경찰관이 **즉결심판 피의자**의 귀가요청을 거절한 채 피의자를 **경찰서 내 즉결피의자 대기실에 10분 내지 20분 동안 있게 한 경우**(97도877) 11. 경찰승진

③ 인신구속에 관한 직무를 행하는 자 또는 이를 보조하는 자가 피해자를 구속하기 위하여 진술조서 등을 허위로 작성한 후에 이를 기록에 첨부하여 구속영장을 신청하고, 진술조서 등이 허위로 작성된 **정을 모르는 검사와 영장전담판사를 기망**하여 구속영장을 발부받은 후 그 영장에 의하여 피해자를 구금한 경우(2003도3945) ⇨ 간접정범 11. 경찰승진, 18. 경찰

④ 경찰관이 **영장 없이** 피의자를 **경찰서에 유치**하였는데, 그 피의자는 경찰서 안에서 직장동료들과 같이 식사도 하고 사무실 안팎을 내왕한 경우(91모5) 11. 경찰승진

6 폭행 · 가혹행위죄

> **제125조【폭행, 가혹행위】** 재판, 검찰, 경찰 기타 인신구속에 관한 직무를 행하는 자 또는 이를 보조하는 자가 그 직무를 행함에 당하여 형사피의자 또는 기타 사람에 대하여 폭행 또는 가혹한 행위를 가한 때에는 5년 이하의 징역과 10년 이하의 자격정지에 처한다.

(1) **주체**: 재판 · 검찰 · 경찰 기타 인신구속에 관한 직무를 행하는 자 또는 이를 보조하는 자

(2) **객체**: 형사피의자 기타의 사람 **예** 피고인 · 증인 · 참고인 등 재판이나 수사에 있어서 조사의 대상이 된 사람

(3) **행위**: 직무를 행함에 당하여 폭행 또는 가혹한 행위를 하는 것

① '**직무를 행함에 당하여**': 직권남용보다 넓은 개념. 직무를 행하는 기회란 의미

② **폭행**: 폭행(협의의 폭행: 신체에 대한 유형력의 행사), 가혹한 행위(정신적 · 육체적으로 고통을 주는 일체의 행위 **예** 장시간의 수면방해나 음식물을 주지 않은 경우, 피의자의 옷을 벗겨 수치심을 주는 경우)

Theme 36 뇌물죄

1 뇌물의 개념

1. 직무관련성

(1) 직무에 관하여(직무관련성)

① 직무: 공무원이 그 직위에 따라 공무로 담당하는 일체의 집무

    ㉠ 일반적 직무권한에 속하는 사항이면 족하고 현실적으로 담당하고 있는 직무일 것을 요하지 않음.

      예 교통계 근무 경찰관이 도박개설 및 도박행위를 묵인하는 등 편의를 봐주는 대가로 사례비를 받은 경우 → 뇌물죄 ○

    ㉡ 과거·장래의 직무도 무관 **예** 공무원이 다른 직무로 옮긴 후에 전직 전의 직무에 관하여 뇌물을 받은 경우 → 뇌물죄 ○

    ㉢ 직무행위는 작위, 부작위, 정당, 부정, 적법, 위법한가도 문제되지 않음.

    ㉣ 본래의 직무행위와 관련하여 사실상 처리하던 직무도 포함하며, 결정권자를 보좌하여 사실상 영향을 미칠 수 있는 직무도 포함

판례 직무관련성

① 뇌물죄는 직무집행의 공정과 이에 대한 사회의 신뢰에 기하여 직무수행의 불가매수성을 그 직접의 보호법익으로 하고 있으므로 공무원의 직무와 금원의 수수가 전체적으로 대가관계가 있으면 뇌물수수죄가 성립하고, **특별히 청탁의 유무, 개개의 직무행위의 대가적 관계를 고려할 필요가 없으며**, 또한 그 직무행위가 **특정된 것일 필요도 없다**(97도2609).
04·11. 법원행시, 12·14·17. 경찰, 17. 국가직 9급, 18. 변호사

② 뇌물죄에서 말하는 직무에는 공무원이 법령상 관장하는 그 자체뿐만 아니라 직무와 **밀접한 관계가 있는 행위 또는 관례상이나 소관하는 직무행위 및 결정권자를 보좌하거나 영향을 줄 수 있는 직무행위도 포함**된다(2004도1442). 10. 법원직·법원행시, 12. 사시, 21. 경찰, 22. 국가직

③ 뇌물죄에서 말하는 '직무'에는 법령에 정하여진 직무뿐만 아니라 그와 관련 있는 직무, **과거**에 담당하였거나 **장래에 담당할 직무** 외에 사무분장에 따라 **현실적으로 담당하지 않는 직무**라도 법령상 일반적인 직무권한에 속하는 직무 등 공무원이 **그 직위에 따라 공무로 담당할 일체의 직무**를 포함한다(94도3022). 09·14·21. 경찰, 11. 법원직, 17. 국가직 9급, 22. 경찰간부

④ 공무원이 장래에 담당할 직무에 대한 대가로 이익을 수수한 경우에도 뇌물수수죄가 성립할 수 있지만, 이익을 수수할 당시 장래에 담당할 직무에 속하는 사항이 그 **수수한 이익과 관련된 것임을 확인할 수 없을 정도로 막연하고 추상적이거나, 장차 그 수수한 이익과 관련지을 만한 직무권한을 행사할지 자체도 알 수 없다면**, 그 이익이 장래에 담당할 직무에 관하여 수수되었다고 단정하기 어렵다(2017도12346). 21. 경찰

⑤ 뇌물성은 의무 위반행위나 청탁의 유무 및 금품수수시기와 **직무집행행위의 전후를 가리지 아니한다**(2003도1060). 12. 경찰간부

⑥ 뇌물죄가 직무집행의 공정과 이에 대한 사회의 신뢰를 그 보호법익으로 하고 있음에 비추어 볼 때 공무원이 금원을 수수하는 것으로 인하여 사회일반으로부터 **직무집행의 공정성을 의심**받게 되는지의 여부도 하나의 판단기준이 된다(2000도5438). 17. 경찰

⑦ 공무원이 수수한 금품에 직무행위와 대가관계가 있는 부분과 그렇지 않은 부분이 불가분적으로 결합되어 있는 경우에는 수수한 금품 **전액**이 직무행위에 대한 대가로 수수한 뇌물에 해당한다(2009도4391).

판례비교 직무관련성 인정여부

O 직무관련성 인정	X 직무관련성 부정
① 음주운전을 적발하여 단속에 관련된 제반서류를 작성한 후 **운전면허취소업무를 담당하는 직원에게 이를 인계하는 업무를 담당하는 경찰관**이 피단속자로부터 운전면허가 취소되지 않도록 하여 달라는 청탁을 받고 금원을 교부받은 경우(99도2530) 12 · 18. 경찰간부, 18. 경찰	① **법원의 참여주사**가 형량을 감경하게 하여 달라는 청탁과 함께 금품을 수수한 경우(80도1373) 06 · 09 · 18. 경찰
② **군의원**인 피고인들이 **군의회 의장선거**와 관련하여 금품을 수수한 경우(2000도2251) 06 · 11. 경찰승진	② **교육부 편수국 공무원**이 교과서의 내용검토 및 개편수정작업을 의뢰받고 그에 소요되는 비용을 받은 경우(78도296) 12. 경찰간부
③ **국회의원**이 특정 협회로부터 요청받은 자료를 제공하고 그 대가로서 후원금 명목으로 금원을 교부받은 경우(2008도8852) 12. 경찰간부, 21. 경찰	③ **경찰청 정보과 근무 경찰관**의 직무와 중소기업협동조합 중앙회장의 **외국인산업연수생에 대한 국내 관리업체 선정업무**(99도275) 07. 법원행시, 11. 경찰승진
④ **시의회 의장**은 토지구획정리사업과 관련하여 토지소유자로부터 향응과 돈을 받은 경우(95도1114)	④ **보안부대 소속 치안본부 연락관**이 경찰서장에게 경찰공무원의 승진을 부탁하여 주고 그 대가로 금원을 받은 경우(83도425) → 경찰공무원의 승진 여부는 치안본부의 인사에 관한 고유의 직무에 속하기 때문이다.
⑤ 경찰서 교통계에 근무하는 경찰관이 도박장개설 및 도박 범행을 묵인하고 **편의를 봐주는 대가로 사례비 명목**으로 금품을 수수한 경우(2003도1060) 06. 경찰	⑤ **국립대학교 교수**가 부설연구소의 책임연구원의 지위에서 연구소 자체가 수주한 어업피해조사 용역업무를 수행하다가 이와 관련하여 금품을 수수한 경우(2001도670) 11. 경찰
⑥ **구청 위생계장**인 피고인이 **유흥업소를 경영하는 사람으로부터 건물용도변경허가**와 관련하여 금품을 수수한 경우(89도597) 14. 경찰간부	⑥ 해양수산부 소속 공무원인 피고인이 甲해운회사의 대표이사 등에게서 중국의 선박운항허가 담당 부서가 관장하는 **중국국적 선사의 선박**에 대한 운항허가를 받을 수 있도록 노력하여 달라는 부탁을 받고 돈을 받은 경우(2009도2453) 12. 경찰간부, 13 · 18 · 21. 경찰

(2) 부당한 이익

① <u>대가관계</u>: 부당한 이익 내지 불법한 보수이다. 뇌물과 직무행위가 급부와 반대급부 ○

　㉠ <u>직무에 관한 대가관계 × ＋ 단순한 사교적 증여</u>(예 추석·연말의 단순한 사교적 증여) → 뇌물 ×

　㉡ 대가관계가 인정된 경우 → 금액의 다소나 규모의 <u>대소를 불문</u>하고 뇌물 인정

② <u>이익</u>: 수령자의 경제적 법적·인격적 지위를 유리하게 하여 주는 것을 말한다. 재산적 이익뿐만 아니라 일체의 <u>유형·무형의 이익</u>이 포함된다.

판례

① 공무원의 직무와 금원의 수수가 **전체적으로 대가관계**에 있으면 뇌물수수죄가 성립하고, 특별히 청탁의 유무, 개개의 직무행위의 대가적 관계를 고려할 필요가 없으며, 또한 그 직무행위가 특정된 것일 필요는 없다(97도2609). 04·11. 법원행시, 12·14·17. 경찰, 17. 국가직 9급

② 노동청 해외노동국장으로서 해외취업자 국외송출허가 등 업무를 취급하던 피고인이 접대부 등의 국외송출을 부탁받고 시가 7만원 상당의 **주식을 접대**받은 경우(83도1499)
　　08. 국가직 9급

③ 공무원이 뇌물로 **투기적 사업에 참여할 기회**를 제공받은 경우, 뇌물수수죄의 기수시기는 투기적 사업에 참여하는 행위가 종료된 때로 보아야 하며, 그 행위가 **종료된 후 경제사정의 변동** 등으로 인하여 당초의 예상과는 달리 그 사업 참여로 아무런 이득을 얻지 못한 경우라도 뇌물수수죄의 성립에는 영향이 없다(2002도3539). 06. 법원행시, 07. 법원직, 09. 경찰, 16. 국가직 7급, 22. 국가직

④ 조합아파트 가입권에 붙은 소위 **프리미엄**(92도1762)

⑤ 은행대출금채무에 대한 **연대보증**(2000도4714)

⑥ **무이자의 금원차용**(2004도1422)

⑦ **향응 제공**(67도1123)

⑧ 자동차를 뇌물로 제공한 경우, 자동차등록원부에 뇌물수수자가 그 소유자로 등록되지 않았다고 하더라도 자동차의 사실상 소유자로서 **자동차에 대한 실질적인 사용 및 처분권한이 있다면** 자동차 자체를 뇌물로 취득한 것으로 보아야 한다(2006도735). 08. 법원직, 17. 경찰승진, 19. 국가직

⑨ 재건축추진위원장이 재건축조합의 조속한 설립인가를 위하여 담당 공무원에게 두 차례에 걸쳐 **점심식사를 제공**한 경우에는 뇌물공여죄가 성립한다(2006도8779).

⑩ 뇌물죄에서 뇌물의 내용인 **이익이라 함은 금전·물품 기타의 재산적 이익뿐만 아니라 사람의 수요·욕망을 충족시키기에 족한 일체의 유형·무형의 이익을 포함하며, 제공된 것이 성적 욕구의 충족**이라고 하여 달리 볼 것이 아니다(2013도13937). 08·15·17. 법원직, 12. 경찰승진, 15·16·17·18. 경찰, 17. 국가직 9급·경찰간부, 19·22. 경찰간부

⑪ 공소시효는 범죄행위를 종료한 때로부터 진행하는데(형사소송법 제252조 제1항), 공무원이 직무에 관하여 금전을 무이자로 차용한 경우에는 차용 당시에 금융이익 상당의 뇌물을 수수한 것으로 보아야 하므로, **공소시효는 금전을 무이자로 차용한 때로부터 기산**한다(2011도7282). → 차용금 변제기이다. (×) 19. 경찰간부

⑫ 수인이 공동하여 뇌물수수죄를 범한 경우에 뇌물죄의 가중처벌을 규정한 특정범죄 가중처벌 등에 관한 법률 제2조 제1항의 적용 여부를 가리는 수뢰액을 정할 때에는 **공범자 전원의 수뢰액을 합한 금액을 기준**으로 하여야 한다(99도1557). 14. 사시

⑬ 공무원이 어촌계장에게 선물을 받을 명단을 보내 자신의 이름으로 새우젓을 택배로 발송하게 하고, 그 대금을 지급하지 않는 방법으로 직무에 관하여 뇌물을 받은 경우에는 **공여자와 수뢰자 사이에 직접 금품이 수수되지 않더라도** 뇌물공여죄 및 뇌물수수죄가 성립한다(2017도12389). 21. 경찰

2 단순수뢰죄

제129조【수뢰, 사전수뢰】 ① 공무원 또는 중재인이 그 직무에 관하여 뇌물을 수수, 요구 또는 약속한 때에는 5년 이하의 징역 또는 10년 이하의 자격정지에 처한다.

(1) **주체**: 공무원 또는 중재인

① **공무원**: 공무원은 국가·지방자치단체의 사무에 종사하는 자로서 그 사무의 내용이 <u>기계적·육체적인 것에 한정되어 있지 않은</u> 자이다.

　㉠ 공무원에 해당하는 경우: 국회의원, 지방의회의원, 시의회의장, 도시계획위원회의 위원, 재건축조합장, 정부관리기업체의 간부직원, 지방공사와 지방공단의 직원 등

　㉡ 장래 공무원이 될 자 → 사전수뢰죄의 주체, 공무원이었던 자 → 사후수뢰죄의 주체

② **중재인**: 법령에 의하여 중재의 직무를 담당하는 자 **예** 노동조합및노동관계조정법의 중재위원, 중재법의 중재인 등

(2) **행위**: 뇌물을 요구·약속·수수하는 것

① **수수**: 영득의 의사로 뇌물을 현실적으로 취득하는 것

　㉠ 반환할 의사로 일시 받아둔 것에 불과한 경우 → 수수 ×

　　If. <u>영득의사로 수수</u>한 것이면 후에 반환한 경우 → 수수 ○

　㉡ 수수는 직무집행의 전후를 불문. 상관의 승낙이 있어도 본죄 성립

　㉢ 공무원이 직무와 관련하여 뇌물수수를 약속하고 <u>퇴직 후 이를 수수</u>하는 경우 → 뇌물약속죄 및 사후수뢰죄가 성립할 뿐 뇌물수수죄는 성립하지 않는다.

② **요구**: 뇌물을 취득할 의사로 상대방에게 그 교부를 청구하는 것을 말하며, 상대방이 이에 응하였는가는 문제되지 않음.

③ **약속**: 양 당사자 사이에 뇌물의 수수를 합의하는 것. 약속 당시 뇌물이 현존할 필요 없고, 가액이나 이익의 정도가 확정될 필요도 없음.

판례비교 단순수뢰죄 성립여부

O 단순수뢰죄 성립	X 단순수뢰죄 불성립
① 임용될 당시 지방공무원법상 임용결격자임에도 공무원으로 임용되어 계속 근무하던 중 직무에 관하여 뇌물을 수수한 경우, **임용행위의 무효**에도 불구하고 뇌물수수죄의 성립을 인정할 수 있다(2013도11357). 16. 국가직 7급, 18. 변호사, 18. 경찰, 18. 국가직 9급, 21. 경찰승진, 22. 국가직	① **서울대학교 의과대학 교수 겸 서울대학교병원 의사**가 구치소로 왕진을 나가 진료하고 진단서를 작성하여 주거나 법원의 사실조회에 대하여 회신을 해 준 경우(2005도1420)
② **경찰관**이 재건축조합 직무대행자에 대한 **진정사건을 수사**하면서 진정인 측에 의하여 재건축설계업체로 선정되기를 희망하던 건축사사무소 대표로부터 금원을 수수한 경우(2005도4204) 11. 경찰승진, 12. 경찰간부	② 경찰청 정보과 근무 경찰관이 **외국인산업연수생**에 대한 국내관리업체로 선정되는 데에 힘써 달라는 부탁을 받고 금전 및 각종 향응을 받은 경우(99도275)
	③ **법원의 참여주사**가 형량을 감경하여 달라는 청탁과 함께 금품을 수수한 경우(80도1373) 06·09. 경찰

③ **음주운전을 적발하여 단속**에 관련된 제반서류를 작성한 후 운전면허 취소업무를 담당하는 직원에게 이를 인계하는 업무를 담당하는 경찰관이 피단속자로부터 운전면허가 취소되지 않도록 하여 달라는 청탁을 받고 금원을 교부받은 경우(99도2530) 11. 경찰승진, 16·18. 경찰

④ 오로지 공무원을 **함정에 빠뜨릴 의사**로 직무와 관련하여 수수한다는 의사를 가지고 받아들인 경우(2007도10804) 11. 법원행시·경찰승진, 12. 사시, 18. 국가직 9급

⑤ 피고인이 뇌물을 수수함에 있어서 **공여자를 기망한 점이 있다 하여도** 피고인에 대한 뇌물수수 및 뇌물공여죄의 성립에는 아무런 소장이 없다(84도2625).

⑥ 뇌물죄에 있어서 금품을 수수한 장소가 공개된 공사현장이었고 금품을 수수한 공무원이 이를 공사현장 인부들의 **식대 또는 동 공사의 홍보비 등으로 소비**하였을 뿐 자신의 사리를 취한 바 없다 하더라도 그 뇌물성이 부인되지 않는다(83도2050). 08·10. 법원직

⑦ 뇌물죄에 있어서 금품을 수수한 장소가 공개된 장소이고, 금품을 수수한 공무원이 이를 개인적 용도가 아닌 회식비나 직원들의 휴가비로 소비하였을 뿐 **자신의 사리를 취한 바 없더라도** 뇌물죄가 성립한다(96도865). 04. 법원행시, 08. 법원직, 12·15. 경찰

⑧ 피고인이 입력송출의 부탁과 함께 사례조로 교부받은 자기앞수표를 일단 피고인의 은행계좌에 예치시켰다가 그 뒤에 **후환이 두려워 2주일 후에 반환**한 것이라 하더라도 피고인에게 뇌물수수의 고의가 인정된다(83도1499). 11. 법원직

⑨ 피고인이 먼저 뇌물을 요구하여 증뢰자가 제공하는 돈을 받았다고 하더라도 수령한 액수가 당초 **예상한 것보다 너무 많은 액수여서 후에 이를 전부 반환**한 경우(2006도9182)
04·19. 법원행시, 08. 법원직, 22. 경찰간부

⑩ 치과대학 교수인 피고인이 교수의 신규채용과 관련하여 제자의 부(父)로부터 고가의 병풍과 금원앙을 선물을 받았고 그 후 다시 3천만원을 교부받아 소비한 후에 문제가 되자 **다른 돈으로 반환**한 경우(98도3584) 12. 사시

⑪ 피고인이 돈의 금액을 확인하지 아니하였으며 또 이중 액면 금 150만원의 **당좌수표가 그 후 부도가 되었다고 하더라도** 뇌물죄의 성립에는 아무런 소장이 없다(82도2964).
04. 법원행시, 16. 경찰승진

⑫ 뇌물수수의 공범자들 사이에 직무와 관련하여 금품이나 이익을 수수하기로 하는 명시적 또는 암묵적 공모관계가 성립하고 공모 내용에 따라 공범자 중 1인이 금품이나 이익을 수수 하였다면 수수한 금품이나 이익 전부에 관하여 뇌물수수죄의 공모공동정범이 성립할 수 있다(2014도10199). 20. 경찰간부

④ 공무원이 **불우이웃돕기 성금이나 연극제에 전달할 의사**로 금원을 받은 것에 불과하고 영득할 의사로 수수한 것이 아닌 경우(2009도11146) 12. 경찰승진

⑤ 공무원이 증뢰자로부터 뇌물인지 모르고 **수수하였다가 뇌물임을 알고 즉시 반환**한 경우 단순 수뢰죄가 성립하지 아니한다(2013도9003). 15. 경찰간부

⑥ 공무원들이 공모하여 특별사업비를 **횡령하고 이를 공범자끼리 수수**한 행위가 공동정범들 사이의 범행에 의하여 취득한 돈을 내부적으로 분배한 것에 지나지 않는다면 별도로 그 돈의 수수행위에 관하여 뇌물죄가 성립하는 것은 아니다(2019도11766). 22. 경찰승진

⑬ 공무원이 직무의 대상이 되는 사람으로부터 사교적 의례의 형식을 빌어 금품을 주고받은 것이 개인적인 친분관계가 있어서 교분상의 필요에 의한 것이라고 명백하게 인정할 수 있는 경우 등 특별한 사정이 없는 한 직무와 관련성이 있다고 볼 수 있다(2017도19499).
21. 경찰

→ 공무원이 직무의 대상이 되는 사람으로부터 사교적 의례의 형식을 빌어 금품을 주고받은 것이 개인적인 친분관계가 있어서 교분상의 필요에 의한 것이라고 명백하게 인정할 수 있는 경우라도 직무관련성이 있어 뇌물공여죄 및 뇌물수수죄가 성립한다. (×)

⑭ 공무원이 직무와 관련하여 금품을 수수하였다면 비록 **사교적 의례의 형식**을 빌어 금품을 주고 받았다 하더라도 그 수수한 금품은 뇌물이 된다(2001도3579). 18·21. 경찰

판례 🔨 뇌물약속죄

① 형법 제129조의 구성요건인 **뇌물의 '약속'**은 양 당사자의 뇌물수수의 합의를 말하고, 여기서 '합의'란 장래 공무원의 직무와 관련하여 뇌물을 주고 받겠다는 **양 당사자의 의사표시가 확정적으로 합치**하여야 한다(2012도9417). 14. 경찰간부, 17. 법원직, 17. 국가직 7급, 20·21. 경찰승진

② 뇌물약속죄에 있어서 뇌물의 목적물인 이익은 약속 당시 현존할 필요는 없고 약속 당시에 예기할 수 있는 것이라도 무방하며, 뇌물의 목적물이 이익인 경우에는 그 **가액이 확정되어 있지 않아도** 뇌물약속죄가 성립하는 데에는 영향이 없다(2000도5438). 06·10. 법원행시, 17·18. 법원직, 17. 국가직 7급

③ 공무원이 직무와 관련하여 뇌물수수를 약속하고 **퇴직 후에 이를 수수**하는 경우, 뇌물약속죄 및 사후수뢰죄가 성립할 뿐 뇌물수수죄는 성립하지 않는다(2007도5190).
11. 국가직 9급·경찰, 12. 사시, 19. 경찰승진, 21. 경찰

④ 공무원이 건축업자로부터 그가 건축할 주택을 공사비 상당액으로 분양받기로 약속한 경우에는 **매매시가 중 공사비를 초과하는 액수**만큼의 이익을 뇌물로서 약속한 것이 되어 뇌물약속죄가 성립한다(81도698). 11. 경찰승진

⑤ 뇌물의 내용인 이익은 금전·물품 기타의 재산적 이익에 한하고 뇌물약속죄에 있어서 뇌물의 목적물인 이익은 약속 당시에 현존하여야 하므로 공무원이 오랫동안 처분을 하지 못하고 있던 부동산을 개발이 예상되는 **다른 토지와 교환**계약을 체결한 경우 뇌물약속죄가 성립한다(2000도5438). 18. 법원직

판례 🔨 죄수 및 타죄와의 관계

① 공무원이 직무에 관하여 타인을 기망하여 재물을 교부받은 때에는 뇌물죄와 사기죄의 상상적 경합이 된다(77도1069). 13. 국가직 7급, 22. 경찰간부

② 공무원이 직무집행의 의사로 직무에 관하여 상대방을 공갈하여 뇌물을 수수한 때에는 본죄와 공갈죄의 상상적 경합이 된다. 그러나 **직무집행의 의사 없이** 타인을 공갈하여 재물의 교부를 받은 때에는 공갈죄만 성립한다. 이러한 경우 재물교부자에게 뇌물공여죄가 성립하지 않는다(94도2528). 06. 법원행시, 13. 국가직 7급, 14·15·18. 경찰, 15. 사시, 16. 경찰승진

3 사전수뢰죄

> **제129조【수뢰, 사전수뢰】** ② 공무원 또는 중재인이 될 자가 그 담당할 직무에 관하여 청탁을 받고 뇌물을 수수, 요구 또는 약속한 후 공무원 또는 중재인이 된 때에는 3년 이하의 징역 또는 7년 이하의 자격정지에 처한다.

(1) **주체**: 공무원 또는 중재인이 될 자 **예** 공무원 채용시험 합격 후의 발령대기자 등

(2) **행위**: 직무에 관하여 청탁을 받고 + 뇌물을 수수·요구 또는 약속

　※ 청탁: 정당한 청탁·부정한 청탁 불문, 명시적임을 요하지 않음.

(3) **공무원 또는 중재인 된 때**: 객관적 처벌조건 **예** 공무원 임용 예정자가 임명이 안 된 경우 → 본죄는 성립하나 처벌되지 않음.

판례

형법 제129조 제2항에 정한 '공무원 또는 중재인이 될 자'란 공무원채용시험에 합격하여 발령을 대기하고 있는 자 또는 선거에 의하여 당선이 확정된 자 등 공무원 또는 중재인이 될 것이 예정되어 있는 자뿐만 아니라 **공직취임의 가능성이 확실하지는 않더라도 어느 정도의 개연성을 갖춘 자를 포함**한다고 할 것이다(2009도7040). 11. 경찰승진

4 제3자뇌물공여죄

> **제130조【제3자뇌물제공】** 공무원 또는 중재인이 그 직무에 관하여 부정한 청탁을 받고 제3자에게 뇌물을 공여하게 하거나 공여를 요구 또는 약속한 때에는 5년 이하의 징역 또는 10년 이하의 자격정지에 처한다.

(1) **부정한 청탁**: 위법·부당한 청탁

　① 직무집행이 위법·부당하지 않더라도 당해 직무집행을 대가관계와 연결시켜 직무집행에 관한 대가의 교부를 내용으로 한다면 부정한 청탁으로 볼 수 있다(판례).

　② 부정한 청탁은 명시적 의사표시는 물론 묵시적인 의사표시에 의한 것도 가능하다.

　　※ 묵시적인 의사표시에 의한 부정한 청탁이 있다고 하기 위해서는 당사자 사이에 금품이 직무의 대가라는 점에 대하여 공통의 인식이나 양해가 존재하여야 하고, 막연히 선처하여 줄 것이라는 기대가 있거나, 직무집행과 무관한 다른 동기로 공여하였으나 나중에 제3자와 금품수수가 있었다는 사정만으로는 부정한 청탁으로 볼 수 없다(판례).

(2) **제3자**: 행위자와 공동정범 이외의 사람(자연인, 법인, 법인격 없는 단체 포함) 20. 경찰간부

① 교사범이나 종범 → 제3자 ○

② 처자 기타 생활이익을 같이하는 가족, 사자, 대리인, 생활비나 채무를 부담하는 관계 + 직접 받은 것과 동일하게 평가 ○ → 제3자 × ⇨ 단순수뢰죄 성립

③ 제3자가 뇌물이라는 점을 알았는가 불문, 제3자가 뇌물수수 거절하였어도 성립

판례 📌

① 형법 제130조의 제3자뇌물공여죄에서 '부정한 청탁'을 요건으로 하는 취지는 처벌의 범위가 불명확해지지 않도록 하기 위한 것으로서, 이러한 '부정한 청탁'은 **명시적**인 의사표시에 의한 것은 물론, **묵시적**인 의사표시에 의한 것도 가능하다(2008도6950).

② 묵시적인 의사표시에 의한 부정한 청탁이 있다고 하기 위해서는 당사자 사이에 청탁의 대상이 되는 직무집행의 내용과 제3자에게 제공되는 금품이 그 직무집행에 대한 대가라는 점에 대하여 **공통의 인식이나 양해**가 존재하여야 한다(2008도6950). 17. 국가직 7급, 19. 경찰승진

③ **막연히 선처하여 줄 것이라는 기대**에 의하거나 직무집행과는 무관한 다른 동기에 의하여 제3자에게 금품을 공여한 경우에는 묵시적인 의사표시에 의한 부정한 청탁이 있다고 보기 어렵고, 공무원이 먼저 제3자에게 금품을 공여할 것을 요구한 경우에도 마찬가지이다(2008도6950). 20. 경찰승진

④ 제3자뇌물공여죄에서 '대가관계에 대한 양해'가 존재하지 않는 경우, 청탁이나 직무집행 후에 제3자에게 금품을 지급한 사실만으로 **소급하여 '청탁의 부정성'을 인정할 수는 없다**(2006도8568).

⑤ 청탁의 대상이 된 직무집행이 **위법·부당하지 않더라도** 당해 직무집행을 어떤 **대가관계와 연결시켜 그 직무집행에 관한 대가의 교부를 내용으로 하는 경우 부정한 청탁에 해당**한다(2006도5711).

⑥ 제3자뇌물제공죄에 있어서 부정한 청탁이란 **위법**한 것뿐만 아니라 사회상규나 신의성실의 원칙에 위배되는 **부당**한 경우도 포함한다(2004도1632).

⑦ **도지사가 제3자로부터 복지재단 출연금의 형태로 거액을 수수**한 행위는 관광지구 추가지정 및 관련 절차의 진행에 있어서 이를 총괄하는 도지사로서의 직무와 관련하여 제3자뇌물공여죄에서 뜻하는 광의의 부정한 청탁을 매개로 이루어진 것이다(2004도1632). 07. 법원직

⑧ 구청장인 피고인이 관내의 공사 인·허가와 관련하여 甲회사로부터 묵시적인 부정한 청탁을 받고 누각을 제3자인 구(區)에 기부채납하게 하였다는 등의 제3자뇌물제공으로 기소된 경우 지방자치단체인 **구는 '제3자뇌물제공죄의 제3자'가 될 수 있으므로 제3자뇌물수수죄가 성립**한다(2010도12313). 12. 사시, 14. 법원직

⑨ **공무원과 공동정범 관계에 있는 비공무원이 뇌물을 받은 경우**, 비공무원은 제3자뇌물수수죄에서 말하는 제3자가 될 수 없다(2018도13792). 22. 경찰승진

⑩ 공무원 또는 중재인이 부정한 청탁을 받고 제3자에게 뇌물을 제공하게 하고 **제3자가 그러한 공무원 또는 중재인의 범죄행위를 알면서 방조한 경우**에는 그에 대한 별도의 처벌규정이 없더라도 **방조**범에 관한 형법총칙의 규정이 적용되어 제3자뇌물수수**방조**죄가 인정될 수 있다(2016도19659). 20. 경찰간부

⑪ 공무원이 **직무관련자에게 제3자와 계약을 체결하도록 요구하여 계약 체결을 하게 한 행위**가 제3자뇌물수수죄의 구성요건과 직권남용권리행사방해죄의 구성요건에 모두 해당하는 경우에는, 제3자뇌물수수죄와 직권남용권리행사방해죄가 각각 성립하되, 이는 사회 관념상 하나의 행위가 수 개의 죄에 해당하는 경우이므로 두 죄는 형법 제40조의 상상적 경합관계에 있다(2016도19659). 19. 법원행시, 20. 경찰간부

⑫ 공무원이 직접 금품을 받지 않고 증뢰자로 하여금 다른 사람에게 금품을 공여하도록 한 경우라도 그가 직무에 관하여 **부정한 청탁을 받은 사정이 없다면** 이를 형법 제130조의 제3자뇌물제공죄로 처벌하지 못한다(2003도8077). 06. 법원행시, 07. 법원직, 18. 경찰

⑬ 공무원이 직접 뇌물을 받지 아니하고, 증뢰자로 하여금 다른 사람에게 뇌물을 공여하도록 하고 그 다른 사람으로 하여금 뇌물을 받도록 한 경우라 할지라도 그 다른 사람이 공무원의 **사자 또는 대리인**으로서 뇌물을 받은 경우나 그 밖에 예컨대 평소 공무원이 그 다른 사람의 **생활비 등을 부담**하고 있었다거나 혹은 그 다른 사람에 대하여 **채무를 부담**하고 있었다는 등의 사정이 있어서 그 다른 사람이 뇌물을 받음으로써 공무원은 그만큼 지출을 면하게 되는 경우 등 사회통념상 그 다른 사람이 뇌물을 받은 것을 **공무원이 직접 받은 것과 같이 평가할 수 있는 관계가 있는 경우**에는 형법 제129조 제1항의 단순수뢰죄가 **성립**한다(98도1234). 10. 법원행시, 18. 법원직, 18. 변호사
⑭ 공무원이 실질적인 경영자로 있는 회사가 청탁 명목의 금원을 **회사 명의의 예금계좌로 송금받은 경우**에 사회통념상 위 공무원이 직접 받은 것과 같이 평가할 수 있어 뇌물수수죄가 성립한다(2003도8077).
⑮ 공무원으로 의제되는 정비사업전문관리업체의 대표이사인 피고인이 여러 회사들에게서 재개발정비사업 시공사로 선정되도록 도와달라는 취지의 부탁을 받고 **자신이 실질적으로 장악하고 있는 컨설팅회사** 명의의 계좌로 돈을 교부받은 경우 제3자뇌물공여죄가 성립한다(2008도2590). → 제3자 뇌물공여죄 ✕ 11. 법원행시, 15. 경찰간부

5 수뢰 후 부정처사죄

제131조 【수뢰 후 부정처사, 사후수뢰】 ① 공무원 또는 중재인이 전2조의 죄를 범하여 부정한 행위를 한 때에는 1년 이상의 유기징역에 처한다.

(1) 수뢰죄, 사전수뢰죄, 제3자뇌물공여죄 중 하나를 범하고 부정처사를 하는 경우 수뢰죄, 사전수뢰죄, 제3자뇌물공여죄보다 가중처벌되는 범죄이다.

(2) **부정한 행위** : 직무에 위배하는 일체의 행위 → 위법·부당한 행위, 직권남용행위, 재량권의 한계일탈 포함

(3) 직무위반행위이므로 직무 이외의 사적 행위 → 본죄 ✕

(4) 작위·부작위 불문

  예 수사기록의 일부파기, 응찰자에게 예정가격을 보여주는 행위, 세금을 감액하거나 감면시켜주는 행위, 피의자의 요청에 따라 증거품의 압수를 포기하는 경우, 경찰관의 범죄묵과 등

판례 ✏

① 수뢰 후 부정처사죄에서 말하는 '부정한 행위'라 함은 직무에 위배되는 일체의 행위를 말하는 것으로 **직무행위 자체는 물론 그것과 객관적으로 관련 있는 행위까지를 포함**한다(2003도1060).
② 과세대상에 관한 규정이 명확하지 않고 그에 관한 확립된 선례도 없었던 경우 공무원이 주식회사로부터 뇌물을 받은 후에 관계법령에 대한 충분한 연구·검토 없이 **회사에 유리한 쪽으로 법령을 해석하여 감액처분**하였더라도 감액처분이 위법하지 않으면 그 공무원이 수뢰 후 '부정한 행위'를 한 것으로 수뢰 후 부정처사죄를 범하였다고 볼 수는 없다(95도2320). 18. 국가직 9급
③ 경찰관이 도박장개설 및 도박 범행을 묵인하고 **편의를 봐주는 대가로 사례비 명목**으로 금품을 수수하고, 나아가 도박장개설 및 도박 범행사실을 잘 알고 있으면서 이를 단속하지 아니한 경우 수뢰 후 부정처사죄가 성립한다(2003도1060).
④ 예비군중대장이 그 소속 예비군으로부터 **금원을 교부받고** 그 예비군이 예비군훈련에 불참하였음에도 불구하고 참석한 것처럼 **허위 내용의 중대학급편성명부를 작성·행사**한 경우라면 수뢰 후 부정처사죄 외에 별도로 **허위공문서작성죄 및 동행사죄가 성립**하고 이들 죄와 **수뢰 후 부정처사죄는 각각 상상적 경합**관계에 있다(83도1378).

6 사후수뢰죄

> **제131조 【수뢰 후 부정처사, 사후수뢰】** ② 공무원 또는 중재인이 그 직무상 부정한 행위를 한 후 뇌물을 수수, 요구 또는 약속하거나 제3자에게 이를 공여하게 하거나 공여를 요구 또는 약속한 때에도 전항의 형과 같다.
> ③ 공무원 또는 중재인이었던 자가 그 재직중에 청탁을 받고 직무상 부정한 행위를 한 후 뇌물을 수수, 요구 또는 약속한 때에는 5년 이하의 징역 또는 10년 이하의 자격정지에 처한다.

(1) §131조② (부정처사 후 수뢰죄)

① 공무원 또는 중재인이 그 직무상 부정한 행위를 한 후 뇌물을 수수·요구·약속하거나 제3자에게 이를 공여하게 하거나 공여를 요구·약속하는 범죄이다.

② 현재 공무원 또는 중재인의 지위 있는 자가 부정행위를 하고 뇌물 수수한 경우이다.

   예 부정한 행위를 한 공무원이 전직(轉職) 후에 수뢰한 경우 → 부정처사 후 수뢰죄

③ 청탁을 요건으로 하지 않는다.

(2) §131조③ (사후수뢰죄)

① 공무원으로서 재직 중 청탁을 받고 부정행위를 한 후 퇴직한 후에 수뢰하는 범죄이다.

② 과거 공무원 또는 중재인이었던 자가 재직 중 청탁을 받고 부정행위를 하고 퇴직 후 수뢰한 경우이다.

③ 재직 중 정당한 행위를 한 후 퇴직 후 뇌물 수수한 경우 → 본죄 ×, 뇌물죄 ×

④ 재직 중 정당한 행위를 한 후 재직 중 뇌물 수수 → 단순수뢰죄

판례

① 공사의 입찰업무를 담당하고 있는 장교가 비밀로 하여야 할 그 공사의 입찰예정가격을 응찰자에게 미리 알려준 소위는 직무에 위배되는 행위로서 형법 제131조 제2항의 부정한 행위에 해당한다 할 것이어서, 입찰이 끝난 후 20여 일이 경과한 후에 전속사의 **전별금 명목**으로 금원을 받았다 하더라고 이는 직무행위의 부정행위와 관련된 금품의 수수에 해당하므로 사후수뢰죄를 구성한다(82도2095).

② 공무원이었던 자가 재직 중에 청탁을 받고 직무상 부정한 행위를 한 후 뇌물을 수수·요구 또는 약속을 한 때에는 제131조 제3항에서 사후수뢰죄로 처벌하도록 규정하고 있으므로 **뇌물의 수수 등을 할 당시 이미 공무원의 지위를 떠난 경우**에는 제129조 제1항의 수뢰죄로는 처벌할 수 없고, 사후수뢰죄의 요건에 해당할 경우에 한하여 그 죄로 처벌할 수 있을 뿐이다(2013도10011). 14. 법원직, 19. 경찰간부

③ 공무원이 직무와 관련하여 뇌물수수를 약속하고 **퇴직 후에 이를 수수**하는 경우 뇌물약속죄 및 사후수뢰죄가 성립할 뿐 뇌물수수죄는 성립하지 않는다(2007도5190).

④ 국립병원 의사가 **허위진단서를 작성해 주고 그 사례 명목으로 금품을 수수**한 경우 **허위공문서작성죄와 부정처사 후 수뢰죄의 경합범**이 된다(2003도7762).

⑤ 배임에 의한 국고손실죄의 공동정범인 공무원이 다른 **공범으로부터 그 범행에 의하여 취득한 금원의 일부를 받은 경우**, 그 금원의 성격은 그 성질이 공동정범들 사이의 **내부적 이익분배에 불과한 것이고 별도로 뇌물수수죄(사후수뢰죄)에 해당하지 않는다**(94도3346).

7 알선수뢰죄

제132조【알선수뢰】 공무원이 그 지위를 이용하여 다른 공무원의 직무에 속한 사항의 알선에 관하여 뇌물을 수수, 요구 또는 약속한 때에는 3년 이하의 징역 또는 7년 이하의 자격정지에 처한다.

(1) **주체** : 공무원이다(중재인×). → 직무를 처리하는 공무원과 직무상 직접 또는 간접의 연관관계를 가지고 <u>법률상 또는 사실상 영향을 미칠 수 있는 공무원일 것</u>을 요함.

(2) **지위를 이용하여**

① 다른 공무원의 직무에 <u>일반적 또는 구체적으로 영향을 미칠 수 있는 관계</u>를 이용하는 것(판례). 상하관계, 협동관계, 감독관계 존재해야 하는 것은 아님.

② <u>사적관계</u>(친구사이) 또는 지위를 이용하지 않은 <u>개인자격의 부탁, 직무와 관계없는 사항</u>을 교섭하고 금품을 수수한 경우 → 알선수뢰죄 ×

(3) **알선**

① 일정한 사항을 중개하여 당사자 사이에 교섭이 성립하도록 편의를 제공하는 것 **예** 소개장에 '선처를 희망함'이라고 적어 교부한 경우

② 과거, 현재, 정당한 직무행위, 부정행위 불문

(4) **기수시기** : 알선의 대가로 뇌물을 수수·요구·약속한 때 기수

판례 ✍

① 형법 제132조 소정의 알선수뢰죄에 있어서 '공무원이 그 지위를 이용하여'라 함은 **친구·친족관계 등 사적인 관계를 이용하는 경우이거나 단순한 공무원으로서의 신분이 있다는 것만을 이용하는 경우에는 여기에 해당한다고 볼 수 없으나**, 다른 공무원이 취급하는 업무처리에 **법률상 또는 사실상 영향을 줄 수 있는 공무원의 지위를 이용**하는 경우에는 여기에 해당하고 그 사이에 **반드시 상하관계, 협동관계, 감독권한 등의 특수한 관계에 있거나 같은 부서에 근무할 것을 요하는 것은 아니다**(94도852). 10. 법원행시, 11. 법원직, 13. 경찰, 18. 국가직 9급, 19. 경찰승진, 19. 국가직

② 알선수뢰죄의 주체가 되기 위해서는 적어도 당해 직무를 처리하는 공무원과 직무상 **직접·간접의 연관관계**를 가지고 **법률상이거나 사실상이거나를 막론하고 어떠한 영향력을 미칠 수 있는 지위에 있는 공무원**이어야 한다(82도403).

③ 알선수뢰죄의 '다른 공무원의 직무에 속한 사항의 알선행위'는 그 공무원의 직무에 속하는 사항에 관한 것이면 되는 것이지 그것이 반드시 부정행위라거나 그 직무에 관하여 결재권한이나 **최종 결정권한을 가지고 있어야 하는 것은 아니다**(2006도735). 10. 국가직 9급

④ '다른 공무원의 직무에 속한 사항의 알선에 관하여 뇌물을 수수한다.'고 함은 다른 공무원의 직무에 속한 사항을 알선한다는 명목으로 뇌물을 수수하는 행위로서 반드시 알선의 상대방인 다른 공무원이나 그 직무의 내용이 구체적으로 특정될 필요까지는 없다. 또한 여기서 말하는 알선행위는 장래의 것이라도 무방하므로 **알선뇌물수수죄가 성립하기 위하여는 뇌물을 수수할 당시 반드시 상대방에게 알선에 의하여 해결을 도모하여야 할 현안이 존재하여야 할 필요가 없다**(2012도16277). 11·15. 법원직, 14. 경찰간부, 19. 국가직

판례비교 알선수뢰죄 성립여부

O 알선수뢰죄 성립	**X** 알선수뢰죄 불성립
① 다른 세무서에서 징세계장으로 근무하는 **전임 징세계장**이 후임 징세계장의 직무에 관하여 알선하고 금품을 받은 경우(89도2018)	① 공여자와 수수자가 **막연한 기대감** 속에 금품 등을 교부·수수하였을 뿐 구체적으로 도와달라거나 특정한 부탁을 한 사실이 없다는 이유로 **알선수재죄가 성립하지 않는다**(2004도5655). 19. 국가직, 21. 경찰승진
② **국회의원**에게 한국마사회가 발주하는 공사를 수의계약에 의하여 수주할 수 있도록 한국마사회장에게 알선하여 달라는 청탁을 하고 금원을 지급한 경우(90도665)	② 단지 금품 등을 공여하는 자가 금품 등을 수수하는 자에게 잘 보이면 그로부터 어떤 도움을 받을 수 있다거나 손해를 입을 염려가 없다는 정도의 **막연한 기대감** 속에 금품 등을 교부하는 경우 **알선증재죄가 성립하지 않는다**(2008도2300).
③ 구청 공무원이 유흥주점 업주에게 "유흥주점영업과 관련하여 세금이나 영업허가 등에 관한 **문제가 생기면 다른 담당 공무원에게 부탁하여 도움을 주겠다.**"라고 하면서 대가로 1천만원을 **요구**한 경우, 요구의 명목이 상대방의 막연한 기대감을 전제로 한 것이고 당시 알선할 사항이 구체적으로 특정되거나 알선에 의하여 해결을 도모할 현안이 존재하지 않더라도 알선뇌물요구죄가 성립한다(2009도3924). 10. 법원직	③ **군청 건설과 농지계에 근무하는 자**로서 **도지사의 직무**에 속하는 골재채취예정지 고시를 받도록 알선하여 준다는 명목으로 금원을 받은 경우(83도3015) ④ **검찰주사**가 A로부터 B검사가 담당 수사하고 있는 관세법 위반 피의사건을 잘 처리되도록 주선하여 달라는 청탁을 받고 그 지위를 이용하여 동인으로부터 금 250만원을 받은 경우(82도403)

8 뇌물공여죄 및 증뢰물전달죄

제133조 【뇌물공여등】 ① 제129조 내지 제132조에 기재한 뇌물을 약속, 공여 또는 공여의 의사를 표시한 자는 5년 이하의 징역 또는 2천만원 이하의 벌금에 처한다.
② 전항의 행위에 공할 목적으로 제삼자에게 금품을 교부하거나 그 정을 알면서 교부를 받은 자도 전항의 형과 같다.

(1) §133조① : 뇌물공여죄

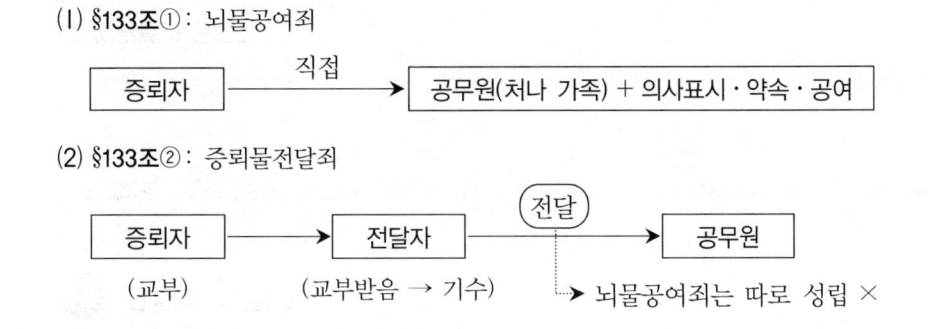

증뢰자 ──직접──▶ 공무원(처나 가족) + 의사표시·약속·공여

(2) §133조② : 증뢰물전달죄

증뢰자 ──▶ 전달자 ──전달──▶ 공무원
(교부)   (교부받음 → 기수)
                  ┄┄▶ 뇌물공여죄는 따로 성립 ✕

① 뇌물증여죄가 성립하기 위해서는 뇌물을 공여하는 행위와 상대방 측에서 금전적으로 가치가 있는 그 **물품 등을 받아들이는 행위(부작위 포함)가 필요할 뿐이지 반드시 상대방 측에서 뇌물수수죄가 성립되어야만 한다는 것을 뜻하는 것은 아니다**(87도1699). 10. 법원직, 18. 변호사, 21. 경찰승진, 22. 국가직

② 제3자의 증뢰물전달죄는 제3자가 증뢰자로부터 교부받은 금품을 수뢰할 사람에게 **전달하였는지 여부에 관계없이** 제3자가 그 정을 알면서 금품을 교부받음으로써 성립하는 것이다(2002도1283). 16. 법원직, 18. 경찰, 19. 경찰간부

③ 피고인이 타인으로부터 그가 **공무원에게 비위사실을 묵인하여 주는 데에 대한 사례금으로 공여**하는 뇌물이라는 정을 알면서도 200만원을 교부받은 다음, 그 돈을 그 **공무원에게 교부**하였다면 피고인에게 증뢰물전달죄가 성립한다(97도1572). 12. 경찰승진

④ 제3자의 증뢰물전달죄는 제3자가 증뢰자로부터 교부받은 금품을 수뢰할 사람에게 전달하였는지 여부에 관계없이 제3자가 그 정을 알면서 금품을 교부받음으로써 성립하는 것이며, 나아가 제3자가 그 교부받은 금품을 수뢰할 사람에게 전달하였다고 하여 증뢰물전달죄 외에 **별도로 뇌물공여죄가 성립하는 것은 아니다**(97도1572). 10. 국가직 9급

⑤ 배임수재자가 배임증재자로부터 무상으로 물건을 빌려 사용하던 중 공무원이 된 경우 그 사실을 알게 된 배임증재자가 배임수재자에게 앞으로 물건은 공무원의 직무에 관하여 빌려주는 것이라고 하면서 뇌물공여의 뜻을 밝히고 물건을 계속하여 배임수재자가 사용할 수 있게 한 경우는 특별한 사정이 없는 한 뇌물공여죄에 해당하지 않는다(2015도6232). 17. 법원직, 20. 경찰승진

⑥ 수의계약을 체결하는 공무원이 해당 공사업자와 적정한 금액 이상으로 **계약금액을 부풀려서 계약**하고 부풀린 금액을 자신이 되돌려 받기로 사전에 약정한 다음, 그에 따라 수수한 돈은 성격상 **뇌물이 아니라 횡령금에 해당**한다(2005도7112). 09·11·15·16. 경찰, 11. 법원행시, 17. 경찰승진·경찰간부, 19·20. 경찰승진

⑦ 공무원이 **직무집행의 의사 없이** 타인을 공갈하여 재물을 교부하게 한 경우에는 공갈죄만이 성립하고, 이러한 경우 재물교부자는 공갈죄의 피해자가 될 것이고 뇌물공여죄는 성립될 수 없다(94도2528). 18. 경찰

참고+ 뇌물죄의 중요한 구성요건 비교

종류	주체	청탁	부정한 행위
단순수뢰죄	공무원 또는 중재인	×	×
사전수뢰죄	공무원 또는 중재인이 될 자	청탁	×
제3자 뇌물공여죄	공무원 또는 중재인	부정한 청탁	×
수뢰 후 부정처사죄	공무원 또는 중재인	×	부정한 행위
부정처사 후 수뢰죄	공무원 또는 중재인	×	부정한 행위
사후수뢰죄	공무원 또는 중재인이었던 자	청탁	부정한 행위
알선수뢰죄	공무원(중재인 ×)	×	×

9 뇌물죄와 몰수 · 추징

판례

① 뇌물을 수수한 공무원이 뇌물을 받는 데에 **필요한 경비를 지출**한 경우 그 경비는 뇌물수수의 부수적 비용이므로 **뇌물의 가액과 추징액에서 공제할 항목에 해당하지 않는다**(2016도21536).
17. 국가직 7급

② 뇌물수수자가 공동수수자가 아닌 **교사범 또는 종범에게 뇌물 중 일부를 사례금 등의 명목으로 교부**한 경우 **뇌물수수자에게 수뢰액 전부를 추징**하여야 한다(2011도9585). 18. 경찰, 21. 국가직 7급

③ 증뢰자와 함께 향응을 하고 증뢰자가 이에 소요되는 금원을 지출한 경우 피고인의 접대에 요한 비용과 증뢰자가 소비한 비용을 가려내어 전자의 수액을 가지고 피고인의 수뢰액으로 하여 그 가액을 추징하여야 한다(76도1982). 12. 법원직

④ 여러 사람이 공모하여 뇌물을 수수하였으나 몰수불능으로 가액을 추징할 경우, 그 수수금품을 **개별적으로 알 수 없을 때에는 평등하게 추징**하여야 한다(73도1963). 12. 법원직

⑤ 공무원 갑이 A에게 2,000만원을 뇌물로 요구하였으나 A가 이를 즉각 거부한 경우에는 요구된 금품이 특정되지 않아 이를 몰수할 수 없으므로 2,000만원을 추징할 수도 없다(2015도12838). 22. 경찰승진

공무방해에 관한 죄

1 공무집행방해죄

> **제136조【공무집행방해】** ① 직무를 집행하는 공무원에 대하여 폭행 또는 협박한 자는 5년 이하의 징역 또는 1천만원 이하의 벌금에 처한다.

(1) 주체 : 제한 ×

(2) 객체 : 직무를 집행하는 공무원

① **공무원** : 법령에 의하여 국가·공공단체의 공무에 종사하는 자로 청원경찰(청원경찰법 제3조)·공소유지지정 변호사(형사소송법 제265조 제3항)·방범대원(지방공무원법 제2조 제3항 제4호)·집행관도 본죄의 공무원에 해당되나 외국공무원은 제외

② **직무집행** : 공무원이 직무상 취급할 수 있는 사무

　　㉠ 법령에 의하건 공무소의 명령이건 불문

　　㉡ 강제적 성질을 가질 필요 없고(**예** 경찰사무, 징세사무), 권력적 작용에 제한할 필요 없다(**예** 국가가 사기업과 동일사업 - 국공립학교, 국공립병원 포함).

　　㉢ 공무원이 현재 구체적인 직무를 집행하고 있음을 요함. 즉 시간적인 관계에서 직무를 개시하여 종료하지 않았을 것을 요함.

　　　┌ 직무집행에 착수 이전의 준비행위(**예** 대기행위, 일시적인 휴식 등) → 직무집행 ○
　　　└ 단순히 직무집행이 예상되는 것(**예** 공무원의 출근행위) → 직무집행 ×

③ **직무집행의 적법성**

　　㉠ 직무집행이 적법할 것을 요함(판례).

　　㉡ 공무원의 추상적(일반적) 직무권한에 속할 것

　　　예 면사무소 공무원이 자신의 행정사무의 편의를 목적으로 설계도면을 제출할 의무가 없는 자에게 설계도의 제출을 요구한 행위 → 적법한 직무집행 ×

　　　예 공무원의 내적 사무분담(**예** 교통경찰관이 불심검문을 하는 경우) → 적법한 직무집행 ○

　　㉢ 당해 공무원의 구체적 직무권한이 있어야 함.

　　　예 경찰관은 형사소송법 제211조의 요건을 갖춘 경우에 한하여 현행범의 체포가 가능

　　　예 집행관은 자신에게 위임된 사건에 대해서만 강제집행의 권한이 있다.

　　㉣ 법정의 절차·방식에 따를 것 **예** 경찰관이 미란다 원칙을 준수하지 아니한 채 실력으로 현행범인을 연행한 경우

④ **적법성의 판단기준** : 행위 당시의 구체적 상황에 기하여 법원이 법령을 해석하여 객관적으로 판단(판례) → 사후적(재판시를 기준)으로 판단 ×

(3) **행위**: 폭행·협박(광의 – 공무원에 대한 직접·간접의 유형력의 행사)

① **폭행**: 반드시 사람의 신체에 대한 것임을 요하지 않고 제3자(**예** 가처분명령을 집행하는 집행관을 보조하는 인부(제3자)에게 폭행한 경우)나 물건에 대한 유형력 행사일지라도 간접적으로 공무원에 대한 것이면 족함(**예** 파출소 바닥에 인분을 던지거나).

② **협박**: 공포심을 갖게 할 목적으로 해악을 고지하는 것. 상대방이 실제로 공포심을 일으켰느냐는 불문

③ **폭행·협박의 정도**: 공무집행을 <u>방해할 수 있을 정도로서 적극적 행위에 의할 것을 요함</u>. 공무원이 개의치 않을 정도의 경미한 폭행·협박은 본죄 ×

　예 체포당하지 않으려고 손을 뿌리치는 경우, 공무원의 출입을 막기 위하여 문을 열어주지 않은 경우 등은 본죄 불성립

④ **기수시기**: 공무원에 대하여 폭행·협박을 하면 본죄는 기수. 직무집행의 <u>현실적인 방해는 요하지 않음</u>(∵ 추상적 위험범). → 구체적 위험범으로서 구체적인 직무집행의 방해라는 결과발생을 필요로 한다. (×) 18·19. 경찰

(4) 상대방이 직무를 집행하는 공무원이라는 사실 및 이에 대하여 폭행·협박을 한다는 사실을 인식 ○

　※ 직무집행을 방해할 의사 필요하지 않음.

판례

① 형법 제136조에서 정한 공무집행방해죄는 직무를 집행하는 공무원에 대하여 폭행 또는 협박한 경우에 성립하는 범죄로서 여기서의 **폭행은 사람에 대한 유형력의 행사로 족하고 반드시 그 신체에 대한 것을 요하지 아니하며**, 또한 **추상적 위험범**으로서 **구체적으로 직무집행의 방해라는 결과발생을 요하지도 아니한다**(2017도21537). 19. 경찰

② 공무집행방해죄는 공무원의 직무집행이 적법한 경우에 성립하는 것이고, 여기서 적법한 공무집행이란 그 행위가 공무원의 **추상적 권한에 속할 뿐 아니라 구체적으로도 그 권한 내에 있어야** 하며, **직무행위로서의 요건과 방식**을 갖추어야 한다. 공무원의 어떠한 공무집행이 **적법한지의 여부는 행위 당시의 구체적 상황에 기하여 객관적·합리적으로 판단하여야** 한다(2013도2285). → 추상적 권한에 속하면 충분하며, 구체적으로 그 권한 내에 있어야 할 필요는 없다. (×) 15·18. 경찰, 18. 경찰간부, 21. 경찰승진

③ 공무집행방해죄는 공무원의 적법한 공무집행이 전제로 되는데, 추상적 권한에 속하는 공무원의 어떠한 공무집행이 적법한지 여부는 **행위 당시의 구체적 상황에 기하여 객관적·합리적으로 판단**하여야 하고 사후적으로 순수한 객관적 기준에서 판단할 것은 아니다(91도453). 15·19. 경찰, 21. 경찰승진, 21. 국가직

④ 형법 제136조 제1항에 규정된 공무집행방해죄에서 '직무를 집행하는'이라 함은 공무원이 직무수행에 직접 필요한 행위를 **현실적**으로 행하고 있는 때만을 가리키는 것이 아니라 공무원이 직무수행을 위하여 **근무 중**인 상태에 있는 때를 포괄하는 것이다(2000도3485). 15·18. 경찰, 19. 법원행시

⑤ 현실적으로 구체적인 업무를 처리하고 있지는 않다고 하더라도 자기 **자리에 앉아 있는 것**만으로도 업무의 집행으로 볼 수 있을 때에는 역시 직무집행 중에 있는 것으로 보아야 하고, 직무 자체의 성질이 부단히 대기하고 있을 것을 필요로 하는 것일 때에는 **대기 자체**를 곧 직무행위로 보아야 할 경우도 있다(2000도3485).

⑥ 노동조합관계자들과 사용자 측 사이의 다툼을 수습하려 하였으나 노동조합 측이 지시에 따르지 않자 경비실 밖으로 나와 회사의 노사분규 동향을 파악하거나 파악하기 위하여 **대기 또는 준비 중**이던 근로감독관을 폭행한 행위는 공무집행방해죄를 구성한다(2000도3485). 08. 법원행시, 10. 경찰승진, 15. 법원직

⑦ 야간 당직근무 중인 청원경찰이 불법주차 단속요구에 응하여 현장을 확인만 하고 **주간 근무자에게 전달하여 단속하겠다고 하였다**는 이유로 민원인이 청원경찰을 폭행한 경우, 불법주차 단속업무는 야간 당직근무자들의 민원업무이자 경비업무로서 공무집행방해죄의 '직무집행'에 해당하여 공무집행방해죄가 성립한다(2008도9919). 02. 법원행시, 06. 경찰

⑧ 하반신 지체장애인인 피고인이 불법주차 차량에 불법주차 스티커를 붙였다가 이를 다시 떼어 낸 직후에 있는 주차단속 공무원을 폭행한 경우, 폭행 당시 주차단속 공무원은 일련의 직무수행을 위하여 근무 중인 상태에 있었다고 보아야 하므로 공무집행방해죄가 성립한다(99도383). 02. 행시, 03 · 06 · 18. 경찰, 07. 법원행시, 16. 경찰승진

⑨ 공무집행방해죄에 있어서 범의는 상대방이 직무를 집행하는 공무원이라는 사실, 그리고 이에 대하여 폭행 또는 협박을 가한다는 사실에 대한 인식은 필요하나, **그 직무집행을 방해할 의사는 필요로 하지 않는다**(94도1949). 16. 경찰, 19. 경찰간부

> **비교판례** 위계에 의한 공무집행방해죄에 있어서 고의 이외에 직무집행을 방해할 의사는 요한다(74도2841). 19. 경찰간부

판례비교 직무의 적법 여부에 따른 공무집행방해죄의 성립여부

O 적법한 직무 – 공무집행방해죄 성립	**X** 불법한 직무 – 공무집행방해죄 불성립
① 공무집행방해죄는 공무원의 적법한 공무집행이 전제가 되고, 그 공무집행이 적법하기 위해서는 그 행위가 당해 공무원의 **추상적 직무권한**에 속할 뿐 아니라 **구체적으로도 그 권한 내**에 있어야 하며, 또한 직무행위로서의 **중요한 방식**을 갖추어야 한다(2000도3485). 08 · 12 · 17. 경찰승진, 10. 경찰, 15. 법원직	① 피고인이 교통사고 후 승용차로 도주하였는데 무전연락을 받고 수색하던 순경들이 피고인을 발견하고 **체포의 이유도 고지하지 않고 실력으로 연행**하려 한 경우(99도4341) 02. 행시
② 지방의회 회의의 의결사항 중에 지방의회의 권한에 속하지 아니하는 사항이 포함되어 있었더라도 **지방의회 의원들이 그 회의에 참석하고 그 회의에서 의사진행을 하는 직무행위**는 적법한 공무의 집행이다(98도662). 08. 경찰	② 음주운전을 종료한 후 **40분 이상이 경과한 시점**에서 길가에 앉아 있던 운전자를 술 냄새가 난다는 점만을 근거로 음주운전의 현행범으로 체포한 것은 적법한 공무집행으로 볼 수 없다(2007도1249). 18. 경찰승진
③ 경찰공무원이 승용차에 가족을 태우고 가던 술을 마시지 않은 운전자에게 음주 여부를 확인하려고 **후레시봉에 두차례 입김을 불게 하였으나 잘 알 수 없어 정확한 음주측정기로 검사받을 것을 요구**한 경우(92도220) 00. 사시, 03. 경찰, 07. 경찰승진	③ 검사가 참고인 조사를 받는 줄 알고 검찰청에 **자진출석한 변호사 사무실 사무장을 합리적 근거 없이 긴급체포**하자 그 변호사가 이를 제지하는 과정에서 검사에게 상해를 가한 것은 정당방위에 해당한다(2006도148). 07. 법원직, 11. 국가직 7급
④ 의무경찰이 학생들의 가두캠페인 때문에 좌회전 지시를 하고 있었는데 택시운전사인 피고인이 **택시 30cm 전방에 서있는 의무경찰 앞에서 신경질적으로 갑자기 좌회전하여 택시 범퍼로 의무경찰의 무릎을 들이받은 경우**(94도1945)	④ 경찰관의 **불법한 현행범체포**를 면하려고 반항하는 과정에서 경찰관에게 상해를 가한 것은 불법체포로 인한 신체에 대한 현재의 부당한 침해를 벗어나기 위한 행위로서 정당방위에 해당하여 위법성이 조각된다(2006도2732). 18. 경찰승진
⑤ 대학생들에 의하여 **납치 · 감금되어 있는 전경 5명을 구출하기 위하여 경찰이 대학교의 도서관** 건물에 압수 · 수색영장 없이 진입한 경우(90도767) 07. 경찰승진	⑤ 위법한 집회 · 시위가 장차 특정지역에서 개최될 것이 예상된다고 하더라도, 이와 **시간적 · 장소적으로 근접하지 않은 다른 지역에서 그 집회 · 시위에 참가하기 위하여 출발 또는 이동하는 행위를 함부로 제지**하는 것은 공무집행방해죄의 보호대상이 되는 공무원의 적법한 직무집행이 아니다.
⑥ 교육인적자원부 장관이 **약학대학 학제개편에 관한 공청회를 개최하면서 행정절차법상 통지절차를 위반하였더라도 공청회 개최업무**는 공무집행방해죄의 보호대상인 적법한 공무집행에 해당한다(2007도6088). → 다중이 위력으로 공청회 진행을 방해했을지라도 특수공무집행방해죄는 성립하지 않는다. (×) 20. 경찰간부	→ **서울시청 앞 광장 등에서 개최될 예정**인 집회 · 시위에 참가하기 위하여 **제천시 보양읍 주민자치센터 앞 마당에서 위 집회 · 시위에 참가하기 위하여 출발 또는 이동하는 행위를 경찰관이 함부로 제지**하는 경우(2007도9794) 16. 경찰

⑦ 피고인에 대한 체포영장을 소지하고 피의자를 체포하는 경우, 체포영장의 제시나 고지 등은 체포를 위한 실력 행사에 들어가기 **이전에** 미리 하여야 하는 것이 원칙이나, 달아나는 피의자를 쫓아가 붙들거나 폭력으로 대항하는 피의자를 실력으로 제압하는 경우에는 붙들거나 제압하는 **과정에서 하거나, 그것이 여의치 않은 경우에라도 일단 붙들거나 제압한 후에 지체 없이 행하여야 한다**(2007도10006). 18. 경찰간부

⑧ 법외 단체인 전국공무원노동조합 지역본부가 **임의로 점유해 오던 시(市) 청사시설인 사무실에 대하여 시장이 자진폐쇄 요청 후에 행정대집행법에 따라 행정대집행**을 하였는데, 피고인들과 노동조합 소속 공무원들이 대집행을 행하던 공무원들에 대항하여 폭행 등 행위를 한 경우 행정대집행이 적법한 공무집행에 해당한다고 보아 피고인들에게 특수공무집행방해죄가 성립한다(2010도10305). 13. 경찰승진

⑨ 甲은 평소 집에서 심한 고성과 욕설 등으로 이웃 주민들로부터 수회에 걸쳐 112신고가 있어 왔던 사람으로, 한밤중에 甲의 집이 소란스러워 잠을 이룰 수 없다는 112신고를 받고 출동한 경찰관들이 인터폰으로 문을 열어달라고 하였으나 욕설을 하며 소란행위를 계속하였다. 이에 **경찰관들이 甲을 만나기 위해 일시적으로 전기차단기를 내리자 식칼을 들고 나와 욕설을 하며 경찰관들을 향해 찌를 듯이 협박한 경우** 경찰관들의 단전조치는 적법한 공무집행으로 볼 수 있어 갑에게 특수공무집행방해죄가 성립한다(2016도19417). 21. 경찰

⑥ 경찰관이 벌금형에 따르는 노역장 유치의 집행을 위하여 **형집행장을 소지하지 아니한 채 피고인을 체포·구인**하려고 하자 피고인이 이를 거부하면서 경찰관을 폭행한 경우(2010도8591) 11·13. 경찰승진, 18. 경찰

⑦ 전투경찰대원들이 조합원들을 체포하는 과정에서 체포의 이유 등을 제대로 **고지하지 않다가** 30~40분이 지난 후 피고인 등의 항의를 받고 나서야 비로소 체포의 이유 등을 고지한 것은 형사소송법상 현행범인 체포의 적법한 절차를 준수한 것이 아니므로 적법한 공무집행이라고 볼 수 없다. 피고인이 이에 항의하면서 전투경찰대원들의 방패를 손으로 잡아당기거나 전투경찰대원들을 발로 차고 몸으로 밀었다고 하더라도 공무집행방해죄가 성립할 수 없다(2013도2168).

⑧ 피고인이 경찰관의 불심검문을 받아 운전면허증을 교부한 후에 경찰관에게 **큰 소리로 욕설**을 하였는데, 경찰관이 **모욕죄의 현행범으로 체포**하겠다고 고지한 후 피고인의 오른쪽 어깨를 붙잡자 반항하면서 경찰관에게 상해를 가한 경우 정당방위에 해당한다(2011도3682).

⑨ 甲정당 당직자인 피고인들 등이 국회 외교통상 상임위원회 **회의장 출입문 앞에 배치되어 출입을 막고 있던 국회 경위**들을 밀어내기 위하여 경위들의 옷을 잡아당기거나 밀치는 등의 행위를 한 경우(2010도13609).

⑩ 경찰관들이 체포를 위한 실력행사에 나아가기 전에 체포영장을 제시하고 미란다 원칙을 고지할 여유가 있었음에도 **애초부터 미란다 원칙을 체포 후에 고지할 생각**으로 먼저 체포행위에 나선 행위는 적법한 공무집행이라고 보기 어렵다(2017도10866).

판례비교 폭행·협박의 인정 여부에 따른 공무집행방해죄의 성립여부

O 폭행·협박 인정 – 공무집행방해죄 성립	**X** 폭행·협박 부정 – 공무집행방해죄 불성립
① 공무집행방해죄에 있어서의 폭행이라 함은 공무원에 대한 **직접적인 유형력의 행사뿐만 아니라 간접적인 유형력의 행사도 포함**하는 것이다(98도662). 18. 경찰	① 피고인이 차량을 일단 정차한 다음 경찰관의 운전면허증 제시 요구에 불응하고 다시 출발하는 과정에서 경찰관이 잡고 있던 운전석 쪽의 열린 유리창 윗부분을 놓지 않은 채 어느 정도 진행하다가 **차량속도가 빨라지자 더 이상 따라가지 못하고 손을 놓아버린 경우**(96도1314) 17. 법원행시
② 강제집행을 하는 집달관 대리가 아닌 그 **인부에게 폭행**을 한 경우(70도561)	
③ 전과 12범인 피고인이 경찰로부터 조용히 하라는 주의를 받은 것뿐인데 그 후 새벽 4시의 이른 시각에 파출소에까지 뒤쫓아가서 **"우리 집에 무슨 감정이 있느냐, 이 순사 개새끼들 죽고 싶으냐."** 라는 등의 폭언을 한 경우(89도1204) 17. 법원행시	② 직무를 집행하는 공무원에게 해악을 고지하였더라도 상대방이 전혀 **개의치 않을 정도의 경미한 것**인 때에는 공무집행방해죄를 구성하는 협박에 해당되지 않는다(2005도4799).
	15·19. 경찰

④ 경찰관이 공무를 집행하고 있는 파출소 사무실의 바닥에 인분이 들어있는 물통을 집어던지고 책상 위에 있던 재떨이에 **인분을 퍼담아 사무실 바닥에 던지는 행위**(81도326)

02. 행시, 07. 법원직, 08. 경찰

⑤ 피고인이 지구대 내에서 약 1시간 40분 동안 큰 소리로 경찰관을 모욕하는 말을 하고, 그곳 의자에 드러눕거나 다른 사람들에게 시비를 걸고 그 과정에서 경찰관들이 피고인을 내보낸 뒤 문을 잠그자 다시 들어오기 위하여 출입문을 계속해서 두드리거나 잡아당기는 등 소란을 피운 경우(2013도11050) 18. 경찰

⑥ 피해 신고를 받고 출동한 두 명의 경찰관에게 욕설을 하면서 순차로 폭행을 하여 신고 처리 및 수사 업무에 관한 정당한 직무집행을 방해한 경우, 두 명의 경찰관에 대한 공무집행방해죄는 상상적 경합관계에 있다(2009도3505). 18. 경찰, 20. 경찰승진

③ 공무원의 직무수행에 대한 비판이나 시정 등을 요구하는 집회·시위과정에서 **일시적으로 상당한 소음**이 발생하였다는 사정만으로는 공무집행방해죄의 폭행이 있었다고 할 수 없다(2007도3584). 11. 국가직 7급, 12. 경찰간부, 14. 법원직

④ 경찰관의 임의동행을 요구받은 피고인이 문을 잠근 방 안에서 **면도칼로 앞가슴 등을 그어 피를 보이면서 죽어버리겠다**고 하여도 경찰관에 대한 폭행 또는 협박으로 볼 수 없다(75도3779). 01. 사시, 16. 경찰승진

2 위계에 의한 공무집행방해죄

> **제137조【위계에 의한 공무집행방해】** 위계로써 공무원의 직무집행을 방해한 자는 5년 이하의 징역 또는 1천만원 이하의 벌금에 처한다.

(1) 객관적 구성요건

① 객체: 공무원, 현재 직무집행중인 공무원 이외에 장래 직무집행이 예상되는 공무원도 포함. 공무원의 직무집행과 관련이 있는 한 위계의 상대방은 <u>비공무원인 제3자 포함</u>

② 행위: 위계로써 공무집행을 방해하는 것

  ㉠ 위계: 목적을 달성하기 위하여 상대방의 오인·착각·부지를 이용하는 것

    ※ 공무원이 사실을 수사 or 심리해야 할 사항에 대하여 허위의 진술을 하거나 허위신고를 한 경우 → 위계 ✕

  ㉡ 위계의 상대방: 직무를 담당하고 있는 공무원뿐만 아니라, 제3자를 기망하여 공무원의 직무집행을 방해하는 것도 포함

③ 기수시기: 공무집행의 현실적 결과가 발생한 때(판례)

(2) 주관적 구성요건: 고의 + <u>공무집행을 방해하려는 의사</u> ○

구분	수단	객체	방해의사
공무집행방해죄	폭행·협박	직무집행 중인 공무원	불요
위계에 의한 공집방	위계	직무집행 중인 공무원 + 장래 직무집행이 예상되는 공무원	필요
직무·사직강요죄	폭행·협박	직무집행 중인 공무원 + 장래 직무집행이 예상되는 공무원	불요

판례

① 위계에 의한 공무집행방해죄에 있어서 위계라 함은 행위자의 행위목적을 이루기 위하여 상대방에게 오인·착각·부지를 일으키게 하여 그 오인·착각·부지를 이용하는 것을 말하는 것으로 상대방이 이에 따라 그릇된 행위나 처분을 하였다면 이 죄가 성립한다(96도2825).

② 위계에 의한 공무집행방해죄에 있어서 공무원의 직무집행이란 법령의 위임에 따른 공무원의 적법한 직무집행인 이상 공권력의 행사를 내용으로 하는 **권력적 작용**뿐만 아니라 **사경제주체로서의 활동을 비롯한 비권력적 작용도 포함**되는 것으로 봄이 상당하다(2001도6349). 17. 경찰·경찰승진, 19. 법원행시

③ 위계에 의한 공무집행방해죄에 있어서 고의 이외에 직무집행을 방해할 의사는 요구된다(69도2260). 19. 경찰간부

판례비교 위계에 의한 공무집행방해죄의 성립여부

O 위계에 의한 공무집행방해죄 성립	**X** 위계에 의한 공무집행방해죄 불성립
① 피고인이 마치 그의 형인 양 **시험감독지를 속이고** 원동기장치 자전거운전면허시험에 대리로 응시한 경우(86도1245) 08·12. 경찰	① 출원자가 허위의 출원사유나 소명자료를 제출하였고, 행정관청이 사실을 **충분히 확인하지 아니한 채** 출원자가 제출한 허위의 출원사유나 허위의 소명자료만을 가볍게 믿고 인·허가 등의 처분을 한 경우(87도2174) 15. 법원직
② 간호보조원 교육과정이수에 관한 사문서인 **수료증명서를 허위로 작성하여 진정한 문서인 것처럼 시험관리당국에 제출**하여 응시자격을 인정받아 응시한 경우(82도1301) 02. 행시, 04. 경찰간부, 08. 경찰	② **피의자나 참고인이 아닌 자**가 자발적이고 계획적으로 피의자를 가장하여 수사기관에 대하여 **허위사실을 진술**한 경우(76도3685) → 범인은닉죄 성립 02. 행시, 11. 법원행시
③ 피고인이 고등학교 입학원서 **추천서란을 사실과 다르게 조작·허위기재**하여 그 추천서 성적이 고등학교입학전형의 자료가 된 경우(83도1864) 02. 행시, 08. 경찰, 10. 법원행시	③ 수사기관에 대하여 **피의자가 허위의 자백을 하거나 참고인이 허위의 진술**을 한 경우(71도186) 18. 경찰
④ **개인택시 운송사업을 양도**할 수 없는 사람이 **허위의 진단서**를 첨부하여 직접 운전할 수 없는 것처럼 **행정관청을 기망**하고 이를 신뢰한 행정관청으로부터 양도인가처분을 받은 경우(2002도2064) 11·15. 경찰, 17. 경찰간부	④ **개인택시 운전사업면허 신청서**에 허위의 소명자료를 첨부한 경우(87도2174) 12. 경찰간부 → 행정관청이 면허요건에 해당하는지 여부를 심리하여 면허 여부를 결정하여야 한다(공무원의 직권조사사항).
⑤ 음주운전을 하다가 교통사고를 야기한 후 그 형사처벌을 면하기 위하여 **타인의 혈액**을 자신의 혈액인 것처럼 교통사고 조사 경찰관에게 제출하여 감정하도록 한 경우(2003도1609). 06·07·21. 경찰승진, 10·18. 경찰, 16·18. 법원직, 17. 경찰간부	⑤ 건물점유자로서 명도집행을 저지할 수 있는 정당한 기능이 있는 자가 그 점유사실을 입증하기 위한 수단으로 임대차계약서 사본을 제시하면서 그 실효된 사실을 고지하지 아니하고 **자신이 정당한 임차인인 것처럼 주장**한 경우(83도2290) 08. 경찰, 09. 경찰승진
⑥ **타인의 소변**을 마치 자신의 소변인 것처럼 수사기관에 건네주어 필로폰 음성반응이 나오게 한 경우(2007도6101)	⑥ 자가용을 운전하다가 교통사고를 낸 사람이 경찰관서에 신고함에 있어서 가해차량이 자가용일 경우에 피해자와 합의하는 데에 불리하다고 생각하여 **영업용 택시를 운전하다가 사고를 내었다고 허위신고**를 한 경우(74도2841) 02. 행시, 10. 법원행시, 12. 경찰
⑦ 범죄행위로 인하여 강제출국을 당한 전력이 있는 사람이 외국주재 한국영사관 담당 직원에게 **허위의 호구부 및 외국인등록신청서를 등을 제출**하여 사증 및 외국인등록증을 발급받은 경우(2008도11862) 17. 법원직	⑦ 국립대학교의 전임교원 공채 지원자인 乙이 학과장 甲의 도움으로 이미 논문접수가 **마감된 학회지에 논문을 추가게재**하여 심사요건 이상의 전공논문실적을 확보한 경우(2007도1554) 11·21. 경찰

⑧ 입학고사 실시 전에 **고사문제를 담당 공무원 모르게 절취하여 그 문제의 내용을 미리 알고 응시**한 경우(66도30) 02. 행시

⑨ 불법체류를 이유로 하여 **강제출국을 당한 중국 동포인 피고인이 중국에서 이름과 생년월일을 변경한 호구부를 발급**받아 중국주재 대한민국 총영사관에 제출하여 입국사증을 받은 다음, 다시 입국하여 외국인등록증을 발급받고 귀화허가신청서까지 제출한 경우(2010도14696) 12. 경찰간부, 16. 법원직

⑩ 등기신청인이 제출한 허위의 소명자료 등을 등기관이 **충분히 심사하였음**에도 발견하지 못하여 등기가 마쳐진 경우(2015도17297) → 등기관이 등기신청에 대하여 부동산등기법상 등기신청에 필요한 서면이 제출되었는지 및 제출된 서면이 형식적으로 진정한 것인지를 심사할 권한은 갖고 있으나 등기신청이 실체법상의 권리관계와 일치하는지를 심사할 **실질적인 심사권한은 없다고 하여** 달리 보아야 하는 것은 아니다.
17. 국가직 7급・법원직, 18. 경찰간부, 19. 법원행시, 21. 국가직

⑪ 변호사가 접견을 핑계로 수용자를 위하여 **휴대전화와 증권거래용 단말기를 구치소 내로 몰래 반입**하여 이용하게 한 경우(2005도1731) 07. 법원행시, 07・10. 경찰승진, 10. 사시, 18. 경찰

⑫ 구 병역법상의 지정업체에서 산업기능요원으로 근무할 의사가 없음에도 **허위 내용으로 편입신청이나 파견근무신청**을 하여 관할 관청의 승인을 받은 경우(2008도1321) 16. 법원직

⑬ 지방자치단체의 공사입찰에 있어서 허위서류를 제출하여 입찰참가자격을 얻고 낙찰자로 결정되어 계약을 체결한 경우 위계에 의한 업무방해죄가 성립한다(2000도4993). 09. 경찰승진

⑭ 감척어선 **입찰자격이 없는 자**가 제3자와 공모하여 제3자의 대리인자격으로 제3자 명의로 입찰에 참가하고, 낙찰받은 후에 자신의 자금으로 낙찰대금을 지급하여 감척어선에 대한 **실질적 소유권을 취득**한 경우 위계에 의한 업무방해죄가 성립한다(2001도6349).
06. 경찰승진, 07. 경찰

⑧ 구체적인 공무집행을 저지하거나 현실적으로 곤란하게 하는 데까지는 이르지 아니하고 **미수**에 그친 경우에는 위계에 의한 공무집행방해죄로 처벌할 수 없다(2002도4293).
06. 법원행시, 11・20. 경찰승진, 16. 경찰, 18. 경찰간부

⑨ 민사소송을 제기함에 있어 피고의 **주소를 허위로 기재**하여 법원공무원으로 하여금 변론기일소환장 등을 허위주소로 송달하게 한 경우(96도312)
04・08・12・15. 경찰, 06. 사시, 09・18. 법원직, 10・11. 법원행시

⑩ 화물자동차 운송주선사업자인 피고인이 관할 **행정청에 주기적으로 허가기준**에 관한 사항을 신고하는 과정에서 가장납입에 의하여 발급받은 허위의 **예금잔액증명서**를 제출하는 부정한 방법으로 허가를 받은 경우(2010도7033) 15・17. 경찰

⑪ 법원은 당사자의 허위의 주장 및 증거제출에도 불구하고 진실을 밝혀야 하는 것이 그 직무이므로 **가처분신청시** 당사자가 허위의 주장을 하거나 허위의 증거를 제출한 경우(2011도17125)

→ 가처분만으로 법원의 구체적이고 어떤 직무집행이 방해되었다고 볼 수 없으므로 이로써 바로 위계에 의한 공무집행방해죄가 성립한다고 볼 수 없다.
16. 법원직, 17. 경찰・국가직 7급, 21. 국가직

→ 허위의 매매계약서 및 영수증을 소명자료로 첨부하여 가처분 신청을 한 후 법원으로부터 유체동산에 대한 **가처분 결정**을 받은 경우 위계에 의한 공무집행방해죄가 성립하지 않는다. 20. 경찰승진

⑫ 건축공사를 하면서 허위의 **준공신고서, 준공검사현장조사서** 등을 첨부하여 준공검사를 신청하였고, 이를 진실한 것으로 알고 받아들인 관계공무원으로부터 준공필증을 받은 경우(82도2207) 10. 법원행시

⑬ 교도관과 재소자가 **상호 공모**하여 재소자가 교도관으로부터 담배를 교부받아 이를 **흡연한 행위와 휴대폰을 교부받아 외부와 통화**한 경우(2001도7045) → 법령에서 어떤 행위의 금지를 명하면서 이를 위반하는 행위에 대한 벌칙을 두는 한편, 공무원으로 하여금 그 금지규정의 위반 여부를 감시・단속하게 하고 있는 경우 그 공무원에게는 금지규정 위반행위의 유무를 감시하여 확인하고 단속할 권한과 의무가 있으므로 단순히 공무원의 감시・단속을 피하여 금지규정에 위반하는 행위를 한 것에 불과하다면 그에 대하여 벌칙을 적용하는 것은 별론으로 하고 그 행위가 위계에 의한 공무집행방해죄에 해당하는 것이라고는 할 수 없다.
04. 행시, 06・07・08・11. 경찰승진, 10. 법원행시

⑭ 과속단속카메라에 촬영되더라도 불빛을 반사시켜 차량 번호판이 식별되지 않도록 하는 기능이 있는 **제품(파워매직세이퍼)을 차량 번호판에 뿌린 상태**로 차량을 운행한 행위가 단순히 공무원의 감시·단속을 피하여 금지규정에 위반하는 행위를 한 것에 불과한 경우(2007도8024) 11. 사시, 11·18. 법원직, 12·17. 경찰, 17. 국가직 7급, 18·20. 경찰승진

⑮ 담당 공무원들 모두의 **공모 또는 양해** 아래 이루어진 부정한 행위가 위계에 의한 공무집무방해죄에서 '위계'에 해당하지 않는다(2013도13217).

3 공무상 비밀표시무효죄

제140조【공무상비밀표시무효】 ① 공무원이 그 직무에 관하여 실시한 봉인 또는 압류 기타 강제처분의 표시를 손상 또는 은닉하거나 기타 방법으로 그 효용을 해한 자는 5년 이하의 징역 또는 700만원 이하의 벌금에 처한다.

(1) **객체**: 공무원이 그 직무에 관하여 실시한 봉인 또는 압류나 기타 강제처분의 표시

① **봉인**: 물건에 대한 임의의 처분을 금지하기 위하여 그 물건에 시행한 봉함 기타 이와 유사한 설비(반드시 인장을 사용할 필요는 없으며, 물건 주위에 줄을 치고 압류내용을 기재한 종이를 붙여 놓는 것도 봉인에 해당)

② **압류**: 공무원이 직무상 보전해야 할 물건을 자기의 점유로 옮기는 강제처분 **예** 유체동산의 압류·가압류·가처분, 국세징수법에 의한 압류 등

③ **기타 강제처분의 표시**: 봉인·압류 이외에 타인에게 일정한 작위 또는 부작위를 명하는 처분 **예** 부동산의 압류, 금전채권의 압류

④ 강제처분은 진행중이어야 하고, 현존해야 한다.

⑤ **강제처분의 유효성**: 봉인 또는 압류의 표시는 강제처분이 유효할 것을 전제로 하며(강제처분이 완결된 후에는 본죄 성립하지 않음), 강제처분이 정당한가는 불문(**예** 부당한 출입금지가 처분명령을 받은 자가 그 출입금지된 장소에 출입한 경우에도 본죄 성립)

⑥ **강제처분의 적법성**: 봉인 또는 압류의 표시는 적법을 요함.
  - 강제처분이 법률상 당연무효 또는 부존재라고 볼 수 있는 경우 → 객체 ×
  - 강제처분이 절차상 또는 실체상의 하자(취소되지 않는 한) → 객체 ○

(2) 행위: 손상·은닉·기타 방법으로 효용을 해하는 것

판례

① 남편을 채무자로 한 출입금지 가처분명령의 효력은 그 처에게 미치지 아니하므로 그 **처가** 이를 무시하고 밭에 들어가도 공무상비밀표시무효죄가 성립하지 않는다(77도1455).

② 피고인이 **甲에 대한 채무를 변제하였다 하여도 그 압류가 해제되지 아니하는 한 압류상태에 있다고 할 것**이므로 이를 처분한 피고인에게 공무상 비밀표시무효에 관한 범의가 없었다고도 할 수 없다(80도1441).

③ 공무상표시무효죄가 성립하기 위해서는 행위 당시에 강제처분의 표시가 **현존할 것**을 요한다(96도2801). 05·06. 법원행시, 08·12. 법원직

④ 법원의 가처분결정에 기하여 집달관이 한 강제처분 표시의 효력은 그 가처분결정이 적법한 절차에 의하여 취소되지 않는 한 지속되는 것이며 그 가처분결정이 가령 부당한 것이라고 하더라도 그 효력을 부정할 수는 없다(85도1165). 01·06. 법원행시

⑤ 유체동산의 가압류집행에 있어 그 가압류공시서의 기재에 다소의 흠이 있으나 그 기재 내용을 전체적으로 보면 그 가압류목적물이 특정되었다고 인정할 수 있어 그 가압류가 유효하여 공무상표시무효죄의 객체가 된다(2000도1757). → 가압류목적물이 특정되었다고 인정할 수 있더라도 그 가압류는 당연무효이고, 해당 가압류공시서는 공무상표시무효죄의 객체가 될 수 없다. (×) 18. 경찰

⑥ 출입금지 가처분의 표시가 타인에 의하여 손괴되어 현존하지 않았지만 피고인이 가처분사실을 알고 있는 상태에서 그 취지에 반하여 출입한 경우, 행위 당시에 **강제처분의 표시가 현존하지 아니하였다면** 공무상비밀표시무효죄가 성립하지 아니한다(96도2801).

⑦ 공무원이 그 직권을 남용하여 위법하게 실시한 봉인 또는 압류 기타 강제처분의 표시임이 명백하여 **법률상 당연무효 또는 부존재**라고 볼 수 있는 경우에는 그 봉인 등의 표시는 공무상표시무효죄의 객체가 되지 아니하여 이를 손상 또는 은닉하거나 기타 방법으로 그 효용을 해한다고 하더라도 공무상표시무효죄가 성립하지 아니한다 할 것이지만, 공무원이 실시한 봉인 등의 표시에 **절차상 또는 실체상의 하자**가 있다고 하더라도 객관적·일반적으로 공무원이 그 직무에 관하여 실시한 봉인 등으로 인정할 수 있는 상태에 있다면 적법한 절차에 의하여 취소되지 아니하는 한 공무상표시무효죄의 객체로 된다고 할 것이다(2007도312). 05·06. 법원행시, 09. 법원직, 12. 경찰승진, 17. 경찰간부

⑧ 특허권을 침해하였다는 소명이 있다는 이유로 행하여졌으나 후일 그 본안소송에서 위 특허가 무효라는 취지의 대법원 판결이 선고되어 그 피보전권리의 부존재가 확정되었다 하더라도 피고인에 대한 이 사건 판시 공무상표시무효죄가 성립함에는 아무런 영향이 없다(2007도312) 19. 법원행시

판례비교 🔨 공무상봉인 등 표시무효죄의 성립여부

O 공무상봉인 등 표시무효죄 성립	**X** 공무상봉인 등 표시무효죄 불성립
① 압류물을 채권자나 집행관 몰래 원래의 보관장소로부터 상당한 거리에 있는 **다른 장소로 이동**시킨 경우(86도69) 01. 국가직 7급	① 압류표시된 **원동기의 효용을 손상시키지 않는 범위** 내에서 압류 그 상태의 용법에 따라 종전과 같은 방법으로 원동기를 사용한 경우(83도3291)
② 압류물을 집행관의 승인 없이 임의로 그 **관할 구역 밖으로 옮긴 경우**(91도894) 08·09. 법원직	② 집달관의 가처분집행 당시에 게시한 가처분**결정문이 없어진 상태**에서 가처분결정에 위배되는 행위를 한 경우(96도2801)
③ 법원의 가처분결정에 기하여 집행관이 한 강제처분표시가 행하여진 후, 그 **가처분결정이 가령 부당한 것이라 하여** 그 효용을 해치는 행위를 한 경우(85도1165)	③ 출입금지가처분은 그 성질상 가처분 채권자의 의사에 반하여 건조물 등에 출입하는 것을 금지하는 것이므로 비록 가처분결정이나 그 결정의 집행으로서 집행관이 실시한 고시에 그러한 **취지가 명시되어 있지 않다고 하더라도** 가처분 **채권자의 승낙을 얻어** 그 건조물 등에 출입하는 경우(2006도4740) 07·08·12. 법원직, 20. 경찰간부
④ 공무원이 실시한 봉인 등의 표시에 **절차상 또는 실체상의 하자**가 있다고 하더라도 객관적·일반적으로 공무원이 그 직무에 관하여 실시한 봉인 등으로 인정할 수 있는 상태에 있는 경우(99도2801) 05·06. 법원행시, 09. 법원직, 12. 경찰승진	④ 부동산인도의 강제집행에 있어서 집달리가 채무자의 점유를 해제하고 이를 채권자에게 인도함으로써 강제집행을 **완결한 후**에 그 인도집행의 뜻을 기재한 표목을 세웠는데 채무자가 그 표목을 빼어버리고 그 토지에 들어간 경우(65도495)
⑤ 채무를 변제하였다고 하여도 **압류가 해제되지 아니한 압류상태에서 이를 처분**한 경우(80도1441)	⑤ 집행관이 채무자 겸 소유자의 건물에 대한 점유를 해제하고 이를 채권자에게 **인도한 후** 채무자의 출입을 봉쇄하기 위하여 출입문을 판자로 막아둔 것을 채무자가 이를 뜯어내고 그 건물에 들어간 경우(85도1092) 06. 사시·법원행시, 20. 경찰간부
⑥ 압류된 골프장시설을 보관하는 회사의 대표이사가 압류시설의 사용 및 봉인의 훼손을 방지할 수 있는 적절한 조치 없이 **골프장을 개장하게 하여 봉인이 훼손**되게 한 경우(2005도3034) 20. 경찰간부	⑥ A회사에 대한 건축공사중지명령의 가처분이 **집행된 후**에 B회사의 명의로 건축허가명의를 변경한 다음, B회사가 건축공사를 진행한 경우(74도1896)
⑦ 점유이전금지 가처분 채무자인 피고인은 집행관이 이 사건 건물에 관하여 가처분을 집행하면서 "채무자는 점유를 타에 이전하거나 또는 점유명의를 변경하여서는 아니 된다."라는 등의 집행취지가 기재되어 있는 고시문을 이 사건 건물에 부착한 이후에 제3자로 하여금 이 사건 건물 중 3층에서 카페영업을 할 수 있도록 이를 무상으로 사용하게 한 경우(2003도8238) 05. 법원행시	⑦ 가처분은 가처분 채무자에 대한 부작위명령을 집행하는 것이므로 **가처분 채무자가 아닌 제3자**가 그 부작위명령을 위반한 행위는 그 가처분집행 표시의 효용을 해한 것으로 볼 수 없다(2007도5539). 08. 법원직
	⑧ 집행관이 영업방해금지 가처분결정의 취지를 고시한 공시서를 게시하였을 뿐 어떠한 **구체적 집행행위를 하지 않은 상태**에서 가처분에 의하여 부과된 부작위명령을 피고인이 위반한 경우(2010도3364) 12. 법원직

4 부동산강제집행효용침해죄

제140조의2 【부동산강제집행효용침해】 강제집행으로 명도 또는 인도된 부동산에 침입하거나 기타 방법으로 강제집행의 효용을 해한 자는 5년 이하의 징역 또는 700만원 이하의 벌금에 처한다.

(1) **주체**: 제한 ×. 강제집행받은 자, 그 친족이나 제3자도 포함

(2) **객체**: 강제집행으로 명도 또는 인도된 부동산(강제집행으로 퇴거집행된 부동산도 포함)

(3) **타죄와의 관계**: 본죄가 성립하면 주거침입죄나 손괴죄는 별도로 성립하지 않음.

판례

① 형법 제140조의2 부동산강제집행효용침해죄의 입법취지와 체제 및 내용과 구조를 살펴보면, 부동산강제집행효용침해죄의 객체인 강제집행으로 명도 또는 인도된 부동산에는 강제집행으로 **퇴거집행된 부동산을 포함**한다(2001도3212). 05. 법원행시, 07·12. 법원직, 09·19. 경찰, 11. 경찰승진

② 집달관이 채무자 겸 소유자의 건물에 대한 점유를 해제하고 이를 채권자에게 **인도한 후** 채무자의 출입을 봉쇄하기 위하여 출입문을 판자로 막아둔 것을 **채무자가 이를 뜯어내고 그 건물에 들어간 경우 부동산강제집행효용침해죄가 성립**한다(85도1092).

5 공용서류 무효죄

제141조 【공용서류등의 무효, 공용물의 파괴】 ① 공무소에서 사용하는 서류 기타 물건 또는 전자기록등 특수매체기록을 손상 또는 은닉하거나 기타 방법으로 그 효용을 해한 자는 7년이하의 징역 또는 1천만원 이하의 벌금에 처한다.

(1) **객체**: 공무소에서 사용하는 서류 기타 물건 또는 전자기록 등 특수매체기록

① **공무소**: 공무원이 직무를 집행하는 관공소 기타의 조직체 **예** 공공조합·영조물법인·공법인·한국은행도 국고금예수관계에서는 공무소. 다만 사립학교 공무소가 아님.

② **서류 기타 물건**: 공무소에서 사용하는 서류인 이상 공문서·사문서, 완성·미완성, 정식절차를 밟아 접수되었는가, 소유권이 누구에게 있는가, 위조문서인가, 작성자가 누구인가 불문

(2) **행위** : 손상 또는 은닉하거나 기타 방법으로 그 효용을 해하는 것

판례비교 공용서류무효죄 성립여부

O 공용서류무효죄 성립	**X** 공용서류무효죄 불성립
① 피고인이 진술자의 **서명무인과 간인까지 받아 작성한 진술조서를 수사기록에 편철하지 않은 채 보관**하고 있다가 휴지통에 버려 폐기한 경우(82도368) ② 피고인 **자신이 작성한 허위 내용의 문서라 할지라도 공용문서로서 면사무소에서 비치·보관되어 있는 문서**를 찢는 경우(72도1132) ③ 경찰이 작성한 진술서가 **미완성의 문서**라 하더라도 이를 가지고 나온 경우(86도2799) <div align="right">08. 법원행시</div>④ **군청에 제출한 건축허가신청**에 첨부된 설계도면을 권한 없이 바꿔 놓은 경우 공용서류무효죄와 공문서변조죄의 실체적 경합이 성립한다(81도81).	① 형법 제141조 제1항이 규정한 공용서류무효죄는 정당한 권한 없이 공무소에서 사용하는 서류의 효용을 해함으로써 성립하는 죄이므로 **권한 있는 자의 정당한 처분에 의한 공용서류의 파기**에는 그 적용의 여지가 없다(95도1385). ② A가 B를 명예훼손으로 고소한 사건에서 甲은 자신이 경찰서에 제출한 진술서를 그 사건 **담당 경찰관이 스스로의 판단하**에 "가지고 가서 찢어버려라."라면서 넘겨 준 것을 넘겨 받아 찢어 버린 경우, 보관책임자인 경찰관이 장차 이를 공무소에서 사용하지 아니하고 폐기할 의도하에 처분한 것이라고 보아야 할 것이므로 이 진술서는 공용서류로서의 성질을 상실하였다고 보아야 한다(98도4350).

6 공용물파괴죄

제141조【공용서류등의 무효, 공용물의 파괴】 ② 공무소에서 사용하는 건조물, 선박, 기차 또는 항공기를 파괴한 자는 1년 이상 10년 이하의 징역에 처한다.
제143조【미수범】 미수범은 처벌한다.

(1) 자동차를 파괴하면 공용물파괴죄가 아니라 공용서류무효죄가 성립

(2) 공용건조물을 파괴에 이르지 못하고 손괴에 그친 경우 공용서류등무효죄가 성립

7 특수공무방해죄 · 특수공무방해치사상죄

제144조 【특수공무방해】 ① 단체 또는 다중의 위력을 보이거나 위험한 물건을 휴대하여 제136조, 제138조와 제140조 내지 전조의 죄를 범한 때에는 각조에 정한 형의 2분의 1까지 가중한다.

② 제1항의 죄를 범하여 공무원을 상해에 이르게 한 때에는 3년 이상의 유기징역에 처한다. 사망에 이르게 한 때에는 무기 또는 5년 이상의 징역에 처한다.

판례 📝

① 직무를 집행하는 공무원에 대하여 위험한 물건을 휴대하여 고의로 상해를 가한 경우에는 특수공무집행방해치상죄만 성립할 뿐, 이와는 별도로 폭력행위 등 처벌에 관한 법률 위반(집단·흉기 등 상해)죄를 구성하지 않는다(2008도7311). 11. 경찰·사시, 15. 법원직

② 의무경찰이 학생들의 가두캠페인 행사관계로 직진하여 오는 택시의 운전자에게 좌회전 지시를 하였음에도 택시의 운전자가 계속 직진하여 와서 택시를 세우고는 항의하므로 그 의무경찰이 택시 약 30cm 전방에 서서 이유를 설명하고 있는데 그 운전자가 **신경질적으로 갑자기 좌회전하는 바람에 택시의 우측 앞범퍼 부분으로 의무경찰의 무릎을 들이받은 경우**, 피해자인 의무경찰이나 제3자가 위험성을 느꼈으리라고는 보여지지 아니하므로 그 택시운전자의 범행을 특수공무집행방해치상죄로 의율할 수는 없다(94도1949).

③ 피고인이 노조원들과 함께 경찰관인 피해자들이 파업투쟁 중인 공장에 진입할 경우에 대비하여 **미리 윤활유나 철판조각을 바닥에 뿌려 놓은 것**에 불과하고, 피해자들이 이에 미끄러져 넘어지거나 철판조각에 찔려 다쳤다는 것에 지나지 않는 경우 특수공무집행방해치상죄는 성립하지 않는다(2010도7412). 13·17. 경찰승진

Theme 38 도주와 범인은닉의 죄

1 도주죄

> **제145조【도주, 집합명령위반】** ① 법률에 의하여 체포 또는 구금된 자가 도주한 때에는 1년 이하의 징역에 처한다.

(1) 주체: 법률에 의하여 체포 또는 구금된 자

주체에 해당하는 자	주체에 해당되지 않는자
• 수형자(기결수, 벌금미납에 대한 환형처분으로 노역장에 유치된 자 포함) • 미결구금자(미결수, 구속·체포된 피고인·피의자 또는 긴급체포·구속된 자) • 국가기관에 의해 현행범으로 체포된 자(사인이 체포한 경우 국가기관에 인도 전까지 본죄의 주체 아님) • 감정유치중인 자 • 보호처분으로 소년원에 수용중인 자	• 사인에 의해 현행범으로 체포된 자 • 구인된 증인 • 보호감호·치료감호처분으로 수용된 자 • 가석방·보석 중인 자 20. 경찰승진 • 형집행정지·구속집행정지 중에 있는 자 • 경찰관직무집행법에 의하여 보호 중에 있는 자 • 전염병예방법에 의하여 격리수용된 자 • 아동복지법에 의하여 복지시설에 수용된 자 • 불심검문으로 연행 중인 자

(2) 행위: 도주 → 구금상태로부터 이탈하는 것(일시적인 이탈, 작위·부작위에 의한 도주도 가능)

① **실행의 착수시기**: 체포·구금작용에 대한 침해가 개시된 때 **예** 도주의 의사로 감방문을 열기 시작한 때

② **기수시기**: 간수자의 실력적 지배에서 벗어났을 때. 즉시범이다. **예** 교도소의 외벽을 넘은 경우라도 추적을 받고 있는 경우는 기수가 아님. 20. 경찰승진

> **판례 ⚖**
>
> 사법경찰관이 피고인을 수사관서까지 동행한 것이 사실상의 강제연행, 즉 불법체포에 해당하고 **불법체포로부터 6시간 상당이 경과**한 후에 이루어진 **긴급체포 또한 위법**하므로 피고인이 불법체포된 자로서 형법 제145조 제1항에 정한 '법률에 의하여 체포 또는 구금된 자'가 아니어서 도주죄의 주체가 될 수 없다(2005도6810). 07. 사시, 17. 경찰간부

2 집합명령위반죄

제145조 【도주, 집합명령위반】 ② 전항의 구금된 자가 천재, 사변 기타 법령에 의하여 잠시 해금된 경우에 정당한 이유없이 그 집합명령에 위반한 때에도 전항의 형과 같다.
제149조 【미수범】 미수범은 처벌한다.

- 진정부작위범으로 이론상 미수 ×, 단 미수처벌규정 ○

3 특수도주죄

제146조 【특수도주】 수용설비 또는 기구를 손괴하거나 사람에게 폭행 또는 협박을 가하거나 2인 이상이 합동하여 전조 제1항의 죄를 범한 자는 7년 이하의 징역에 처한다.
제149조 【미수범】 미수범은 처벌한다.

(1) 손괴는 도주의 수단으로 행해져야 하므로 수갑을 찬 채로 도주하고 나중에 이를 손괴한 경우 → 단순도주죄

(2) 물리적 손괴를 의미하므로 자물쇠를 열거나 수갑을 풀고서 달아난 경우 → 단순도주죄

4 도주원조죄

제147조 【도주원조】 법률에 의하여 구금된 자를 탈취하거나 도주하게 한 자는 10년 이하의 징역에 처한다.
제149조 【미수범】 전4조의 미수범은 처벌한다.
제150조 【예비, 음모】 제147조와 제148조의 죄를 범할 목적으로 예비 또는 음모한 자는 3년 이하의 징역에 처한다.

(1) **성격**: 도주죄에 대한 교사·방조행위의 독립된 구성요건 → 총칙상의 공범규정 적용 ×

(2) **주체**: 제한 ×(법률에 의하여 구금된 자도 다른 구금자를 도주하게 한 경우 주체 ○)

(3) **객체**: 법률에 의하여 구금된 자 → 체포되어 연행 중인 자 ×

(4) 행위: 탈취하거나 도주하게 하는 것

　① **탈취**: 피구금자를 그 간수자의 실력적 지배로부터 이탈시켜 자기 또는 제3자의 실력적 지배로 옮기는 것

　② **도주하게 하는 것**: 피구금자를 도주하게 하는 일체의 행위 **예** 도주방법의 교사, 감방문의 개방, 간주자에 대한 폭행·협박 등

5 범인은닉죄

제151조【범인은닉과 친족간의 특례】 ① 벌금 이상의 형에 해당하는 죄를 범한 자를 은닉 또는 도피하게 한 자는 3년 이하의 징역 또는 500만원 이하의 벌금에 처한다.
　② 친족, 호주 또는 동거의 가족이 본인을 위하여 전항의 죄를 범한 때에는 처벌하지 아니한다.

---

(1) 주체: 범인 이외의 자 → 자기은닉 ×

　① 공동정범 중 1인이 다른 공동정범을 도피시킨 경우 → 본죄 ○

　② 범인이 제3자를 교사하여 자신을 은닉·도피하게 한 경우 → 범인은닉죄의 교사범 성립

(2) 객체: 벌금 이상의 형 + 죄를 범한 자

　① 정범, 교사범, 종범, 예비·음모 포함

　② 유죄판결이 확정되었거나 공소가 제기되었을 것을 요하지 않음. → 범죄혐의를 받아 수사 중인 자도 포함

　③ 구 + 위 + 책 + 처벌조건 + 소추조건 → 소추가능성 ○ : 수사개시여부 불문

　　㉠ 무죄·면소판결이 확정, 공소시효의 완성, 형의 폐지, 사면 등으로 소추 또는 처벌의 가능성이 없는 자 : 본죄 ×

　　㉡ 친고죄의 경우 ┌ 고소가 없는 경우 : 본죄의 객체 ○
　　　　　　　　　　 └ 고소권이 소멸한 경우 : 본죄의 객체 ×

　　㉢ 검사의 불기소 처분을 받은 자 → 본죄의 객체 ○ (다수설)

　　㉣ 진범인 여부 → 진범인임을 요하지 않음(판례).

(3) **행위**: 은닉 또는 도피하게 하는 것

  ① 은닉: 장소제공으로 점인을 감추어 주는 행위

  ② 도피: 은닉 이외의 방법으로 체포·발견을 곤란 또는 불가능하게 하는 일체의 행위

  　㉠ 도피행위: 도주를 직접적으로 용이하게 하는 것에 한정(판례) **예** 도피비용을 제공하거나 은신처를 제공하는 행위, 도피 중인 자에게 수사상황을 알려 주는 행위

  　㉡ 수사기관에서 참고인이 허위진술한 것: 범인은닉죄 ×

  　　다만, 범인이 아닌 자가 수사기관에 범인임을 자처하고 허위사실을 진술한 경우 → 범인도피죄 ○

  　㉢ 부작위 가능(**예** 사법경찰관이 범인임을 알면서 체포하지 않고 방임한 경우). 다만 일반인이 범인을 신고하지 않았거나 수사기관에 인계하지 않은 경우 → 본죄 ×

  　㉣ 계속범: 범인을 도피하게 함으로써 기수. But 범인도피행위가 계속되는 동안에는 범죄행위도 계속되고 행위가 끝날 때야 비로소 범죄행위는 종료

  　　예 공범자의 범인도피행위 도중에 그와 공동의 범의를 가지고 기왕의 범인도피상태를 이용하여 스스로 범인도피행위를 계속한 자 → 범인도피죄의 공동정범

판례

① 범인은닉죄라 함은 죄를 범한 자임을 인식하면서 장소를 제공하여 체포를 면하게 하는 것만으로 성립한다 할 것이고, 죄를 범한 자에게 장소를 제공한 후 동인에게 일정기간 동안 **경찰에 출두하지 말라고 권유**하는 언동을 하여야만 범인은닉죄가 성립하는 것은 아니며, 또 그 권유에 따르지 않을 경우 강제력을 행사하여야만 한다거나, 죄를 범한 자가 은닉자의 말에 복종하는 관계에 있어야만 범인은닉죄가 성립하는 것은 더욱 아니다(2002도3332). 05. 사시

② 형법 제151조 제1항의 이른바 '죄를 범한 자'라 함은 **범죄의 혐의를 받아 수사대상이 되어 있는 자를 포함**하며, 나아가 벌금 이상의 형에 해당하는 죄를 범한 자라는 것을 인식하면서도 도피하게 한 경우에는 그 자가 당시에는 아직 수사대상이 되어 있지 않았다고 하더라도 범인도피죄가 성립한다고 할 것이고, 한편 증거인멸죄에 관한 형법 제155조 제1항의 이른바 '타인의 형사사건'이란 인멸행위시에 아직 **수사절차가 개시되기 전이라도 장차 형사사건이 될 수 있는 것까지를 포함**한다(2003도4533). 04. 법원행시, 11. 사시, 11·13. 경찰승진, 12·22. 경찰간부

③ 범인도피행위는 범인을 도주하게 하는 행위 또는 도주하는 것을 **직접적으로 용이**하게 하는 행위에 한정된다고 봄이 상당하고, 그 자체가 도피시키는 것을 직접의 목적으로 한 것이라고는 보기 어려운 행위로 말미암아 **간접적으로 범인이 안심하여 도피할 수 있도록 하는 것과 같은 경우는 이에 포함되는 것이 아니라고** 해석하여야 하며, 나아가 어떤 행위가 범인도피죄에 해당하는 것처럼 보이더라도 그것이 사회적으로 상당성이 있는 행위일 때에는 이 또한 처벌할 수 없다고 보아야 한다(93도3080). → 간접적으로 범인이 안심하고 도피할 수 있게 한 경우에도 도피하게 하는 행위에 포함된다. (×) 19. 법원행시

④ 벌금 이상의 형에 해당하는 자에 대한 인식은 실제로 벌금 이상의 형에 해당하는 범죄를 범한 자라는 것을 인식함으로써 족하고 그 법정형이 **벌금 이상이라는 것까지 알 필요는 없으며**, 범인이 아닌 자가 수사기관에 범인임을 자처하고 허위사실을 진술하여 진범의 체포와 발견에 지장을 초래하게 한 행위는 위 죄에 해당한다(2000도4078). 15. 사시, 16. 법원직

⑤ 범인도피죄에 있어서 벌금 이상의 형에 해당하는 자에 대한 인식은 실제로 벌금 이상의 형에 해당하는 범죄를 범한 자라는 것을 인식함으로써 족하고 그 법정형이 벌금 이상이라는 것까지 알 필요는 없는 것이고 범죄의 구체적인 내용이나 범인의 인적사항 및 공범이 있는 경우에 **공범의 구체적인 인원수 등까지 알 필요는 없다**(93도904). 12. 법원행시

⑥ 도주죄의 범인이 도주행위를 하여 **기수에 이른 이후**에 범인의 도피를 도와주는 행위는 범인도피죄에 해당할 수 있을 뿐 **도주원조죄에는 해당하지 아니한다**(91도1656).
05·07·19. 법원행시, 11·13. 경찰승진, 17. 경찰간부

⑦ **사실혼관계에 있는 자**는 민법 소정의 친족이라 할 수 없으므로 범인은닉죄 및 증거인멸죄의 친족간의 특례에서 말하는 친족에 해당하지 않는다(2003도4533). 07·19. 법원행시

판례비교 범인은닉 · 도피죄의 성립여부

O 범인은닉 · 도피죄 성립	X 범인은닉 · 도피죄 불성립
① 범인 아닌 자가 수사기관에 **범인임을 자처**하고 허위사실을 진술하여 진범의 체포와 발견에 지장을 초래하게 한 경우(96도1016) 16. 경찰승진	① 피고인이 조사받는 과정에서 **공범의 이름을 단순히 묵비**한 경우(83도3288) 12. 법원행시 · 법원직, 13. 경찰승진
② 공범이 더 있다는 사실을 숨긴 채 허위보고를 하고 조사를 받고 있는 범인에게 **다른 공범이 더 있음을 실토하지 못하도록** 하는 등의 행위를 한 경우(93도904)	② **참고인이** 실제의 범인이 누군지도 정확하게 모르는 상태에서 수사기관에서 실제의 범인이 아닌 어떤 사람을 범인이 아닐지도 모른다고 생각하면서도 그를 범인이라고 지목하는 **허위의 진술**을 한 경우(97도1596) 02 · 16 · 20. 경찰승진, 03. 사시, 07. 경찰, 22. 경찰간부
③ 공동정범 중 한 사람이 **다른 공동정범을 도피**하게 한 경우(4290형상393) 08. 사시, 12. 경찰	③ **참고인이 수사기관에서 허위진술**을 하여 범인이 석방된 경우(85도897) 07 · 10 · 11. 경찰승진, 08. 사시, 10. 법원직
④ 진범인이 아닐지라도 **죄의 혐의를 받고 수사 또는 소추 중인 자**를 은닉하는 경우(81도1931)	
⑤ 범인으로 혐의를 받아 수사기관으로부터 수사 중인 경우에 범인 아닌 **다른 자로 하여금 범인으로 가장하게 하여 수사를 받도록 함**으로써 범인체포에 지장을 초래하게 하는 경우(76도366) 10. 법원직, 12. 경찰 · 경찰간부	④ 甲이 乙로부터 유가증권위조 · 사기 등의 범행을 범하고 미국으로 도주한 丙에게 송금하여 달라는 부탁과 함께 자기앞수표를 받아 이를 기명으로 예금하여 두었으나 **현실적으로 丙에게 송금하지 않은 경우** 도주를 직접적으로 용이하게 한 행위라고 볼 수 없어 범인도피죄를 인정할 수 없다(93도3080). 06. 경찰승진
⑥ 피고인이 수사기관에 적극적으로 **범인임을 자처**하고 허위사실을 진술함으로써 실제 범인을 도피하게 한 경우(2000도4078)	⑤ 도로교통법 위반으로 체포된 범인이 타인의 성명을 모용한다는 정을 알면서 **신원보증인으로서 신원보증서에 자신의 인적사항을 허위로 기재**하여 제출한 경우(2002도5374) 11. 경찰승진, 15. 사시, 18. 법원직
⑦ 범인 소재를 알고 있는 사법경찰관이 검사로부터 범인 검거를 지시받고도 이를 은폐하고 **전화로 도피하라고 권유**한 경우(96도51)	⑥ 게임장의 종업원인 피고인이 수사기관에서 자신이 게임장의 실제 업주라고 진술하였다가, 그 후 진술을 번복함에 따라 실제 업주가 체포되자 다시 자신이 실제 업주라고 **허위진술**을 한 경우(2012도13999)
⑧ 사제가 죄지은 자를 능동적으로 고발하지 않는 것에 그치지 아니하고 **은신처 마련, 도피자금 제공** 등 범인을 적극적으로 은닉 · 도피하게 하는 경우(82도3248)	⑦ 벌금 이상의 형에 해당하는 죄를 범하고 도피 중이던 甲이 평소 가깝게 지내던 후배에게 자신의 휴대폰을 사용할 경우 소재가 드러날 것을 염려하여 **대포폰을 구해 달라고 부탁하고 후배에게 전화를 걸어 자신이 있는 곳으로 오도록 한 다음, 함께 자동차를 타고 청주시 일대를 이동하여 다닌 경우**에 범인도피교사죄는 성립하지 않는다(2013도12079).
⑨ 피고인이 수표발행인을 은닉한 것이 그 수표가 부도나기 전날이라고 하더라도 그 수표가 **부도날 것이라는 사정**과 수표발행인이 부정수표 단속법 위반으로 수사관서의 수배를 받게 되리라는 사정을 **알고 있었던 경우**(89도1480) 11. 경찰승진	→ 범인 스스로 도피하는 행위는 처벌되지 아니하는 것이므로, 범인이 도피를 위하여 타인에게 도움을 요청하는 행위 역시 도피행위의 범주에 속하는 한 처벌되지 아니하는 것이며, 범인의 요청에 응하여 범인을 도운 타인의 행위가 범인도피죄에 해당한다고 하더라도 이를 방어권의 남용으로 볼 수 없는 한 마찬가지이다. 19. 법원행시, 22. 경찰간부
⑩ 구속수사의 대상이 된 자가 그 후 **무혐의로 석방**되었다 하더라도 그를 도피하게 한 행위(81도1931) 15. 사시	⑧ 갑이 피해자를 폭행한 자의 인적사항을 묻는 경찰관의 질문에 답하면서, **범인의 이름 대신 단순히 허무인의 이름을 진술**하고 구체적인 인적 사항에 대하여는 모른다고 진술하는데 그쳤을 뿐이라면 범인도피죄가 성립하지 않는다(93도3080). 21. 국가직
⑪ 경찰에서 **수배 중인 자임을 인식하면서 동인을 투숙**하게 하여 체포를 면하게 한 경우(83도1386)	
⑫ 범인이 기소중지자임을 알고도 범인의 부탁으로 **다른 사람의 명의로 대신 임대차계약을 체결해 준 경우**, 비록 임대차계약서가 공시되는 것이 아니라 하더라도 수사기관이 탐문수사나 신고를 받아 범인을 발견하고 체포하는 것을 곤란하게 한 경우(2003도8226) 07 · 10 · 16 · 20. 경찰승진, 12. 경찰간부 · 법원직, 16. 경찰	
⑬ 살인미수의 피의자를 상피고인에게 연락하여 **만나게 해 주고** 동인으로 하여금 도피를 용이하게 한 경우(90도2439)	

⑭ 게임장의 종업원인 피의자가 실제 업주로부터 금전적 이익 등을 제공받기로 하고 단속이 되면 실제 업주를 속이고 **자신이 대신하여 처벌받기로 하는 역할(이른바 바지사장)을 맡기로 하는 정도**에까지 이른 것으로 평가되는 경우(2009도10709) 21. 국가직

> **비교판례** 도박장소 등 개설의 혐의로 수사기관에서 조사받는 피의자가 사실은 게임장의 종업원임에도 불구하고 **자신이 실제 업주라고 허위로 진술한 경우** 그 자체만으로는 범인도피죄를 구성하지 아니한다(2009도10709). 14. 경찰, 18. 법원직

⑮ 범인이 자신을 위하여 **타인으로 하여금 허위의 자백**을 하게 하여 범인도피죄를 범하게 하는 행위는 방어권의 남용으로 범인도피교사죄에 해당한다(2000도20).

02 · 08. 사시, 07. 법원직, 11 · 12. 경찰승진

⑯ 범인이 자신을 위하여 **타인으로 하여금 허위의 자백**을 하게 하여 범인도피죄를 범하게 하는 행위는 방어권의 남용으로 범인도피교사죄에 해당하는바, 이 경우 그 타인이 형법 제151 조 제2항에 의하여 처벌을 받지 아니하는 **친족, 호주 또는 동거가족에 해당한다고 하여 달리 볼 것은 아니다.** 따라서 무면허운전으로 사고를 낸 사람이 **동생을 경찰서에 대신 출두시켜 피의자로 조사받도록 한 행위는 범인도피교사죄를 구성**한다(2005도3707).

09. 사시, 11 · 12. 법원행시, 16. 법원직

→ 갑이 자신을 위하여 배우자로 하여금 허위의 자백을 하게 하여 범인도피죄를 범하게 한 경우, 배우자는 형법 제151조 제2항에 의하여 처벌을 받지 아니하는 친족에 해당하므로, 갑은 친족 간의 특례규정에 의하여 처벌되지 않는 행위를 방조한 것이므로 범인도피방조죄가 성립하지 않는다(2008도7647). (×) 21. 국가직 7급

⑰ 범인도피죄는 범인을 도피하게 함으로써 기수에 이르지만 범인도피행위가 계속되는 동안에는 범죄행위도 계속되고 행위가 끝날 때에 비로소 범죄행위가 종료된다. 공범자의 범인도피행위의 도중에 그 범행을 인식하면서 그와 공동의 범의를 가지고 **기왕의 범인도피상태를 이용하여 스스로 범인도피행위를 계속한 자**에 대하여는 범인도피죄의 공동정범이 성립한다(95도577). 16. 경찰, 16 · 18. 법원직

⑱ 甲이 수사기관 및 법원에 출석하여 乙 등의 사기 범행을 자신이 저질렀다는 취지로 허위자백하였는데, 그 후 甲의 사기 피고사건의 변호인으로 선임된 피고인이 甲과 공모하여 **진범 乙 등을 은폐하는 허위자백을 유지**하게 함으로써 범인을 도피하게 한 경우 범인도피방조죄가 성립한다(2012도6027). 07 · 11. 경찰승진, 12 · 22. 경찰간부

Theme 39 위증과 증거인멸의 죄

1 위증죄

> **제152조【위증, 모해위증】** ① 법률에 의하여 선서한 증인이 허위의 진술을 한 때에는 5년 이하의 징역 또는 1천만원 이하의 벌금에 처한다.
> **제153조【자백, 자수】** 전조의 죄를 범한 자가 그 공술한 사건의 재판 또는 징계처분이 확정되기 전에 자백 또는 자수한 때에는 그 형을 감경 또는 면제한다.

(1) **주체**: 법률에 의하여 선서한 증인

① 법률에 의하여 선서

ㄱ 선서가 <u>법률에 정한 절차에 따라 유효하게 행하여질 것을 요한다(민사·형사·특허·비송사건도 포함)</u>.

ㄴ <u>선서는 유효한 것이어야</u> 하므로 선서를 하게 할 권한 있는 기관에 대하여 한 것이어야 한다. **예** 참고인의 사법경찰관이나 검사에 대한 선서는 무효이다.

ㄷ 선서무능력자(16세 미만자, 선거의 취지를 이해하지 못하는 자)가 선서하고 허위의 진술을 하더라도 위증죄 ×

ㄹ 선서절차에 사소한 하자(**예** 위증의 벌을 경고하지 않고 선서하게 한 경우나 선서한 법원에 관할위반이 있는 경우) → 무효 × → 위증죄 성립

ㅁ 사전선서인가 사후선서 불문(통설·판례)

ㅂ **가처분 사건**: <u>변론절차는 증언절차가 있으므로</u> 증인으로 선서하고 증언하면 위증죄의 주체가 될 수 있지만 <u>심문절차는 증언절차가 없으므로</u> 증인으로 선서하고 증언하더라도 위증죄의 주체가 될 수 없다.

② 증인 → 제3자

ㄱ <u>당사자 ×</u> (형사피고인이나 민사소송의 당사자) → 민사소송에서 법인인 경우: 대표자 × (법인의 대표기관은 소송 당사자이므로)

ㄴ 공동피고인 ┌ 공범자: 제3자 × → 증인 ×
                └ 공범자 아닌: 제3자 ○ → 증인 ○

ㄷ 증언거부권자가 증언거부권 행사하지 않고 위증: 위증죄(통설·판례)

ㄹ **증언거부권의 고지**: 근친자의 형사책임, 업무상 비밀에 관한 경우 재판장은 신문 전에 증언을 거부할 수 있음을 설명하여야 한다.

ㅁ <u>증언거부권 불고지의 효과</u>: 증인이 증언거부권을 행사하지 않고 허위진술하면 <u>원칙적으로 위증죄가 성립한다</u>. 그러나 증인이 증언거부권을 고지받지 못하여 그 증언거부권을 행사하는데 <u>사실상 장애가 초래된 경우에는 위증죄가 성립하지 않지만</u> 증언거부권을 고지받지 못하더라도 증언거부권의 행사에 <u>사실상 장애가 초래되지 않았다면 허위진술로써 위증죄가 성립한다</u>(판례).

(2) **행위**: 허위진술

① **허위**

　㉠ **객관설**: 객관적 진실에 반하는 진술 → 위증죄 성립범위 좁힘.

　㉡ <u>**주관설(통설·판례)**: 증인의 주관적 기억에 반하는 진술</u>

② **진술**: 허위의 사실을 진술하는 것

　㉠ **진술의 대상**: 사실 ○. 가치판단 × **예** 진술자의 주관적 평가, 법률적 효력에 관한 의견

　㉡ **진술의 방법**: 제한 ×(구두·몸짓·표정, 부작위 가능)

　㉢ **진술의 내용**: 증인신문(직접신문뿐만 아니라 반대신분·인정신문 포함)의 대상이 되는 것이면 무엇이든 해당

　　ⓐ 진술의 전체적 취지가 자기의 기억과 일치하면 일부 근소한 부분에 다른 점이 있어도 위증죄 ×

　　ⓑ 증거능력 없는 증언이나 공판절차가 위법하여 무효로 된 경우의 증언도 본죄의 성립에 영향이 없다.

③ **기수시기**

　㉠ 선서 후 증언의 경우 → <u>신문절차가 종료</u>하여 그 진술을 철회할 수 없는 단계에 이르렀을 때(통설·판례)

　㉡ 증언한 후에 선서한 경우 → 선서가 종료한 때

④ **증언의 철회**: 증인이 위증을 한 후에 증인신문절차가 종료하기 전에 자신의 증언내용을 취소·시정하면 위증죄의 구성요건해당성이 없다. 원고의 소송대리인이 신문할 때 위증을 하였더라도 피고의 소송대리인 또는 재판장이 신문을 할 때 취소·시정하였다면 위증죄에 해당하지 않는다.

(3) **주관적 구성요건**: 고의(미필적 고의로 족함). If 허위사실을 진실이라 믿고 증언한 경우 or 기억이 분명하지 못하여 잘못 진술한 경우 → 위증죄 ×

(4) **공범**

① 본죄는 자수범 → <u>간접정범이나 공동정범 ×</u> **예** 선서무능력자를 교사하여 위증하게 한 경우에는 무죄

② 본죄에 대한 교사나 방조 ○

③ 형사피고인이 자기의 형사사건에 관하여 타인을 교사하여 위증하게 한 경우 → 위증교사죄 성립(통설·판례)

판례비교 위증죄 주체 인정여부에 따른 위증죄 성립여부

O 위증죄 주체 인정 - 위증죄 성립	**X** 위증죄의 주체 부정 - 위증죄 불성립
① 공범인 공동피고인은 당해 소송절차에서는 피고인의 지위에 있으므로 다른 공동피고인에 대한 공소사실에 관하여 증인이 될 수 없으나, **소송절차가 분리되어** 피고인의 지위에서 벗어나게 되면 다른 공동피고인에 대한 공소사실에 관하여 증인이 될 수 있다(2008도3300). 16. 국가직 7급 **비교판례** 게임장의 종업원이 그 운영자와 함께 게임산업진흥에 관한 법률 위반죄의 공범으로 기소되어 공동피고인으로 재판을 받던 중 운영자에 대한 공소사실에 관한 증인으로 증언한 내용과 관련하여 위증죄로 기소된 경우, 소송절차가 분리되지 않은 이상 종업원은 증인적격이 없어 위증죄가 성립하지 않는다(2008도3300). 09. 법원직 ② 피고인을 공동피고로 한 민사사건에서 피고인이 **의제자백에 의하여 분리**되고 공소외인만이 피고로 남았다면 이는 타인 사이의 사건이라고 할 것이므로 그 사건에서 한 증언이 기억에 반한 것인 이상 위증죄가 성립한다(83도1318). 11. 경찰승진 ③ 자신의 강도상해 범행을 일관하게 부인하였으나 이미 유죄판결이 확정된 피고인이 **별건으로 기소된 공범의 형사사건**에서 자신의 범행사실을 부인하는 증언을 한 경우 피고인에게 사실대로 진술할 기대가능성이 있으므로 위증죄가 성립한다(2005도10101). 10. 경찰승진, 11. 국가직 9급, 16. 경찰, 19. 변호사	① **가처분사건이 변론절차**에 의하여 진행될 때에는 선서한 증인의 허위진술이 위증죄로 성립할 수 있으나, 제3자가 **심문절차로 진행되는 가처분신청사건**(소송비용 확정신청사건)에서 증인으로 출석하여 선서를 하고 진술함에 있어서 허위의 공술을 하였다고 하더라도 그 선서는 법률상 근거가 없어 무효라고 할 것이므로 위증죄는 성립하지 않는다(2003도180). 07. 법원행시, 11·16·17. 경찰, 17. 경찰승진 ② **민사소송의 당사자와 법인의 대표자**는 위증죄의 주체가 아니다(97도1168). 16. 법원직, 17. 국가직 7급·경찰간부, 17·18. 경찰승진

판례비교 증언거부권을 불고지하는 경우 위증죄의 성립 여부

O 위증죄 주체 인정 – 위증죄 성립	**X** 위증죄의 주체 부정 – 위증죄 불성립
① **민사소송절차**에 증인으로 출석한 피고인이 민사소송법 제314조에 따라 증언거부권이 있는데도 재판장으로부터 **증언거부권을 고지받지 않은 상태**에서 허위의 증언을 한 사안에서, 민사소송법이 정하는 절차에 따라 증인으로서 적법하게 선서를 마치고도 허위진술을 한 피고인의 행위는 위증죄에 해당한다(2009도14928). 10. 법원행시, 16. 국가직 7급	① 피고인들이 증·수뢰사건으로 기소되어 공동피고인으로 함께 재판을 받으면서 서로 뇌물을 주고받은 사실이 없다고 다투던 중, 증·수뢰의 상대방인 공동피고인에 대한 사건이 **변론분리**되어 뇌물공여 또는 뇌물수수의 증인으로 채택되었는데, **증언거부권을 고지받지 못한 상태**에서 자신들의 종전 주장을 되풀이함에 따라 거짓 진술에 이르게 된 경우 피고인들을 위증죄로 처벌할 수 없다(2009도11249).
비교판례 형사소송절차에서 재판장이 신문 전에 증인에게 **증언거부권을 고지하지 않은 경우**, 자기부죄거부특권에 관한 것이거나 증언거부사유가 있음에도 증인이 증언거부권을 고지받지 못함으로 인하여 증언거부권을 행사하는 데 **사실상 장애가 초래되었다면** 위증죄는 성립하지 않는다(2008도942 전원합의체). 11. 법원직, 12. 경찰간부, 19. 법원행시	② 사촌관계에 있는 자의 도박사실 여부에 관하여 증언거부사유가 발생하게 되었는데도 피고인이 재판장으로부터 **증언거부권을 고지받지 못한 상태**에서 허위진술을 하게 된 경우 위증죄는 성립하지 않는다(2009도13257).
② 전 남편에 대한 음주운전사건의 증인으로 법정에 출석한 전처가 증언거부권을 고지받지 않은 채 공소사실을 부인하는 전 남편의 변명에 부합하는 내용을 적극적으로 허위진술한 경우, 선서 전에 재판장으로부터 증언거부권을 고지받지 아니하였다고 하더라도 이로 인하여 **증언거부권이 사실상 침해당한 것으로 평가할 수 없는 경우**에는 위증죄가 성립한다(2007도6273). 11. 경찰	③ 피고인 甲이 乙과 쌍방 상해사건으로 공소제기되어 공동피고인으로 함께 재판을 받으면서 자신은 폭행한 사실이 없다고 주장하며 다투던 중, 乙에 대한 상해사건이 변론분리되면서 甲은 피해자인 증인으로 채택되어 검사로부터 신문받게 되었고 그 과정에서 피고인 甲 자신의 乙에 대한 폭행 여부에 관하여 신문을 받게 됨에 따라 증언거부사유가 발생하게 되었는데도, 재판장으로부터 **증언거부권을 고지받지 못한 상태**에서 자신의 종전 주장을 그대로 되풀이 함에 따라 결국 거짓 진술에 이르게 된 경우 피고인 甲에게 위증죄의 죄책을 물을 수 없다(2008도942).

판례비교 증언을 철회하는 경우 위증죄의 성립 여부

O 위증죄 성립	**X** 위증죄 불성립
① 별도의 증인신청 및 채택절차를 거쳐 그 증인이 다시 신문을 받는 과정에서 종전 신문절차에서의 진술을 철회·시정한 경우, 이미 종결된 **종전 증인신문절차**에서 행한 위증죄의 성립에는 영향을 미치지 않는다(2010도7527). 16. 법원직, 17. 국가직 7급, 19. 변호사	① 법률에 의하여 선서한 증인이 허위의 사실을 진술한 경우라도 **신문절차가 종료되기 전**에 이를 취소하거나 시정한 때에는 위증죄가 성립하지 아니한다(93도2510). 10. 법원행시, 16. 국가직 7급, 18. 경찰승진
	② 증언의 전체취지에 비추어 원고대리인 신문시에 한 증언을 피고대리인과 **재판장 신문시에 취소·시정한 것으로 보여진다면**, 앞의 증언 부분만을 따로 떼어 위증이라고 보는 것은 위법하다(83도2853). 10. 경찰승진, 12. 경찰간부

2 증거인멸죄

제155조【증거인멸등과 친족간의 특례】 ① 타인의 형사사건 또는 징계사건에 관한 증거를 인멸, 은닉, 위조 또는 변조하거나 위조 또는 변조한 증거를 사용한 자는 5년 이하의 징역 또는 700만원 이하의 벌금에 처한다.
④ 친족 또는 동거의 가족이 본인을 위하여 본조의 죄를 범한 때에는 처벌하지 아니한다.

(1) **위증죄와의 구별**: 선서한 자에 의해 성립되는 위증죄는 선서와 관계없이 성립하는 증거인멸죄에 대해 특별관계에 있다.

(2) **주체**: 제한 ×. If 친족, 호주 또는 동거가족 → 친족간의 특례규정에 따라 책임조각

(3) **객체**: 타인의 형사사건 또는 징계사건에 관한 증거

  ① 타인 → 자기사건의 증거인멸 ×

    ㉠ 자기의 형사사건에 대한 증거를 인멸하기 위하여 타인을 교사한 경우 → 증거인멸교사죄 성립(판례)

    ㉡ 증거 + 자기 또는 타인 → 자기증거에 해당 ⇨ 본죄 ×(판례)

  ② 타인의 형사사건 또는 징계사건에 대한 것

    ㉠ 민사·행정 또는 선거사건에 대한 증거 ×

    ㉡ 피고사건뿐만 아니라 피의사건도 포함, 수사 개시 전의 사건도 포함(통설·판례)

(4) **행위**: 증거를 인멸·은닉·위조 또는 변조하거나, 위조 또는 변조한 증거를 사용하는 것

  ① **인멸**: 물질적 멸실뿐만 아니라 그 가치·효용을 멸실·감소시키는 일체의 행위

  ② **은닉**: 증거를 숨기거나 그 발견을 곤란하게 하는 일체의 행위

  ③ **위조·변조**: 위조는 타인의 형사사건 등에 관계되는 <u>새로운 증거를 작출하는 것</u>이며, 변조는 기존의 증거에 변경을 가하여 허위의 증거를 변작하는 것을 말한다.

  ④ **사용**: 위조 또는 변조된 증거를 진정한 증거로 사용하는 것

판례

① 형법 제155조 제1항에서 타인의 형사사건에 관한 증거를 위조한다 함은 <u>증거 자체를 위조함을 말하는 것이고, 참고인이 수사기관에서 허위의 진술을 하는 것은 이에 포함되지 않는다</u>. 따라서 甲은 자신의 강도 피의사건에 대하여 乙이 경찰에서 <u>참고인</u>으로 진술할 것을 미리 알고 乙을 교사하여 물건을 훔친 것은 甲이 아니라 모르는 다른 사람이라고 진술하도록 한 경우 증거인멸죄는 성립하지 않는다(94도3412).

② 형법 제155조 제1항에서 '위조'란 문서에 관한 죄에 있어서의 위조 개념과는 달리 새로운 증거의 창조를 의미하는 것이므로 <u>존재하지 아니한 증거를 이전부터 존재하고 있는 것처럼 작출하는 행위도 증거위조에 해당하며, 증거가 문서의 형식을 갖는 경우 증거위조죄에 있어서의 증거에 해당하는지 여부가 그 <u>작성권한의 유무나 내용의 진실성에 좌우되는 것은 아니다</u>(2002도3600) → 그 작성권한의 유무나 내용의 진실성에 따라 달라질 수 있다. (×) 18. 경찰간부, 19. 법원행시

③ 증거인멸죄에 관한 형법 제155조 제1항의 이른바 타인의 형사사건이란 인멸행위시에 아직 <u>수사절차가 개시되기 전</u>이라도 장차 형사사건이 될 수 있는 것까지 포함한다(2003도4533).
07. 법원행시, 17. 경찰, 18. 경찰

④ 형법 제155조 제1항 증거인멸죄의 징계사건이란 <u>국가의 징계사건에 한정되고, 사인(私人)간의 징계사건은 포함되지 않는다</u>(2007도4191). 11. 경찰승진

⑤ <u>자기의 이익을 위하여</u> 그 증거가 될 자료를 인멸하였다면 그 행위가 <u>동시에 다른 공범자의 형사사건이나 징계사건에 관한 증거를 인멸</u>한 결과가 된다고 하더라도 이를 증거인멸죄로 다스릴 수 없고, 이러한 법리는 그 행위가 피고인의 공범자가 아닌 자의 형사사건이나 징계사건에 관한 증거를 인멸한 결과가 된다고 하더라도 마찬가지이다(94도2608).

⑥ <u>사실혼관계에 있는 자</u>는 민법 소정의 친족이라 할 수 없으므로 범인은닉죄 및 증거인멸죄의 친족간의 특례에서 말하는 친족에 해당하지 않는다(2003도4533). 07. 법원행시

판례비교 증거인멸죄의 성립 여부

O 증거인멸죄 성립	X 증거인멸죄 불성립
① 타인의 형사사건과 관련하여 수사기관이나 법원에 제출하거나 현출되게 할 의도로 법률행위 당시에는 <u>존재하지 아니하였던 처분문서를 사후에 그 작성일을 소급하여 작성하는 경우 그 내용이 진실</u>하다 하여도 증거위조죄를 구성한다(2002도3600). 11. 경찰승진, 17. 경찰·국가직 9급	① <u>선서무능력자</u>로서 범죄현장을 목격하지도 못한 사람으로 하여금 형사법정에서 범죄현장을 목격한 양 허위의 증언을 하도록 하는 것은 증거위조죄를 구성하지 아니한다(97도2961). 11. 경찰승진, 12. 경찰, 17. 국가직 9급
② 자기의 형사사건에 관한 증거를 인멸하기 위하여 <u>타인을 교사</u>하여 죄를 범하게 한 자에 대하여는 증거인멸교사죄가 성립한다(99도5274). 07. 법원행시, 18. 경찰승진	② 참고인이 타인의 형사사건 등에서 직접 진술 또는 증언하는 것을 대신하거나 진술 등에 앞서 <u>허위의 사실확인서나 진술서를 작성</u>하여 수사기관 등에 제출하거나 제3자에게 교부하여 제3자가 이를 제출한 것은 증거위조죄를 구성하지 않는다(2015도9010). 19. 법원행시
③ 경찰서 방범과장이 부하 직원에게 <u>압수한 변조 기판을 돌려주라고 지시</u>하여 오락실 업주에게 이를 돌려준 경우, 작위범인 증거인멸죄만 성립하고 부작위범인 직무유기죄는 따로 성립하지 아니한다(2005도3909).	③ <u>대구지하철화재 사고</u>현장을 수습하기 위한 청소 작업이 한참 진행되고 있는 시간 중에 실종자 유족들로부터 이의제기가 있었음에도 대구지하철공사 사장이 즉각 청소 작업을 중단하도록 지시하지 아니하였고 수사기관과 협의하거나 확인하지 아니하였다고 하여 위 사장에게 그러한 <u>청소 작업으로 인하여 증거인멸의 결과가 발생할 가능성을 용인하는 내심의 의사까지 있었다고 단정하기는 어렵다</u>(2004도74).
④ 참고인이 타인의 형사사건에 관하여 제3자와 대화를 하면서 허위로 진술하고 그 진술이 담긴 대화 내용을 녹음한 녹음파일 또는 이를 <u>녹취한 녹취록을 만들어</u> 수사기관 등에 제출하는 행위는 허위의 증거를 새롭게 작출하는 행위로서 증거위조죄를 구성한다(2013도8085). 17. 국가직 9급, 18. 경찰간부	

Theme 40 무고의 죄

> 제156조【무고】 타인으로 하여금 형사처분 또는 징계처분을 받게 할 목적으로 공무소 또는 공무원에 대하여 허위의 사실을 신고한 자는 10년 이하의 징역 또는 1천500만원 이하의 벌금에 처한다.
>
> 제157조【자백·자수】 제153조는 전조에 준용한다. - 재판 또는 징계처분이 확정되기 전에 자백 또는 자수한 때에는 그 형을 감경 또는 면제한다. 20. 경찰간부

1. 객관적 구성요건

(1) **주체**: 제한 ×

(2) **행위의 대상**: 공무소 또는 공무원

① 형사처분에 대한 직권행사를 할 수 있는 공무소 또는 공무원 예 검사·사법경찰관, 범죄수사에 종사하거나 이를 감독하는 공무원

② 징계처분을 할 수 있는 직권 있는 소속장뿐만 아니라 징계처분을 촉구할 수 있는 기관 예 수사기관을 통괄하는 대통령, 관내경찰서장을 지위·감독하는 도지사, 국세청장, 감사원장 등

(3) **행위**: 허위의 사실을 신고하는 것

① 허위의 사실: 객관적 진실에 반하는 것

위증죄 → 주관적 기억에 반하는 것 vs. 무고죄 → 객관적인 사실에 반하는 것

㉠ 신고자가 신고내용을 허위라고 오신한 경우에도 그것이 객관적 진실에 부합할 경우에는 무고죄 ×

㉡ 허위인가의 여부는 사실의 핵심 또는 중요내용이 진실과 부합하는가에 따라서 판단 → 고소내용의 정황을 다소 과장한 정도로는 허위신고 ×(예 강간을 강간치상으로 신고한 경우)

㉢ 범죄성립을 조각하는 사유를 숨기는 경우 → 허위신고 ○

㉣ 신고사실은 객관적 진실과 일치하나 법적 평가·죄명을 잘못 적은 경우 → 허위신고 ×(예 횡령을 절도로 기재한 경우)

㉤ 당해 관청의 직권을 발동할 수 있는 정도이면 추상적 사실로 족하다(판례).

㉥ 신고사실이 허위일지라도 형벌권 행사를 위한 조사가 전혀 필요 없음이 명백한 경우 → 구성요건해당성 ×(예 신고된 범죄사실에 대한 공소시효가 완성되었음이 신고내용 자체에 의하여 분명한 경우)

② 신고: 자발적으로 사실을 고지하는 것

㉠ 수사기관의 신문에 대하여 허위의 진술을 하는 것 → 신고 ×

㉡ 고소보충조서를 받으면서 자진하여 진술한 경우 → 신고 ○

© 신고의 방법에는 제한 ×(구두·문서, 익명·기명, 고소장·진정서 불문)

© 부작위에 의한 무고 × → 적극적 신고가 아님.

2. 주관적 구성요건

(1) **고의** : 허위사실의 인식 → <u>미필적 고의로 족함.</u>(통설·판례)

(2) **목적(목적범)** : 타인으로 하여금 형사처분 또는 징계처분을 받게 할 목적

① 타인 : 특정되고 인식할 수 있는 범인(자기) 이외의 제3자 → 자기무고 ×

㉠ 사자, 허무인에 대한 무고 ×

㉡ 의사무능력자, 책임무능력자 또는 징계처분의 대상인 신분을 가지지 못한 경우라도 무고의 대상 ○

㉢ 공동무고 : 자기와 타인이 공범관계에 있다고 허위사실을 신고한 경우 → 타인에 대한 부분에 관하여만 무고죄 ○

㉣ 승낙무고 : 피무고자의 동의(승낙·촉탁)에 의한 무고 → 무고죄 ○

② 형사처분(형벌·보안처분 포함), 징계처분(특별권력관계에서 인정되는 징계처분 → 변호사 공증인의 징계도 포함)

③ 목적 : 미필적 인식으로 족함(다수설 판례) → 시비를 가려달라는 것도 무고 ○

3. 기수시기

허위사실의 신고가 공무소 또는 공무원에게 도달한 때에 기수 → 후에 무고 문서를 반환하였다 하더라도 본죄의 성립에 아무런 영향이 없다.

판례비교 징계처분·형사처분 대상 여부에 따른 무고죄 성립 여부

O 무고죄 성립	X 무고죄 불성립
① <u>도지사</u>는 그 산하에 수사기관인 경찰국을 두고 그 직원을 지휘·감독하는 지위에 있으므로 무고죄의 행위대상이다(81도2380).	① <u>농업협동조합중앙회나 농업협동조합중앙회장</u>은 형법 제156조 무고죄에 있어서의 공무소나 공무원에 해당되지 아니한다(79도3109). 12. 경찰간부
② <u>국세청장</u>에 대하여 조세혐의사실에 관한 허위의 진정서를 제출한 경우(91도2127)	② 피고인이 <u>사립대학교 교수인 피해자들</u>로 하여금 징계처분을 받게 할 목적으로 범정부 국민포털인 국민신문고에 민원을 제기한 경우 피해자들은 사립학교 교원이므로 피고인의 행위가 무고죄에 해당하지 않는다(2014도6377). 15. 법원직, 15·18. 경찰
③ 형사처분을 받게 할 목적으로 허위사실을 진정의 형식으로 <u>대통령</u>에게 신고한 경우(77도1445)	
④ 피고인이 변호사인 피해자로 하여금 징계처분을 받게 할 목적으로 <u>서울지방변호사회</u>에 허위 내용의 진정서를 제출하는 경우(2010도10202) 12. 경찰간부, 12·16. 경찰	

판례 허위신고 관련 판례

① 위증죄에서 허위의 공술은 자기가 체험하였던 그 기억에 맞지 않는 사실을 진술하는 것임에 반하여, 무고죄에서 허위는 **객관적 사실에 반하는 것**을 말한다(83도2410).

② 무고죄에 있어서 허위사실적시의 정도는 수사관서 또는 감독관서에 대하여 **수사권 또는 징계권의 발동을 촉구하는 정도**의 것이면 충분하고, 범죄구성요건사실이나 징계요건사실을 구체적으로 명시할 필요는 없다(205도4642). 16. 법원직

③ 신고한 사실이 허위인가의 여부를 사실의 **핵심 또는 중요 내용이 진실에 부합하는가에 따라서 판단**한다(86도582).

④ 신고한 사실이 객관적 사실에 반하는 허위사실이라는 요건은 **적극적 증명**이 있어야 하며, 소극적 증명만으로는 무고죄의 성립을 인정할 수 없다(96도599).

08 · 12 · 14 · 16 · 17 · 18. 경찰, 17. 경찰승진, 20. 경찰간부

⑤ 허위사실을 신고한 것이 아닌 이상, 그 신고된 사실에 대한 **형사책임을 부담할 자를 잘못 택하였다고 하더라도** 무고죄는 성립하지 아니한다(81도2341). 07. 법원직

⑥ 무고죄에 있어서 '진실이라고 확신한다.'라 함은 신고자가 알고 있는 객관적인 사실관계에 의하더라도 신고사실이 허위라거나 또는 허위일 가능성이 있다는 인식을 하지 못하는 경우를 말하는 것이지 신고자가 알고 있는 객관적 사실관계에 의하여 신고사실이 허위라거나 허위일 가능성이 있다는 인식을 하면서도 이를 무시한 채 **무조건 자신의 주장이 옳다고 생각하는 경우**까지 포함되는 것은 아니다(2006도6347).

⑦ 1통의 고발장에 의하여 수개의 혐의사실을 들어 고발한 경우, 그중 **일부 사실이 진실이고 다른 사실이 허위이면** 그 허위사실 부분이 독립하여 무고죄를 구성한다(2006도8638).

⑧ 피고인이 허위사실을 신고하였지만 신고된 범죄사실에 대한 **공소시효가 완성되었음이 신고 내용 자체에 의하여 분명**한 경우 무고죄는 성립하지 않는다(93도3445).

12. 경찰, 16 · 18. 경찰승진

⑨ 위증으로 고소 · 고발한 사실 중 **위증한 당해 사건의 요증사실이 아니고 재판결과에 영향을 미친 바 없는 사실만이 허위라고 인정되더라도** 무고죄의 성립에는 영향이 없다(88도1533).

16. 경찰승진, 17. 경찰간부

⑩ 허위로 신고한 사실이 **무고행위 당시 형사처분의 대상이 될 수 있었으나 이후 형사범죄가 되지 않는 것으로 판례가 변경**된 경우, 이미 성립한 무고죄에 영향을 미치지 않는다(2015도15398).

18. 경찰간부

O 무고죄 성립	**X** 무고죄 불성립
① 영수증을 정당하게 작성·교부하거나 적법하게 백지보충권을 수여하여 그에 따라 백지보충이 이루어졌음에도 불구하고 상대방이 그 영수증을 위조하였다고 신고하였다면 이는 무고죄에서 말하는 허위사실의 신고에 해당하는 것으로 보아야 할 것이다(2007도2299).	① <u>신고사실의 진실성을 인정할 수 없다는 점만으로 곧 그 신고사실이 객관적 진실에 반하는 허위사실이라고 단정하여 무고죄의 성립을 인정할 수는 없다</u>(2011도15767). 17. 경찰
② 피고인이 고소를 통하여 甲에게 실제로 돈을 대여한 바 없거나 또는 일부 대여한 돈을 이미 변제받았음에도 불구하고 마치 돈을 대여하였거나 그로 인한 채권이 여전히 존재하는 것처럼 내세워 허위 내용을 신고한 경우에는 무고죄가 성립한다(94도2598). 05. 경찰	② 신고한 사실이 객관적 사실관계와 일치하는 경우에 다소 <u>법률적 평가를 잘못</u>하였거나 죄명을 잘못 적은 것에 지나지 않은 경우 허위라고 할 수 없다(87도1029).
③ 피고인이 수사기관에 "甲이 민사사건 재판과정에서 <u>위조된 확인서를 제출하였으니 처벌하여 달라.</u>"라는 내용으로 허위사실이 기재된 고소장을 제출하면서 "<u>甲이 위조된 합의서도 제출하였다.</u>"라는 취지로 기재하였으나, 고소보충진술시 확인서가 위조되었다는 점에 관하여서만 진술한 경우, 합의서의 위조·행사의 고소 내용도 허위의 사실이라면 이 부분에도 무고죄가 성립한다(2012도2468).	유사판례 • 편취를 횡령으로 잘못 판단하는 경우에는 무고죄가 성립하지 않는다(81도2546).
	• 권리행사방해죄를 절도죄로 기재하는 경우에는 무고죄가 성립하지 않는다(81도2546). 05. 경찰승진
④ 피고인이 甲주식회사에서 리스한 승용차를 乙에게 담보로 제공하고 돈을 차용하면서 약정 기간 내에 갚지 못할 경우 이를 처분하더라도 아무런 이의를 제기하지 않기로 하였는데, 변제기 이후 乙 등이 차량을 처분하자 피고인의 허락 없이 마음대로 처분하였다는 취지로 고소한 경우 무고죄가 성립한다(2011도11500).	③ 피고인이 돈을 갚지 않는 차용인들을 사기죄로 고소하면서 <u>대여장소를 허위기재</u>(도박자금으로 대여한 사실을 감춘 채 단순한 대여금인 것처럼 가장하여 강원랜드가 아닌 울산 남구 야음동 소재 커피숍으로 허위기재)하여 도박자금으로 빌려 준 사실을 숨기고, 피고소인들에게 <u>대여장소를 묵비</u>하도록 종용하였다는 사정만으로는 무고죄에서 '허위사실의 신고'로 보기 어렵다(2010도14028).

판례 ⚖ 허위신고의 자발성에 관련 판례

① 무고죄에 있어서의 신고는 자발적인 것이어야 하고 <u>수사기관 등의 추문</u>에 대하여 허위의 진술을 하는 것은 무고죄를 구성하지 않는다(2005도3203). 07. 법원직, 12·14. 경찰

② 피고인이 수사기관에 한 진정 및 그와 관련된 부분을 수사하기 위한 <u>검사의 추문</u>에 대한 대답으로서 진정 내용 이외의 사실에 관하여 한 진술은 피고인의 자발적 진정 내용에 해당되지 아니하므로 무고죄를 구성하지 않는다(90도595).

③ 비록 외관상 타인 명의의 고소장을 대리하여 작성하고 제출하였더라도 그 명의자는 고소의 의사가 없이 <u>이름만 빌려준 것</u>에 불과하고 명의자를 대리한 자가 실제 고소의 의사를 가지고 고소행위를 주도한 경우라면 그 <u>명의자를 대리한 자</u>를 무고죄의 주체로 인정하여야 한다(2006도6017). 13. 경찰간부

④ 무고죄는 타인으로 하여금 형사처분을 받게 할 목적으로 허위의 사실을 공무소에 신고하면 성립되는 것이고 허위의 사실을 기재한 고소장을 작성하여 수사기관에 제출한 이상 고소장을 작성할 때 변호사 등 <u>법조인의 자문을 받았다 하더라도</u> 무고죄의 성립에는 아무런 영향이 없다(86도1606).

⑤ 타인 명의의 고소장 제출에 의하여 위증사실의 신고가 행하여졌더라도 피고인이 고소장을 작성하여 수사기관에 제출하고 수사기관에 대하여 고발인 진술을 하는 등 <u>피고인의 의사로 고발행위를 주도</u>하였다면 그 고발인은 피고인이다(88도1533).

판례 🔨 기수시기

① 피고인이 최초에 작성한 허위 내용의 고소장을 **경찰관에게 제출하였을 때** 이미 허위사실의 신고가 수사기관에 도달되어 무고죄의 기수에 이른 것이라 할 것이므로 그 후에 그 고소장을 **되돌려 받았다고 하더라도** 이는 무고죄의 성립에 아무런 영향이 없다(84도2215). 04. 법원행시, 12. 경찰, 13·20. 경찰간부, 16. 경찰승진

② 범행일시를 특정하지 않은 고소장을 제출한 후, 고소보충진술시에 범죄사실의 공소시효가 아직 완성되지 않은 것으로 진술한 피고인이 그 이후 검찰이나 제1심 법정에서 다시 범죄의 공소시효가 완성된 것으로 정정 진술한 경우, 이미 고소보충진술시에 무고죄가 성립한다(2007도11153). 06. 사시

판례 🔨 무고죄의 고의

① 무고죄의 범의는 **미필적 고의**로도 족하다(87도2366). 12. 경찰간부

② 무고죄는 신고자가 **진실하다는 확신 없는 사실**을 신고함으로써 성립하고 그 신고사실이 허위라는 것을 확신함을 필요로 하지 않는다(96도2417).

③ 고소를 한 목적이 상대방을 처벌받도록 하는 데에 있지 않고 **시비를 가려달라**는 데에 있다고 하더라도 무고죄의 고의가 인정된다(2007도1423). 08. 경찰

④ 고소인이 고소장을 접수하면서 수사기관의 고소인 출석요구에 응하지 않음으로써 고소가 **각하될 것으로 의도**하고 있었다고 하더라도 무고죄가 성립한다(2006도3631). 07. 법원직

⑤ 피고인이 고소장을 수사기관에 제출한 이상 그러한 인식은 있었다고 할 것이므로 피고인이 고소를 한 목적이 피고소인들을 처벌받도록 하는 데에 있지 아니하고 단지 **회사 장부상의 비리를 밝혀 정당한 정산을 구하는 데에 있다고 하여 무고의 범의가 없다고 할 수 없다**(90도2601). 18. 경찰승진

판례비교 🔨 무고죄 성립 여부

O 무고죄 성립	**X** 무고죄 불성립
① 객관적으로 고소사실에 대한 공소시효가 완성되었더라도 마치 공소시효가 완성되지 아니한 것처럼 고소한 경우(95도1908) 06. 사시, 11. 경찰승진, 13. 경찰간부, 15. 법원직, 15. 변호사	① 피고인 자신이 상대방의 범행에 **공범으로 가담**하였음에도 자신의 가담사실을 숨기고 **상대방만을 고소**한 경우(2008도3754) 12. 경찰간부, 14. 경찰, 16. 법원직, 18. 경찰승진
② 피고인이 甲·乙과 공모하여 은행으로부터 대출금을 편취한 것과 별도로 **甲이 피고인을 기망하여 대출금을 편취하였으니 처벌하여 달라**는 취지로 고소하여 甲에 대하여 사기죄로 공소제기까지 된 경우(2009도1302) 13. 경찰간부	② "피고소인이 **송이의 채취권**을 이중으로 양도하여 손해를 입었으니 엄벌하여 달라."라는 내용의 고소사실이 횡령죄나 배임죄 기타 형사범죄를 구성하지 않는 내용을 신고한 경우(2006도558) 16. 국가직 7급, 17. 법원직, 18. 경찰승진
③ **도박자금**으로 대여한 금전의 용도에 대하여 허위로 신고한 경우(2003도7178) 06. 사시	③ **폭행을 당한 피해자**가 기존의 상처를 폭행의 결과라고 허위로 진술한 경우(96도771) 08. 경찰
비교판례 금원을 대여한 고소인이 차용금을 갚지 않는 차용인을 사기죄로 고소함에 있어서, 단순히 차용인이 변제의사와 능력의 유무에 관하여 기망하였다는 내용으로 고소한 경우에는 차용금의 용도와 무관하게 다른 자료만으로도 충분히 차용인의 변제의사나 능력의 유무에 관한 기망사실을 인정할 수 있는 경우도 있을 것이므로 그 차용금의 실제 용도에 관하여 사실과 달리 신고하였다 하더라도 그것만으로는 범죄사실의 성부에 영향을 줄 정도의 중요한 부분을 허위로 신고하였다고 할 수 없다(2004도2212). 12. 경찰, 19. 경찰간부	④ 신고자가 그 신고 내용을 허위라고 믿었다고 하더라도 그것이 객관적으로 진실한 사실에 부합하는 경우(91도1950) 17. 경찰
	⑤ 피고인이 A로부터 강간을 당한 것이 사실인 이상 이를 고소함에 있어서 강간으로 입은 것이 아닌 상해사실을 포함시킨 경우(82도2170) 05·08. 경찰승진

④ 주식의 **명의수탁자가 주식의 반환을 거부**한 채 오히려 명의신탁자로 하여금 형사처분을 받게 할 목적으로 "**명의신탁자가 자신을 횡령으로 고소한 것은 무고이므로 처벌하여 달라.**"라는 취지로 허위사실을 기재한 고소장을 제출한 경우(2008도11272)

⑤ 위법성조각사유가 있음을 알면서도 이를 숨긴 채 범죄사실을 신고한 경우(85도2482)
19. 경찰간부

⑥ **고소를 당한 범죄가 유죄로 인정되는 경우**에, 고소를 당한 사람이 **고소인에 대하여 '고소당한 죄의 혐의가 없는 것으로 인정된다면 고소인이 자신을 무고한 것에 해당하므로 고소인을 처벌하여 달라.'는 내용의 고소장을 제출**하였다면 설사 그것이 자신의 결백을 주장하기 위한 것이라고 하더라도 방어권의 행사를 벗어난 것으로서 고소인을 **무고한다는 범의를 인정**할 수 있다(2006도9454).

⑦ 甲과 乙은 A와 B의 싸움을 말리려고 하다가 A가 말을 듣지 아니하여 만류를 포기하고 옆에서 보고만 있을 뿐 A의 **팔을 잡은 사실이 없었는바**, 甲과 乙이 자신의 양팔을 붙잡고 때려 상해를 입었다고 A가 고소를 한 경우(94도3068) 05. 경찰승진

⑧ 경찰관이 甲을 현행범으로 체포하려는 상황에서 乙이 경찰관을 폭행하여 乙을 현행범으로 체포하였는데, 乙이 **경찰관의 현행범체포업무를 방해한 일이 없다**며 경찰관을 불법체포로 고소한 경우(2008도8573) 11. 경찰승진

⑨ 피고인이 공범자들과 공모하여 은행으로부터 대출금을 편취한 것과는 별도로 공범자가 피고인을 기망하여 대출금을 편취하였으니 처벌하여 달라는 취지로 고소하여 **공범자에 대하여 사기죄로 공소제기까지 된 경우**(2009도1302)

⑩ 피고인이 먼저 자신을 때려 주면 돈을 주겠다고 하여 타인들이 피고인을 때리고 지갑을 교부받아 그 안에 있던 현금을 가지고 간 것임에도 "**타인 등이 피고인을 폭행하여 돈을 빼앗았다.**"라는 취지로 허위사실을 신고한 경우(2010도2745) 11. 경찰승진

⑥ 피고인이 타인으로부터 다방을 임차하여 피고인의 내연녀에게 운영하도록 하였는데, 그 후에 타인과 피고인의 내연녀가 가까워지자 타인과 피고인의 내연녀가 임차인을 피고인의 내연녀로 하는 임대차계약서를 다시 작성하여 **임대차 보증금을 편취하였다는 취지의 고소장**을 경찰서에 제출한 경우 신고한 허위사실 자체가 형사범죄로 구성되지 않아 피고인에게 무고죄가 성립하지 않는다(2002도3738). 04. 법원행시

⑦ 허위사실을 신고한 경우라도 신고된 사실에 대하여 벌칙이 없거나, 사면 또는 **공소시효의 완성**으로 공소권이 소멸되었음이 그 신고 내용 자체에 의하여 분명한 경우(84도2919)
04 · 07. 법원행시

⑧ 허위사실을 신고한 경우라도 그 사실이 사면되어 **공소권이 소멸**된 것이 분명한 경우(69도2330)

⑨ 타인으로 하여금 형사처분을 받게 할 목적으로 공무소에 대하여 허위의 사실을 신고하였다고 하더라도, 그 사실이 친고죄로서 그에 대한 **고소기간이 경과**하여 공소를 제기할 수 없음이 그 신고 내용 자체에 의하여 분명한 경우(98도150) 06 · 07. 법원행시

⑩ '피고인은 공소외인에게 이 사건 주택의 임대차보증금으로 950만원을 지급하였는데, 공소외인은 900만원만 받았다고 주장하면서 임대차보증금 전액을 돌려주지 않기 위하여 중국 국적의 피고인을 불법체류자로 고발하였다.'라고 허위 내용의 고소장을 제출한 경우(2013도6862) → 설령 공소외인이 임대차보증금 전액을 돌려주지 않겠다는 내심의 의사를 가지고 피고인을 불법체류자로 고발하였더라도 어떠한 형사범죄로 구성하지 아니하므로 무고죄는 성립하지 않는다.

 **판례**

① 형법 제156조의 무고죄는 국가의 형사사법권 또는 징계권의 적정한 행사를 주된 보호법익으로 하는 죄이나, 스스로 본인을 무고하는 **자기무고**는 무고죄의 구성요건에 해당하지 아니하여 무고죄를 구성하지 않는다(2008도4852). 12·17. 경찰

② 무고죄는 국가의 형사사법권 또는 징계권의 적정한 행사를 주된 보호법익으로 하고 개인의 부당하게 처벌 또는 징계받지 아니할 이익을 부수적으로 보호하는 죄이므로 설사 무고죄에 있어서 피무고자의 승낙이 있었다고 하더라도 무고죄의 성립에는 영향을 미치지 못한다(2005도2712). 06. 법원행시, 07·17. 법원직, 16. 경찰승진

③ 피무고자의 교사·방조하에 **제3자가 피무고자에 대한 허위사실을 신고한 경우**에는 제3자의 행위는 무고죄의 구성요건에 해당하여 무고죄를 구성하므로 제3자를 교사·방조한 피무고자도 교사·방조범으로서의 죄책을 부담한다(2008도4852). 15. 법원직

④ **자기 자신을 무고하기로 제3자와 공모**하고 이에 따라 무고행위에 가담하였더라도 이는 자기 자신에게는 무고죄의 구성요건에 해당하지 않아 범죄가 성립할 수 없는 행위를 실현하고자 한 것에 지나지 않아 무고죄의 공동정범으로 처벌할 수 없다(2013도12592). 19. 경찰간부

⑤ 무고죄에 있어서 형의 필요적 감면사유인 형법 제153조의 '재판이 확정되기 전'에는 피고인의 고소사건 수사 결과 피고인의 무고혐의가 밝혀져 피고인에 대한 공소가 제기되고 피고소인에 대해서는 불기소결정이 내려져 재판절차가 개시되지 않은 경우도 포함된다(2018도7293). 20. 경찰간부

최정훈

주요 약력

고려대학교 대학원(석사)

現) 박문각경찰/박문각공무원 형법·형사소송법 전임
　　경찰공제회 형법·형사소송법 전임
前) 해커스 공무원 형법 전임강사
　　에듀윌 형법 전임강사
　　백석대학교 경찰행정학과 강사

최정훈
퍼펙트 형법각론 　핵심노트

초판인쇄 | 2023. 4. 5.　**초판발행** | 2023. 4. 10.　**편저** | 최정훈
발행인 | 박 용　**발행처** | (주)박문각출판　**등록** | 2015년 4월 29일 제2015-000104호
주소 | 06654 서울시 서초구 효령로 283 서경빌딩 4층　**팩스** | (02)584-2927
전화 | 교재문의 (02)6466-7202, 동영상문의 (02)6466-7201

저자와의
협의하에
인지생략

정가 26,000원

ISBN 979-11-6987-221-8
ISBN 979-11-6987-219-5(세트)